미국 주식으로 은퇴하기 실전 투자 편

미국 주식으로 은퇴하기 실전 투자 편

2021년 10월 1일 초판 1쇄 발행
2021년 12월 1일 초판 2쇄 발행

지은이 | 최철
펴낸이 | 이종춘
펴낸곳 | (주)첨단

주소 | 서울시 마포구 양화로 127 (서교동) 첨단빌딩 3층
전화 | 02-338-9151
팩스 | 02-338-9155
인터넷 홈페이지 | www.goldenowl.co.kr
출판등록 | 2000년 2월 15일 제2000-00003호

본부장 | 홍종훈
편집 | 전용준, 홍종훈
디자인 | agentcat
전략마케팅 | 구본철, 차정욱, 나진호, 이동후, 강호묵
제작 | 김유석
경영지원 | 윤정희, 이금선, 최미숙

ISBN 978-89-6030-586-1 13320

황금부엉이에서 출간하고 싶은 원고가 있으신가요? 생각해보신 책의 제목(가제), 내용에 대한 소개, 간단한 자기소개, 연락처를 book@goldenowl.co.kr 메일로 보내주세요. 집필하신 원고가 있다면 원고의 일부 또는 전체를 함께 보내주시면 더욱 좋습니다. 책의 집필이 아닌 기획안을 제안해주셔도 좋습니다. 보내주신 분이 저 자신이라는 마음으로 정성을 다해 검토하겠습니다.

4차 산업혁명의 키워드에 투자하라!

미국 주식으로 은퇴하기 실전 투자 편

최철('미주은' 유튜버)
지음

INVESTING IN THE U.S. STOCK MARKET

BM 황금부엉이

[일러두기]

- 미국 주식 투자에 대해 다루는 책의 특성상 일부 기업명, 주식 관련 용어 등은 영어 그대로 본문에 표기했습니다.
- 외래어 표기법을 따르되 일부 기업명은 소리 나는 대로 표기했습니다.
- '미국 주식창에서 증권을 주식 호가 시스템에 표기할 때 사용하는 약어'로 '티커 (심볼)'라는 종목코드가 있습니다. 책에 나오는 미국 기업 중 상장한 기업의 경우에는 티커를 표기했습니다.
  예: 엔비디아(NVDA)
- 하나의 꼭지에 한 기업명이 여러 번 나오면 표기 편의상 해당 꼭지 내에서는 처음 나올 때만 티커를 표기했습니다.
- 티커 표기와 관련해서 구글은 A형(GOOGL)과 C형(GOOG)으로 구분되어 있는데 표기 편의상 의결권이 없는 GOOG로 표기했습니다. 또한, '알파벳'으로 상장되어 있는데 '구글'로 많이 알고 있으므로 책에서는 '구글(GOOG)'로 표기했습니다. 단, 3장의 구글을 집중적으로 다룬 본문에서는 내용 흐름에 따라 알파벳과 구글을 혼용해 표기했습니다.
- 환율의 경우 '1달러=1,100원', '1유로=1,300원'으로 계산했습니다.
- 이 책에 나오는 투자 관련 내용은 필자의 의견입니다. 투자에 따른 수익 또는 손실은 투자자에게 귀속됩니다.
- 책에 나오는 정보, 숫자는 이후 변동될 수 있습니다. 투자를 할 경우 변동된 사항을 확인한 후 진행하시기 바랍니다.

우리는 20~30년에 한 번 올까 말까 한 기회를 잡은 억세게 운 좋은 세대

2020년은 개인적으로 평생 잊을 수 없는 해로 기억될 것 같다. 상상조차 하지 못했던 바이러스라는 변수로 인해 '미국 주식으로 은퇴하기(이하 '미주은')'라는 유튜브 채널을 개설하게 됐고, 1년여 만에 구독자 27만 명이라는 믿기 어려운 성장을 이뤄냈다.

미주은의 성공은 같은 타이틀의 미국 주식 투자 도서인《미국 주식으로 은퇴하기》출간의 기회를 필자에게 선물해줬다. 이 책 역시 한 달 만에 5쇄에 들어가는 또 하나의 대박(?)을 필자에게 안겨줬다. 오죽하면 미국 주식으로 은퇴하기에 앞서 미국 주식책으로 은퇴하는 것이 아니냐는 농담을 들었을 정도였다. 책이 잘 판매되어 개인적으로 기뻤으며 무엇보다도 책의 내용에 대해 많은 찬사를 받아 진짜 작가가 된 것 같은 다소 우쭐한 기분까지 느끼기도 했다.

이렇듯 믿기 어려운 행운의 나날들을 미처 만끽할 겨를도 없이 출판사로부터《미국 주식으로 은퇴하기》2탄 형식의 두 번째 책의 집필을 제안받았다. 유튜브 채널 운영으로 인해 눈코 뜰 새 없이 바쁜 나날이지만《미국 주식으로 은퇴하기》에 대한 독자들의 폭발적인 반응에 용기를 얻어 설레는 마음으로 두 번째 책의 서두를 열고 있다.

이번 두 번째 책을 기획하면서 개인적으로 느낀 바가 있다. 첫 번째 책을 집필할 때와는 그 마음가짐이 사뭇 달라지는 필자 자신을 발견하게 됐다. 첫 번째 책에서는 필자가 하고 싶었던 이야기를 부담 없이 펜 끝에 담아냈다면, 두 번째 책에서는 기획 단계 때부터 더 좋은 책을 써야 한다는 일종의 부담감, 책임감까지 느껴졌다. 그래서 장고의 고민 끝에 다시 처음으로 돌아가 시작한다는 마음자세로 집필 방향에 대한 가닥을 잡아나갔다.

먼저, 미주은과 책이 구독자와 독자 여러분에게 사랑받은 이유를 기억해내고자 애썼다. 이제 한국에도 소위 전문가들이 운영하는 미국 주식 전문 채널, 미국 주식 관련 책이 넘쳐난다. 그럼에도 불구하고 주식 전문가도, 경제 전문가도 아닌 평범한 투자자 중 한 명인 필자의 콘텐츠(유튜브)에 이토록 많은 사람이 관심과 성원을 보내준 근본적인 이유를 찾아내려고 한 것이다. 그렇게 해서 필자가 도달한 결론은 미주은의 '눈높이'였다. 필자가 운영하는 유튜브 채널, 그리고 집필했던 책의 공통점은 '초보 투자자의 관점에서 미국 주식 투자를 바라본다'였다. 애초부터 주식 전문가가 아니었기 때문에 자연적으로 형성될 수 있었던 개인 투자자로서의 시선을 가진 접근법이 오히려 구독자와 독자 여러분에게 좋은 반응을 받을 수 있는 장점으로 작용했다고 믿고 있다.

이제 유튜브 채널을 개설한 지 1년이 넘어가면서 개인적으로 조금씩 '준전문가'가 되어가고 있다는 착각에 빠질 때가 있다. 매일 미국 현지의 경제

방송도 보고 있고, 30~40개 이상의 주식 관련 기사를 섭렵하고 있으니 바보가 아니고서야 예전보다 업그레이드가 된 것은 사실이다. 하지만 '1만 시간의 법칙'이라는 것이 있다. 어떤 분야의 전문가가 되기 위해서는 최소한 1만 시간의 훈련이 필요하다는 이야기다. 이론적으로 하루에 매일 3시간씩 한 분야에 집중한다면 약 9년 후면 전문가 수준에 올라설 수 있다는 계산이 나온다. 필자는 보통 하루에 10시간 이상을 미국 주식 자료 취합과 분석, 그리고 방송에 할애하고 있다. 그렇다고 해도 아직까지 5,000시간도 되지 않는 시간을 미국 주식과 씨름해왔을 뿐이다. 그래서 기억하려고 한다. 초심으로 돌아가서 초보 투자자로서의 시각으로 미국 주식 투자를 바라봐야 한다는 것을 말이다. 이번 책 역시 이러한 이유에서 개인 투자자, 초보 투자자의 관점에서 이야기를 쓰려고 한다.

2020년 한국에는 미국 주식을 포함한 주식 투자 열풍이 불었다. 생전 주식 투자에 관심도 없던 많은 사람이 주식 계좌를 개설하고 애플(AAPL)과 테슬라(TSLA)의 주주가 됐다. 남들이 다 좋다고 해서 미국 주식 투자의 세계에 발을 들여놓기는 했는데 2021년의 지금 우리는 점점 불안해진다. 미국 기업의 주가가 사상 최고치에 이르렀다고 하는 뉴스를 볼 때마다 이러다가 소중한 재산을 한순간에 날려버리는 것은 아닌지 불안한 마음에 주식 차트에서 눈을 뗄 수가 없다. 아직 미국 주식 투자를 시작하지 못한 예비 투자자들도 나름대로 고민이 있다. 남들은 주식 투자로 은퇴도 준비하고 장밋빛 미래를 꿈꾸고 있는데 나만 시대의 흐름에 편승하지 못하는 것 같아 밤잠을 설치기는 마찬가지다.

이번 책은 이렇듯 미국 주식이라는 새로운 시대적 트렌드에 대한 기대감과 설렘을 갖고 있으면서 동시에 떨칠 수 없는 불안감을 안고 있는 모든 투자자를 위해 기획됐다. 미국 주식 투자를 이제야 시작해도 되는지, 아니 시작해야만 하는지, 만약 시작해야 한다면 어떤 주식을 사야 하는지, 어떻게 보면 투자자들이 가장 궁금해하는 이 2가지 질문에 대한 해답을 찾아가는 과정을 필자가 여과 없이 책 한 권에 담아내려 한다.

이 책은 크게 3개의 이야기로 구성되어 있다. 첫 번째 이야기에 담긴 1장에서는 우리가 갖고 있는 첫 번째 질문에 대한 해답을 제시한다. 즉, "지금 이 시점에서 미국 주식에 투자를 시작하거나 지속하는 것이 과연 옳은 결정인가?"라는 질문에 대한 필자의 소신, 그리고 그 의견을 뒷받침할 만한 논리적 근거를 보여준다. 필자는 개인적으로 현시점에서 미국 주식에 투자하고 있는 우리는 20~30년에 한 번 올까 말까 한 기회를 잡은 억세게 운 좋은 세대라고 믿고 있다. 이러한 생각의 바탕에는 4차 산업혁명이라는 시대적 흐름이 자리 잡고 있다. 이 책의 1장에서는 4차 산업혁명이라는 역사적 이벤트가 우리의 주식 투자와 어떠한 상관관계가 있는지 구체적인 논거를 갖고 아직 확신이 부족한 독자 여러분을 설득해보려고 한다. 또한, 주식 투자자 입장에서 투자의 방향을 결정하고 투자 전략을 수립하는 데 직접적인 도움을 주기 위해 4차 산업혁명의 핵심 키워드를 정리해 담았다.

1장을 통해 미국 주식 투자에 대한 확신이 마음속에 자리 잡았다면 이제 이 책의 두 번째 이야기로 넘어간다. 우리가 원하는 풍요로운 은퇴 생활을 위한 미국 주식 투자로 발걸음을 재촉할 순서다.

두 번째 이야기에 담긴 2장과 3장, 그리고 4장은 그야말로 미국 주식 투자의 실전 편이다. 필자가 지난 1년이 넘는 기간 동안 단 하루도 거르지 않고 하루 10시간 가까이 필자의 인생을 투자하면서 리서치하고, 분석하고,

고민해서 추려낸 최고의 투자 종목들을 하나하나 소개했다.

혹시 주식 종목 추천에 대한 거부감이 있는 투자자들을 위해 말하자면, 이 책의 종목 소개는 사기꾼들이 운영하고 있는 일부 주식 리딩방의 '나만 믿고 따라와' 식의 주식 추천과는 다르다. 필자는 'What'보다는 'Why'에 비중을 두고 종목을 소개했다. 쉽게 말해 필자가 하나하나 기업을 소개할 때마다 마치 이 책을 읽고 있는 독자 여러분에게 해당 기업에 대한 투자 설명회를 한다는 마음으로 기업들의 투자 가치를 증명해 보일 생각이다. 독자 여러분은 각 기업의 미니 투자 설명회에 참석한 투자자 입장이 되어 중립적이면서 비판적인, 그리고 주관적인 시각을 유지하면서 각 종목에 대한 투자 가치를 평가한 다음, 100% 확신이 드는 종목에만 투자를 진행하길 권한다. 또한, 독자 여러분이 개인적인 상황, 그리고 투자 성향에 맞춰 종목을 선택할 수 있도록 각 종목에 대한 기대 수익과 리스크에 대한 필자의 개인적인 평가를 제시했다.

이번 책에서는 소개하는 종목은 27개나 된다. 그만큼 폭넓은 투자의 옵션을 제공함으로써 각기 다른 취향의 투자자들이 각자의 투자 방향에 부합하는 종목을 찾을 수 있을 것이다.

마지막인 세 번째 이야기에 담긴 5장에서는 2~4장에서 추천한 종목들에 투자할 때 반영할 수 있는 최선의 방법을 제시했다. 물론 오랜 투자 경력을 가진 투자자라면 건너뛰어도 되는 부분이다. 하지만 이제 막 미국 주식 투자의 세계에 뛰어든 주린이에게는 많은 도움이 될 수 있도록 실질적이고도 구체적인 투자 전략을 설명했다.

그리고 2020년에 낸 첫 번째 책인 《미국 주식으로 은퇴하기》와 마찬가지로 '미주은의 잔소리'로 이 책을 마무리했다. 반년이 넘는 기간 동안 미주은을 운영하면서 구독자들께서 정말 많은 댓글을 남겨주셨다. 대부분은 미주은에 대한 격려와 응원의 메시지였다. 그런데 가끔 주식 투자를 하면서 심리적으로, 또는 감정적으로 어려움을 겪고 있다는 댓글을 보게 된다. 그런 댓글을 마주할 때마다 많이 걱정도 되고 안타까움을 느낀다. 마음 같아서는 그런 댓글을 볼 때마다 하나하나 피드백을 드리고 싶었다. 하지만 바쁘다는 핑계로 그렇게 하지 못했다. 그래서 이번 책의 마무리는 그동안 꼭 전하고 싶었던 필자의 마음을 모두 모아 한꺼번에 남김없이 전해보고자 한다.

이번 책에서 필자가 독자 여러분에게 소개하는 종목은 총 27개다. 이 27개 종목을 추려내는 과정에서 기업 홈페이지를 방문하고, 투자 관련 프레젠테이션을 검토하고, 각종 수치를 분석해본 기업은 아무리 못해도 200곳이 넘는다.

이렇게 최근 가장 핫하다는 미국의 기업들을 200곳 이상이나 공부하면서 느낀 점이 있다. 이러한 기업들이 우리가 생각하는 것보다 세상을 훨씬 더 빨리 변화시키고 있다는 점이다. 그래서 이번 책을 집필하기 위해 진행했던 자료 수집, 리서치의 과정은 전혀 지루하거나 힘들지 않았다. 오히려 우리가 살아갈 새로운 세상을 열어가는 데 있어 주도적인 역할을 할 기업들을 알아가는 과정은 필자에게 일종의 흥분감과 경이로움을 느끼게 해줬다. 아울러 이 기업들이 만들어 가고 있는 차원이 다른 미래에 주식 투자라는 방법으로 간접적으로나마 동참하고 있다는 사실을 알게 되자 시대의 흐름에 뒤처지지 않고 있다는 안도감까지 느낄 수 있었다.

그런 의미에서 앞으로 우리가 살아갈 세상을 바꿔나갈 미국의 기업들을 대상으로 하는 투자 활동은 단순히 금전적인 면에서 우리의 미래를 준비하는 수준을 넘어선다. 어쩌면 미국 주식 투자는 우리가 가까운 미래 몸소 맞부딪히고 적응해야 할 우리 삶의 모습을 전반적으로 준비해 나간다는 좀 더 커다란 의미를 부여할 수도 있을 것 같다.

이렇듯 뜻깊은 투자의 여정이 전혀 외롭거나 힘겹지 않도록 언제나 함께 해주시는 미주은의 27만 구독자, 그리고 이제는 인생의 동반자를 넘어 콘텐츠 제작의 파트너로 필자의 곁을 변함없이 지켜주고 있는 사랑하는 아내(오미주)에게 감사의 마음을 전하며 이 책을 시작한다.

차례

★ ★ ★ ★ ★

미주은 첫 번째 이야기

유튜브 채널인 미주은을 운영하면서 2020년 12월부터 반년 넘게 야심 차게 진행하고 있는 코너가 하나 있다. 바로 그 이름도 거창한 '향후 10년간 10배 성장 잠재력을 지닌 30개 기업 찾기' 프로젝트다. 사실 좀 더 직설적인 제목을 가져다 쓰려다가 너무 사기꾼 느낌이 나는 것 같아서 조금 다듬은 제목이다.

그런데 이 코너에서 소개됐던 주식들은 아무래도 4차 산업혁명 시대의 흐름에 편승해 최고의 성장세를 타고 있다 보니 대부분 이미 프리미엄이 많이 붙어 있었다. 이런 종목들을 소개하는 영상을 올리면 늘 등장하는 '단골 댓글'이 하나 있었다. 바로 '소개된 종목은 주가가 이미 너무 많이 상승했다'이다.

이런 댓글이 자주 등장하는 이유 중 하나는 주식 종목 선정에 있어 많은 투자자가 잘못된 편견을 갖고 있기 때문이다. 아직도 많은 투자자가 '아무도 모르는 종목'에 나만 혼자 투자하기를 희망한다. 또한, 지금은 주가가 매우 저평가되어 있지만 가까운 미래에 '대박'을 가져다 줄 종목을 찾고 싶어 한다. 다시 말해 10개월 내에, 아니 단 100일 정도 만에 100% 주가 상승을 보일 수 있는 종목을 찾아내어 단기간에 큰 부자가 되기를 꿈꾸는 것이다. 첫 번째 책인 《미국 주식으로 은퇴하기》에서도 목소리를 높여가며 피력했던 메시지지만 이런 방식은 '투기'지 '투자'가 아니다. 진정한 투자는 주가를 보고 종목 선정을 하는 것이 아니라 주식을 발행한 기업을 보고 진행하는 것이다. 앞으로 장기적인 관점에서 매출이나 수익이 성장할 기업을 찾아 투자하려면 기업의 실적이 성장하면서 결과적으로 주가의 상승은 자연스럽게 따라온다는 생각으로 투자를 진행해야 한다. 기업의 성장성과 비전에 나의 투자금을 베팅하는 것이 바로 제대로 된 '투자'인 것임을 반드시 기억해야 한다.

덧붙여 주식 투자는 확률의 게임이라는 점을 강조하고 싶다. 우리가 생각보다 단순한 주가의 형성 과정을 정확히 이해하고 있다면 아무도 모르는 종목에 나 혼자 투자해서 큰돈을 벌겠다는 전략(?)이 얼마나 확률상으로 떨어지는 위험한 꿈인지를 쉽게 알 수 있다. 주가는 단순하게 생각해서 '수요와 공급의 법칙'에 의해서 결정된다. 주식 시장은 다수와 다수가 만나 진행하는 '경매 시장'과 같다. 따라서 경매에 올라가 있는 종목을 사고 싶어 하는 사람이 팔고 싶어 하는 사람보다 많으면 해당 종목의 주가는 상승하고, 반대로 팔고 싶어 하는 사람이 더 많다면 주가는 하락한다. 이론적으로, 아니 상식적으로 생각해도 되도록 많은 투자자가 긍정적으로 평가하고 있는 기업의 주식을 찾아 베팅하는 것이 아무도 관심을 갖지 않는 Hidden Gem(숨겨진 보석)을 찾아 투자하는 것보다 확률적으로도 성공 확률이 높고, 더 안전한 투자의 방향이 될 수밖에 없다. 물론 장기적으로 이러한 주가의 상승 추세가 지속하기 위해서는 기업의 실적이 반드시 뒷받침되어야 한다. 그러므로 우리 투자자들은 기업의 비즈니스 모델이 어떻게 진화하고 있으며 기업의 실적이 어떻게 향상되고 있는지 꾸준히 모니터링을 해야 한다.

여기에 또 하나, 간과하지 말아야 하는 중요한 부분이 있다. 바로 거시적인 시대적 흐름이

정말 미국 주식에 투자해도 될까?

다. 지금 내가 투자를 진행하고 있는 시대의 모습을 객관적인 시각에서 점검해봐야 한다. 현시대가 세계 경제가 성장을 멈추거나 횡보의 모습을 보이는 있는 시기인지, 아니면 새로운 혁신이 몰려오면서 무서운 성장의 모습을 거듭하고 있는 시대인지를 살펴봐야 한다. 단편적인 예로 한국의 실질 국내총생산(GDP)은 2010년 1,479조 원에서 2018년 1,808조 원으로 8년간 22% 성장하는 데 그쳤다. 같은 기간 한국 코스피 지수를 살펴보자. 2010년 코스피 지수는 2,021포인트였고 2018년에는 2,041포인트를 기록했다. 이렇게 오랜 기간 한국 증시가 박스권을 형성하면서 횡보의 모습을 보인 이유는 성장이 멈춰버린 한국 경제의 답답함에서 그 이유를 쉽게 찾을 수 있다.

그렇다면 2021년 우리가 서 있는 여기는 어디일까? 우리는 미국 주식 투자에 관심을 갖고 있으므로 미국의 경제와 기업에만 국한해서 생각해보자. 앞으로 10년간 미국의 경제, 그리고 미국의 기업들은 어떤 모습을 보여줄까?

필자의 개인적 견해로는 우리는 지금 20~30년에 한 번 올까 말까 한 투자의 기회를 맞이하고 있다. 4차 산업혁명이라는 이름으로 대표되는 혁신의 모습들이 정신을 차리기 힘들 정도의 규모와 속도로 우리의 삶을 바꿔나가고 있다. 더욱이 2020년에 불현듯 찾아온 코로나19(이하 '코로나')는 다소 시간이 걸릴 것으로 예상했던 혁신의 진행 속도를 상상 이상으로 단축해놓았다. 모든 혁신의 가장 큰 장애 요소는 변화를 꺼리는 인간의 속성인데 팬데믹(Pandemic)은 우리가 군소리 없이 새로운 시대, 소위 '뉴 노멀(New Normal)'을 받아들이게 만들어 버렸다. 이런 의미에서 2020년 우리에게 찾아온 코로나라는 불청객은 인류의 역사를 일정 부분 바꿔 버렸거나 적어도 앞당겨버린 커다란 사건으로 훗날 역사는 기록할 것이다. 투자자의 관점으로 다시 돌아와 보면, 이러한 이유로 소위 테크 기업들 중에는 연매출 성장률이 세 자릿수를 기록하는 기업이 즐비한 상황이 연출됐으며 해당 기업들의 주가 상승 폭 역시 상상하기 어려울 정도로 가파른 형세를 보였다.

실제로 필자가 '향후 10년간 10배 성장 잠재력을 지닌 30개 기업 찾기' 프로젝트를 통해 이미 소개한 기업 중 많은 종목의 주가는 1년도 되지 않는 기간에 30~40%, 많게는 100% 이상 상승했다. 좀 더 빨리 방송을 제작해서 더 많은 미주은 구독자가 투자할 수 있도록 도와주지 못한 것이 안타깝게 느껴질 정도였다.

이번 첫 번째 이야기 다음에 나올 두 번째 이야기에서 필자가 소개할 27개 종목도 크게 다르지 않다. 유튜브 채널인 미주은에서 추천하는 유망 종목과 이 책에서 소개하는 기업이 다를 리가 만무하기 때문이다.

그래서 이 책의 첫 번째 이야기에서는 필자가 왜 이렇게 주가가 이미 높게 형성되어 있는 미국 성장주들의 미래를 긍정적으로 평가하는지에 대한 논리적인 근거를 제시하고자 한다. 이 책을 읽는 많은 독자 여러분이 앞으로 투자를 진행함에 있어 4차 산업혁명 시대 최고의 성장주들에 대한 확신을 갖고 투자를 진행할 수 있는 계기가 됐으면 한다.

1장
4차 산업혁명에
베팅하라

≡1≡
오늘의 주식 투자,
어제로부터 배운다

    필자가 중학생일 때 TV로 본 영화 중에 '백 투 더 퓨처'가 있다. 마이클 J. 폭스라는 스타를 탄생시킨 오락 영화다. 이 영화의 줄거리는 제목에서 유추해 낼 수 있듯이 주인공이 자동차를 개조한 타임머신을 통해 과거로 가서 겪는 해프닝을 다뤘다. 현재의 주인공이 과거의 자신과 마주치는 사고(?)를 피하기 위해 필사적으로 몸을 숨기던 장면이 아직도 생생한 걸 보면 꽤 재미있게 본 영화 중 하나인 것 같다.

    주식책에서 느닷없이 영화 이야기를 꺼내는 이유는 바로 이 영화의 주요 소재인 '타임머신' 때문이다. 미래의 기업 가치를 예측하면서 현재의 기업에 베팅하는 주식 투자를 열심히 하다 보니 때로는 타임머신을 타고 미래로 가서 어떤 주식에 투자해야 할지 알아내고 싶은 마음이 들 때가 있다. 물론 현실적으로 정확하게 미래를 내다보는 방법은 없다. 반면, 원한다면 자세히 살펴볼 수 있는 시간대는 있다. 바로 '과거'라는 이름의 시간이다.

과거는 미래를 비추는 거울이라는 말이 있다. 역사는 반복되는 경향이 있기 때문이다. 필자의 소견으로는 역사가 이렇게 반복되는 이유는 인류의 역사를 써나가는 주체가 다름 아닌 우리 자신이며, 우리 인간은 비슷한 상황에서 비슷한 선택을 반복해왔기 때문이라고 생각한다. 결국 우리가 조금만 관심을 갖고 지난 과거의 주식 시장을 들여다보면 앞으로 다가올 미래, 주식 시장의 모습을 어느 정도는 짐작해낼 수 있지 않을까?

잠깐 옛날이야기를 해보자. 1945년 2차 대전이 종전되고 나서 많은 국가가 경제 재건을 위해 노력을 많이 했는데 이때 가장 우선순위에 둔 부분이 바로 인프라 구축이었다. 그중에서도 '도로' 건설은 경제 발전을 위한 첫 단추가 되는 중요한 프로젝트 중 하나였다. 잘 구축된 도로는 지역 산업 발달은 물론, 문화 교류를 활발하게 해 경제 발전의 원천이 되기 때문

[고속도로]

이다. 오죽했으면 로마제국의 전성기 시대에 "모든 길은 로마로 통한다"라는 말이 나왔겠는가?

이러한 시대에는 도로망 구축에 참여하고 있는 건설사에 투자했다면 많은 수익을 올릴 수 있었을 것이다. 이 책에서는 이렇게 인프라를 구축하는 기업을 편의상 로드 빌더(Road Builder)라고 지칭하겠다.

한국의 상황도 마찬가지였다. 1960년대 말부터 한국 최초의 고속도로인 경인고속도로, 경부고속도로 등이 건설되면서 훗날 '한강의 기적'을 이뤄낼 수 있는 경제 발전의 초석이 됐다. 현대건설이 한때 대한민국 최고 기업의 자리를 차지했던 것은 우연이 아니었다. 우리는 주식 투자자의 관점에서 모든 것을 바라봐야 하는 입장이니 항상 이런 질문을 던져야 한다.

"과연 건설사가 최고의 투자처였을까?"

고속도로 등 도로를 건설하는 과정은 생각보다 그 기간이 짧다. 415킬로미터로 한국에서 가장 긴 고속도로인 경부고속도로를 건설하는 데는 1960년대 말의 기술력으로도 2년 5개월 정도가 소요됐다. 물론 공사 기간 중에는 429억 원이라는 돈이 투입됐고 연인원 892만 명, 그리고 165만 대의 장비가 투입된 대형 사업이었다. 그런데 대한민국 역사상 최대 프로젝트 중 하나였던 경부고속도로 건설이라는 호재를 통해 건설사에 투자했다면 수익을 올릴 수 있는 기간은 3년이 채 되지 않는다고도 할 수 있다. 이렇게 로드 빌더들은 하나의 프로젝트가 마무리되고 나면 다른 기회를 찾아 옮겨가야 하는 어려움이 있다. 투자자의 관점으로 보면 장기적 불확실성이라고 정의할 수 있겠다.

이러한 비즈니스 특성을 갖고 있는 로드 빌더에 집중적으로 투자하는 많은 사람이 놓치고 있는 점이 있다. 바로 2차 경제 파급 효과다. 이렇게

[트래픽은 돈이다]

새로운 도로가 개통하면 아주 오랜 기간 장기적으로 다양한 분야에서 2차 파급 효과가 일어날 수 있다는 점을 기억해야 한다. 그리고 더 중요한 점이 있다. 이러한 2차적인 경제적 파급 효과가 트래픽(Traffic)에서 발생한다는 것이다. 여기서 말하는 트래픽은 단순히 길 위의 자동차뿐만이 아니라 사람들이 새로운 길을 따라 이동하거나 머물게 되면서 생겨나는 다양한 형태의 비즈니스를 모두 포함한다.

새로운 도로가 건설되면 사람들이 그 도로를 드나들게 되고, 결과적으로 그들을 타깃으로 하는 많은 비즈니스가 새로 생겨나는 것이다. 드넓은 미국 대륙을 횡단하는 고속도로가 개통되자 그 길을 따라서 자동차를 타고 여행하는 사람들을 타깃으로 등장한 새로운 형태의 숙박시설인 모텔(Motel: Motor+Hotel)이 그 전형적인 예가 될 수 있겠다. 그 밖에도 새로운 도로망을 따라 생겨나는 비즈니스의 종류에는 주유소, 주차장, 쇼핑센터, 음식점, 편의점, 정비소 등 한도 끝도 없을 것이다. 따라서 도로의 건설과 개통은 참으로 많은 산업과 비즈니스에 경제적인 이익을 안겨준다.

그럼 다시 투자자의 입장으로 돌아와서 생각해보자. 이렇게 많은 수혜기업, 산업 중에 최고의 수혜를 받는, 즉 최고의 투자처는 어디일까? 다양한 후보를 생각해볼 수 있다. 도로 위의 수많은 자동차를 생산하는 자동차 제조사들과 그 하청업체들일 수 있고, 급속도로 늘어나는 자동차의 보급으로 인해 접근성이 향상된 대형 슈퍼마켓(월마트 등), 하루가 다르게 가입자가 늘어나는 자동차 보험사일 수도 있다.

다음 그래프를 보면, 실제로 미국 내 자동차 판매 수가 1970년대 초반

[미국 내 자동차 판매 수 변화 추이]

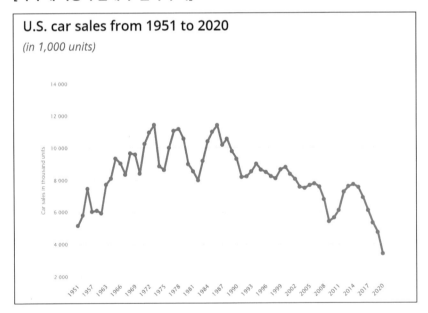

• 출처: statista.com

에서 1980년대 후반까지 그 절정을 이루고 있는 것을 확인할 수 있다.

필자는 도로망의 구축으로 인해, 그리고 자동차라는 트래픽의 기하급수적
인 증가로 인해 가장 커다란 수혜를 입은 산업은 '오일 비즈니스'라고 본다.
1980년 기준으로 미국 기업의 시가총액 순위 톱 10 중에 6개 기업이 오일
비즈니스와 관련되어 있다.

[미국 기업 시가총액 순위]

@CharlieBilello		Largest Companies Globally by Market Cap (1980 - 2018)			
Rank	1980	1990	2000	2010	2018
1	IBM	Nippon Telegraph & Telephone	Microsoft	PetroChina	Apple
2	AT&T	Bank of Tokyo-Mitsubishi	General Electric	Exxon Mobil	Microsoft
3	Exxon	Industrial Bank of Japan	NTT DoCoMo	Microsoft	Amazon
4	Standard Oil	Sumitomo Mitsui Banking	Cisco	ICBC	Google
5	Schlumberger	Toyota Motors	Walmart	Walmart	Berkshire Hathaway
6	Shell	Fuji Bank	Intel	China Construction Bank	Facebook
7	Mobil	Dai-Ichi Kangyo Bank	Nippon Telegraph & Telephone	BHP Billiton	Johnson & Johnson
8	Atlantic Richfield	IBM	Exxon Mobil	HSBC	Alibaba
9	General Electric	UFJ Bank	Lucent	Petrobras	JPMorgan Chase
10	Eastman Kodak	Exxon	Deutsche Telecom	Apple	Tecent

• 출처: financialoccultist.com

1960년대와 1970년대를 살았던 투자자라면 당시 고속도로를 비롯한
도로망이 급격히 발전하는 모습을 관찰하면서 놀러 갈 생각만 하지 말고
자동차의 트래픽이 기하급수적으로 증가할 것임을 내다볼 수 있어야 했
다. 또한, 한 단계 더 나아가 이렇게 자동차의 트래픽이 큰 폭으로 증가하

면 가장 수혜를 입는 산업이 오일 비즈니스라는 것까지 유추했다면 최고의 수익을 올렸을 것이다. 많은 사람이 기름값 올랐다고 불평할 때 정유사에 투자하는 센스가 필요했다.

또 한 번의 '대박' 투자 기회는 1990~2000년에도 있었다. 바로 '인터넷'이라는 혁신이 가져다준 기회였다.

사실 인터넷은 1983년에 탄생했다. 인터넷이 일반인에게까지 상용화되는 데는 10년 이상의 시간이 소요됐고, 1990년대 중반에 들어서야 본격적으로 일반인도 쓰기 시작했다.

이 대목에서 기억에 남는 에피소드가 있어 잠시 사담을 나누어볼까 한다. 필자는 92학번이다. 대학 3학년 재학 중간인 1994년부터 1997년까지 군대를 다녀왔다. 복무 기간이 30개월이나 되는 공군에 가는 바람에 다시 대학교로 복학했을 때는 완전 촌놈이 다 되어 있었다. 거의 3년간 TV도, 신문도 보지 못하고 살았으니 바보도 이런 바보가 없었다.

아직도 뇌리에서 떠나지 않는 충격적인 기억이 하나 있다. 군대 가기 전에는 리포트를 손으로 직접 필기했는데 그사이 모든 학생이 컴퓨터로 리포트를 작성하는 것이 아닌가! 그래서 처음 몇 달은 같은 3학년이지만 3년 후배인 여학생들에게 도움을 받으면서 간신히 리프트를 작성하고 제출했다. 또한, 그때부터 많은 대학생이 천리안, 하이텔, 나우누리를 통해 소개팅이나 미팅에 나가지 않고도 채팅을 통해 새로운 이성 친구를 사귀기 시작했다는 기억이 25년 가까이 지난 지금까지도 희미하게나마 남아 있다.

필자가 리포트 작성과 천리안 채팅을 위해 타이핑을 연습하던 그 시절, 세상 모든 사람이 인터넷의 시대를 적극적으로 받아들이면서 투자의 기회로 삼아내지는 못했던 것 같다. 단편적인 예로, 2008년 노벨 경제학상 수

상자이자 프린스턴대학교의 폴 크루그먼 교수는 1998년에 다음과 같은 말을 해서 이후 명성과 커리어에 커다란 오점을 남겼다.

"The growth of the Internet will slow drastically, most people have nothing to say to each other! By 2005 or so, it will become clear that the Internet's impact on the economy has been no greater than the fax machine's(인터넷의 성장은 급격히 느려질 것이다. 사람들 대부분은 서로 할 말이 없다. 2005년쯤이면 인터넷의 경제에 미치는 영향이 팩스보다 크지 않다는 것이 분명해질 것이다)."

폴 크루그먼 교수가 이렇게 두고두고 후회할 만한 논리의 오류를 범하게 된 데는 한 가지 간과한 부분이 있다. 바로 인터넷상의 '트래픽'이다. 인터넷은 마치 전 세계를 이어주는 고속도로가 뚫리는 것과 같아서 엄청난 양의 트래픽, 즉 정보(Information)가 생성되고 유통되며 소비될 수 있다는 점을 생각하지 못했던 것이다. 하긴 지금은 생활용어처럼 사용되는 IT(Information Technology)라는 말이 상용화되기 전의 일이기는 하다.

정보의 평등이라는 인류 역사상 최고의 진보를 이뤄낸 인터넷이라는 발명품은 이렇게 쉽지 않은 시작을 뒤로 하고 차츰 우리 삶을 통째로 바꿔놓을 혁신으로 진화해 왔다.

자, 그럼 투자자의 관점에서 볼 때 1990년대의 투자자들에게는 어떤 기회가 열려 있었을까? 일단, 1960년대와 1970년대에는 고속도로를 만드는 건설사가 있었다면, 1990년대에는 인터넷 시대의 로드 빌더가 따로 있었다. 바로 AT&T(T), IBM(IBM), 버라이즌(VZ)과 같은 통신 인프라 관련 기

[인터넷 로드 빌더 AT&T의 주가 변화]

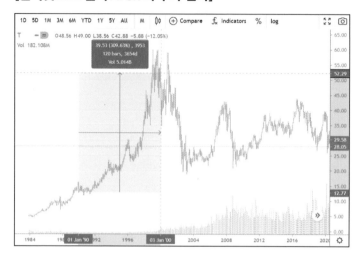

• 출처: seekingalpha.com

[인터넷 로드 빌더 IBM의 주가 변화]

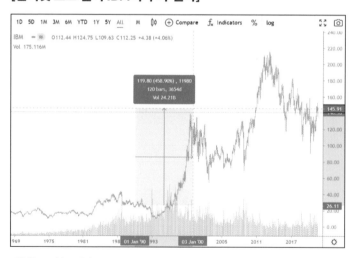

• 출처: seekingalpha.com

업이다. 이 인터넷 로드 빌더 기업들의 주가는 1990년대부터 약 10년간 적게는 25%에서 많게는 300%까지 상승했다. 왼쪽에 예로 제시한 AT&T와 IBM의 경우 닷컴 버블이 오기 전까지 10년간 300%, 연평균 15%에 육박하는 꾸준한 성장을 보였으니 좋은 투자처였던 것은 사실이다.

그런데 인터넷 시대를 개막하는 데 중추적인 역할을 담당했던 로드 빌더라는 점을 감안해볼 때 이런 성적표는 사실 기대에 많이 못 미친다고 할 수 있다. 또한, 닷컴 버블의 악몽을 뒤로 하고 많은 기업이 인터넷 시대의 전성기를 구가하던 시기에도 인터넷 로드 빌더들의 주가 추이는 실망스러운 모습을 계속 보여줬다. 즉, 1960~1970년대 도로망을 건설했던 건설사와 비슷한 전철을 밟고 있는 셈이었다. 파티는 성대했지만 곧 끝나버렸다.

그렇다면 1990년부터 2000년까지 이어졌던 인터넷망 확장의 시기에 최고의 투자 대상은 어떤 기업이었을까? 우선 마이크로소프트(MSFT)가 대표적이다. 다음 차트에 나와 있듯이 1990년부터 거의 10년간 마이크로소프트의 주가는 9,300% 넘게 상승했다.

[인터넷 혁신 수혜주 마이크로소프트의 주가 변화]

• 출처: google.com

앞에서 말했던 1980년대 오일 비즈니스 기업과 마이크로소프트의 공통점을 생각해보면, 바로 트래픽을 이용해 매출을 창출했다는 것이다. 1980년대 오일 비즈니스 기업들의 경우 고속도로 위의 차들이 트래픽 역할을 했다면, 1990년대 트래픽은 인터넷상에 있었다. 필자가 손으로 쓰던 리포트를 MS워드를 사용해 작성하느라 고생하던 바로 그 시절, 마이크로소프트의 주가는 8배가 넘는 성장을 이루고 있었다. 그런데 마이크로소프트가 가져다준 투자의 기회는 사실 시스코(CSCO)에 비하면 새 발의 피다.

닷컴 버블의 최대 피해 기업 중 하나인 시스코는 사실 그 버블이 터지기 전까지는 최고의 투자 종목이었다. 1990년대 10년간 시스코의 주가는 무려 8만 2,000%가 넘게 상승했다. 8만 2,000%면 주가가 800배가 넘게 오른 것이다. 즉, 시스코에 1억 원을 투자한 사람은 10년 후에 1억 원이 800억 원으로 뒤바뀌는 경험을 한 게 된다. 이 시기에 시스코의 주주였던 투자자들은 어떤 마음을 갖고 있었을지 쉽게 상상이 되지 않는다.

[인터넷 혁신 수혜주 시스코의 주가 변화]

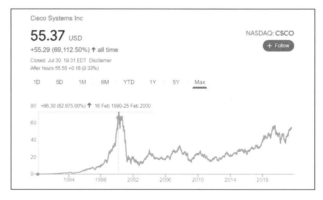

• 출처: google.com

확실히 세상이 뒤죽박죽되면서 빠르게 변화하는 시기에 투자의 기회는 찾아온다. 필자의 부자가 될 수 있었던 첫 번째 기회는 이렇게 필자가 MS 워드를 이용해 리프트 쓰는 법을 배우느라 바쁜 사이에 물 건너 가버렸다.

정리를 해보면, 인터넷 시대 역시 마찬가지로 트래픽을 이용한 비즈니스 모델을 개발한 기업들이 최고의 기업이었으며 최고의 성장주였다.

1999년 미국 기업 시가총액 순위를 보면 1위에 마이크로소프트가 올라 있는 것을 볼 수 있다. 8만 2,000% 주가 상승의 주인공 시스코 역시 시가 총액 3위 자리에 그 이름을 올려놓고 있다.

[1999년 기준 미국 기업 시가총액 순위]

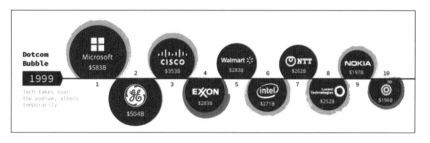

• 출처: visualcapitalist.com

시가총액 6위 기업은 너무나 유명한 인텔(INTC)이 마크하고 있다. 인텔 의 약진 역시 인터넷 시대의 트래픽을 효과적으로 이용한 결과, 만들어진 성공 스토리다. 바로 인터넷을 이용하기 위해 개인 컴퓨터를 사고자 하는 수요의 증가 말이다. 다음 페이지의 'PC 판매 수 변화'를 보자.

PC(Personal Computer)의 판매 수는 1990년대 초반까지만 해도 그렇 다 할 진전이 없었다. 그러다가 1993~1994년부터 급격한 상승 폭을 그 리는 것을 확인할 수 있다. 그 이후 10년도 되지 않는 짧은 시간에 컴퓨터

[PC 판매 수 변화]

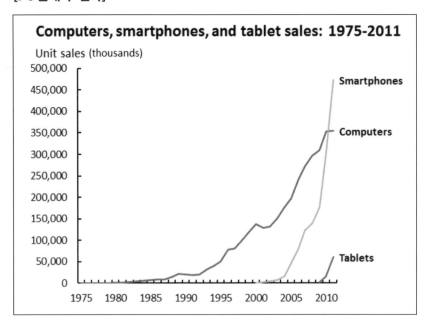

• 출처: arstechnica.com

는 누구나 1대씩 갖고 있는 생활의 필수품이 되었다. 1927년에 발명된 TV가 일반 가정에 보급되는 데 40년 가까이 걸렸던 것을 생각해볼 때, 컴퓨터의 보급은 인터넷이라는 도로망의 개통으로 인해 기하급수적인 성장세를 보였다. PC의 두뇌 역할을 하는 CPU(Central Processing Unit) 시장을 독점하다시피 하고 있던 인텔이 미국의 10대 기업으로 성장하게 된 것은 어쩌면 당연한 결과였다.

1990년대의 투자자였다면 인터넷이라는 혁신이 사람들의 삶을 180도 바꾸어놓는 모습을 관찰하면서 어떤 기업이 인터넷이 만들어 내는 트래픽을 잘 이용하고 있는지 파악할 수 있어야 했다. 그때 한국의 수많은 대학생이 하루아침에 펜을 놓아버리고 컴퓨터에 앉아 리포트를 작성하는 현상

미국 주식으로 은퇴하기 _ 실전 투자 편

에 관심을 기울였어야 했다. 그때 그 시절 누구나 갖고 싶어 했던 최고의 아이템은 386 컴퓨터였다는 사실에 집중했어야 했다. 따지고 보면, 최고의 투자 종목, 그리고 최고의 투자 전략은 우리 가까운 곳에 있었다. 우리는 그 기회를 포착할 만한 안목을 갖고 있지 못했던 것뿐이다.

자, 이렇게 부자가 될 수 있었던 첫 번째 기회를 놓쳐버린 아쉬움을 뒤로하고, 이제 2010년대로 떠나보자.

드디어 4G의 시대가 찾아왔다. 3G의 뒤를 이어 등장한 4G는 2009년 북유럽을 필두로, 2010년에는 미국에서, 2011년 들어서는 한국에서 서비스가 시작되었다. 대한민국 전역에 4G망이 보급된 것은 2012년이라고 하니 4G의 시대는 이미 9년이라는 세월 동안 우리의 삶을 지배해왔다.

4G 혁신에도 인프라 구축을 맡아서 진행했던 로드 빌더들이 있다. 텔레콤 쪽에는 AT&T, 버라이즌 등을 떠올릴 수 있고, 전 세계 4G 통신 장비 시장 1위 에릭슨(ERIC)도 있다. 그런데 앞에서 확인했던 AT&T, 버라이즌의 경우에도 그랬듯이 에릭슨에서도 마찬가지였다. 다음 페이지의 차트에서 확인할 수 있듯이 2009년에서 2012년까지 진행되었던 4G 혁신의 발전 모습을 찾아보기 힘들다. 도대체 무슨 일이 있었던 걸까?

필자는 개인적으로 드디어 스마트(한) 투자자들이 등장했다는 평가를 하고 싶다. 1960~1970년대 건설사에 투자했던 경험에서도, 1990년대 인터넷 로드 빌더에 투자했던 경험에서도 별다른 성과를 거두지 못한 투자자들이 이제는 로드 빌더들의 가치를 더 이상 높게 쳐주지 않기 시작했다고 생각한다. 만약 필자의 가설이 맞는다면 투자금들은 다 어디로 흘러들어간 것일까? 바로 트래픽이다.

스마트 투자자들은 이제 새로 길이 만들어지면 트래픽을 따라 투자해야

[에릭슨의 주가 변화]

• 출처: seekingalpha.com

한다는 것을 직감적으로 알기 시작했다. 4G망을 구축하는 과정이 중요한 것이 아니라 이렇게 만들어진 4G망을 이용해 어떤 기업이 혁신적인 비즈니스 모델을 만들어 내느냐에 관심을 두기 시작한 것이다. 이제 4G망을 활용해 최고의 혁신을 이뤄낸 최고의 투자처에는 어떤 기업이 있었는지 확인해보자.

2000년대 초반까지만 해도 영화를 보는 방법은 2가지였다. 직접 극장에 가서 관람하거나 (극장에서 볼 기회를 놓치면) DVD를 대여하거나 구매해서 보는 방법이다.

이 시기 미국 DVD 시장의 1위 업체는 영화, 게임 등을 대여해주던 블록버스터였다. 이때 일정 구독료를 내는 구독자들에게 택배로 DVD를 무제한으로 대여해주는 사업으로 블록버스터와 경쟁 구도를 형성한 기업이 있었다. 바로 넷플릭스(NFLX)다. 넷플릭스의 무제한 DVD 택배 서비스는 선풍적인 인기를 얻어 2002년에 70만 명에 불과했던 구독자 수는 2005년에 360만 명까지 늘어났다. 분명 넷플릭스의 DVD 대여 사업은 성공적이라고 할 수 있다. 그런데 넷플릭스는 2007년, 전통적인 DVD 대여 비즈니스에서 탈피해 지금의 넷플릭스를 만든 스트리밍 기능을 출시했다. 처음에는 미국 지역만을 대상으로 했으나 2010년부터는 서비스 지역을 캐나다와 중남미 쪽으로 확장했다. 그 이후 10여 년간 넷플릭스는 미디어업계에서 자이언트 기업들을 차례로 무너뜨리며 시장을 장악해 나갔다. 2017년 6월에 이르러서는 전 세계 구독자가 1억 명을 돌파했으며 이제는 구독자 수가 2억 명을 훌쩍 넘어섰다.

이 사이 넷플릭스 주가는 어떻게 됐을까? 2010년부터 2020년까지 넷플릭스는 6,000%가 넘는 주가의 상승을 기록했다. 다음 차트에서 살펴볼 수 있는 것처럼 시간이 가면 갈수록 주가의 상승은 기하급수적으로 올라가는 형태를 보여주고 있다.

[4G 수혜 기업 넷플릭스의 주가 변화]

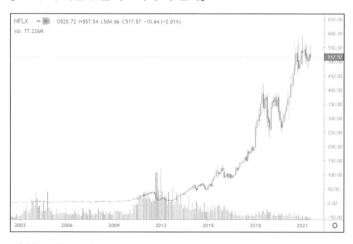

• 출처: seekingalpha.com

여기서 우리는 어떻게 이런 성장과 투자 수익이 가능할 수 있었는지에 대해 관심을 가져야 한다. 스트리밍 서비스에 있어서 4G의 역할은 절대적이다. 이 책을 읽고 있는 독자 여러분 중에는 다운로드 사이트에 들어가 내가 보고 싶었던 영화를 다운로드받기 위해 2시간 이상씩 기다려본 경험이 있을 것이다. 그리고 그 기억은 너무도 생생하다. 왜냐하면 불과 10년 전 우리의 모습이기 때문이다. 내 방 침대에 누워 내가 보고 싶은 영화를 무제한으로 볼 수 있는 시간을 즐기기 시작한 지는 사실 얼마 되지 않았다. 바로 4G, 그리고 4G를 이용해 새로운 형태의 비즈니스를 개발해낸 넷플릭스가 등장하기 전까지는 존재하지 않는 우리 삶의 모습이었다.

4G 시대의 트래픽을 이용해 비즈니스를 발전시킨 기업은 생각보다 많다. 이 중에서 빼놓을 수 없는 최대의 수혜 기업이 있는데 바로 아마존(AMZN)이다.

아마존은 사실 생각보다 그 역사가 긴 기업이다. 1994년 7월에 이제는 일선에서 물러난 제프 베조스가 설립한 기업이다. 1995년에 론칭한 아마존은 온라인 서점이었지만 이제는 그 사업의 분야를 다 열거하기 어려울 정도의 거대 기업으로 성장했다. 그 과정은 끊임없는 도전과 혁신의 연속이었다.

아마존에 투자해서 부자가 되기 위해서는 1995년 아마존이 사업을 시작했을 때 투자할 필요는 없었다. 1997년 주식 시장에 상장하자마자 투자할 필요도 없었다.

아마존은 2006년에 클라우드 서비스라는 새로운 혁신을 비즈니스에 추가했는데 다음 차트에서 알 수 있듯이 아마존의 클라우드 서비스가 관련 시장을 장악하는 모습을 확인한 다음, 2010년부터 투자를 시작했어도 투자 수익은 이미 2,000%를 넘어갔을 것이다. 이렇게 아마존이 25년 넘는 세월에 걸쳐 세계 최고의 기업으로 성장하는 동안 수많은 투자자는 엄청난 부를 축적할 수 있었다.

[4G 수혜 기업 아마존의 주가 변화]

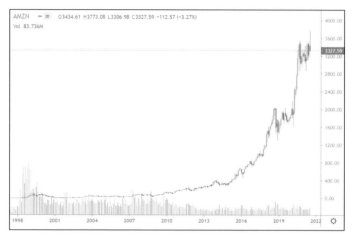

• 출처: seekingalpha.com

그런데 이러한 사실 때문에 아마존에 투자할 기회는 벌써 물 건너 가버렸고 이제는 아마존에 투자하기가 망설여진다는 사람도 많다. 필자는 개인적으로 전체 투자금의 10%를 아마존에 투자하고 있다. 이렇게 높은 비중으로 아마존에 투자하는 이유는 아마존이 최고의 이커머스 기업이어서도, 아마존이 최고의 클라우드 기업이어서도 아니다. 아마존이 지난 25년간 보여줬던 끊임없는 혁신의 정신에 베팅하고 있는 것이다. 앞으로 10년, 20년 후 우리가 맞이할 4차 산업혁명의 시대에 아마존은 과거에 그랬던 것처럼 스마트 홈이나 바이오 테크, 인공지능, 혹은 우리가 상상도 하지 못했던 또 다른 무언가로 다시 한번 새로운 혁신의 바람을 일으켜줄 것이라는 믿음을 갖고 있다고 할 수 있겠다.

미국 주식으로 은퇴하기 _ 실전 투자 편

≡2≡
대혁신의 시대

앞에서 우리는 1990년대 인터넷 혁명의 수혜주, 그리고 2010년대 4G 시대의 대표주자들이 가져다준 대박 투자의 기회를 구경만 하고 있던 입장에서 아쉬운 마음을 달래가며 리뷰해봤다. 자세히 살펴보면 이 기업들의 성장 추세에서 우리가 관심을 가져야 할 1가지 현상이 보인다. 인터넷 수혜주도 그랬고, 4G 수혜 기업들도 마찬가지로 성장 패턴이 선형 성장이 아니라 기하급수적 성장의 모습을 보여주고 있다는 점이다. 즉, 일정한 속도와 비율로 성장이 지속하는 것이 아니라 초반에는 지지부진한 모습을 보여주다가 특정 시점에 도달하면 폭발적인 성장의 모습을 보이는 것이다.

인터넷의 성장 모습도 마찬가지였다. 다음 '글로벌 인터넷 사용자 수 변화'에서 확인할 수 있듯이 사용자 수의 성장이 부진했던 1995년까지는 1,600만 명에 불과했지만 2000년에는 3억 6,000만 명으로 늘어났고 2001년에는 5억 1,000만 명, 2003년에는 7억 2,000만 명, 2005년에는

10억 명, 그리고 2010년에 이르러서는 드디어 인터넷 인구 20억 명 시대를 열게 된다.

[글로벌 인터넷 사용자 수 변화]

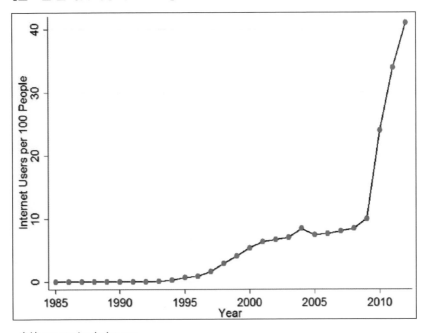

• 출처: semanticscholar.org

사실 이러한 방식의 기하급수적 성장은 최근 들어 소위 말하는 첨단기술 산업 쪽에서 흔히 나타나고 있는 현상이다. 오죽하면 인류가 직면하고 있는 굵직굵직한 이슈들을 기하급수적으로 성장하고 있는 기술을 이용해 풀어보자는 목적으로 만들어진 교육기관이 있을 정도일까? 미국의 캘리포니아에 있는 싱귤래리티대학교에서는 전 세계 유수의 기업 리더들이 모여 인류가 당면한 도전과 과제들에 대한 해답을 찾기 위해 기하급수적 성장을 보이는 미래의 기술들을 함께 공부하고 있다.

[선형 성장 vs 기하급수적 성장]

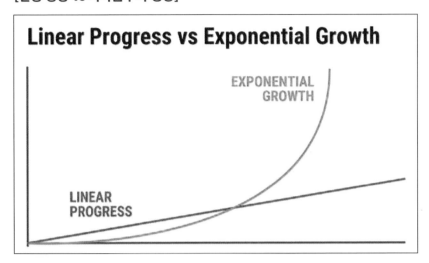

그러면 기하급수적 성장(Exponential Growth)의 현상은 왜 나타나는 걸까? 우리가 기하급수적 성장의 메커니즘을 이해하기 위해서는 '무어의 법칙(Moore's Law)'을 먼저 이해해야 한다. '무어의 법칙'은 인텔(INTC)의 공동 창립자인 고든 무어가 1965년에 주장한 법칙이다(〈일렉트로닉스〉에 실린 논문「Cramming more components onto integrated circuits」).

The complexity for minimum component costs has increased at a rate of roughly a factor of two per year … Certainly over the short term this rate can be expected to continue, if not to increase. Over the longer term, the rate of increase is a bit more uncertain, although there is no reason to believe it will not remain nearly constant for at least 10 years. That means by

1975, the number of components per integrated circuit for minimum cost will be 65,000. I believe that such a large circuit can be built on a single wafer(부품 제조 비용이 최소가 되는 복잡함은 해마다 대략 2배의 비율로 증가해왔다. 단기적으로는 이 증가율이 올라가지 않아도 현상을 유지하는 것은 확실하다. 적어도 앞으로 10년 동안 거의 일정한 비율을 유지할 수 없다고 믿을 이유는 없으나 좀 더 장기적으로 증가율은 조금 불확실하다. 이 말은 1975년까지는 최소 비용으로 얻을 수 있는 집적회로의 부품 수가 6만 5,000개에 이를 것임을 의미한다. 나는 그만큼의 대규모 회로를 1개의 회로판 위에 구축할 수 있을 것이라고 믿는다).

고든 무어가 주장한 기본 요지는 1,000달러(110만 원)로 살 수 있는 반도체의 집적회로 성능이 2년마다 2배로 증가한다는 주장이다. 쉽게 풀면 컴퓨터의 성능은 2년마다 2배씩 향상할 것이며, 결과적으로 가격은 2년마다 절반으로 떨어질 것을 예측했다. 1965년에 처음 주장된 이후 50년 이상 크게 벗어나지 않았다는 점도 대단하지만 오래전에 이미 1인 1컴 시대를 정확히 예측했다는 점에서도 엄지 척을 해줄 만한 대단한 이론임이 확실하다.

우리가 무어의 법칙에 관심을 가져야 하는 이유는 기하급수적 성장이 일어나는 이유를 가장 쉽게 설명해 주고 있기 때문이다. 다음에 나온 '무어의 법칙과 기하급수적 성장'을 보면, 반도체의 집적회로에 들어가는 트랜지스터의 수가 2년마다 2배씩 늘어나는 모습을 시뮬레이션으로 보여주고 있다. 여기서 2년마다 2배씩 늘어나는 것은 똑같은데 증가하는 숫자의 절대치는 해가 갈수록 엄청난 차이를 보인다는 점이 흥미롭다.

[무어의 법칙과 기하급수적 성장]

Number of Transistors	1	2	4	8	16	32	64	128	256	512	1,024	2,048	4,095	8,192	16,384
Year	1	3	5	7	9	11	13	15	17	19	21	23	25	27	29

• 출처: 유튜브 '미국 주식으로 은퇴하기'

1년 차에서 3년 차까지의 처음 2년 동안은 트랜지스터가 1개에서 2개로 단 1개가 늘어났다. 그런데 3년 차에서 5년 차까지의 두 번째 2년 동안 성장률은 그대로 2배지만 늘어난 트랜지스터의 개수는 2개로 늘어났다. 이렇게 계속 나아가다 보면 25년 차에서 27년 차의 2년 동안 늘어난 트랜지스터 개수는 무려 4,000개가 넘으며 27년 차에서 29년 차 사이에는 8,000개가 넘는 증가를 한다.

기하급수적 증가가 얼마나 엄청난 결과를 초래할 수 있는지 보여주는 옛날이야기가 있다.

옛날 인도에 어떤 왕이 있었는데 성격이 포악하고 전쟁을 좋아해 백성들이 늘 불안했다고 한다. 그래서 세타라는 승려는 왕의 관심을 돌리기 위해 전쟁과 비슷한 규칙을 가진 체스를 만들었다. 오로지 플레이어의 전략에 의해 승패가 좌우되는 변화무쌍한 게임인 체스에 재미를 붙이게 된 왕은 그때부터 실제 전쟁을 그만두고 체스를 통한 간접 전쟁을 즐겼다고 전해진다.

이 왕은 재미있는 게임을 소개한 세타에게 답례하기 위해 원하는 것은 무엇이든 하사하겠다는 제안을 한다. 이때 기하급수적 증가의 비밀을 알고 있던 세타는 체스판의 첫째 칸에 밀알 1톨, 둘째 칸에 2톨, 셋째 칸에 4톨과 같이 밀알을 2배씩 늘려 체스판의 64칸을 채워달라고 요구한다. 왕은 소박한 제안이라고 생각하면서 수락했지만 사실 세타의 책략에 넘어간 것이다. 세타의 요구대로 체스판을 채우려고 하면 마지막 64번째 칸에 해당하는 밀알은 18,446,744,073,709,551,615톨로 늘어난다. 사실상 인도의 모든 밀알을 포상으로 지급해도 모자란 양이 되는 것이다.

우리는 이러한 기하급수적 증가 현상을 첨단기술이 발전하는 모습에 접목해볼 수 있다. 즉, 현대 기술의 발전 속도는 선형으로 증가하지 않고 어느 순간이 되면 폭발적으로, 즉 기하급수적으로 성장할 수밖에 없다. 그리고 이러한 성장 속도가 기하급수적으로 지속하면 결국은 무한대로 진입하는데, 그렇게 되면 기술이 인간의 수준을 넘어서게 되는 시점이 오게 될 수도 있다. 한국 투자자들 사이에서도 인기가 있는 미국의 투자사인 아크인베스트의 캐시우드 대표에 따르면 우리는 현재 첨단기술의 성장 속도가 폭발적인 추세를 보여주기 시작하는 바로 그 변곡점에 와 있으며, 따라서 앞으로 기하급수적인 성장을 보여줄 기업들을 찾아 집중 투자해야 한다고 했다.

캐시우드의 이 주장은 사실 신빙성이 있다. 다음 그림에서 우리는 기업들이 시가총액 10억 달러(1조 1,000억 원)를 달성하는 데 든 시간을 비교할 수 있다. 전형적인 모습의 〈포춘〉 500대 기업(글로벌 경제전문지 〈포춘〉이 선정하는 500대 기업)이 시가총액 10억 달러(1조 1,000억 원)를 달성하는 데는 20년 가까운 시간이 필요했던 것을 볼 수 있다.

그런데 1998년에 설립한 구글(GOOG)이 같은 시가총액을 달성하는 데에는 8년이 채 들지 않았다. 2000년대에 설립한 기업들은 그 속도가 더욱 빨라진다. 2004년에 설립한 페이스북(FB)은 5년 이하, 2003년에 설립한 테슬라(TSLA)는 단 4년 만에 시가총액 10억 달러(1조 1,000억 원)를 이

[시가총액 10억 달러 달성 시간]

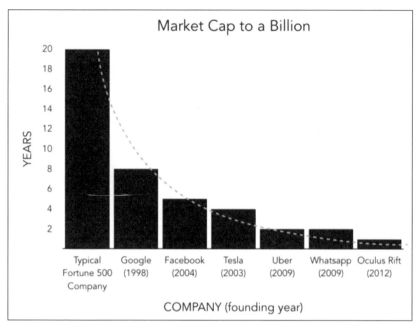

• 주: Billion은 10억 | 출처: 싱귤래리티대학교

뤄냈다. 2012년에 등장한 오큘러스(페이스북이 인수)는 2년도 지나지 않아 시가총액 10억 달러(1조 1,000억 원)를 달성해내는 기염을 토해낸다.

이렇게 시가총액 10억 달러(1조 1,000억 원)를 달성하는 시간이 단축하고 있다는 것은 해당 기업들이 기하급수적으로 부를 축적하고 있다고 해석할 수 있다. 다시 말해, 이러한 기업들에 투자하고 있는 투자자들도 단기간에 부를 쌓을 기회가 증가하고 있다는 것이다.

우리가 맞이하고 있는 시대가 기하급수적 성장의 시대라는 것을 증명하는 예는 이밖에도 많다. 아주 극단적인 예로는 다음 페이지에 나오는 '이용자가 5,000만 명까지 늘어나는 데 걸린 시간'에서 찾아볼 수 있다.

[이용자가 5,000만 명까지 늘어나는 데 걸린 시간]

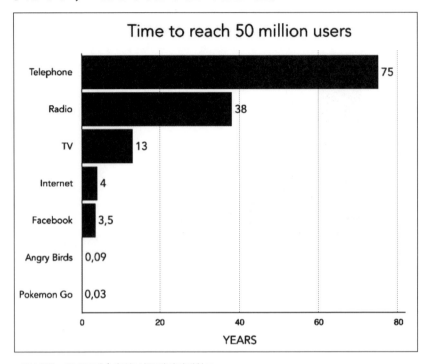

Time to reach 50 million users

	YEARS
Telephone	75
Radio	38
TV	13
Internet	4
Facebook	3,5
Angry Birds	0,09
Pokemon Go	0,03

• 주: Million은 100만 │ 출처: 싱귤래리티대학교

　인류가 발명해낸 최고의 발명품 중 하나인 전화기를 5,000만 명이나 이용하기까지 걸린 시간은 무려 75년이나 된다. 반면, TV는 단 13년이 걸렸다. 이러한 추세는 갈수록 빨라져서 페이스북 사용자는 단 3.5년 만에 5,000만 명을 돌파하고, 포켓몬 고의 경우에는 단 10일이었다.

　이렇게 우리 인류가 새로운 테크놀로지(첨단기술)를 받아들이는 데 걸리는 시간은 무서울 정도로 짧아지고 있다. 그렇지 않아도 기하급수적인 성장을 보이기 시작한 첨단기술과 혁신적 변화에 기름 붓는 일이 생기는데 바로 2020년 세계를 록다운(도시 봉쇄)하게 만든 코로나다.

2020년 팬데믹은 혁신적 첨단기술의 확장 시기를 현저히 단축시켰다. 인간은 본능적으로 변화에 대한 두려움이나 저항, 거부감을 느끼는 성향을 갖고 있다. 하지만 걸리면 죽을지도 모른다는 차원이 다른 두려움은 우리 인간들이 새로운 삶의 모습, '뉴 노멀'을 불평 없이 받아들이게 도와주는(?) 역할을 한 셈이 됐다.

이렇게 어쩔 수 없이 시작된 뉴 노멀의 시대에는 앞당겨진 미래로 인해 기하급수적 성장이 갑자기 시작된 기업이 많다. 뉴 노멀 최대의 수혜 기업인 줌(ZM)이 대표적이다. 줌의 주가는 2020년 한 해 동안 400% 이상 올랐다. 사실 2020년 1월부터 10월까지만 놓고 보면 730%나 상승한 적도 있었다.

줌의 주가가 1년간 400%나 올라갈 수 있었던 이유는 다름 아닌 실적이다. 줌의 연간 매출은 2019년 6억 2,300만 달러(6,853억 원)에서 2020년 26억 5,000만 달러(2조 9,150억 원)로 약 4.3배 성장했다. 팬데믹으로 인해

[줌 주가 변동 차트]

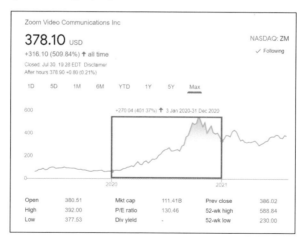

• 출처: google.com

온라인 콘퍼런스(Online Conference) 시대가 10년 정도 빨리 찾아왔기 때문이었다.

텔라닥헬스(TDOC, 이하 '텔라닥') 역시 팬데믹이 앞당겨온 미래의 비즈니스로 수혜를 입은 기업이다. 텔라닥의 매출은 2020년 1년간 지난해 대비 98%나 성장했다. 이렇게 급격한 성장을 보이자 텔라닥의 주가는 2020년 한 해 동안 141%나 폭등했다.

[텔라닥 주가 변동 차트]

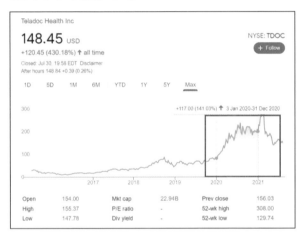

• 출처: google.com

최근 전 세계적으로 백신이 보급되기 시작하면서 텔라닥의 미래를 절망적으로 평가하는 투자자들이 생겨났는데 필자의 생각으로는 백신이 보급되었다고 한 번 찾아왔던 미래가 다시 돌아가지는 않을 것이라고 믿는다.

아마존(AMZN)으로 대표되는 이커머스 비즈니스는 2020년에 최고의 한 해를 보냈다. 2019년 전 세계 리테일 시장에서 온라인이 차지하는 비율은

14%에 지나지 않았다. 물론 지난 10년간 꾸준히 실적이 향상되고 있는 비즈니스 분야였지만 아직은 갈 길이 멀어 보였다. 그런데 2020년 불현듯 찾아온 바이러스(코로나)는 평생 단 한 번도 이커머스를 이용한 적이 없었던 노인세대까지 온라인으로 쇼핑하는 새로운 시대를 개막시켰다.

다음 차트에 나와 있는 동남아시아의 대표 이커머스 기업인 씨(SE)의 주가는 2020년 단 12개월 만에 390% 넘게 성장했다. 같은 기간 매출이 100% 넘게 향상했기 때문이기도 했지만 앞으로 수년은 걸릴 것이라고 예상했던 이커머스의 확산을 확 앞당겨 버렸기 때문이다. 기억하자, 한 번 찾아온 미래는 다시 돌아가지 않는다.

[씨 주가 변동 차트]

• 출처: google.com

다음 페이지의 그림은 아크인베스트에서 발행한 리포트 '파괴적 혁신(Disruptive Innovation)'에서 발췌한 것이다.

[대혁신의 시대]

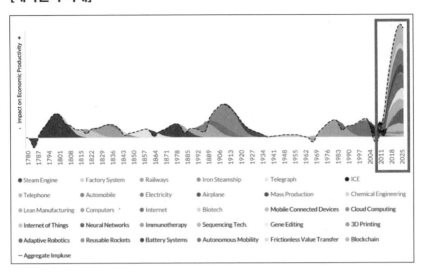

• 출처: '파괴적 혁신' 리포트

지금 우리가 살아가고 있는 시대가 어떤 시점인지를 그림 하나로 쉽게 설명하고 있다. 필자는 이러한 시대의 현상을 '대혁신의 시대'라 명명하고 싶다. 그 이유는 우리가 과거 몇백 년간 일어났던 혁신보다도 커다란 변화들이 한꺼번에 몰려오는 시대를 맞이하고 있기 때문이다. 미주은을 통해서도 여러 번 소개한 것처럼 최근 들어 모바일, 5G, 클라우드, 사물인터넷, 인공지능, 자율주행, 블록체인, 유전자 편집 등 수많은 얼굴을 가진 혁신의 바람이 한꺼번에 불어오고 있다. 그러면 여기서 궁금한 점이 하나 생긴다.

'도대체 왜 모든 혁신이 이렇게 한꺼번에 몰려오는가?'

결론부터 말하자면 다음 '혁신의 체인 고리'에서 볼 수 있듯이 모든 혁신은 서로 맞물려 있기 때문이다. 모든 사람이 스마트폰을 하나씩 가지기 전에는 이커머스와 핀테크라는 혁신이 찾아올 수 없었던 것과 같은 이치다. 즉, 5G가 상용화되지 않은 상태에서 자율주행과 스마트 시티의 실현은 불가능한 것이다. 엣지 컴퓨팅이 없다면 사물인터넷도 없다. 최근 인공지능으로 인해 단백질접힘, DNA 시퀀싱, 그리고 유전자 편집 부분에서 눈부신 진보가 일어나고 있는 것도 같은 맥락에서 해석될 수 있다.

[혁신의 체인 고리]

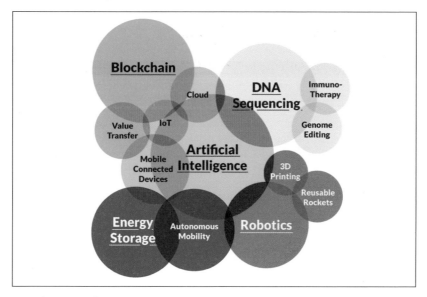

• 출처: '파괴적 혁신' 리포트

필자의 생각으로는 그중에서도 가장 중요한 혁신의 기폭제는 단연 5G 시대의 개막이다. 3G가 4G로 진화할 때 우리가 사용하는 셀룰러 네트워크(Cellular Network)의 속도는 3배 정도 향상했다고 한다. 그런데 다음 페이지의 그림에서 확인할 수 있는 것처럼 5G는 4G보다 최대 100배까지 빠른 속도로 데이터를 전송한다고 알려져 있다.

[4G vs 5G]

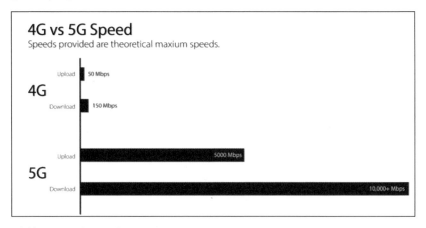

• 출처: commsplus.co.uk

100배라는 숫자는 생각보다 큰 의미가 있다. 단순하게 생각해도 속도가 100배 빨라진다면 처리되는 데이터양도 100배 늘어난다는 해석이 가능하기 때문이다. '데이터(Data)=트래픽(Traffic)=머니(Money)'의 공식이 성립하므로 5G로 인해 새로운 가치와 수입을 창출하는 혁신적인 기업이 생겨날 것임을 짐작할 수 있다.

그런데 5G의 역할은 단순한 속도의 증가에서 머무르지 않는다. 이전의 4G까지 무선통신 네트워크가 발전해온 과정과 5G의 기능을 비교해보면 접근 방식에서 다소 차이가 있음을 발견하게 된다. 4G까지는 고속 데이터 전송이 가능해지면서 효율적이면서도 안전한 네트워크를 구축할 수 있도록 기술적 과제들을 해결하는 과정이 무선통신 발전의 주요 임무였다. 즉, 하드웨어 장비와 소프트웨어를 개발하고 이용해 네트워크를 구축해놓았으며 이러한 기능적 발전을 이용하기 위해 자연스럽게 응용 서비스들이 등장한 셈이다. 사용자들이 이전에는 누리지 못했던 새로운 경험을 중심으로 신규 사업 기회가 창출되고 이를 통한 생태계가 생성 및 발전됐다. 대표적인 예로 다양한 형태의 소셜 미디어와 스트리밍 서비스의 확산을 들 수 있다.

5G의 접근법은 완전히 반대다. 우선 주요 활용 범위와 활용 사례를 먼저 제시하고 이를 구현하기 위한 네트워크 요구사항들을 역으로 구현했다는 점을 눈여겨볼 필요가 있다. 즉, 사물인터넷, 스마트 팩토리, 원격 진료, 자율주행, 가상 및 증강현실 등 다양한 분야의 요구사항들을 모두 수용할 수 있는 인프라스트럭처(Infrastructure)를 구축하는 것이 5G의 태생 목표인 것이다. 이러한 목표로 인해 5G는 단순히 빠른 전송 속도뿐만 아니라 초저지연(Ultra Low Latency), 초연결(Hyper Connectivity), 고신뢰도(High Reliability) 등 다양한 요구를 지원하는 것을 중요시한다. 따라서 너무나 당연하게 5G의 상용화는 앞에서 열거한 4차 산업혁명 시대의 대표적 혁신들이 나타나게 되는 시작점이 될 것이다.

정작 5G는 아직 시작도 안 했다. 다음 페이지의 그림에서 확인이 가능한 것처럼 5G, 그리고 그 이후 차세대 인터넷에 연결될 장비의 수는 2020년 약 300억 개에서 2025년 약 754억 4,000만 개로 단 5년 동안 2.5배 가까이 증가할 전망이다. 어떻게, 돈의 향기가 물씬 느껴지지 않는가?

[5G 연결 장비 수]

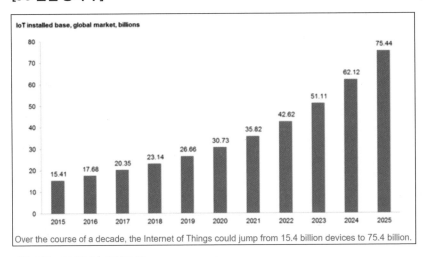

IoT installed base, global market, billions

Over the course of a decade, the Internet of Things could jump from 15.4 billion devices to 75.4 billion.

• 주: Billion은 10억 │ 출처: IHS

≡3≡
4차 산업혁명에 베팅하라

간단한 설문을 진행해보고자 한다. 다음의 9개 문장을 읽어 보고, 과연 몇 개나 내게 해당하는지 체크해보자.

- ☐ 나는 MS워드, 엑셀, 파워포인트 등 3개의 프로그램을 모두 사용해봤다.
- ☐ 우리 가족은 모두 스마트폰을 갖고 있다.
- ☐ 나는 페이스북이나 인스타그램에 포스팅한 적이 있다.
- ☐ 나는 온라인으로 물건을 구매해 본 경험이 있다.
- ☐ 나는 스마트폰으로 송금을 해본 적이 있다.
- ☐ 나는 호텔 예약은 전화보다는 온라인으로 한다.
- ☐ 나는 넷플릭스 등의 스트리밍 서비스를 통해 영화를 본 적이 있다.
- ☐ 나는 유튜브를 매일 시청한다.
- ☐ 나는 줌이나 마이크로소프트의 팀스를 이용해 화상 미팅을 해본 적이 있다.

두 번째 설문에는 13개 문장을 나열해 놓았다. 이번에도 내게 몇 개나 해당하는지 체크해보자.

☐ 스마트폰으로 보험에 가입해본 적이 있다.

☐ 스마트폰으로 부동산을 매매해본 경험이 있다.

☐ 전자 서명을 통해 계약서를 작성해봤다.

☐ 집에 사물인터넷이 연결된 냉장고나 세탁기가 있다.

☐ 현재 5G를 사용하고 있다.

☐ 버진갤럭틱의 티켓 가격을 알고 있다.

☐ 메타버스가 무엇인지 알고 있다.

☐ 원격 진료를 받아 본 적이 있다.

☐ 지인 중에 유전자 치료를 받은 사람이 있다.

☐ 가족 중에 전기차를 소유한 사람이 있다.

☐ 지인 중에 자율주행차를 소유한 사람이 있다.

☐ 지인 중에 로봇 수술을 받아본 사람이 있다.

☐ 가짜 고기로 만든 스테이크나 버거를 먹어본 적이 있다.

첫 번째 9개 문장은 '레드 오션(Red Ocean)'의 의미로 빨간색을 사용해 표시했다. 물론 예외적인 경우도 있겠지만 독자 대부분은 빨간색 9개 문장 대부분이 본인에게도 해당한다고 답했을 가능성이 높다. 즉, 우리 대부분이 MS워드, 엑셀, 파워포인트 등 3개의 프로그램을 모두 사용해봤을 가능성이 높기 때문에 마이크로소프트(MSFT)의 주가는 지난 10년간 700% 상승할 수 있었다. 우리 가족이 모두 스마트폰을 가지고 있기 때문에 애플(AAPL)의 주식은 과거 10년간 1,000%나 성장하는 모습을 보일 수 있었

다. 독자 여러분과 필자가 페이스북(FB)이나 인스타그램에 포스팅한 적이 있기 때문에 페이스북의 주가는 지난 8년간 850% 성장했다.

또한, 우리 중 다수가 온라인으로 물건을 구매해본 경험이 있기 때문에 아마존(AMZN)은 지난 10년 동안 1,400%의 수익을 투자자들에게 안겨줄 수 있었다. 우리 대부분이 스마트폰으로 송금을 해본 적이 있기 때문에 페이팔(PYPL)의 주가는 5년이라는 짧은 시간 동안 6배나 올랐다. 호텔을 예약할 때 전화보다는 온라인을 주로 이용하기 때문에 부킹홀딩스(BKNG)의 주가는 10년간 400% 상승할 수 있었고, 독자 여러분과 필자가 스트리밍 서비스를 통해 자주 영화를 봤기 때문에 넷플릭스(NFLX)의 주가는 10년 동안 6,000% 이상 오를 수 있었다.

독자 여러분이 유튜브를 통해 '미국 주식으로 은퇴하기'를 꾸준히 시청하고 있기 때문에 구글(GOOG) 역시 지난 10년간 500% 성장할 수 있었고, 많은 사람이 줌(ZM)을 이용해 화상 미팅을 해본 적이 있기 때문에 줌의 주식은 단 1년 만에 400%나 폭등할 수 있었다.

반면, 파란색으로 표시된 13개 문장은 어떠한가? 독자 여러분에게 해당하는 사항은 몇 가지나 되는가? 물론 사람들의 관심 분야는 모두 달라서 이번 설문에서도 많이 해당하는 독자도 있을 것이다. 하지만 우리 대부분은 파란색으로 표시된 '블루 오션(Blue Ocean)' 설문에 '그렇다'라고 답하기가 쉽지 않을 것이다. 이러한 설문의 결과가 가리키고 있는 것이 무엇일까? 파란색 문장 중에 해당 사항이 거의 없다면, 그 의미는 이 설문의 주인공들, 즉 해당 기업들은 아직 본격적으로 매출을 올리지 못하고 있다는 증거다. 전기차도, 자율주행차도, 원격 진료도, 유전자 치료도 너무 많이 들어봐서 너무나 익숙하게 느껴진다. 하지만 우리 대부분은 아직 이러한 혁신적 기술들을 접해본 경험이 없다. 쉽게 말해 4차 산업혁명은 아직 시작하지도 않은 것이다. 앞의 설문에 사람들 대부분이 해당한다고 답하기 전에 이러한 비즈니스와 기업에 투자를 시작해야 한다.

[우리는 4차 산업혁명 어디쯤 와 있을까?]

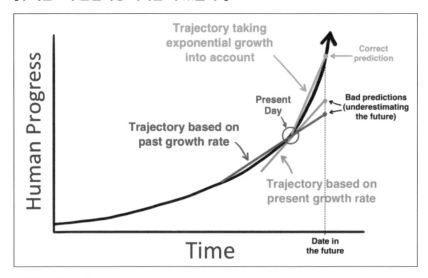

• 출처: waitbutwhy.com

★ ★ ★ ★ ★

미주은 두 번째 이야기

　　이번 책을 준비하면서 200개가 넘는 종목을 분석했다. 이 책을 읽고 투자에 반영하는 독자 여러분을 위해 정말로 성장 잠재력이 확실한 유망 종목을 많이 발굴해 소개하고 싶은 욕심 때문이었다.

　　이번에 리서치를 진행하면서 세상에는 좋은 기업, 투자할 만한 기업이 참 많다는 점을 다시 한번 느꼈다. 처음에 이 책을 기획할 때는 사실 추천 종목의 수를 15개에서 20개 정도로 제한할 생각이었다. 정예부대라는 느낌을 주기 위한 나름의 전략이었다. 하지만 여기저기 숨어있던 보석 같은 종목이 하나하나 필자의 레이더에 잡히면서 추천 종목 수를 도저히 20개 정도로 줄일 수 없다는 판단을 하게 됐고 결국 27개까지 늘리게 되었음을 밝힌다.

　　그렇다면 필자는 과연 어떤 기준을 갖고 27개의 종목을 선정했을까? 이번 책을 통해 소개할 모든 종목은 다음의 조건을 대부분 만족하고 있다.

　　　① 4차 산업혁명 시대의 키워드와의 연관성
　　　② 엄청난 규모의 시장에서 놀고 있을 것
　　　③ 강력한 시장 장악력과 경쟁력(Category Killers)
　　　④ 추진력을 가진 종목(과거 주가의 성장률)
　　　⑤ 장기적인 성장 잠재력(최소 5년에서 10년까지 장기적인 성장 잠재력을 중점적으로 평가했음. 앞으로 10개월간 주가가 100% 상승할 여력이 있는 종목이 아닌, 앞으로 10년간 매출이 10배 성장할 잠재력을 가진 기업을 발굴하는 데 리서치를 집중했음. 바꿔 말하면, 현재 시점에서 저평가된 주식보다는 현재 최고가를 경신하더라도 지속적인 성장 가능성을 가진 종목에 많은 점수를 줬음)
　　　⑥ 혁신적 비전을 제시할 수 있는 리더십
　　　⑦ 건강한 재무제표

어떤 종목을
사야 할까?

하나 말씀드리고 싶은 부분이 있다. 이 책에서 소개하는 종목 중에는 이미 과거 1~2년간 눈부신 성장을 보여준 기업이 다수 포함되어 있다. 그래서 일부 독자는 다음과 같은 고민을 할 수도 있다.

'참 좋은 기업인데, 이미 주가가 너무 많이 상승해서 불안하다.'

그렇지만 우리 투자자들은 기억해야 한다. 이 고민이 10여 년 전 애플(AAPL)이나 아마존(AMZN)에 투자하기를 망설였던 투자자들, 5년 전에는 페이스북(FB)이나 엔비디아(NVDA) 투자를 포기했던 사람들이 갖고 있었던 그 고민이라는 사실을 말이다.

우리는 주식 전문가가 아니다. 따라서 시장이나 주가를 예측하려고 하면 안 된다. 예측에 의한 투자보다는 대응을 통한 투자 방식이 장기적으로는 훨씬 안전하고 건강한 수익률을 우리에게 안겨줄 수 있다고 필자는 굳게 믿고 있다.

이 책은 필자가 두 번째로 쓰는 책이라서 그런지 집필 과정이 만만치 않았다. 첫 번째 책보다 더 잘 쓰고 싶었고, 독자 여러분에게 꼭 필요한 내용을 담고 싶었다. 특히 지금부터 펼쳐질 '미주은 두 번째 이야기'는 정말 많은 시간과 필자의 땀이 만들어 낸 결실이다.

유튜브 미주은의 여러 코너 중 가장 인기가 많았던 '미국 기업 분석 끝판왕'의 이름처럼 지금부터 소개될 종목에 관해서는 기업을 단순히 소개하는 수준이 아니라 각 기업의 투자 가치와 리스크를 이 책을 읽는 것만으로 충분히 이해할 수 있도록 치밀하게 구성했다. 필자가 많은 시간과 노력을 쏟아부은 만큼, 독자 여러분이 효과적인 투자를 진행하는 데 있어 작게나마 도움이 될 것으로 믿는다.

2장
4차 산업혁명 투자 키워드 PART 1
지금도 늦지 않았다

이커머스
e-Commerce

'이커머스'라는 단어는 이제 우리에게 더 이상 낯설지 않다. 한편으로는

이커머스라는 투자의 키워드가 '이제 한물간 건 아닌가?'라는 생각을 해볼

[아마존 주가 차트]

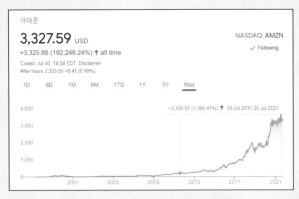

• 출처: google.com

수도 있다. 실제로 이커머스의 대표적 기업인 아마존(AMZN)의 주가 차트를 지난 10년간만 떼어내어 살펴보면 이미 1,400% 정도의 성장을 보였다. 그래도 필자는 아직도 이커머스 산업의 발전 가능성이 무궁무진하다고 믿고 있다.

다음 '미국 이커머스 시장 전망'을 보자. 미국의 이커머스 시장 규모는 2020년 7,000억 달러(770조 원) 이상에서 2024년에는 1조 달러(1,100조 원) 이상으로 성장할 것으로 전망된다. 즉, 4년이라는 시간 동안 52%의 성장을 기대할 수 있으며 이는 11% 정도의 연평균 성장률로 계산될 수 있다.

[미국 이커머스 시장 전망]

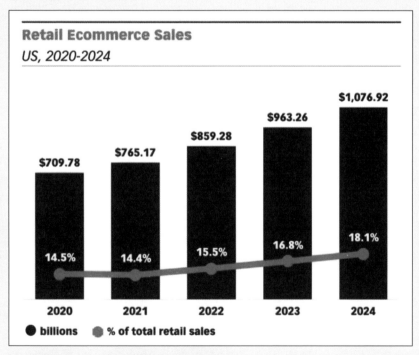

• 주: Billions는 10억 | 출처: emarkrter.com

2024년까지 매년 11%씩 꾸준히 성장한다 해도 이 수치는 전체 리테일 시장의 18.1%에 지나지 않는다. 과연 정말로 2024년이 되어도 전체 리테일 시장에서 이커머스가 차지하는 비율이 18% 정도에 그치고 말까?

필자의 생각은 다르다. 이커머스 산업의 미래는 1년이 넘게 지속한 팬데믹의 장기화로 인해 최소 3년에서 5년 정도 앞당겨졌다는 것이 필자의 견해다. 평소에는 스마트폰을 이용해 쇼핑을 한 번도 해본 적 없는 소비자들이 이제는 너무도 자연스럽게 화장품과 식료품, 심지어 옷이나 액세서리까지 온라인을 통해 구매하는 시대가 됐다.

자브리나 하아제가 쓴 《원하는 나를 만드는 오직 66일》이 있다. 우리가 66일간만 자기 자신을 원하는 모습으로 바꾸기 위해 노력한다면 누구나 자신이 원하는 모습으로 탈바꿈할 수 있다는 것이 이 책의 핵심 메시지다. 사람이 새로운 습관을 만들어 내는 데 필요한 시간은 평균 66일이라는 연구 결과에 따른 것이다.

이렇게 인간은 자신에게 없던 모습도 단 66일간만 고생하면 만들어 낼 수 있는 놀라운 적응력을 가진 존재다. 이렇게 무서운 적응력 덕분에 인류는 지금까지도 지구상에서 가장 우월한 생명체로 진화를 거듭해왔는지도 모른다. 그런데 우리 인류는 1년도 넘는 기간을 바이러스라는 울타리에 갇혀 새로운 삶의 방식들을 형성해왔다. 66일이 아니라 365일도 넘는 기간을 철저히 통제된 환경 속에서 우리도 모르는 사이에 많은 삶의 습관을 형성해온 것이다.

우리는 다시 팬데믹 이전의 모습으로 돌아갈 수 있을까? 우리의 미래를 예측해 보기 위해 가장 효과적인 방법은 우리의 과거와 현재를 바라보는 것이다. 우리는 이제 더 이상 예쁜 종이 위에 눌러쓴 편지를 주고받지 않는다. 마음에 드는 색상과 디자인의 편지지를 고르는 시간에 나를 표현하기 위해 이모티콘을 고르는 시대로 넘어와 버린 지 오래다. 그리고 인류는 지금까지 한 번 넘어온 변화의 다리를 다시는 되돌아가지 않는 모습을 보여왔다.

팬데믹으로 어쩔 수 없이 만들어진 새로운 삶의 모습들도 마찬가지다. 물론 우리 인간은 향수를 느낀다. 바이러스가 잠잠해지고 나면 우리는 한동안 예전 우리의 모습으로 돌아갈 가능성이 높다. 잠시나마 남편과 아내가 서로 손을 잡고 주말이면 마트로 장을 보러 갈 것이고 친구들 또는 가족들과 어울려 영화관에 앉아 최신 블록버스터 영화를 관람할 것이다. 하지만 우리가 편지지 대신 이메일을 선호하듯이 편안한 거실 소파에서 넷플릭스(NFLX)를 시청하게 될 것이며 이커머스를 통해 원하는 물건을 배달받게 될 것이라고 필자는 확신하고 있다. 그리고 이러한 현상을 하나의 문화, 하나의 국가뿐만 아니라 전 세계 모든 사람이 동시다발적으로 겪고 있다는 점을 감안하면 그 파급 효과는 더 커질 수밖에 없다.

1
쇼피파이
2020년 매출 성장률, 100%에 도전한다

'원하는 사람은 누구든지 시작할 수 있는 이커머스 비즈니스를 만든다'
라는 미션(Mission)을 갖고 있는 쇼피파이(SHOP)의 창업 스토리는 흥미진
진하다.

쇼피파이는 원래 창업자인 토비아스 뤼트케가 스노보드 용품 쇼핑몰을
만들기 위해 만들었다. 독일 사람인 뤼트케는 2002년 스노보드 여행으로
방문했던 캐나다에서 지금의 아내를 만나 사랑에 빠진다. 뤼트케는 다니
던 직장이 있던 독일로 돌아가지 않고 결혼해 처가댁에 눌러앉아 버린다.
당시 뤼트케의 나이는 21세였다. 필자는 이 이야기를 듣고 2001년 영국에
어학연수를 왔다가 지금의 남편을 만나 한국에서 다니던 대학을 중퇴하고
영국에 눌러앉은 와이프가 생각났다.

그 이후 캐나다에 정착한 뤼트케는 스노보드 용품을 판매하는 온라인
쇼핑몰이 있으면 좋겠다는 생각으로 2004년에 창업한다. 그런데 쇼핑몰

의 홈페이지를 만들다 보니 아쉬운 점을 발견하게 된다. 당시에 쇼핑몰 홈페이지를 만들 때 가장 많이 사용되던 야후 스토어, 마이크로소프트 커머스 등의 홈페이지 템플릿(Template)이 너무나도 미흡해 보인 것이다. 그래서 뤼트케는 아예 처음부터 자체적으로 전자상거래 엔진을 직접 만들었다. 다 만들어 놓고 보니 기존 제품들보다 훨씬 심플하면서도 사용이 편리하다는 것을 알게 된 뤼트케는 2006년에 스노보드 쇼핑몰을 접고 이커머스 플랫폼 회사로 전향하는데 이것이 쇼피파이의 시작이다.

쇼피파이의 투자 매력

'쇼피파이'라고 하면 많은 사람이 아마존(AMZN)과의 경쟁구도를 떠올리는데 두 기업은 비즈니스 모델에서 매우 다른 모습을 갖추고 있다. 가장 큰 차이점은 고객, 즉 사업의 대상이다. 아마존의 고객은 소비자지만 쇼피파이의 고객은 판매자다. 아마존은 판매자에게 온라인 스토어(마켓 플레이스)와 물류 대행 서비스(FBA: Fullfillment by Amazon)를 제공하고 서비스 요금을 받는다. FBA의 입점 수수료는 30%에 달한다. 소비자의 만족에 집착하는 대신 판매자에게는 관심을 잘 두지 않는다는 경영 철학이 있다.

반면, 쇼피파이는 판매자 중심 플랫폼을 지향한다. 판매자에게 온라인 스토어 개설을 위한 플랫폼만 제공하고 사업의 다양성과 자율성을 존중한다. 판매자가 자기만의 온라인 스토어를 만들 수 있도록 도와주는데 코딩이나 디자인 기술 없이도 멋진 온라인 스토어를 만들 수 있다.

쇼피파이의 역할은 여기서 그치지 않는다. 필자는 쇼피파이라는 기업을 좀 더 자세히 공부하기 위해 '미주은' 숍을 직접 개설해봤는데 정말 단 하루만 투자하면 웬만한 온라인 쇼핑몰이 부럽지 않을 멋진 온라인 숍을 구축할 수 있었다. 상호명부터 시작해서 로고를 만드는 것도 도와주고 도메인 서비스, 무료 이미지까지 제공해주면서 누구나 특별한 기술이나 경험 없이도 손쉽게 나만의 온라인 스토어를 오픈할 수 있다.

그뿐만이 아니다. 온라인 상점을 운영하면서 필요할 때마다 24시간 대기하고 있는 쇼피파이 지원팀으로부터 도움을 받을 수 있다. 심지어는 프로모션 제작부터 실행 및 분석까지 포함되는 마케팅 서비스, 그리고 주문 처리, 포장, 배송, 재고 관리, 결제 서비스, 비즈니스 컨설팅까지 온라인 스토어를 운영하는 데 필요한 모든 것을 제공하는 곳이 쇼피파이다. 그래서 쇼피파이는 흔히 '이커머스계의 유튜브'라고 불린다. 아마존보다 방문하는 소비자의 수는 적지만 판매자가 자신들의 브랜드를 성장시켜가면서 안정적으로 상점을 운영할 수 있다는 점에 판매자의 선호도가 높아지고 있다.

상인(판매자)이 몰리면 고객도 따르기 마련이다. 쇼피파이 판매자는 페이스북(FB)과 인스타그램에서도 상품을 연동해 팔 수 있는데 페이스북 가입자가 약 29억 명인 걸 고려하면 아마존보다 더 많은 고객을 만날 수 있다. 아마존의 유료 회원제인 아마존 프라임의 회원 수는 2020년에 1억 5,000만 명을 넘어섰을 뿐이다. 이밖에 식품회사인 하인즈(KHC), 화장품 브랜드 카일리코스메틱 등이 쇼피파이를 이용해 상점을 열었고 최근 들어 구글(GOOG), 월마트(WMT) 등도 쇼피파이와 파트너십을 체결한 상황이다.

이렇게 사업의 파트너인 판매자들의 성공에 초점을 맞추다 보니 쇼피파이도 최고의 성공 스토리를 만들어 가고 있다. 쇼피파이는 전 세계 175개국에 진출해 이미 170만 개가 넘는 온라인 비즈니스를 지원하고 있다.

다음 그림을 보면, 쇼피파이의 연간 매출이 과거 어떤 성장을 보여왔는지, 시장이 기대하는 매출의 성장률이 어떻게 되는지 살펴볼 수 있다.

[쇼피파이 매출 성장]

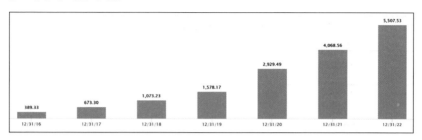

• 주: 단위는 100만 | 출처: tikr.com

가장 최근 연도의 성장률만 계산해봐도 2018년 매출에 비해 2019년 매출은 47% 성장했으며 2020년 매출 성장률은 전년도 대비 85.6%에 달한다. 2022년이 되면 달성 가능한 매출은 55억 달러(6조 500억 원) 정도의 규모로 예상되기 때문에 2020년부터 2년간 88% 정도의 성장을 추가로 기대할 수 있다.

이러한 쇼피파이의 매출 전망에 대해 부정적인 시각도 존재하리라고 본다. 2020년 보여줬던 85.6%의 매출 성장은 팬데믹이라는 매우 특수한 상황 내에서 가능했던 것이라 2022년까지 또다시 80%가 넘는 성장을 기대하는 것은 다소 무리라고 생각할 수도 있다.

다음 페이지의 '미국 이커머스 시장 전망'을 보면, 2020년 기준 미국 지역 이커머스 매출에서 쇼피파이가 차지하는 비율은 아직 8.6%에 불과하다. 39%의 아마존과는 아직 큰 차이가 있는 것도 사실이다.

그런데 쇼피파이의 2019년 미국 시장 점유율은 5.89%였다. 이커머스 시장은 지속적으로 확대되고 있다는 점을 감안한다면, 그리고 쇼피파이가

[미국 이커머스 시장 전망]

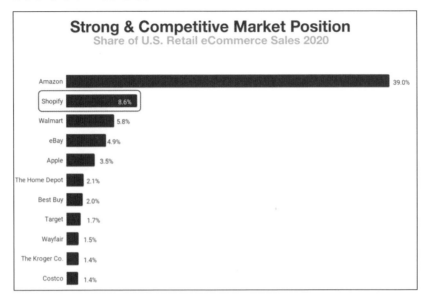

• 출처: emarkrter.com

꾸준한 점유율 향상을 보일 수 있다면 2등도 충분히 대성공을 거둘 수 있는 이커머스 분야에서 성장은 가능하리라 본다.

시장의 잠재력이 큰 만큼 경쟁이 치열한 곳이 바로 이커머스 시장이지만 쟁쟁한 경쟁사들을 제치고 쇼피파이가 승승장구해 나갈 수 있을 만한 경쟁력을 다음과 같이 정리해봤다.

- 중소상인들이 자신만의 브랜드를 성장시킬 기회 제공
- 이커머스 비즈니스 운영에 필요한 모든 부분에 대한 지원
- 상대적으로 저렴한 비용(구독비 및 수수료)
- 고객 상인(판매자)의 만족도 및 충성도
- 다양한 판매 채널과의 연결성

- 170만 명이 넘는 상인(판매자), 앱 개발자, 디자이너들과 구축해놓은 생태계
- 데이터의 축적 및 머신 러닝의 활용

앞에서 열거한 경쟁력 외에도 우리가 쇼피파이에 대한 투자를 고려해볼 만한 매력은 매우 많다. 다음 '이커머스와 핀테크 기업의 마진율과 성장률 비교'에서 우리는 쇼피파이를 글로벌 대표 이커머스 및 핀테크 기업과 비교해볼 수 있다.

[이커머스와 핀테크 기업의 마진율과 성장률 비교]

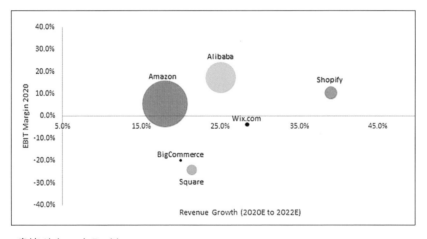

• 출처: Alphatech Equities

쇼피파이의 성장률과 마진율을 동시에 비교해볼 때 2가지 모두 최고의 모습을 보이는 독보적인 성장주 종목이다. 흔히 '성장률+수익률'의 수치가 40을 넘어가면 투자 가치가 높은 주식 종목으로 평가하는 '40 Rule'이 있는데 2020년 말 기준으로 쇼피파이는 매출의 성장률이 85.6%, 순이익률

이 10.9%에 이르고 있어 '40 Rule' 지수가 96.5에 이르는 대단한 성적표를 보여주고 있다. 이 밖에도 필자가 쇼피파이에 투자하고 있는 이유를 리스트로 만들어 봤다.

- 홍익인간의 사상에 바탕을 둔 기업 정신 및 미션 _ 판매자를 최우선에 두는 경영
- 규모와 성장성을 가진 시장 _ 글로벌 이커머스 시장 규모: 2023년 6조 5,000억 달러(7,150조 원) 이상
- 글로벌 시장으로 진출 _ 현재까지 175개국
- 낮은 운영 비용 및 높은 전환 비용 _ 2015년부터 2019년까지 총 수익 7.7배 성장
- 성장성과 수익성을 모두 확보 _ 40 Rule 지수: 96.5
- 최강 Balance Sheet(대차대조표) _ 총자산 중 부채 비율: 0.2%
- 팬데믹의 장기화 _ 이커머스의 보편화
- 소셜커머스의 확대 _ 미국 소셜커머스 규모: 2019년 200억 달러(22조 원)에서 2023년 460억 달러(50조 6,000억 원)로 연평균 23% 성장 예상
- 핀테크 비즈니스 모델의 성장 추세

쇼피파이의 투자 리스크

그렇다면 리스크는 어떨까? 부채가 거의 전무한 기업인 만큼 조금은 안심하면서 투자를 해도 좋을 것 같은데 그래도 우리 투자자들이 특별히 주

의를 기울여야 할 위험요소에는 어떤 것이 있을까?

일단 바이러스가 종식되면 단기적으로나마 폭락의 가능성이 존재한다. 왜냐하면 주식의 가격, 즉 주가는 어디까지나 수요와 공급의 법칙에 따른 것이기 때문에 나의 투자 가치가 변함이 없다 해도 상대적으로 매력적인 투자 대상이 나타나면 한정적인 투자금은 일정 부분 새롭게 떠오르는 투자의 대상으로 옮겨갈 수밖에 없기 때문이다. 2021년 3월 이후 팬데믹 수혜주들은 그 반대 상황에서 주가의 폭등을 맛볼 수 있었다. 시장에 투자금은 넘쳐나는데 그 돈이 갈 수 있는 투자 대상의 수가 매우 제한적이었다. 클라우드, 원격 진료, 이커머스, 핀테크 등 바이러스의 영향에서 자유로운 기업의 수는 생각보다 많지 않았기 때문에 이러한 키워드와 연결되어 있는 주식 종목 대부분은 지난 1년간 주가가 100~200%씩 급등하는 비정상적인 기업 밸류(가치)의 상승을 경험할 수 있었다.

이제는 그 반대 현상이 나타날 가능성이 높아지고 있다. 몇 안 되는 '스테이 홈' 주식에 들어가 있던 자금들이 경기 재개로 인해 회복의 모습을 보이는 종목들로 옮겨 가면서 '스테이 홈' 주식의 주가는 일시적으로나마 어려움을 겪을 가능성이 높다. 물론 이러한 시기가 아직 쇼피파이와 같은 주식에 투자하고 있지 못했던 투자자들에게는 절호의 매수 찬스가 될 수도 있겠다.

그다음으로 쇼피파이의 투자 리스크에 빼놓을 수 없는 부분 역시 하늘 높은지 모르고 올라가 있는 프리미엄이다. 2021년 2월 중순부터 쇼피파이는 최고점에서 25% 이상 조정을 받는 모습을 보였다. 하지만 그러한 매수 기회는 오래 가지 않았고 이 책을 집필하고 있던 7월 중순에는 이미 40% 넘게 반등하는 무서운 저력을 보여줬다. 결과적으로 쇼피파이의

PER[Price to Earnings Ratio(주가 수익 비율), 시가총액을 1년 순이익으로 나눈 값]은 다시 상승해 매출의 약 120배, PSR[Price to Sales Ratio(주가 매출 비율), 시가총액을 1년 매출로 나눈 값]은 매출의 53배 이상을 보였다.

성장주의 프리미엄은 영원할 수 없다. 빠른 성장을 통해 주가를 유지하면서 비정상적인 PER(주가 수익 비율), PSR(주가 매출 비율)이 정상적인 수치가 되든지, 아니면 주가가 하락하면서 같은 결과를 만들어 내는 방법밖에는 없다. 기억하자! 성장주의 성장이 멈추는 순간, 주가는 하락한다.

동네 상권과 대기업의 재대결

쇼피파이 창업자인 토비아스 뤼트케는 2019년 한 팟캐스트에 출연해서 다음과 같이 말했다.

"아마존은 대제국을 건설하려고 하고, 쇼피파이는 이에 저항하려는 사람에게 무기창고를 제공합니다."

어떻게 보면 동네 상권과 대기업의 대결구도와도 유사하다. 우리는 이미한 차례 동네 상권들이 대기업과의 대결에서 처참히 무너지는 것을 목격했다. 동네 곳곳에 자리하던 구멍가게, 문방구, 동네 책방, 동네 빵집, 떡볶이를 팔던 소상인들은 역사 속으로 사라지고 우리 기억 속에나 존재하고 있다. 그때는 이길 수 없는 싸움이었다. 비용적인 효율성에서 상대가 되지 않았고 가격 경쟁에서도 밀린 영세 상인들은 하나둘씩 우리 동네를 떠나갔다. 그리고 그 자리를 대기업을 등에 업은 편의점, 프랜차이즈가 차지했다.

이번에는 결과가 다를 수 있을까? 필자도 잘 모르겠다. 하지만 적어도온라인상에서의 경쟁은 비용적인 면에서 오프라인보다는 공정한 경쟁이 가능해 보인다. 이번 싸움에서는 동네 상권 쪽에도 믿을 구석이 있어 보인다. 원하는 사람이라면 누구나 시작할 수 있는 이커머스 비즈니스 환경을 만들어준다는 미션을 수행하고 있는 '쇼피파이'가 있기 때문이다.

토비아스 뤼트케에 따르면 앞으로 다가올 미래에는 고객이 원하기만 하면 언제 어디서나 상품을 구매할 수 있다고 한다. 즉, 카카오톡, 유튜브, 스냅챗, 페이스북, 틱톡, 넷플릭스(NFLX), 가상현실 등 채널을 가리지 않고 어떤 환경에서나 자연스럽게 구매 환경으로 연결되는 것을 말한 것이다.

필자 역시 이 주장은 신빙성이 있다고 본다. 온라인 쇼핑의 진화는 인터넷 진화의 발자취를 그대로 따라갔다. 애플(AAPL)이 스마트폰을 출시하기 전만 해도 인터넷은 컴퓨터를 통해서만 이용 가능했지만 이제는 사람들 대부분이 모바일을 이용해 인터넷에 접근한다. 온라인 쇼핑 역시 이러한 인터넷의 진화를 따라 모바일 쇼핑으로 진화했다.

이제 곧 사물인터넷(Internet of Things)의 시대가 시작되면 우리가 인터넷을 사용하는 방식이 컴퓨터나 스마트폰을 벗어나 자동차, 가전제품, 시계, 안경 등 수많은 사물로 옮겨갈 것이다. 그렇게 되면 현재 온라인 쇼핑몰을 이용하고 있는 많은 판매자가 아마존과 같은 온라인 쇼핑몰을 이탈할 가능성도 있다. 물론 쇼피파이와 같은 이커머스 엔진을 통해 자신이 원하는 대로 온라인 스토어를 구축하고 사물인터넷을 통해 자신의 상품을 홍보할 수 있는 환경이 조성된다면 말이다. 대규모 물류센터를 구축하고 있어 주문 처리와 배송이 빠른 것이 대형 온라인 쇼핑몰의 장점인데 이 부분 역시 로봇을 이용한 물류의 자동화, 공용화 등이 더 진전되면 상대적으로 덩치가 작은 기업도 경쟁할 수 있게 된다. 이 사실을 직감한 쇼피파이 경영진 역시 자체 물류망을 확장하는 방향으로 사업을 추진하고 있기 때문에 앞으로 배송 서비스 면에서도 그 차이가 사라질 가능성이 있다.

미주은에 올릴 동영상을 제작할 때도, 이번 책을 집필할 때도 마찬가지다. 필자는 쇼피파이를 소개할 때마다 나도 모르게 내면에서 스며 나오는 애착과 응원의 마음을 갖게 된다. 쇼피파이의 미래에 투자하고 있는 투자자로서가 아니라 쇼피파이가 만들어나가는 미래를 기대하고 있는 한 사람으로서 꼭 반드시 성공했으면 좋겠다.

≡2≡
메르카도리브레
남미 대륙, 최고 성장주의 내일에 투자한다

필자는 '미국 주식으로 은퇴하기'라는 유튜브 채널을 운영하고 있는데 미국 기업이 아닌 종목도 보유하고 있다. 물론 미국 주식 시장에 상장되어 있기는 하다. 그 종목 중에는 중국 기업인 니오(NIO)와 니우(NIU), 그리고 싱가포르 기업인 씨(SE)가 포함되어 있으며 지금 소개하는 종목인 메르카도리브레(MELI) 역시 미국 국적의 기업은 아니다.

메르카도리브레는 아르헨티나 국적의 전자상거래 기업이다. 그렇다고 아르헨티나의 시장에만 머물러 있지 않고 브라질, 멕시코, 칠레, 콜롬비아 등 중남미 대륙을 중심으로 18개 국가에서 서비스를 제공하고 있다. 1999년에 설립되었으니 이미 스무 살을 넘긴 건장한 젊은이라고 볼 수 있다. 2010년 5,290만 명 정도에 불과했던 회원 수는 2019년에 이르러 약 3억 2,060만 명으로 증가했다.

이처럼 무서운 속도로 성장하다 보니 중남미 이커머스 시장 점유율 1위를 자랑하며 '중남미의 아마존'이라 불리게 됐다. 모건스탠리에 따르면, 지난해 중남미 시장 내 메르카도리브레 점유율은 28%로 추산된다.

이게 다가 아니다. 메르카도리브레를 '중남미의 아마존+스퀘어'라고 부르기도 하기 때문이다. 메르카도리브레는 이커머스뿐만 아니라 핀테크 비즈니스 부문까지 적극적으로 육성하고 있어서다. 사업 초창기에 개발한 '메르카도 파고(Mercado Pago)'는 사실 메르카도리브레의 소비자가 물건 대금을 쉽게 주고받을 수 있도록 하기 위해 고안한 자체 결제 솔루션으로 시작했다. 그런데 지금은 메르카도리브레 외 다른 플랫폼에도 결제 솔루션을 제공할 정도까지 됐다. 2016년에는 신용 거래 서비스인 '메르카도 크레디토'를 내놓는 등 다양한 사업 영역에서 비즈니스를 확장하는 중이다.

현재까지 메르카도리브레가 문어발식 확장을 통해 진출해 있는 사업 분야는 마켓 플레이스(수수료), 온라인 스토어(세트업 및 관리), 배송업, 핀테크[모바일 페이먼트(Mobile Payment) 및 신용카드], 대출업, 그리고 디지털

[메르카도리브레 사업 분야]

• 출처: 메르카도리브레 사업보고서

광고까지 총 6가지 분야다. 거기에다 2021년 8월에는 글로벌 디지털 미디어 기업인 알레프의 지분을 확보하면서 디지털 광고 사업 분야에도 출사표를 던져 놓은 상황이다.

메르카도리브레의 투자 매력

사실 메르카도리브레에 투자한 논리는 매우 간단했다. 바이러스가 이커머스 산업 분야를 무서운 속도로 발전시키기 이전의 수치이기는 하지만 다음 그림 하나가 메르카도리브레 투자를 결정하게 된 가장 큰 이유였다.

[중남미 이커머스 침투율]

Opportunities for Growth
Industry Backdrop: Macro indicators

	BRAZIL	ARGENTINA	MEXICO	CHINA	USA
POPULATION[1]	209M	44M	129M	1.386M	326M
GDP[1] CURRENT USA	$2,06B	$0,64B	$1.15B	$12,24B	$19,39B
GDP[1] / CAPITA CURRENT USA	$8.920	$11.653	$9.698	$9.770	$62.641
GDP[1] , PPP CURRENT INTERN.	$3,37B	$0,92B	$2.52B	$25,36B	$20,49B
GDP[1] , PPP / CAPITA	$16.068	$10.567	$19.969	$18.210	$62.641
GDP[1] GROWTH	1,1%	(2,5)%	2,0%	6,6%	2,9%
INTERNET USERS[1]	65,7%	70,5%	60,5%	62,4%	86,0%
SMARTPHONE PENETRATION[1]	45,4%	50,3%	49,6%	54,0%	70,5%
ECOMMERCE PENETRATION[1]	4,2%	2,7%	4,9%	36,6%	10,8%

• 출처: 메르카도리브레 사업보고서

우리가 관심을 가져야 하는 숫자는 바로 'ECOMMERCE PENETRATION (이커머스 침투율)'이다. 브라질의 경우 이커머스 침투율은 4.2%, 아르헨티나의 경우 2.7%, 그리고 멕시코의 경우 4.9%에 그치고 있다. 중남미의 평균을 살펴봐도 이커머스 침투율은 약 5% 수준이었다. 물론 팬데믹의 영향으로 인해 2020년 이커머스가 본격적으로 보급되면서 이 침투율은 10%에 가까운 수치에 도달했을 것으로 추측하는 전문가들도 있다. 전 세계적으로 이커머스 침투율이 30% 이상으로 올라가 있는 시장이 다수인 것을 감안하면 아직 중남역의 이커머스 시장은 소위 말하는 기회의 땅이다.

다음 그림은 팬데믹이 발생하기 전에 예상됐던 이커머스 시장의 성장을 보여주고 있다.

[미국 및 중남미 이커머스 성장 예상(팬데믹 이전)]

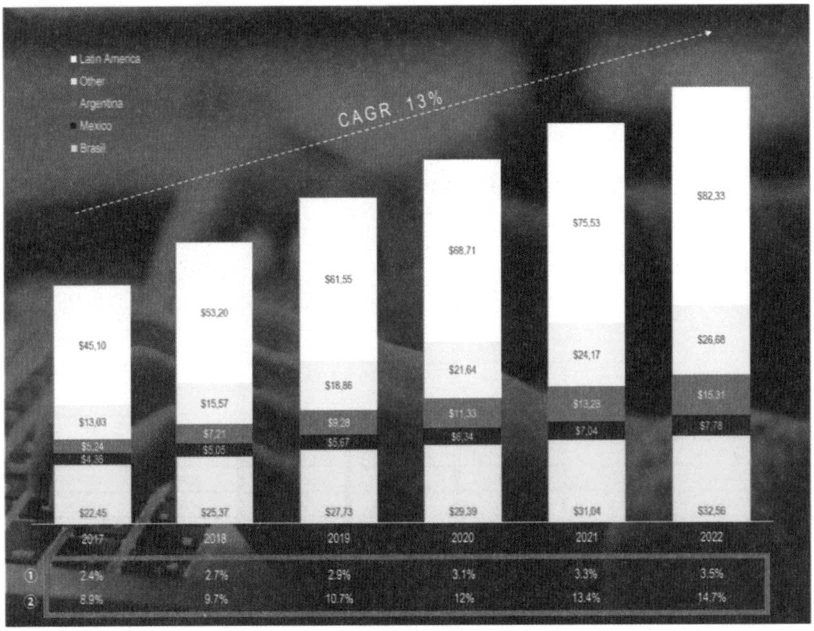

• 주: ①은 '% of Total Retail(Latam)', ②는 '% of Total Retail(USA)' | 출처: 메르카도리브레 사업보고서

2019년 전체 리테일 시장에서 온라인 리테일, 즉 이커머스가 차지하는 점유율의 경우 미국이 10%를 넘는 반면, 중남미는 2.9%에 불과한 것으로

파악됐다. 그리고 2022년이 되면 미국이 14.7%, 중남미가 3.5%로 성장한 다고 예상됐다. 불과 1년 전만 해도 이러한 전망치를 갖고 투자를 진행했 던 기업이 메르카도리브레였다.

그런데 지난 1년간 상황이 많이 바뀌었다. 앞에서 필자가 강조한 것처럼 팬데믹은 우리가 기다리고 있던 미래의 삶의 방식을 최소 3~5년가량 앞 당겨 버렸고, 미국의 이커머스 침투율은 이미 21.3%로 집계되고 있다. 2025년이 되어야 가능하리라던 수치가 벌써 나타나고 있는 것이다. 중남 미도 크게 다르지 않다.

다음 그림은 최근 글로벌 대형은행인 HSBC가 발표한 자료인데, 2030 년 중남미의 이커머스 침투율이 25%에 이를 수 있을 것으로 예상했다.

[중남미 이커머스 성장 예상(팬데믹 이후)]

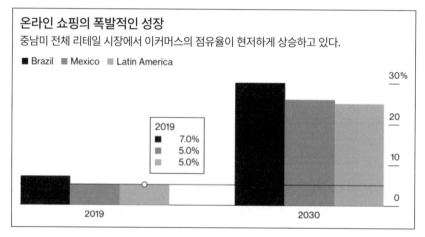

• 출처: HSBC, 유로모니터

이 수치는 만약에 2030년까지 전체 리테일 시장의 규모가 전혀 성장하 지 않더라도 이커머스 시장의 규모는 지금보다 약 5배 성장할 가능성이 있다는 것을 말한다. 게다가 중남미 모든 국가가 아직 개발도상국의 모습을 유지하고 있다는 점을 감안할 때 향후 10년간 전체 리테일 시장의 규모가 성장하지 않을 가능성은 거의 전무하다. 매년 7.18%만 성장해도 향후 10년간 중남미의 리테일 시장 규모는 지금보다 2배로 불어난다. 만약 이커머스 침투율이 HSBC의 예상대로 25%까지 올라갈 수 있다면 10년 후 이커머스 시장의 규모는 현재보다 10배까지도 성장할 가능성이 생긴다는 것이다. 다시 말해, 메르카도리브레가 현재 수준의 시장 점유율을 유지할 수 있다면 메르카도리브레의 매출 역시 향후 10년간 10배 가까이 성장할 가능성이 열려 있다는 것이다. 이것이 바로 필자가 서두에서 잠시 언급했던 메르카도리브레 투자의 논리가 된다.

메르카도리브레의 투자 매력은 여기에서 끝나지 않는다. 메르카도리브레 투자의 두 번째 매력은 다음 그림에 나와 있다.

[중남미의 결제 문화 ①]

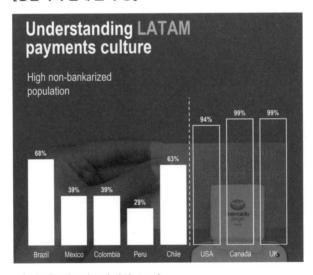

• 출처: 메르카도리브레 사업보고서

'중남미의 결제 문화 ①'은 성인 인구 중에서 은행 계좌가 있는 비율을 보여준다. 미국은 성인 인구의 94%, 캐나다와 영국은 성인 인구의 99%가 은행 계좌를 보유하고 있다. 반면, 중남미 국가들의 상황은 상이하다. 브라질과 칠레 정도가 그나마 68%와 63% 정도의 수치를 보이면서 성인 인구의 반 이상이 은행 계좌를 오픈한 상황이라면 멕시코와 콜롬비아는 성인 인구의 39%, 페루는 29%만이 은행 계좌를 갖고 있는 것으로 나타났다.

[중남미의 결제 문화 ②]

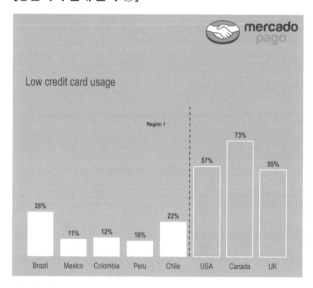

• 출처: 메르카도리브레 사업보고서

'중남미의 결제 문화 ②'는 전체 결제에서 신용카드가 사용되고 있는 비율인데 여기서도 마찬가지다. 우선 선진국의 신용카드 결제 비율을 살펴보면, 미국에서는 57%, 캐나다에서는 73%, 그리고 영국에서는 55%의 결제가 신용카드를 통해 이뤄지고 있음을 알 수 있다. 그런데 중남미의 상황은 사뭇 다르다. 브라질과 칠레만이 28%와 22%로 20% 이상의 수치를 보이는 반면, 멕시코는 11%, 콜롬비아는 12%, 페루는 10%의 결제만이 신용카드를 통해 이뤄지고 있다.

이러한 수치들이 시사하는 바는 크다. 신용카드나 계좌 이체, 모바일 결제를 통해 지불해야만 이용이 가능한 것이 이커머스, 즉 온라인 쇼핑인데 중남미에서는 아직 온라인을 통해 물건을 구매하고 싶어도 신용카드나 은행 계좌가 없어 이커머스를 이용하지 못하는 인구의 비율이 매우 높다는 것을 알 수 있다. 그래서 메르카도리브레가 메르카도 파고라는 결제 솔루션을 자체 개발해 소비자에게 제공한다는 점은 상당히 고무적이다. 이커머스 비즈니스(메르카도리브레)와 결제 솔루션(메르카도 파고)의 시너지 효과를 창출하고 있는 것이다.

메르카도 파고가 제공하는 핀테크 서비스는 상당히 포괄적이다. 온라인 쇼핑의 결제 수단을 제공하는 것은 물론이고 오프라인 결제, 모바일 결제, 대출 서비스, 그리고 각종 카드 서비스까지 통합적인 서비스를 구축해 사실상 중남미의 핀테크 혁신을 주도하고 있다고 해도 과언이 아니다.

이렇듯 이커머스와 핀테크, 두 부분에서 중남미의 혁신을 이끌어 가고 있는 메르카도리브레의 활약상은 수치적인 면으로 쉽게 확인해볼 수 있다.

2020년을 기준으로 했을 때, 연간 거래액은 209억 3,000만 달러(23조 230억 원)이며 20만 명 기준 활성 판매자는 약 3,500만 명으로 전년 대비 56.3% 증가했다. 활성 구매자는 약 430만 명이다. 2020년 연간 전체 간편 결제 거래액은 159억 달러(17조 4,900억 원)를 기록했다. 이제 '메르카도리브레 매출 추이'를 보자.

[메르카도리브레 매출 추이]

Income Statement Revenues	Dec 2011	Dec 2012	Dec 2013	Dec 2014	Dec 2015	Dec 2016	Dec 2017	Dec 2018	Dec 2019	Dec 2020
Revenues	298.9	373.6	472.6	556.5	651.8	844.4	1,216.5	1,439.7	2,296.3	3,973.5
Other Revenues	-	-	-	-	-	-	-	-	-	-
Total Revenues	298.9	373.6	472.6	556.5	651.8	844.4	1,216.5	1,439.7	2,296.3	3,973.5
Cost Of Revenues	50.7	75.6	101.7	119.6	162.5	231.9	390.0	603.2	1,004.9	1,938.9
Gross Profit	248.3	298.0	370.9	436.9	489.3	612.5	826.6	836.4	1,291.4	2,034.5

- Income Statement: 손익계산서 / Revenues: 매출 / Other Revenues: 기타 매출 / Total Revenues: 총매출 / Cost of Revenues: 매출 원가 / Gross Profit: 총이익
- 주: 단위는 100만 | 출처: seekingalpha.com

　　메르카도리브레의 연간 매출은 2011년 2억 9,900만 달러(3,289억 원) 정도에 불과했다. 9년 후인 2020년에는 약 39억 7,400만 달러(4조 3,714억 원)로 성장했다. 지난 9년간 매출은 13.3배 정도 성장했으며 연평균으로 계산하면 매년 33.3% 향상한 것이다. 같은 기간 주가는 2,000% 상승했다. 매출이 13.3배 성장하는 동안, 주가는 20배가량 성장한 셈이다. 앞으로는 어떨까? 향후 10년간 과연 메르카도리브레의 매출, 그리고 주가는 어느 정도의 성장을 보여줄 수 있을까? 필자는 10년간 꾸준히 투자하면서 직접 확인해볼 생각이다.

메르카도리브레의 투자 리스크

　　메르카도리브레에 투자하는 데 있어 감안해야 할 리스크에는 어떤 것들이 있을까?

　　메르카도리브레의 최대 리스크는 아마존(AMZN)이다. 2017년 아마존은 멕시코 시장에 진출하면서 본격적인 중남미 시장 공략에 힘을 기울였는데 당시 메르카도리브레 경영진의 대응책이 매우 훌륭했다. 메르카도리브레

는 즉각적으로 무료 배송 서비스를 시작했으며 그 전까지만 해도 흑자를 기록했던 순이익을 모두 포기하고 안정적으로 지급되던 배당금도 전격적으로 중지하면서 경쟁력을 극대화했다. 그 결과, 메르카도리브레는 중남미 이커머스 시장을 성공적으로 지켜낼 수 있었고 시장 점유율 1위의 위상을 지금까지 이어오고 있다.

그렇지만 아마존은 명실상부 이커머스의 최강자다. 최근 들어 아마존은 멕시코와 브라질에서 유료 멤버십 서비스 아마존 프라임을 론칭하면서 중남미에서의 시장 점유율을 끌어올리기 위해 노력 중이다. 그렇다고 해도 메르카도리브레는 쉽게 흔들리지 않을 것이다. 지난 20여 년간 중남미에서 소비자들의 신뢰를 얻어왔고 이미 3억 명이 훌쩍 넘는 회원을 확보했기 때문이다.

또 하나의 변수는 외부적인 환경에서 찾을 수 있다. 메르카도리브레가 지금까지 보여준 성공 스토리를 이어나가기 위해서는 중남미의 경제, 그리고 정치적 상황이 뒷받침되어야 한다. 중남미는 아직 경제적으로, 그리고 정치적으로 높은 수준의 불확실성이 존재한다. 예를 들어, 메르카도리브레는 중남미 국가들의 현지 통화의 가치 변화에 노출되어 있다. 현지 통화의 가치가 떨어지면 메르카도리브레의 성장에는 지장이 있을 수밖에 없다. 물론 아직 성숙하지 못한 시장의 1등 기업이라는 점이 향후 급격한 성장을 거듭할 수 있는 투자의 매력이 되고 있으므로 이는 마치 동전의 양면과 같은 기회와 리스크를 동시에 보여주는 셈이다.

메르카도리브레에 투자를 결심했다면 중남미 국가들에 관련된 경제 뉴스, 그리고 정치 소식들을 정기적으로 확인할 필요가 있다.

≡3≡
씨
동남아 슈퍼 앱의 최강자

이번에는 동남아로 가보자. 이커머스라는 사업 분야에서는 국가별, 그리고 지역별로 판매되는 상품과 수요가 천차만별이기 때문에 다른 사업 분야에 비해 지역별 강자가 하나씩 등장할 수 있는 여건이 제공되는 것 같다.

앞에서 살펴본 메르카도리브레(MELI)가 중남미의 챔피언이었다면 미국에는 아마존(AMZN)이 있고 중국에는 알리바바(BABA), 한국에는 쿠팡(CPNG)이 존재한다. 이번에 등장하는 씨(SE)는 동남아의 최강 기업이다.

씨를 아시나요?

이커머스 기업인 아마존이 클라우드 사업 쪽에서도 전 세계 1위의 자리를 지키고 있는 것처럼 씨 역시 다음의 3가지 사업 분야에서 극강의 경쟁력을 발휘 중이다.

① 가레나(Garena): 동남아 최대의 게임사

② 쇼피(Shopee): 동남아 최대의 이커머스

③ 씨머니(Sea Money): 핀테크 사업부

씨가 운영하고 있는 3가지 사업 분야에서 가장 규모가 큰 비즈니스는 이커머스가 아니라 가레나다. 씨는 2009년에 설립됐는데 처음에는 게임 사로 출발했고, 이커머스는 2015년이 돼서야 추가되었음을 알고 있는 투자자가 의외로 많지 않다.

가레나는 130여 개국에 게임을 유통하는 세계적인 온라인 게임 개발 및 유통 기업이다. 특히 가레나는 프리 파이어(Free Fire)라는 게임으로 유명세를 탔다. 프리 파이어는 2019년과 2020년, 2년간 전 세계적으로 가장 많이 다운로드된 게임 1위를 차지한 최고 인기 게임이다. 이후에도 프리 파이어의 인기는 식을 줄 모른다. 시장 조사업체 센서타워에 따르면, 가레나의 프리 파이어는 2021년 1분기에도 북미 시장에서 배틀 로얄 슈팅 게임 부문 매출 1위에 등극했다고 한다. 1분기 매출만 1억 달러(1,100억 원)를 기록했으며 이는 전년 동기 대비 약 4.5배 증가한 수치다.

또한, 세계 최대의 e스포츠(eSports) 플랫폼 중 하나로 평가받고 있다. 공식 유튜브 구독자 수와 조회 수만 봐도 일부 국가에서 프리 파이어의 인기가 어느 정도인지 알 수 있다. 프리 파이어의 브라질 공식 유튜브 채널 구독자 수는 916만 명에 이르며 'FFWS(프리 파이어 월드 시리즈) 2021' 결승전 조회 수는 1,118만 회에 달한다. 인도의 공식 유튜브 채널 구독자 수는 790만 명, 인도네시아의 공식 유튜브 채널 구독자 수는 460만 명 가까이 된다. 2020년에는 '올해의 e스포츠 모바일 게임'으로 선정됐다. 그리고

2019년과 2020년, 2년 연속 유튜브가 선정한 최고의 비디오 게임이 바로 가레나의 프리 파이어다.

가레나가 씨에서 캐시카우(Cash Cow) 역할을 하고 있다면, 이커머스 브랜드인 쇼피(Shopee)는 씨의 비즈니스 확장을 책임지고 있다.

2015년에 설립된 쇼피는 이미 동남아 최대 이커머스 플랫폼으로 자리매김했다. 2020년 5월 기준 조사 결과에 따르면, 쇼피는 전 세계에서 3번째로 많이 다운로드된 쇼핑 관련 애플리케이션이다. 주 무대인 동남아시아에서는 당연히 1위다.

다음 그림이 보여주듯이, 2020년 쇼피의 평균 방문자 수는 2억 8,000만 명을 넘어섰는데 이 수치는 2위인 라자다(Lazada)보다 2배 이상 높다.

[동남아시아 최고 인기 이커머스 사이트]

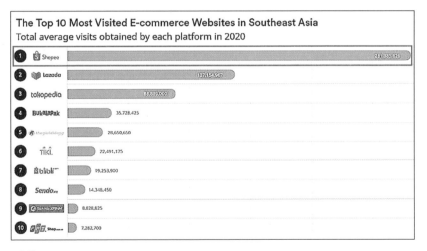

The Top 10 Most Visited E-commerce Websites in Southeast Asia
Total average visits obtained by each platform in 2020

1	Shopee	281,385,676
2	Lazada	137,154,967
3	tokopedia	88,889,000
4	BukaLapak	35,728,425
5	thegioididong	28,650,650
6	TIKI	22,491,175
7	bibli	19,253,900
8	Sendo	14,348,450
9	Dien May XANH	8,828,625
10	FPT Shop	7,282,700

• 출처: campaignasia.com

국가별 순위를 살펴봐도 대부분 지역에서 최고의 자리를 유지하고 있다.

쇼피는 구글 플레이 다운로드 수 기준으로 인도네시아, 말레이시아, 필리핀, 베트남에서 1위를 달리고 있으며, 태국과 싱가포르에서는 라자다에 이어 2위를 차지하고 있다. 동남아에서는 아이폰보다 안드로이드폰의 인기가 월등히 높기 때문에 구글 플레이를 통한 다운로드 수는 어느 정도 전체적인 그림을 보여준다. 이렇게 특정 국가에만 의존하지 않고 넓은 시장을 형성하고 있다는 점이 씨의 커다란 투자 매력이다.

씨에는 핀테크 사업부도 있다. 바로 디지털 결제를 비롯한 파이낸스 서비스를 제공하는 씨머니(Sea Money)다. 2014년에 설립된 씨머니는 아직 시장 점유율이나 매출 규모가 가레나, 쇼피에 비해 상대적으로 떨어지지만 2020년 4분기에 이미 2,300만 명이 사용하는 모바일 디지털 지갑(Digital Wallet)으로 성장했다.

동남아시아의 경우 모바일 지갑의 보급 추세가 매우 빠르다. 단편적인 예로 인도네시아에서는 쇼피에 접수되는 모든 거래 중 40% 이상이 모바일 지갑을 통해 결제되고 있다. 따라서 씨머니의 비즈니스 역시 향후 지속적인 성장이 기대되고 있다.

씨의 투자 매력

씨는 그야말로 최고의 성장주의 모습을 보여주고 있다. 흔히 2020년 최고의 수익률을 보여준 종목은 테슬라(TSLA)라고 생각하는 사람이 많은데 씨야말로 2020년 3월 최저가 대비 2021년 6월까지 주가 상승이 600%를 훨씬 상회하는 진정한 성장주의 모습을 보여주고 있다. 그리고 이렇게 말도 안 되는 주가 상승을 합리화시킬 만한 성장세를 지속적으로 보여주고 있다. 적어도 아직까지는 말이다.

씨의 '2021년 1분기 어닝 결과'에 따르면 2021년 1분기 씨의 총매출은 17억 6,000만 달러(1조 9,360억 원)를 넘어섰다. 전년 대비 147%나 성장한 수치다.

[2021년 1분기 어닝 결과]

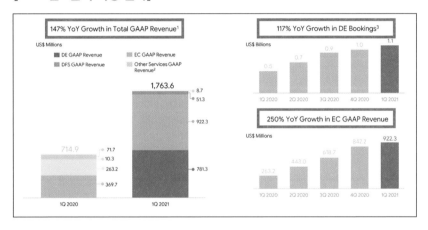

• 주: Millions는 100만, Billions는 10억 | 출처: 씨 분기보고서

이번에는 사업 규모가 가장 큰 디지털 엔터테인먼트, 즉 가레나의 실적만 따로 살펴보자. 1분기 가레나의 부킹(Booking, 1년간 확정된 미래 매출)은 약 11억 달러(1조 2,100억 원)로 이 역시 전년 대비 117%나 올라간 실적이다.

2021년 1분기 기준, 가레나 사용자 수는 약 6억 5,000만 명인데 전년 대비 61%나 상승했다. 유료 사용자 수의 증가는 더욱 대단하다. 약 8,000만 명의 유료 사용자를 확보함으로써 1년 전과 비교했을 때 124%라는 최고의 성장률을 지켜내고 있다.

이커머스인 쇼피는 더 눈부시다. 쇼피의 2021년 1분기 매출은 9억 2,000만 달러(1조 120억 원) 정도인데 2020년 1분기에 비해 250%나 성장한 결과다. 같은 기간 쇼피의 총주문 수는 1억 1,000만 건을 넘겼으며 전년 대비 153%나 올라갔다. 단 15개월 만에 주가가 6배 이상 상승한 데는 다 그럴 만한 이유가 있었던 것이다.

핀테크 사업부인 씨머니의 경우 아직 유료 사용자 수가 2,610만 명 수준에 그치고 있지만 1년 전에 비하면 145%나 성장한 것이다. 2021년 1분기에 씨머니를 통해 결제된 총금액 역시 전년 대비 200% 성장한 34억 달러(3조 7,400억 원)에 이르고 있다.

누가 보더라도 최고의 성장 기업이 확실하다. 하지만 필자가 씨라는 기업에 투자금을 넣어 놓고 있는 이유는 단순히 기업의 성장만을 보고 있기 때문이 아니다. 씨의 진짜 투자 가치는 동남아시아가 보여줄 성장 스토리에서 찾아야 한다. 씨라는 기업의 성장세를 뒷받침해줄 동남아시아의 잠재력을 하나씩 펼쳐보도록 하자.

먼저 경제 성장률이다. 다음 페이지의 '실질 GDP 성장 추세'에서 볼 수 있는 것처럼 물가 상승을 제거한 실질 GDP를 비교했을 때 지난 5년간 동남아시아의 대표 6개국(인도네시아, 말레이시아, 싱가포르, 필리핀, 베트남, 태국)은 미국에 비해서도 월등한 경제적 성장을 나타내고 있다. 또한, 베트남, 필리핀, 인도네시아 등의 경제 성장률은 중국, 인도와 함께 거의 세계 최고 수준을 보여주고 있다.

동남아시아의 두 번째 잠재력은 '사람'이다. 동남아시아 주요 6개국의 인구 규모는 2021년 6월 기준으로 5억 8,900만 명에 이른다. 전 세계 인구의 7.5%에 해당하는 엄청난 숫자다. 그런데 그게 끝이 아니다. 다음에

[실질 GDP 성장 추세]

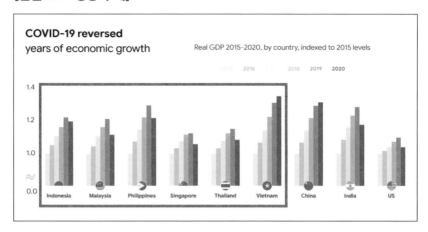

• 출처: 'e-Conomy SEA 2020' 리포트

나와 있는 것처럼 동남아시아 대부분은 젊다. 그래서 미래를 향해 나아갈 힘이 있다.

[동남아시아 주요 6개국 평균 연령]

① 인도네시아: 29.7세

② 베트남: 30.5세

③ 필리핀: 25.7세

④ 말레이시아: 30.3세

⑤ 태국: 40.1세

⑥ 싱가포르: 42.2세

이렇게 연령대가 낮다 보니 인터넷을 이용하는 인구수는 빠르게 늘어나는 추세다. 동남아시아 6개국 인터넷 이용자 수는 2019년 3억 6,000만 명에서 2020년 4억 명으로 빠르게 증가했다. 단 1년 만에 4,000만 명이 증가한 것이다. 6개국 전체 인구 5억 8,900만 명 중 70%에 가까운 사람들이 인터넷을 사용하고 있는 셈이다.

급격하게 증가하고 있는 인터넷 사용 인구의 상승을 타고 동남아시아의 인터넷 경제 규모는 2025년까지 3,090억 달러(339조 9,000억 원)로 성장할 것으로 예상되고 있다. 2020년과 대비해 2.9배 커진 규모이고 연간 단위로 따져보면 매년 평균 성장률이 24%를 넘는다는 계산이 나온다.

다음 '동남아시아 인터넷 경제 성장 예상'을 보면 잘 알 수 있는데, 여기에 포함되는 섹터 분야는 이커머스, 차량 공유와 음식 배달 서비스, 온라인 여행업, 그리고 모바일 게임과 같은 온라인 미디어다.

[동남아시아 인터넷 경제 성장 예상]

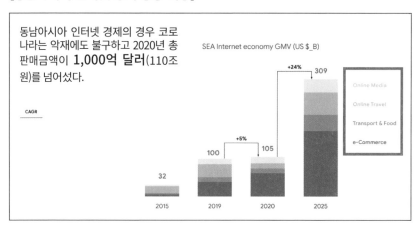

• 출처: 'e-Conomy SEA 2020' 리포트

이 중에서 씨의 비즈니스와 직접 관련이 있는 분야만 자세히 들여다보자. 먼저 가레나가 포함되는 동남아시아의 온라인 미디어 비즈니스의 경우 2025년이 되면 총거래금액이 350억 달러(38조 5,000억 원)에 이를 것으로 전망된다. 연평균 15% 정도의 성장을 기대해볼 수 있으며 2020년부터 5년간 온라인 미디어의 시장이 2.1배로 확장될 수 있음을 시사한다.

이커머스 분야는 말 그대로 대박 조짐이 보인다. 동남아시아의 이커머스 총거래금액은 2025년까지 1,720억 달러(189조 2,000억 원)로 성장이 예상되는데 2020년 시장 규모에 비해 5년 만에 2.8배 정도의 사이즈로 성장한다는 의미다. 연평균 성장률로 따져보니 약 23%가 나온다.

마지막 디지털 결제 비즈니스에서도 마찬가지다. 동남아시아의 디지털 결제 총거래금액은 2025년까지 1조 2,000억 달러(1,320조 원)로 성장할 전망이다. 5년 만에 시장의 규모가 2배로 커진다는 것을 의미하며 연 성장률 역시 15%에 달하는 건강한 수치라고 할 수 있다.

지금까지 우리는 씨라는 기업이 비즈니스를 펼치고 있는 3가지 분야, 즉 디지털 미디어, 이커머스, 디지털 결제 측면에서 동남아시아의 시장이 앞으로 어느 정도 성장할지 그 전망치를 살펴봤다. 그런데 이게 다가 아니다. 씨는 최근 들어 쇼피라는 이커머스 플랫폼을 이용해 비즈니스 분야를 확장하고 있다. 그중에서도 필자의 관심을 끄는 부분은 바로 음식 배달 비즈니스다.

최근 쇼피의 모바일 앱에는 'Shopee Food'라는 기능이 추가됐다. 한국으로 치면 배달의민족과 같은 음식 배달 서비스를 시작한 것이다. 조금 늦은 감은 있지만 음식 배달이나 차량 공유 분야는 쉽게 포기할 수 있는 비즈니스가 아니다. 동남아시아의 '차량 공유 및 음식 배달 서비스' 관련 총거래금액은 2025년까지 420억 달러(46조 2,000억 원) 규모로 늘어난다고 전망한다. 이 전망치는 앞으로 매년 30% 정도의 성장을 지속적으로 해야 달성될 수 있는데, 맞는다면 2020년부터 2025년까지 이 시장이 3.8배 커질 수 있다고 볼 수 있다. 5년 만에 4배 가까이 커질 수 있는 시장을 그냥 포기할 수는 없다. 최근 쇼피의 월 방문 건수는 1억 2,700만 건 이상을 기록하고 있다. 이렇게 무시무시한 트래픽을 이제 음식 배달 서비스 사용자로 전환할 방법만 찾아내면 된다.

여기서 빼놓을 수 없는 씨의 투자 매력은 지역적인 확장이다. 씨의 이커머스 브랜드인 쇼피는 최근 중남미 시장에 진출해 무서운 성장세를 보여주고 있다. 다음 그림에서 확인할 수 있듯이 최근 앱 다운로드 수로는 중남미 이커머스 시장의 터줏대감인 메르카도리브레를 넘어서고 있다.

[브라질과 멕시코 쇼핑 앱 다운로드 랭킹]

• 출처: seekingalpha.com

참고로, 브라질과 멕시코는 3억 3,000만 명이 넘는 대형 시장이다. 쇼피가 동남아시아를 넘어 중남미에서도 성공적인 확장을 보여줄 수 있다면 동남아시아에서 대형 성장 기업이 탄생할 가능성도 있다.

씨의 투자 리스크

씨는 다이내믹(Dynamic)한 종목이다. 투자 매력이 넘쳐나는 만큼 투자의 리스크도 만만치 않다.

일단 씨는 만년 적자 기업이다. 가장 최근에 발표된 어닝 결과에 따르면, 2021년 1분기의 순손실(Net Loss)이 무려 4억 2,210만 달러(약 4,643억 원)에 달했다. 전년과 대비해서도 순손실이 오히려 1억 4,130만 달러(약 1,554억 원) 정도 늘어났다. 아무리 빨라도 2022년은 돼야 흑자 전환이 가능할 것으로 보인다. 게다가 총자산 중에서 총부채가 차지하는 비율이 69%가량 되기 때문에 재정 상태가 훌륭한 기업도 아니라는 것이 마음에 걸린다.

그나마 총수익(Gross Profit)의 성장이 뚜렷하다는 점이 다행이다. 2021년 1분기 총수익은 약 6억 4,541만 달러(약 7,099억 원)를 기록했는데 전년 대비 212% 이상 성장했다. 이것을 매출로 나눈 값인 총수익률(Gross Margin)을 살펴봐도 2020년 28.9%에서 2021년 36.6%로 현저하게 향상하고 있는 모습을 보여줬다.

또 한 가지 긍정적인 점이 있다. 씨가 보여주고 있는 큰 적자 폭은 공격적인 마케팅과 연구개발비에서 기인하고 있다는 점이다. 다음 페이지 그림을 보면, 씨를 비롯해 아마존(AMZN), 알리바바(BABA), 징동닷컴(JD), 메르카도리브레(MELI), 그리고 쇼피파이(SHOP)가 전체 매출에서 몇 퍼센트 정도를 마케팅과 연구개발비에 사용하고 있는지를 비교해주고 있다.

가장 위에 있는 파란색 선이 씨인데 다른 기업보다 매출 대비 마케팅 및 연구개발에 대한 투자가 높음을 알 수 있다. 심지어 2017년에서 2018년 사이에는 매출보다 더 큰 비용을 마케팅 및 연구개발에 투자한 사실을 확

[이커머스 기업들의 마케팅 및 연구개발비 투자 추세]

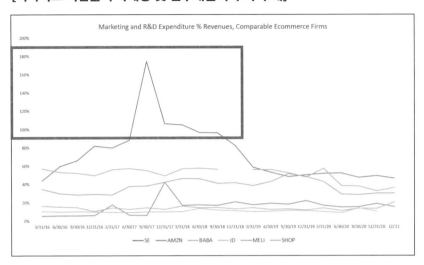

Marketing and R&D Expenditure % Revenues, Comparable Ecommerce Firms

• 출처: tikr.com

인할 수 있다.

사실 더 큰 투자 리스크는 따로 있다. 바로 치열해지고 있는 경쟁이다. 혹시 '슈퍼 앱(Super Application)'이란 단어를 들어본 적이 있는가? '슈퍼 앱'이란, 단 하나의 앱으로 친구와 채팅을 하다가 송금도 할 수 있고, 필요한 물건이나 음식을 주문할 수 있고, 택시를 부를 수 있고, 심심하면 게임까지 즐길 수 있는 모든 기능을 가진 앱을 말한다. 그렇게 되면 우리의 스마트폰에 다운되어 있는 수많은 앱 상당수는 삭제할 것이다. 필요 없기 때문이다.

중국에는 텐센트(홍콩증시에 상장됐으며 티커는 00700)가 개발한 위챗이라는 앱이 있다. 다른 기업들의 미니 프로그램까지 모두 허용하는 정책을 펼치자 100만 개 이상의 서비스를 제공하는 슈퍼 앱으로 성장했다. 사용자 수가 10억 명이나 되는 이유를 짐작할 만하다.

동남아시아에서는 3개의 젊은 기업이 슈퍼 앱이 되기 위한 단계를 착실히 밟아 나가고 있다. 그랩은 차량 공유 서비스에서 출발했는데 음식 배달과 핀테크로 비즈니스를 확장했고, 인도네시아 최고의 이커머스 기업인 토코페디아와 음식 배달 및 차량 공유 서비스 플랫폼인 고젝의 합병으로 만들어진 고투가 씨를 바짝 뒤쫓고 있다. 아직 절대 강자는 보이지 않는 상황이지만 네트워크 효과(Network Effect)가 발휘될 수 있는 플랫폼 비즈니스의 특성상 다수의 승자가 남아 있기는 어려울 것으로 판단된다. 즉, 승자 독식이 가능하다는 말이다. 그 승자가 누가 될지는 아직 미지수다.

씨의 미래에 투자하고 있는 투자자 입장에서는 투자 리스크가 비교적 많이 발견된다는 점이 불안하다. 반면, 그러한 리스크가 확실하게 보인다는 점은 다행스럽다. 씨의 돌파구를 한번 예측해봤다.

첫 번째, 프리 파이어에 대한 의존도를 줄여야 한다. 지금까지 씨가 미친 성장률을 보여줄 수 있었던 것은 프리 파이어라는 대박 게임 덕분이었다. 그렇기 때문에 프리 파이어를 대신할 만한 제2의 히트작이 필요하다. 아무리 재미있는 게임이라도 3~4년 지나고 나면 시들해질 수 있다.

두 번째, 앞으로 동남아시아 최대 시장인 인도네시아에서 고투와의 치열한 전투를 벌일 텐데 여기서 승리해야 한다. 인도네시아를 빼앗기면 지속적인 성장은 어렵다.

세 번째, 새롭게 진입을 시도하고 있는 음식 배달 서비스, 나아가 차량 공유 서비스 분야에서 성공해야 한다. 2025년까지 4배 가까이 확대될 가능성이 있는 시장을 지켜만 봐서는 안 된다.

네 번째, 적어도 총수익률(Gross Margin)은 지속적으로 향상되는 모습을 보여야 한다. 늦어도 1~2년 내에 흑자 기업으로 전환이 시급하다.

다섯 번째, 동남아시아의 정치적 및 경제적 환경이 뒷받침되어야 한다. 정치적 혼란이나 경제적 공황 상황이 오면 성장은 물 건너간다.

마지막으로, 이런 리스크를 보완해줄 기회가 있는 중남미 시장으로 진출해야 한다. 잠재력이 무한한 시장이다. 동남아시아와 중남미를 모두 잡을 수 있다면 게임 오버다.

≡4≡
엣시
사람이 보이는 이커머스

엣시를 아시나요?

엣시(ETSY)는 따뜻한 느낌의 기업이다. 이것은 기업 미션에서도 느낄 수 있다. 이 기업의 미션은 'Keeping Commerce Human', 즉 '상업적인 거래에서도 인간미를 지켜낸다'라고 해석할 수 있는데 필자는 '사람이 보이는 이커머스를 만든다'로 바꿔봤다. 엣시는 한마디로 독특하고 창의적인 상품을 사고파는 글로벌 마켓 플레이스, 즉 이커머스다.

엣시의 비즈니스를 숫자로 설명해보겠다. 일단 엣시는 미국에서 4번째로 방문자가 많은 이커머스이며 9,000만 개 이상의 아이템이 전시 및 판매되고 있을 정도로 스케일이 있는 플랫폼이다. 2021년 현재 약 470만 명의 판매자가 활동 중이며 구매자 수는 9,070만 명에 달한다. 또한, 글로벌 진출도 성공적으로 하고 있어서 전 세계 거의 모든 나라의 사람이 방문하는 사이트라고 볼 수 있다.

솔직하게 말해 1년 전에 필자가 엣시에 대해 처음 분석할 때만 해도 이렇게까지 잘 나갈지 몰랐다. 내심 '아마존 핸드메이드(Amazon Handmade)와 경쟁이 될까?'라는 의구심을 두고 있었던 것 같다. 하지만 엣시는 살아남았고 아주 잘 나가고 있다. 그 비결이 무엇일까?

엣시는 평범함을 거부한다. 맞춤형 상품의 강화로 차별성을 유지하려고 애쓴다. 개인별 맞춤형 상품은 판매로 이어질 확률이 20% 가까이 높은데 이 점을 노린 엣시의 전략은 기업 매출에도 바로 연결된다. 또한, 구매자와 판매자 간의 상호 작용 강화를 위해 채팅 기능을 활용하는 등 인간미가 넘치는 따뜻함이 느껴지면서도 진부하지는 않다. 오히려 혁신적이고 창의적인 모습으로 쿨하다는 느낌을 받는다.

엣시의 사이트를 살펴보면, 전통적인 사진 위주의 아이템 전시에서 벗어나 비디오 리스팅(Listings)이 이미 자리 잡았음을 알 수 있다. 2021년 1분기에만 해도 총 500만 건의 비디오가 전시되고 있으며 바로 전 분기 대비 36%나 증가했다. 최근에는 '엣시 인플루언서 컬렉션'도 등장했다. 인플루언서들은 평균 판매자보다 21%나 높은 평균 단가를 자랑하고 있으며 전체 판매 건수의 90%가 기존 구매자에 의해 발생할 정도로 재방문자가 줄을 서는 상황이다.

다음 그림에 나와 있듯이, 엣시의 매출은 크게 2가지로 나뉜다. 주요 수입원인 마켓 플레이스는 쉽게 말해 수수료를 통한 사업 모델이라고 할 수 있다. 리스팅 수수료, 거래 수수료, 결제 수수료 등으로 구성되어 있으며 외부 광고를 도와주면서 일정 부분을 챙기는 경우도 있다. 마켓 플레이스의 매출은 2021년 1분기 기준으로 전체 매출의 75.1%에 이른다.

두 번째는 서비스 매출이다. 엣시 사이트 내에서 광고를 통해 벌어들이

[엣시의 매출 구조]

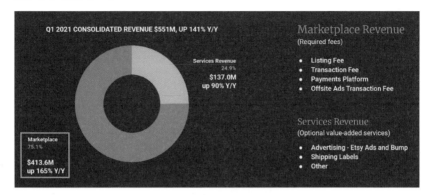

• 주: M은 Million(100만), Y/Y는 연 성장률 | 출처: 엣시 사업보고서

는 수입, 상품 배송할 때 라벨 서비스 등을 해주면서 창출하는 수입 등이며 전체 매출의 24.9% 정도를 차지하고 있다.

매출 기여도가 높은 마켓 플레이스의 성장률이 서비스 매출 성장률을 크게 앞선다는 점이 고무적이다. 전년 대비 성장률을 비교해보면 마켓 플레이스가 165%, 서비스 매출이 90%의 성장을 보여줬다.

엣시의 투자 매력

엣시 역시 필자가 사랑하는 성장주의 전형적인 모습을 보여준다. 가장 최근에 발표된 2021년 1분기 어닝 결과에 따르면, 총판매금액(GMS: Gross Merchandise Sales)은 31억 달러(3조 4,100억 원) 정도로 전년 대비 135%나 성장했다. 그중 엣시가 매출로 가져간 금액은 5억 5,100만 달러(6,061억 원)로, 전년 대비 성장률은 141%에 이르고 있다.

엣시가 이렇게 총판매금액과 매출 부분에서 멈출 줄 모르는 성장을 보이는 이유는 거의 모든 비즈니스의 지표가 바람직한 모습을 보여주고 있기 때문이다. 하나씩 확인해보자.

일단 구매자 수와 판매자 수가 동시다발적으로 꾸준히 느는 추세다. 다음 그림을 보자.

[엣시의 구매자 수 증가 추세]

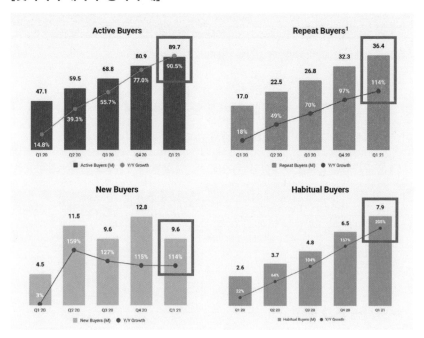

• 출처: 엣시 사업보고서

매월 엣시를 통해 구매를 진행하는 이용자(Active Buyers)는 전년 대비 90.5%나 증가했다. 그중에서 새롭게 진입한 구매자(New Buyers)의 증가는 114%, 반복 구매자(Repeat Buyers)의 성장도 114%나 된다. 게다가 1년에 최소 6회 이상 엣시를 통해 물건을 구매하는 사용자, 즉 습관적 구매자(Habitual Buyers)의 증가세가 205%에 달한다는 것이 고무적이다.

이렇게 반복 구매자, 습관적 구매자의 성장이 두드러지면서 구매자당 거래금액 역시 큰 폭으로 상승하고 있다. 다음 그림을 살펴보자.

[구매자 1인당 거래금액]

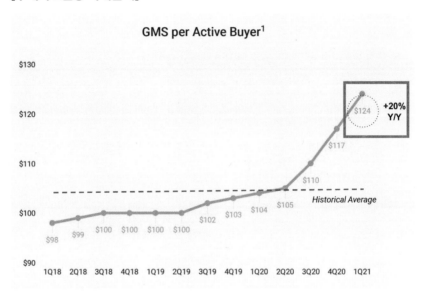

• 출처: 엣시 사업보고서

3년 전에는 98달러(약 10만 원)에 머물렀던 구매자 1인당 거래금액이 1년 전에는 104달러(약 11만 원)를 기록했고, 2021년 1분기에는 124달러(약 13만 원)까지 상승했다. 단 1년 만에 구매자 1인당 거래금액이 20%나 증가한 셈이다.

간혹 엣시를 예쁜 마스크를 파는 온라인 숍 정도로 취급하는 투자자가 있는데 최근 들어 가파른 증가 추세를 보이는 구매자 1인당 거래금액을 보면 생각이 달라질 것이다. 실제로 2021년 1분기 마스크 매출이 전체 매출에서 차지한 비중은 단 2.5%에 지나지 않았다.

동시에 판매자 수의 증가 추세도 만만치 않다. 2021년 1분기 기준 판매자 수는 약 450만 명으로 전년 대비 70% 정도 증가했다. 이렇게 판매자 수가 꾸준히 증가하면 상품의 종류가 늘어나고 퀄리티가 향상될 가능성이 높다. 그렇게 되면 결과적으로 구매자 증가로 이어지고, 구매자가 늘어나면 늘어날수록 판매자가 다시 늘어나게 되는 네트워크 효과의 창출이 가능해진다. 엣시가 지금 만들어 가고 있는 모습이다.

또 하나 긍정적인 수치는 테이크 비율(Take Rate)이다. 이 수치는 매출이 전체 판매(거래)금액에서 차지하는 비율을 보여준다. 수수료를 주 수입원으로 하는 이커머스의 경우 전반적인 경쟁력이 떨어지게 되면 수수료를 줄여서라도 판매자를 유지하려고 노력하는 바람에 테이크 비율이 떨어지는 결과를 초래한다. 엣시의 경우 2021년 1분기 테이크 비율은 전년 대비 60BP(Basis Points) 향상된 17.5%를 보여주고 있다. 긍정적인 신호다.

또 하나 엣시의 실적에서 눈길을 끄는 부분은 인터내셔널 비즈니스의 성장 추세다(오른쪽 그림 참고). 2021년 1분기 총거래금액 중 인터내셔널 마켓 비중은 무려 42%나 된다. 아마존(AMZN)이라는 거대 기업도 인터내셔널 시장의 기여도가 30% 이하이니 42%는 무척 인상적인 숫자다. 게다가 인터내셔널 마켓의 총판매금액은 전년 대비 169%나 성장했다. 엣시는 이제 명실상부 글로벌 기업이다.

마지막으로 빼놓을 수 없는 엣시의 투자 매력은 최근 엣시가 보여주고 있는 M&A(인수·합병)의 모습이다. 2019년 8월 엣시는 악기 판매 전문 이커머스 기업인 리버브를 2억 7,500만 달러(3,025억 원)에 인수했다. 중고 악기와 신상품을 모두 판매하는 형태의 비즈니스를 하고 있다. 2021년 들

[엣시 인터내셔널 비즈니스]

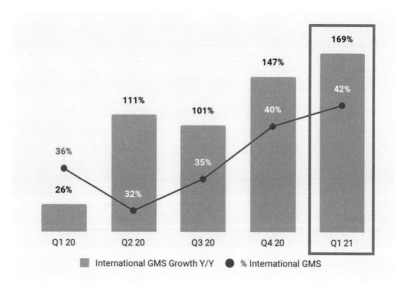

• 출처: 엣시 사업보고서

어서는 영국 기업인 디팝을 현금 16억 2,500만 달러(1조 7,875억 원)에 인수하기로 합의했다. 2021년 3분기에 인수가 마무리될 예정이다.

리버브가 악기 위주의 뮤직 리커머스(Recommerce)라면 디팝은 중고 의류를 사고파는 패션 리커머스다. 이렇게 해서 엣시는 수공예품과 빈티지(엣시), 악기 등 음악 상품(리버브), 그리고 중고 의류 상품(디팝)까지 커버하는 상품의 다양화를 구축하게 됐다. 그뿐만이 아니라 밀레니얼 세대와 X세대가 주로 이용하는 엣시와 리버브, Z세대에게 인기가 높은 디팝을 확보하게 되면서 남녀노소를 가리지 않고 모든 세대를 겨냥할 수 있는 전천후 이커머스로 탈바꿈하고 있다.

3개의 이커머스 기업이 함께 만들어 낼 시너지 효과도 기대해볼 만하다.

[엣시+리버브+디팝]

Depop shares Etsy's DNA, expanding our 'house of brands' that stands for creativity, community and 'special'

Etsy	Reverb	depop
Handmade, Vintage, Craft	Music Recommerce	Fashion Recommerce
Millennial & Gen X women	Millennial & Gen X men	Gen Z
US, UK, DE, CAN, FR, AUS, IN	US, UK, CAN, FR, DE, AUS	UK, US, AUS
	CEO: David Mandelbrot	CEO: Maria Raga

• 출처: 엣시 사업보고서

실제로 2019년에 엣시에 인수된 리버브의 경우 2021년 총판매금액이 전년 대비 약 50% 증가했다. 같은 기간 음악 관련 리테일의 매출 증가는 8% 수준에 그쳤기 때문에 엣시와의 합병이 마케팅 부분에서 긍정적인 효과를 가져온 것으로 평가할 수 있다.

더욱 확실한 시너지 효과는 비용적인 부분에서 찾아볼 수 있다. 리버브의 총수익 마진은 6분기 전만 해도 33%에 불과했으나 엣시에 흡수된 이후 2021년 1분기에는 53%라는 건강한 총수익 마진을 기록했다. 엣시가 이미 구축해놓은 배송 인프라와 마케팅 전문 인력의 활용, 행정부서 통합 등으로 비용의 효율성이 극대화됐기 때문이다. 단적인 예로, 리버브의 마케팅 비용 1달러당 총판매금액은 2019년 3분기 20달러(약 2만 원)에서 2021년 1분기 27달러(약 3만 원)로 증가했다. 마케팅 비용의 효율성, 생산성이 무려 35%나 향상된 셈이다.

정말 기대가 큰 쪽은 디팝이다. 일단 디팝은 엣시가 확보하고 있지 못한 고객층을 갖고 있다. 디팝 이용자의 88%가 Z세대이며 미국 10대들이 10번째로 많이 방문하는 사이트가 바로 디팝이다. 영국에서는 16~24세 젊은 인구 3명 중 1명이 디팝의 앱을 다운로드했다고 하니 Z세대라는 떠오르는 시장을 공략하기 위한 교두보로는 이만한 사이트가 없다.

Z세대들이 중고 의류를 사고판다고 해서 무시할 만한 규모는 절대 아니다. 2020년 말 기준으로 디팝의 총사용자는 무려 2,800만 명을 넘어섰고, 연간 구매자는 400만 명, 연간 판매자는 200만 명이나 된다.

소셜미디어처럼 채팅 기능을 통해 구매자와 판매자가 자유롭게 소통하는데 디팝을 통해 주고받는 메시지 수가 월평균 5,000만 건에 달한다. 이렇게 소셜미디어처럼 자연스럽게 커뮤니티를 형성하면서 2020년 전체 판매량 중 기존 고객의 기여도는 75%를 넘어섰다. 디팝이 단순한 이커머스가 아니라 소셜미디어 혹은 커뮤니티의 성격을 띠고 있음을 확인할 수 있는 대목이다. 그리고 가장 재미있는 부분은 Z세대의 커뮤니티답게 판매자와 구매자의 구분이 없다는 것이다. 상품의 판매자인 동시에 다른 판매자의 상품을 구매한 사용자의 비율이 무려 74%나 된다. 이 정도가 되면 그들만의 플랫폼을 만들어 놓고 정기적으로 옷을 바꿔 입는 수준이라고 봐야 할 것이다.

당연히 성장 추세가 가파르다. 2020년 디팝의 1년간 총매출은 7,000만 달러(770억 원) 수준인데 총판매금액과 매출은 모두 전년 대비 100% 성장을 기록했다. 필자의 견해로는 디팝의 성장은 앞으로도 지속할 가능성이 높다.

다음 페이지 그림을 보자. 어패럴(Apparel) 섹터는 이커머스 시장에서

[디팝의 잠재력]

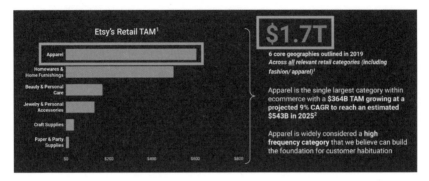

• 주: T는 Trillion(1조) | 출처: 엣시 사업보고서

최대 규모를 가진 카테고리다. 2025년까지 기대되는 전체 시장 규모(TAM: Total Addressable Market)가 5,430억 달러(597조 3,000억 원)에 이른다고 하니 가능성이 무한한 분야다. 결과적으로 디팝 인수를 통해 엣시의 통합 TAM은 하루아침에 1조 7,000억 달러(1,870조 원) 규모로 확장됐다. 또 하나 기대감을 가질 수 있는 부분이 이커머스의 어패럴 섹터의 방문 횟수다. 어패럴은 이커머스 상품의 모든 카테고리 중에서 가장 방문 횟수가 많은 카테고리라고 한다. 엣시가 향후 어패럴 섹터의 트래픽을 이용해 반복 방문 고객을 창출하는 방법을 모색해볼 수 있을 것 같다.

그뿐만이 아니다. 디팝은 단순히 의류를 판매하는 이커머스가 아니라 중고 의류를 사고파는 리커머스임을 기억해야 한다. 다음 '중고 시장의 잠재력'에 따르면 미국의 중고 리테일 시장의 규모는 2024년까지 640억 달러(70조 4,000억 원)로 성장을 예상할 수 있다. 연평균 성장률로 따져보면 무려 39%나 된다.

필자는 앞으로 중고 리테일 시장도 시대적인 흐름에 맞춰 리커머스 시

[중고 시장의 잠재력]

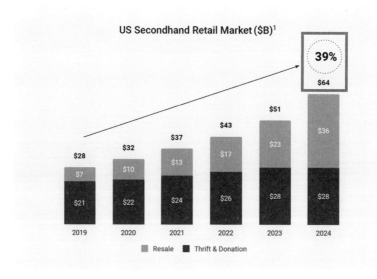

US Secondhand Retail Market ($B)[1]

• 주: B는 Billion(10억) | 출처: 엣시 사업보고서

장으로 옮겨올 것이라고 확신하고 있다.

엣시는 대표적인 성장주임에 틀림이 없다. 그럼에도 불구하고 엣시의 또 다른 투자 매력은 수익률이다. 다음 페이지의 '엣시 2021년 1분기 어닝 결과'를 참고해서 우리는 엣시라는 기업의 총수익 마진, 그리고 순이익 마진을 직접 계산해볼 수 있다.

먼저 총수익 마진은 전체 매출에서 판매 비용(Cost of Sale÷Cost of Revenue)을 제외하고 남은 총수익(Gross Profit)이 매출에서 차지하는 비율이다. 약 74%[=407,729(Gross Profit)÷550,646(Total Revenue)]라는 멋진 총수익률이 나온다.

순이익은 모든 제반 비용을 모두 사용한 이후에 정말 나의 호주머니에 남게 되는 순수한 수익을 말한다. 이 순이익이 매출에서 차지하는 비율이

[엣시 2021년 1분기 어닝 결과]

		Three Months Ended March 31,		
		2021		2020
		(in thousands)		
Revenue:				
Marketplace	$	413,642	$	155,921
Services		137,004		72,134
Total revenue		550,646		228,055
Cost of revenue		142,917		82,416
Gross profit		407,729		145,639
Operating expenses:				
Marketing		151,204		48,505
Product development		53,706		37,782
General and administrative		52,182		33,987
Total operating expenses		257,092		120,274
Income from operations		150,637		25,365
Other income (expense), net		7,091		(15,672)
Income before income taxes		157,728		9,693
(Provision) benefit for income taxes		(13,962)		2,829
Net income	$	143,766	$	12,522

• 출처: 엣시 사업보고서

바로 순이익 마진이다. 약 26%[=143,766(Net Income)÷550,646(Total Revenue)]가 나온다.

통상 10%가 넘어서는 순이익 마진은 매우 건강한 수치로 판단할 수 있다. 왜냐하면 미국의 우량 기업 500개를 모아 만든 S&P 500의 평균 순이익 마진이 10%에 미치지 못하기 때문이다. 앞에서 언급한 것처럼 엣시는 플랫폼 기업 특유의 건강한 총수익 마진을 앞세워 성장성과 수익성 모두를 보여주는 보기 드문 성장주의 모습을 갖추고 있다.

엣시의 투자 리스크

엣시는 다른 비즈니스에 비해 경기 상황에 민감할 수 있다고 필자는 판단한다. 아무래도 필수 소비재를 주로 판매하는 리테일이 아니라서 어느 정도는 세계 경제의 안정성이 유지되어야 정상적인 비즈니스 유지가 가능할 것이다. 다시 말해, 필수 소비재 외의 물품을 찾을 수 있는 생활의 여유 또는 마음의 여유가 있어야 한다는 말이다. 반면, 경기 호황이 찾아온다면 상대적으로 많은 혜택을 누릴 수 있다는 상반된 모습도 생각해볼 수 있다.

필자가 생각하는 엣시 투자의 두 번째 리스크는 쇼피파이(SHOP)다. 두 기업은 매우 다른 비즈니스 모델을 갖고 있지만 의외로 유사한 점도 많다. 독립적으로 비즈니스를 하기에는 규모가 작은 중소상인들을 지원하는 플랫폼이라는 점, 주류보다는 틈새 시장을 노리는 작은 상점의 상품을 판매하는 데 최적화되어 있다는 점이다.

만약 엣시에 의존하고 있는 중소상인들이 쇼피파이를 통해 자신만의 온라인 숍을 구축하고 효과적으로 수익을 창출할 수 있게 된다면 엣시는 고객 상당 부분을 빼앗길 가능성도 배제할 수 없다는 것이 필자의 생각이다.

마찬가지로 핀터레스트(PINS)나 페이스북(FB) 등에 신설되고 있는 소셜 커머스 역시 강력한 경쟁 상대로 떠오를 수 있다. 쇼피파이와 마찬가지로 비교적 규모가 작은 중소상인들이 마케팅과 영업을 하기에 적합한 구조와 플랫폼을 갖추고 있기 때문에 엣시 입장에서는 향후 이 소셜미디어들이 이커머스 기능을 강화하면 무서운 경쟁 세력이 될 수 있다.

따라서 엣시는 기본으로 돌아가야 한다. 엣시는 엣시만의 독창성을 지켜나가야 살아남을 수 있다. 즉, 틈새 시장을 사수하고 사람 냄새가 나는 플랫폼의 이미지를 유지하면서 재방문 고객을 꾸준히 증가시켜 나가야 한다. 또한, 리버브와 디팝을 주축으로 삼으면서 추가 인수·합병을 통해 리커머스(Recommerce)라는 틈새 시장의 강자로 부상해야 한다.

핀테크
Fintech

필자가 이 책을 마무리하기 위해 하루에 3~4시간씩 컴퓨터 앞을 지키고 있던 시기가 2021년 8월쯤이었다. 코로나로 인해 전 세계에 팬데믹이 선언되었던 것이 2020년 3월이니까 1년하고도 5개월이 지나는 시점이었다. 처음에는 몇 달 지나면 잠잠해지겠지 생각했던 바이러스와 1년 반 가까이 함께 한 것이다.

문제는 앞으로도 얼마나 더 이 지긋지긋한 마스크를 써야 하는 생활을 지속해야 하는지 감이 잡히지 않는다는 점이다. 백신의 보급이 확산하면서 이제는 마지막을 향해 달려간다고 생각했었는데, 요즘 다시 델타 변이 바이러스로 인해 팬데믹 안의 또 다른 팬데믹이 시작되고 있는 것 같다.

주식 시장에 참여하고 있는 투자자의 입장에서 바이러스의 영향이 장기화되고 있다는 것은 생각보다 매우 중요한 투자 포인트가 될 수 있다. 물론 경기의 변동이나 실업률과 같은 거시 경제적 수치에도 영향을 끼치겠지만 그보다 우리 삶 자체가 좀 더 오랜 시간 동안 새로운 방식에 적응하고 있다는 점을 더 중요하게 바라봐야 한다.

2010년 영국 런던대학교 심리학과의 필리파 랠리 교수 연구팀은 인간이 새로운 습관을 형성하는 데 66일이라는 기간이 소요된다는 것을 밝혀냈다. 이렇게 9주 정도만 같은 삶의 방식을 반복해도 새로운 습관을 만들어 낼 수 있는 것이 우리 인간이다. 그런데 이번 팬데믹은 이미 17개월에 걸쳐 진행되고 있으며 앞으로 얼마나 더 오래 우리의 삶을 지배하게 될지 감이 잡히지도 않는다.

갑자기 '66일 습관의 법칙'에 대한 이야기를 꺼내는 이유는 팬데믹으로 인해 우리 삶의 모습은 엄청나게 많이 변화해왔으며 이러한 변화의 모습은 어쩌면 영구적인 습관으로 우리 삶을 지배할지도 모른다는 생각을 전하기 위해서다. 팬데믹은 지구상의 많은 사람과 기업을 경제적으로 피폐하게 만들었지만 그 와중에 오히려 기하급수적인 성장을 이뤄낸 비즈니스 섹터도 상당수에 이른다. 온라인 리테일, 즉 이커머스가 그 대표적인 예가 될 수 있겠다. 많은 사람이 집에 갇혀 살면서 유튜브나 넷플릭스(NFLX) 같은 스트리밍 서비스의 이용자 수가 하루가 다르게 늘어났으며, 재택근무가 활성화되면서 화상 채팅이나 화상 회의가 폭발적인 인기를 얻었다.

필자는 개인적으로 우리가 바이러스의 영향에서 100% 벗어나게 되더라도 하루아침에 온라인 쇼핑 대신 슈퍼마켓을 이용하거나 구독하던 넷플릭스나 디즈니 플러스를 갑자기 멀리할 가능성은 매우 적다고 믿고 있다. 그중에서도 다시는 예전의 모습으로 돌아갈 가능성이 없어 보이는 산업 섹터가 하나 있는데 바로 핀테크(Fintech)다.

한 번 생각을 해보자. 외출이 자유로워지고 안전해지면 한두 번 정도는

"오늘은 영화관에 가서 영화를 볼까?", "오늘은 이마트에 가서 장을 볼까?" 하는 마음이 들 수는 있다. 하지만 "오늘은 은행에 가서 송금을 해볼까?"라는 생각을 하는 사람이 과연 얼마나 될까? 그런 의미에서 장기화되고 있는 펜데믹은 우리가 은행이나 금융기관을 이용하는 방식을 완전히 뒤바꿔 놓고 있으며 우리는 핀테크의 세상에서 영원히 머무를 것이라고 감히 확신에 찬 목소리를 내어본다.

≡5≡
페이팔
핀테크의 시작, 핀테크 시가총액 1위 기업

페이팔을 아시나요?

페이팔(PYPL)은 핀테크의 제1세대다. 그런데 아직도 건재한 모습을 보이는 최고의 핀테크 기업이다. 페이팔은 일단 기업의 미션부터가 너무 멋있다.

> 우리의 미션은 금융 서비스의 민주화를 통해 모든 사람이 배경이나 경제적인 지위에 상관없이 저렴하고 편리하고 안전한 금융 상품과 서비스를 이용해서 각자의 인생에서 재정적인 문제들을 조절할 수 있도록 도와주는 것이다.

주식에 투자한다는 것은 해당 기업의 지분을 갖고 있다는 것인데 이렇게 멋진 미션을 달성하기 위해 정진하는 기업의 주주가 된다면 경제적인 부분을 떠나 꽤 멋진 일인 듯하다.

페이팔은 상인(Merchants)을 위한 비즈니스와 소비자(Consumers)를 위한 비즈니스, 이렇게 2가지의 사업을 운영하고 있다. 다음 그림에 잘 나와 있다.

[페이팔 비즈니스 모델]

상인 비즈니스 모델	소비자 비즈니스 모델
디지털 결제 서비스(온라인, 모바일, 오프라인)	자금 관리 및 국내외 송금 서비스
사업 대출 지원	개인 대출 서비스
리스크 관리	간편 결제 서비스
마케팅 툴 제공을 통한 영업 지원	광범위한 온라인 플랫폼에서 결제 가능

• 출처: 페이팔 사업보고서

워낙 수익률이 좋은 기업이라서 가끔 깜박할 수가 있는데 페이팔은 분명 '성장주'다. 다음 페이지의 '페이팔의 성장 추세'를 보면서 2015년부터 2020년까지 페이팔이 일궈낸 성장의 모습을 정리해보자. 총결제금액(TPV: Total Payment Volume)은 3배, 매출은 2배 성장했고 영업 마진은 21.1%에서 25.1%로 4%p 향상했다. 그 사이 잉여 현금 흐름 또한 2.7배라는 엄청난 성장을 만들어냈다.

그뿐만이 아니다. 2020년 말 기준으로 페이팔은 3억 7,700만 개의 활성 계좌가 오픈되어 있는데 2015년에 비해 2.1배나 증가한 것이며 2019년

[페이팔의 성장 추세]

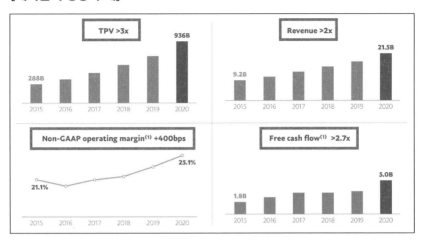

• 출처: 페이팔 사업보고서

과 비교해도 24%나 증가한 것이다. 2015년에는 28.1건에 불과했던 사용자 1인당 거래 건수가 2020년에는 42.7건으로 늘어나면서 거래 건수 역시 5년간 1.5배 늘어났다.

이렇게 기업의 전반적인 수치가 기하급수적인 성장을 보여주면서 페이팔의 시가총액 역시 괄목할 만한 상승을 만들어냈다. 2015년부터 2020년까지 페이팔의 시가총액은 무려 7배나 성장했다.

페이팔의 투자 매력

페이팔은 핀테크의 대장주다. 그 사실 하나만으로도 이미 투자 가치는 충분하다. 페이팔이 활약하고 있는 전체 시장의 사이즈, 즉 TAM(Total Addressable Market)의 규모는 110조 달러(12경 1,000조 원)에 달한다. 게다가 정부 기관의 결제 부분이나 스트라이프와 같은 기업들이 주도하고 있는 B2B도 노려볼 수 있기 때문에 페이팔의 시장 잠재력은 가히 무궁무진하다 할 수 있다.

이렇게 시장 잠재력이 무궁무진해진 이유로는 무엇이 있을까? 우선 상인과 소비자를 대상으로 하는 두 비즈니스를 동시에 발전시킨 것 외에도 지역 확장을 성공적으로 이뤄냈기 때문이라고 말할 수 있다.

페이팔은 현재 전 세계 200개 이상 국가에서 사용할 수 있으며 총 25가지의 통화로 거래가 가능하다. '글로벌 기업'이라는 단어가 이보다 더 잘 어울리는 기업이 있을까?'라는 의문이 들 정도다.

그다음 이유로는 시대적 상황을 들 수 있겠다. 다음 '디지털 시장 침투율'에서 2019년과 2020년 사이를 자세히 보면, 12%에 불과했던 미국 디지털 시장 침투율이 1년 만에 17%까지 껑충 뛰어올랐음을 확인할 수 있다.

[디지털 시장 침투율]

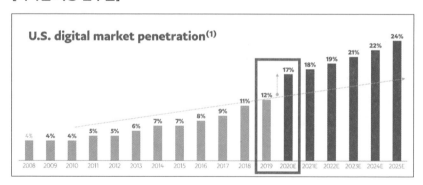

• 출처: 페이팔 사업보고서

다시 말해, 미국의 디지털 혁명은 코로나로 인해 최소 4~6년가량 앞당겨졌다는 것이다. 장차 미래에 기업 가치가 성장할 것을 기대하면서 오늘 주식을 매수하고 5년에서 10년 정도 참을성 있게 기다리는 과정이 주식 투자임을 기억한다면 이렇게 기업의 미래가 몇 년씩이나 앞당겨졌다는 것은 너무나 커다란 투자의 매력이다.

이렇게 코로나가 몰고 온 팬데믹은 핀테크라는 영역에 지대한 영향을 미쳐왔다. 이커머스의 성장은 말할 것도 없고 음식이나 식료품 부분에서 배달 문화가 정착되었으며 디지털 지갑을 많은 사람이 처음 사용하게 됐다. 전체 결제금액에서 디지털 지갑이 차지하게 될 침투율은 올해 2021년 말까지 오프라인의 경우 리테일 결제(POS: Point Of Sales)의 22%, 온라인의 경우 리테일 결제의 42%를 점유할 것으로 예상한다. 또한, 이 수치는 단 2년 후인 2023년이 되면 오프라인 결제의 30%, 온라인 결제의 52%를 차지할 것이라는 전망치도 나와 있다.

페이팔은 대표적인 디지털 지갑 서비스 기업이다. 예금 계좌부터 각종 요금 납부, 송금, 다이렉트 디파짓(Direct Deposit), 일반 결제, 리워드 프로그램 등을 모두 하나의 앱을 통해 해결할 수 있다. 게다가 2020년 말부터는 비트코인을 비롯한 가상화폐를 거래하거나 보관할 수 있는 기능이 추가됐다.

페이팔이 낸 자료에 따르면, 가상화폐에 투자하고 있는 멤버 중 50%가 페이팔에 매일 접속한다고 한다. 이렇게 사용자들이 매일같이 앱에 접속하면 다른 서비스까지도 이용하게 될 가능성 높아지므로 가상화폐 서비스의 추가는 사용자나 거래 건수 증가에 많은 도움이 된다.

최근 들어서는 페이팔이 오프라인 리테일 시장 쪽에도 눈독을 들이고 있다. 온라인 리테일의 성장세가 무서운 것은 사실이지만 사실 2025년까지 온라인 리테일 시장의 규모는 2조 달러(2,200조 원)에 불과한 반면, 오프라인 리테일 시장의 규모는 8조 달러(8,800조 원)를 유지할 전망이다. 페이팔 입장에서도 포기할 수 없는 규모다. 2020년 페이팔은 오프라인 공략의 첫 단추로 오프라인 매장에 QR코드를 통한 결제 서비스를 도입했는데 그 결과 QR코드 사용자들의 총결제금액을 19% 이상 증가시킬 수 있었다. 2020년 페이팔을 통해 결제된 오프라인 총금액이 200억 달러(22조 원), 즉 8조 달러(8,800조 원)의 0.25%에 불과한 것을 생각해볼 때 아직 갈 길도 멀면서 잠재력도 무궁무진하다.

페이팔은 2021년 6월 말에 '페이팔 제틀(PayPal Zettle)'이라는 카드 리더 시스템을 론칭했다. 필자의 판단으로는 향후 페이팔의 성장을 이끌 수 있을 만한 대형 프로젝트라고 평가하고 싶다.

페이팔 제틀은 스퀘어(SQ)의 셀러(Sellers) 비즈니스와 매우 흡사하다. 즉, 오프라인 매장 내 결제 시스템(POS)은 물론이고 매출 관리, 재고 관리, 회계 관리, 리포트 기능까지 모두 갖추고 있다. 여기에 빅커머스(BIGS)와의 파트너십을 통해 이커머스 플랫폼을 구축할 수 있는 능력까지 갖췄다. 쉽게 말해, 중소상인들이 오프라인 영업과 온라인 영업을 통합적으로 운영할 수 있도록 지원할 수 있게 된 것이다. 스퀘어의 상인 모델(Merchant Model)을 그대로 카피했다고 해도 과언이 아니다. 벤모(Venmo)와 캐시앱(Cash App)으로 한판 승부를 가린 페이팔과 스퀘어의 두 번째 맞대결이 성사된 셈이다. 만약 페이팔이 페이팔 제틀을 스퀘어만큼 성장시킬 수 있다면 페이팔의 성장세는 엄청난 탄력을 받을 수 있을 것으로 기대된다.

페이팔의 미래 비즈니스 전망

이례적으로 페이팔은 내부적으로 예상하는 2025년까지의 실적을 발표했는데 우리가 관심을 가질 만한 숫자가 많이 등장한다. 먼저, 페이팔 활성 계좌 수는 2025년까지 현재보다 2배 정도 늘어나 7억 5,000만 개에 이를 것으로 내다보고 있다. 연평균 성장률(CAGR: Compound Annual Growth Rate)로 계산해보면 매년 15% 정도의 성장을 기대하고 있는 셈이다.

총거래금액(TPV)은 좀 더 야심 차다. 2025년이 되면 총거래금액은 2조 8,000억 달러(3,080조 원)까지 증가할 것으로 보고 있다. 즉, 현재 금액에서 약 3배 성장을 전망하는 것이다. 매년 25% 정도의 성장을 거듭해야만 달성 가능한 금액이다.

가장 중요한 수치인 매출 예상치도 상당히 고무적이다. 밑의 '페이팔 매

[페이팔 매출 전망]

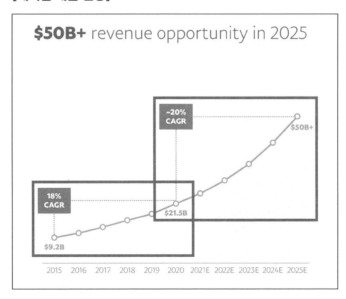

• 주: B는 Billion(10억) | 출처: 페이팔 사업보고서

출 전망'에서 한눈에 살펴볼 수 있다.

2020~2025년 5년간 연평균 매출의 예상 성장률은 20%에 이른다. 2020년 215억 달러(23조 6,500억 원) 수준이던 매출을 2025년 500억 달러(55조 원)까지 늘려 최소 2.3배 이상의 성장을 자체적으로 전망하고 있다.

필자처럼 페이팔에 투자하고 있는 투자자라면 이 수치에 설렘을 가질만 하다. 왜냐하면 과거 2015년에서 2020까지 연평균 매출 성장률은 20%보다 2%p 낮은 18%에 그쳤기 때문이다. 그런데 연매출이 평균적으로 18% 성장하는 5년 동안 페이팔의 주가는 무려 4배 가까이 올랐다. 지금부터 2025년까지 매출이 20%씩 매년 성장한다면 5년 후 페이팔의 주가는 몇 배나 올라갈 수 있을까?

페이팔의 마지막 투자 매력은 수익률이다. 성장률도 좋고, 수익률도 좋다는 그 유명한 '우량 성장주' 중 하나가 바로 페이팔이다.

2020년 페이팔의 연간 순이익률(Profit Margin)은 19.6%를 나타냈다. 2020년 연간 연구개발비를 전년 대비 26.7%나 늘려가면서도(연간 매출의 12.3%) 순이익률이 20%에 육박한다는 것은 보통 일이 아니다.

다음 그림에 나와 있듯이, 페이팔은 2025년까지 현재 25% 수준인 영업 마진을 33% 이상까지 올리겠다고 계획하고 있다. 이렇게 되면, 페이팔의 주당 순이익(EPS: Earning Per Share)은 연평균 22% 정도 성장을 바라볼 수 있게 된다. 이론상으로는 페이팔의 현재 프리미엄, 즉 주가 수익 비율(PER)이 유지될 수만 있다면 페이팔의 주가도 매년 22% 상승의 의지가 생기게 되는 셈이다.

[페이팔 영업 마진과 주당 순이익 추세]

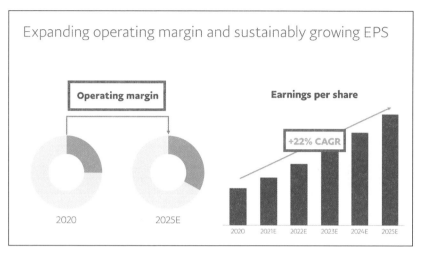

• 출처: 페이팔 사업보고서

페이팔의 투자 리스크

페이팔의 첫 번째 투자 리스크는 단연 밸류에이션이다. 성장주에 속한다고는 하나 2021년 7월 초 기준 65배가 넘어가는 PER(주가 수익 비율), 그리고 15배가 넘어가는 PSR(주가 매출 비율)은 결코 만만한 숫자가 아니다. 세계 최고의 기업이면서도 멋진 성장률을 보여주는 페이스북(FB)이나 구글(GOOG) 같은 종목의 PER에 비해서도 2배가량 높은 프리미엄이기 때문이다. 그래도 110조 달러(12경 1,000조 원)에 달하는 시장의 잠재력을 감안해볼 때, 또한 핀테크는 아직도 성장을 시작하는 단계에 있다는 점을 생각해보면 페이팔의 프리미엄은 어느 정도 납득할 수 있는 수준이라고 할 만하다.

두 번째 투자 리스크는 스퀘어와 쇼피파이(SHOP)다. 스퀘어 관련해서는 페이팔의 벤모 뒤를 바짝 뒤쫓아오고 있는 캐시 앱의 추세가 만만치 않다. 벤모는 미국 성인 인구의 14%가 개인 간 송금을 할 때 이용할 정도로 보편화된 애플리케이션이다. 2020년 말 기준으로 약 5,200만 명의 사용자를 갖고 있다. 캐시 앱은 3,600만 명 정도를 확보하고 있다. 아직 벤모에 비해 적은 숫자이지만 2019년 2,400만 명에서 50%의 성장을 보여주고 있어 결코 무시할 수 없다.

쇼피파이는 흔히 우리가 이커머스 기업으로 알고 있다. 하지만 최근 쇼피파이는 핀테크 쪽에 상당히 진지한 모습을 보여주고 있다. 쇼피파이가 구축한 결제 시스템 숍페이(Shop Pay)는 원래 자사의 이커머스 플랫폼을 이용하는 중소상인들이 결제를 진행할 수 있도록 도와주는 역할을 담당했었다. 그런데 2021년 2월 쇼피파이는 쇼피파이의 플랫폼을 사용하지 않는 상인들에게도 숍페이의 문을 열어줬다. 페이스북과 인스타그램을 통해 상업 활동을 하는 온라인 셀러들이 숍페이를 이용해 결제를 진행할 수 있는 시스템이 마련됐다. 그리고 이것은 시작에 불가했다. 2021년 4월 쇼피파이는 170만 쇼피파이 상인들이 핀터레스트(PINS)를 통해 그들의 상품을 홍보하고 판매할 수 있는 파트너십을 맺었다. 물론 결제는 모두 숍페이를 통해 진행된다. 2021년 5월에는 더 큰 건이 진행되는데 쇼피파이가 구글(GOOG)과 손을 잡은 것이다. 구글 검색을 통해 발견한 상품을 소비자가 구글 쇼핑을 통해 구입하면 그 결제는 이제 숍페이를 통해 이뤄진다. 쇼피파이는 생각이 열려 있는 기업이다. 페이팔로서는 만만치 않은 상대가 핀테크 무대에 등장한 셈이다.

≡6≡
소파이
내가 핀테크 차세대 대장

이번에 함께 살펴볼 기업은 차마스 팔리하피티야가 이끄는 스팩(SPAC)인 IPOE와의 합병으로 더 유명해진 소파이(SOFI)라는 핀테크 기업이다.

소파이를 분석하기에 앞서서 '스팩'이라는 용어가 낯선 독자들을 위해 스팩부터 설명하겠다. 스팩은 'Special Purpose Acquisition Company'의 약자인데 한국어로 풀어보자면 '기업 인수 목적회사'라고 부를 수 있겠다. 즉, M&A를 목적으로 만들어졌기 때문에 유망한 기업과의 합병이 유일한 존재 목적이며 자금만 있고 사업 활동은 하지 않는 페이퍼 컴퍼니라고 보면 된다. 이러한 배경 지식을 가졌다면 스팩의 또 다른 이름이 'Blank Check Company(백지수표 기업으로 해석 가능)'인 것이 이해가 될 것이다.

통상적으로 스팩은 4단계를 걸쳐 타 기업과의 합병을 마무리 짓게 되는데 다음과 같이 정리할 수 있다.

- 1단계: 스폰서들이 스팩을 설립한 후 주식 시장에 10달러에 상장(IPO)
- 2단계: 기업 발굴과 합병을 위한 협상 진행
- 3단계: 합병 대상이 결정되면 주주총회를 통해 합병 확정
- 4단계: 스팩은 합병 대상 기업에 존속되고 스팩의 주식은 합병할 기업 주식과 합쳐져 재상장하게 됨

스팩이 IPO 과정을 통해 상장하면 개인 투자자도 투자가 가능하다. 2년 간 합병 대상(기업)을 찾지 못하는 최악의 경우가 되면 스팩은 자동 해산된다. 합병 대상을 찾지 못해 해산되면 원금(최초 가격인 10달러)에 이자까지 쳐서 돌려주기 때문에 나름대로 매력 있는 투자 방식이다.

그렇다고 해도 개인 투자자 입장에서는 합병 대상(기업)이 정해질 때까지는 어떤 기업과 연결될지 알 수 없는 상태에서 소중한 투자금을 투여하는 것이기 때문에 스팩의 뒤에 어떤 기업과 큰손이 버티고 있느냐가 중요하다. 그래서 장래가 촉망되는 좋은 기업을 발굴해 합병을 성사시키는 최고의 스팩 투자자로 유명한 차마스 팔리하피티야의 투자사인 소셜캐피털이 설립한 스팩은 투자자들에게 인기가 많을 수밖에 없다. 2020년에는 우주 항공회사로서는 최초로 버진갤럭틱(SPCE)을 스팩과의 합병을 통해 상장시키면서 더욱더 유명세를 탔다.

페이스북(FB)의 부회장을 역임했던 것으로 유명한 차마스는 좀 더 살펴보면 상당히 매력적인 인물이다. 흔히 말하는 '흙수저' 성공 스토리의 끝판왕과 같은 인물이다. 미국이 아닌 스리랑카에서 태어났으며 5살에 캐나다에 '난민'이라는 꼬리표를 달고 이민을 온다. 필자의 딸인 최설(영어 이름: Seoul Choi)의 나이가 이제 만 6세인데 이렇게 어린 나이에 난민이라는 꼬

리표를 달고 낯선 곳에서 얼마나 어려운 생활을 했을까 쉽게 상상이 가지 않는다. 난민으로 시작해 백만장자가 되었으니 그 사실 하나만으로 사람들이 왜 차마스를 '제2의 워런 버핏'이라고 부르는지 짐작할 만하다.

남들보다 어려운 어린 시절을 보낸 차마스는 캐나다의 워털루대학교에서 전기공학을 전공한 뒤 1999년에 졸업한다. 그 이후 아내와 함께 미국 캘리포니아로 건너오게 되고 AOL(America On Line)이라는 인터넷 서비스 기업에 입사한다. 그리고 무려 3년 만인 27세에 최연소 부회장이 되는 말도 안 되는 성공 스토리를 써나가기 시작한다. 이 성공 스토리를 바탕으로 2007년 페이스북 창업 초기에 입사해 부회장을 맡는다.

차마스는 페이스북에서 부회장으로 있으면서 본격적으로 '벤처 투자'에 집중하기 시작한다. 그 당시에 주로 스타트업에 투자를 했는데 나중에 월트디즈니(DIS, 이하 '디즈니')에 인수된 플레임돕과 구글(GOOG)에 인수된 범프톱에 초기 투자를 하면서 수백 배에 달하는 막대한 수익을 거두게 된다. 이후에도 멈추지 않고 37살에 소셜캐피털을 만들어 본격적인 투자 행보를 보여준다. 테슬라(TSLA)를 위시한 테크 기업뿐만 아니라 금융 산업, 교육 산업 분야의 기업에 투자를 했고 펀드 규모를 10억 달러(1조 1,000억 원)로 키우게 된다. 스타트업 투자에 대한 좋은 기억 때문인지 스팩에도 관심이 많은 편이었다.

소파이는 차마스의 스팩과 합병해 상장했다. 핀테크 스타트업 중 투자 유치 1위를 기록했으며 스팩과 합병 전부터 6억 달러(6,600억 원) 이상의 매출을 올리고 있었다. 핀테크 1위 기업인 스퀘어(SQ)의 길을 열심히 따라가고 있는 '제2의 스퀘어'라고 보면 된다.

소파이를 아시나요?

소파이의 기업 미션은 단순 명료하다.

'멤버(고객)들이 경제적인 자유를 이룰 수 있도록 도와준다.'

대출, 저축, 결제, 투자, 보안 등 돈에 대한 모든 서비스를 단 하나의 플랫폼에서 제공한다는 비즈니스 모델을 갖고 성공을 꾀하고 있는 기업이다. 소파이의 이러한 원스톱 플랫폼(One Stop Platform) 아이디어는 미국인의 50%가 2개 이상의 은행 계좌를 사용한다는 수치적 사실에서 나왔다.

다음 '소파이 비즈니스 모델의 탄생 배경'에서 강조된 것처럼, 미국인이 2개 이상의 은행 계좌를 사용하는 이유를 물어보는 설문조사에서 80%의 소비자가 은행 계좌 하나로 모든 것을 해결하기 힘들기 때문이라고 답변했다. 이러한 상황에서 소파이는 단 하나의 앱에서 모든 것을 해결할 수 있는 유일한 서비스가 되겠다는 포부를 형성하게 된다.

[소파이 비즈니스 모델의 탄생 배경]

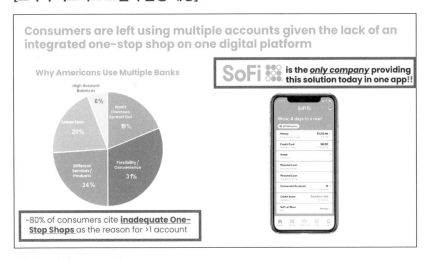

• 출처: 소파이 사업보고서

소파이 비즈니스의 또 다른 차별점은 그 이름에서 찾아볼 수 있다. 소파이는 소셜(Social)과 파이낸스(Finance)의 합성어다. 다소 사무적이고 딱딱하게 느껴지는 파이낸스의 세계에서 믿음에 바탕을 둔 관계 구축을 우선한다는 의미로 해석할 수 있겠다. 또한, 여러 가지 기능을 많은 이용자가 함께 사용함으로써 가치가 향상되는 네트워크 효과를 활용한 시스템을 구축하겠다는 경영진의 의도가 기업의 이름에 녹아 들어가 있다.

소파이의 성장 전략

다음 '소파이의 성장 전략'을 정리해보면, 소파이는 비즈니스 전략을 FSPL(Financial Services Productivity Loop)이라고 설명하고 있다.

[소파이의 성장 전략]

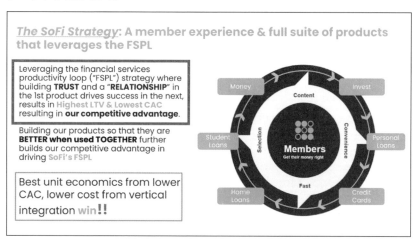

• 출처: 소파이 사업보고서

'꼬리에 꼬리를 무는 서비스'로 해석할 수 있는데, 쉽게 말해 학자금 대출, 은행 계좌, 투자, 개인 대출, 신용카드, 모기지 등 개인이 직면할 수 있는 모든 돈에 관한 문제를 하나의 플랫폼에서 다 해결해주겠다는 것이 소파이의 약속이다. 이러한 소파이의 특성이 소비자에게 어필된다면 고객 라이프 사이클당 매출의 극대화, 즉 'Highest LTV(Life Time Value)'가 가능해진다. 그러면 고객 확보를 위한 비용 최소화, 'Lowest CAC(Customer Acquisition Cost)' 역시 달성할 수 있기 때문에 수익성이 올라갈 수밖에 없다는 것이 소파이가 투자자들에게 어필하고 있는 소파이 투자의 매력이다.

또한, 소파이는 대출 등 흔한 금융 상품에만 제한하지 않고 스퀘어처럼 가상화폐에도 적극적으로 투자하고 있다. 최근에는 가상화폐 거래 시장에서 최고의 시장 점유율을 자랑하는 코인베이스(COIN)와 제휴를 맺는 등 시대의 흐름에 신속히 대처하는 모습을 보여주고 있다. 여기서 놀라운 점이 있다. 스탠퍼드대학교 동창생 사이에서 개인 간의 대출 서비스로 시작된 소파이가 예금 계좌, 자산 관리, 주식 투자, 모기지, 학자금, 신용카드, 리워드, 그리고 가상화폐 투자까지 다양한 기능을 그들의 애플리케이션에 추가하는 데 단 2년밖에 걸리지 않았다는 사실이다.

이렇게 눈부신 진보의 모습을 보여주는 소파이의 비즈니스 전략은 기업의 성과에 그대로 반영되고 있다. 다음 페이지의 그림이 보여주고 있는 것처럼, 2020년 1분기 들어 100만 명을 돌파한 소파이의 멤버 수는 2021년 말까지 300만 명을 넘어설 것으로 기대되고 있다.

스퀘어 캐시 앱의 가입자 수가 3,600만 명 이상인 것을 생각해보면 아직 갈 길이 멀어 보이지만 소파이의 연 성장률은 75%에 달하고 있으며 성장의 추세 역시 갈수록 가속화되고 있다. 또한, 소파이의 비즈니스 모델이 의도한 대로 2가지 이상의 서비스를 이용하는 '다중 서비스 이용자'의 수

[소파이 멤버 수 성장 추이]

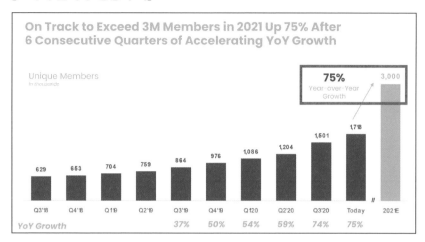

• 주: 단위는 1,000 | 출처: 소파이 사업보고서

도 계속해서 증가하고 있는데 현재 40만 명에서 2021년이 되면 77만 명
이상을 달성할 것으로 예상했다. 연 95% 성장을 기대하고 있다.

이렇게 여러 가지 서비스를 이용하는 멤버 수가 늘어나자 2020년 기준
판매된 서비스의 24%가 기존 고객의 교차 구매에서 발생했다. 이러한 교
차 판매의 활성화는 소파이가 의도한 대로 세일즈 및 마케팅 비용의 최소
화를 끌어내고 있다. 단편적인 예로, 소파이에서 판매하는 모기지 서비스
의 이용자 중 65% 이상이 기존 고객이다. 또한, 2020년 3분기에는 모기지
부분에서만 100만 달러(11억 원)의 비용으로 3,000만 달러(330억 원)의
매출을 확보하는 등 비용의 효율성을 극대화하고 있다.

이밖에도 소파이는 크고 작은 인수·합병을 통해 기업의 몸집을 키우고
있다. 2020년 4월에는 핀테크 기업에 기술과 소프트웨어를 제공하는 갈
릴레오를 인수해 시너지 효과를 만들어 내고 있다. 갈릴레오는 기존 고객

사가 5,000만 곳 이상이 되는데 그 고객사의 직원들을 대상으로 소파이의 영업 활동이 이뤄지고 있다. 또한, 갈릴레오의 비즈니스가 강점을 보이는 중남미 시장으로의 진출에도 교두보 역할을 해주고 있다. 게다가 갈릴레오는 계속 성장하고 있는 기업이다. 따라서 소파이와 갈릴레오가 동시다발적 매출 성장을 이뤄내고 있다. 2020년 갈릴레오의 고객사는 100% 넘게 증가했으며 수익률까지 높아 소파이의 수익률 증가에도 도움이 되고 있다.

갈릴레오의 인수를 통해 기존의 파이낸스 서비스, 대출 사업에 테크놀로지 플랫폼이 더해져 비즈니스가 3가지 사업으로 다양화되면서 사업 리스크를 자연스럽게 최소화시켜주고 있다. 다음 '비즈니스 다각화를 통한 시너지'를 살펴보면, 앞에서 언급한 3가지 사업이 어떻게 시너지를 만들어

[비즈니스 다각화를 통한 시너지]

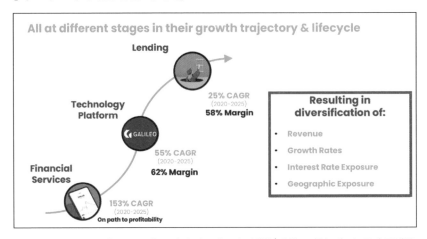

- Resulting in diversification of: 소파이 비즈니스의 다양화(핀테크 사업, 테크놀로지 플랫폼, 대출 사업) / Revenue: 매출의 다양화 / Growth Rates: 성장 동력의 다양화 / Interest Rate Exposure: 시장 금리 변동에 유연하게 대처 / Geographic Exposure: 지역적 사업 확장
- 출처: 소파이 사업보고서

내면서 소파이의 성장을 견인하게 될지 쉽게 이해가 가능하다.

그림에 나와 있는 수치는 2020부터 2025년까지 5년을 기준으로 만들어진 소파이의 성장 전략을 설명해주고 있다. '파이낸스 서비스(Financial Services)'는 소파이의 성장 동력이다. 연 매출 성장률이 153%에 달할 것으로 예상되기 때문이다. '대출 사업(Lending)'은 높은 마진(58%)을 통해 수익률 증가에 도움을 줄 것으로 전망된다. 마지막 사업 부분으로 갈릴레오가 버티고 있는 '테크놀로지 플랫폼(Technology Platform)'이 있다. 앞에서 설명한 것처럼 높은 마진(62%)과 높은 성장률(연 55%)을 동시에 기대해볼 수 있는 효자 사업이라고 할 수 있겠다.

앞에서 함께 살펴본 성장 전략을 통해 소파이는 향후 5년간의 목표를 다음과 같이 구체적인 수치로 제시하고 있다.

[2020~2025년 소파이 성과 예상]

Selected Projected Financial Results[1]

$ in millions	2020 E	2021 E	2022 E	2023 E	2024 E	2025 E
Lending	$514	$710	$958	$1,167	$1,361	$1,593
Technology Platform	103	226	347	502	682	911
Financial Services	11	44	195	436	765	1,164
Corporate	(8)	-	-	-	-	-
Adjusted Net Revenue [2]	$621	$980	$1,500	$2,106	$2,808	$3,669
Lending	$218	$323	$427	$542	$612	$708
Technology Platform	53	80	116	158	204	260
Financial Services	(133)	(138)	(83)	52	269	544
Contribution Profit [3]	$138	$266	$459	$752	$1,085	$1,512
Adjusted EBITDA [2]	($66)	$27	$254	$484	$788	$1,177
Stock Based Compensation	(94)	(117)	(118)	(128)	(137)	(144)
Depreciation & Amortization	(71)	(105)	(106)	(104)	(72)	(72)
Income Tax (Expense) / Benefit	100				(114)	(247)
Other [4]	($88)	($42)	($43)	($52)	($60)	($78)
GAAP Net Income	($220)	($238)	($13)	$200	$406	$635

- Adjusted Net Revenue: 조정된 총매출 / Contribution Profit: 매출에서 가변 비용(Variable Cost)을 제외한 수익 / Adjusted EBITDA: 세전 영업 현금 흐름 / GAAP Net Income: 공인된 순이익
- 주: 단위는 100만 | 출처: 소파이 사업보고서

2020년 기준으로는 매출의 83%가 대출 사업에서 발생했는데 이러한 의존 현상을 2025년 예상 매출에서는 찾아볼 수 없다. 2025년 예상 매출의 구성을 비율로 계산해보면 대출 43%, 테크놀로지 플랫폼 25%, 파이낸스 서비스 32%로 지금보다 리스크는 적고 성장은 가속화될 수 있는 비즈니스의 다각화를 기대해볼 수 있다. 그 밖에도 우리가 주목해야 할 주요한 지표들만 다음과 같이 정리해봤다.

- 2020~2025년 5년간 예상 매출 성장률: 490%
- 2020~2025년 5년간 연평균 예상 매출 성장률(CAGR): 연 43%
- 2025년 EBITDA 수익률: 32% (2020년: -11%)
- 2023년부터 순이익 흑자 전환 예상
- 2025년 예상 매출: 약 36억 7,000만 달러(4조 370억 원)
- 2025년 예상 순이익: 6억 3,500만 달러(6,985억 원)
- 2025년 예상 순이익률(Profit Margin): 17.3%

소파이의 예상 수치에 따르면 2020~2025년 5년간 예상 매출의 성장은 무려 5.9배가 된다. 이 의미는 2025년까지 향후 4년간 프리미엄(PS Ratio)이 반 토막이 나도 주가는 3배 가까이 성장할 수 있다는 단순 계산이 가능하다.

소파이의 투자 리스크

소파이의 최대 리스크는 미래 예측이 어렵다는 점이다. 금융은 타 산업 분야와 비교해서도 어떻게 보면 파괴적 혁신이 가장 급격하게 나타날 섹터라고 볼 수 있다. 그만큼 기회 역시 무궁무진하다고 볼 수 있는데 '고수익과 고위험'의 단편적인 예가 아닐까 한다. 현재 300만 명의 사용자를 보유한 소파이가 10년 후에 3,000만 명 확보라는 목표를 달성할 수 있을지는 사실 아무도 장담할 수 없다.

다음은 핀테크 분야의 경쟁이다. 일단 스퀘어와 페이팔(PYPL)이 기존 핀테크 강자로서 버티고 있는데 이 기업들과의 경쟁이 쉽지 않아 보인다. 전통적인 운영 방식의 은행들은 동네마다 은행 지점을 열어 놓고 경쟁하기 때문에 다양한 은행 비즈니스가 동시에 공존할 수 있지만 플랫폼 형식의 온라인 뱅킹에서는 승자독식이 가능해 보인다. 그래서 이미 핀테크 분야에서 상당 부분 앞서 나가 있고 많은 사용자를 확보해 '네트워크 효과'를 발생시키고 있는 스퀘어와 페이팔의 성공 확률이 소파이보다 현저히 높아 보이는 것이 사실이다.

거기에 2조 달러(2,200조 원) 규모의 파이낸스 시장을 자랑하는 핀테크 분야의 기회를 고려해볼 때 경쟁은 앞으로 심화될 가능성이 높다. 예를 들어, 아직까지는 은행업에 본격적으로 뛰어들지 않고 있지만 유사한 영역에 있는 테크 기업이 핀테크로 진출할 가능성을 배제할 수 없다. 즉, 쇼피파이(SHOP) 등의 이커머스 기업뿐만 아니라 유사 비즈니스를 하고 있는 로빈후드(HOOD) 등은 물론이고 레모네이드(LMND), 테슬라 등 전혀 생각하지 못했던 새로운 경쟁자가 떠오를 수 있는 것이 핀테크 기업으로서 소파이가 안고 있는 또 하나의 리스크라고 생각한다.

소파이는 처음 대학생들에게 학자금 대출을 해주면서 사업을 시작했다. 아직도 22세 이상의 고소득층, 즉 핀테크를 선호하는 다음 세대를 타깃으로 하겠다고 소파이의 경영진은 공공연히 말하고 있다. 단 하나의 앱에서 차세대 고소득층이 경제적 성장을 만들어 가는 데 필요한 모든 파이낸스 서비스를 평생 동안 제공하면서 함께 성장하겠다는 것이 젊은 고객을 타 깃으로 하는 젊은 기업 소파이의 전략이다.

소파이는 차세대 워런 버핏이라고 칭송받고 있는 차마스가 선택한 기업 이다. 그리고 그 뒤에는 트위터(TWTR)에서 COO(Chief Operating Officer, 최고운영책임자), 골드만삭스에서 임원을 지낸 안소니 노토의 리더십이 버 티고 있다. 치열한 금융 시장에서 살아남을지 지켜보자.

≡7≡
스퀘어
세상의 은행들을 파괴한다

스퀘어(SQ)는 필자의 포트폴리오에서 4번째로 비중이 높은 종목이다. 아마존(AMZN), 테슬라(TSLA), 그리고 엔비디아(NVDA)에 이어 가장 아끼는 주식 중 하나라고 할 수 있겠다. 그런데 솔직히 말하자면 스퀘어의 보유 비중을 줄일 계획에 있으며 이 책을 집필하면서 추천 종목에서 제외할 생각까지 했었다. 그 이유는 후반부에 투자 리스크를 다룰 때 자세히 기술해보겠다. 그렇다고 해도 스퀘어가 이 책에서 소개될 자격은 충분하다. 투자 리스크도 크지만, 반면 많은 투자 매력을 갖춘 기업이기 때문이다.

스퀘어를 아시나요?

스퀘어 역시 미션이 멋있는 기업이다. 홈페이지에 나와 있는 영문으로 된 미션을 필자가 약간의 조미료를 감미해 번역해봤다.

그 누구도 비용적인 이유나 기술적인 문제로 경제적 혜택에서 배제되어서는 안 된다. 그래서 우리는 사람들이 쉽게 사용할 수 있고 그들의 삶을 풍요롭게 만들어줄 수 있는 도구를 만들고 있다. 왜냐하면 우리는 공정하고 진실된 사회를 믿기 때문이다.

어떤가? 이런 미션을 달성하기 위해 노력하고 있는 기업의 주주가 되고 싶다는 생각이 들지 않는가?

앞에서 살펴본 페이팔(PYPL)과 스퀘어는 닮은 점이 많다. 페이팔과 마찬가지로 스퀘어의 비즈니스 모델 역시 크게 셀러(Seller, 가맹점) 비즈니스와 캐시 앱(Cash App) 비즈니스로 나눠진다. 좀 더 자세히 보면 다음과 같은 서비스를 제공하고 있다.

[스퀘어의 비즈니스 생태계]

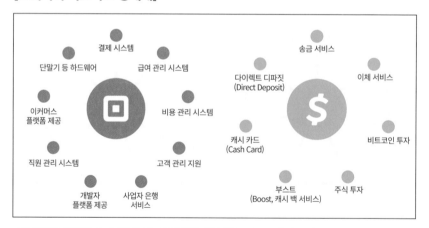

• 주: 왼쪽이 셀러(Seller) 비즈니스, 오른쪽이 캐시 앱(Cash App) 비즈니스
• 출처: 스퀘어 사업보고서

스퀘어는 이렇게 크게 2가지의 비즈니스 모델을 가지고 성장을 거듭하

고 있는 기업이다. 두 사업부 모두 엄청난 규모를 자랑하는 시장에 진출해 있는데 셀러 비즈니스 시장은 무려 1,000억 달러(110조 원)에 달하며 캐시 앱 비즈니스 시장은 600억 달러(66조 원) 이상으로 보고 있다. 여기서 주목할 점이 있다. 아직 스퀘어의 시장 침투율은 양쪽 시장 모두 3% 미만이라는 점이다. 무한한 잠재력을 가진 기업이라고 말할 수 있겠다.

셀러 비즈니스의 시장을 보면, 총 1,000억 달러(110조 원)의 매출 기회 규모 중에 거래 수수료 부분이 390억 달러(42조 9,000억 원), 소프트웨어 부분이 300억 달러(33조 원), 대출 서비스 부분이 120억 달러(13조 2,000억 원), 마지막으로 최근 추가된 파이낸스 서비스 부분의 매출 잠재력이 50억 달러(5조 5,000억 원)에 이른다.

셀러 비즈니스의 중기 매출 성장 전략을 살펴보면, 일단 현재 진출해 있는 인터내셔널 시장에서의 존재감을 확대한다는 계획과 새로운 비즈니스 상품이나 서비스의 개발을 꾀하고 있다. 장기 매출 성장 전략으로는 새로운 시장의 추가적인 개발, 그리고 지출 규모가 큰 대형 고객사 확보를 두고 있다.

600억 달러(66조 원) 이상의 규모로 예측되는 캐시 앱 비즈니스의 시장에서 스퀘어의 매출 기회 규모를 보면, 송금 서비스 부분에서 200억 달러(22조 원), 결제 서비스 부분에서 410억 달러(45조 1,000억 원), 마지막으로 투자 서비스 부분에서 20억 달러(2조, 2,000억 원) 정도의 잠재력을 갖고 있다.

스퀘어는 캐시 앱 비즈니스의 중기 매출 성장을 위해서 제공하고 있는 서비스 상품의 수를 늘려나갈 계획이다. 장기적으로는 새로운 시장으로 비즈니스를 확장하면서 지속 가능한 성장을 만들어 나간다는 전략을 세우고 있다.

스퀘어의 총수익(Gross Profit)은 2015년부터 2020년까지 8배 가까이
증가했다. 이를 연평균으로 나눠 보면 총수익이 매년 약 50%씩 성장한 셈
이다. 지난 5년간 이렇게 무시무시한 성장을 이뤄낼 수 있었던 것은 두 사
업부에서 동시다발적인 성장의 모습을 보였기에 가능했다. 특히 다음 그림
에서 확인할 수 있는 것처럼 최근 3년간 캐시 앱의 성장세가 두드러졌다.

[스퀘어의 총수익 성장세]

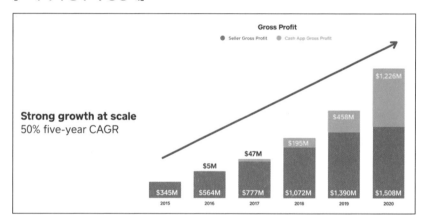

• 출처: 스퀘어 사업보고서

2017년까지만 해도 캐시 앱 비즈니스의 매출은 전적으로 개인 간 송금
서비스에 의존했다. 그러다가 2018년 이후부터 디지털 지갑 결제 서비스
매출이 급격하게 성장하고 있으며 2020년부터는 소수점 매매까지 가능한
주식 투자, 비트코인 투자에서 발생하는 매출이 기하급수적인 성장을 거
듭하면서 스퀘어의 연평균 매출 성장률이 2016년 이후 2020년까지 53%
라는 경이로운 수치를 달성하는 데 일등공신 역할을 해냈다.

스퀘어의 투자 매력

스퀘어의 첫 번째 매력은 CEO의 비전이다. 공동 창립자이자 CEO인 잭 도시의 연봉은 2.75달러(약 3,000원)에 불과하다. 1년에 3,000원 정도의 연봉을 받으면서 일하고 있는 것이다. 잭 도시는 스퀘어의 미션을 달성하기 위해서 시간과 에너지를 아끼지 않고 있다고 해석할 수 있다. 경제적으로 공정하고 진실된 사회를 만들겠다는 비전이 스퀘어의 힘이자 투자의 매력이다. 물론 잭 도시는 스퀘어 지분의 13.5% 정도를 소유하고 있어서 모든 역량과 열정을 쏟아부을 세속적인(?) 이유 역시 충분하다.

테슬라 정도까지는 아니지만 스퀘어 역시 새로운 고객을 확보하기 위해 광고나 마케팅에 많은 돈을 쓸 필요가 없는 기업이다. 예를 들어, 트위터에서 캐시 앱의 팔로워 수는 120만 명이나 된다. 거기에 연예인 뺨치는 CEO의 맹활약에 힘입어 스퀘어가 1인 고객을 확보하기 위해 평균적으로 투자하는 고객 확보 비용(CAC: Customer Acquisition Cost)은 5달러(5,500원)가 채 되지 않는다고 한다. 전통적인 형태의 은행이 1명의 고객을 확보하기 위해 사용하는 비용이 평균 925달러(약 100만 원)라는 것을 감안할 때 스퀘어의 극도로 낮은 CAC는 스퀘어를 경쟁 기업으로부터 지켜줄 수 있는 '경제적 해자(Moat)'의 역할을 해줄 것이다.

마케팅이나 세일즈 활동에 투자를 많이 하지 않는데도 다음 페이지에 나온 '캐시 앱 사용자 증가 추세'를 보면 그 성장 속도에 입이 떡 벌어질 정도다.

2015년부터 5년간 캐시 앱 사용자 수는 무려 36배 성장했다. 2016년부터 4년간을 봐도 12배 성장, 2019년부터 1년간의 성장률도 50%에 달한다. 어느덧 캐시 앱의 월 사용자 수가 3,600만 명에 이르고 있다. 단지 가

[캐시 앱 사용자 증가 추세]

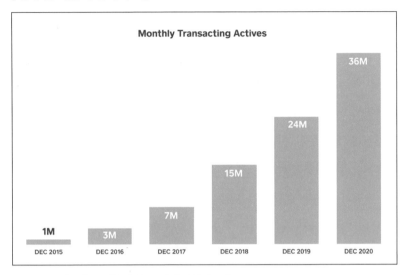

Monthly Transacting Actives

36M
24M
15M
7M
3M
1M

DEC 2015　DEC 2016　DEC 2017　DEC 2018　DEC 2019　DEC 2020

• 주: M은 Million(100만) | 출처: 스퀘어 사업보고서

입에 그치지 않고 사용자 1인당 월평균 서비스 이용 횟수가 15회 이상이라고 하니 적어도 이틀에 한 번은 캐시 앱을 사용한다고 볼 수 있다.

2021년 초, 스퀘어에 대형 호재가 발생했다. 바로 은행 라이선스 취득이다. 2021년 3월 1일부터 스퀘어는 은행 업무를 개시할 수 있게 됐다. 즉, 예금 계좌나 체크 계좌 서비스를 제공할 수 있게 된 것이다. 스퀘어는 고객 1인당 기여하는 매출의 총규모인 LTV(Life Time Value)가 53%나 확장되는 효과를 누릴 수 있게 됐다.

스퀘어의 투자 리스크

이제 스퀘어 투자의 리스크에 대해 살펴보겠다. 스퀘어는 생각보다 다양한 리스크를 안고 있다.

우선 성장주라는 이름에 걸맞지 않게 순이익(어닝)의 성장은 매우 더딘 상황이다. 특히 2020년에는 2019년에 비해 매출이 101.5%나 증가한 상황에서도 순이익은 43.2%나 감소하면서 적지 않은 우려를 투자자들에게 안겨주고 있다. 결과적으로 2019년 8% 가까이 형성되었던 순이익 마진은 2020년 2.2%까지 추락했다.

그다음은 비트코인으로 인한 변동성이다. 스퀘어는 8,000BTC 이상의 비트코인을 보유하고 있다. 게다가 잭 도시의 비트코인 사랑은 업계에서도 유명할 정도라 향후 비트코인이 차지하는 자산의 비율이 더 상승할 가능성을 배제할 수 없다. 비트코인의 가장 큰 단점이 불확실성인데 주식 시장에서 불확실성은 커다란 약점이 될 수 있다.

하루가 다르게 강력해지고 있는 경쟁 기업들도 만만치 않다. 최근 들어 핀테크에 욕심을 내는 쇼피파이(SHOP)와 혜성처럼 핀테크업계에 등장한 소파이(SOFI)의 존재도 무시할 수 없다. 무엇보다도 페이팔 제틀(Paypal Zettle)을 론칭하며 포스 결제 시장에 뛰어든 페이팔의 반격이 커다란 부담으로 다가온다.

지금까지 말한 3가지 리스크는 이제 설명할 마지막 리스크에 비하면 새 발의 피라고 할 수 있다. 필자가 가장 걱정하고 있는 스퀘어의 최대 리스크는 '비트코인 매출의 급성장'이다.

최근 1년간 스퀘어의 비트코인 매출은 무려 11.3배 성장했다. 그런데 비트코인 매출에서 발생하는 총이익(Gross Profit)은 단 2.13%에 불과하다는 점이 문제다. 바꿔 말하면, 비트코인의 매출은 사실상 스퀘어의 순이익 증대에는 거의 영향이 없으며 비트코인 거래의 증가로 스퀘어가 누리고 있는 혜택은 사용자 수의 증가로 인한 트래픽 향상이라고 봐야 한다. 안타깝게도 다른 투자자들의 생각은 필자와 다른 것 같다.

다음 '스퀘어 주가와 비트코인 매출 간의 상관관계'에서 확인할 수 있는 것처럼, 2020년 2분기까지 스퀘어의 주가는 주요 비즈니스 부분의 매출 성장과 비슷한 추세를 보였다. 즉, 거래 수수료에서 발생하는 매출, 구독 모델에서 발생하는 매출, 하드웨어 판매 매출의 성장 추세와 주가의 변동 모습이 어느 정도 일치하는 모습을 보여줬다.

[스퀘어 주가와 비트코인 매출 간의 상관관계]

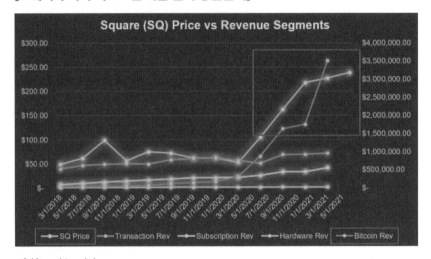

• 출처: seekingalpha.com

그런데 2020년 3분기부터 비트코인 매출이 급격히 증가하면서 주가는 비트코인 매출을 따라서 함께 급등하는 모습을 보였다. 비트코인 매출은 마진이 매우 낮아 순이익 향상에는 도움이 되지 않는다는 점을 투자자들이 간과하고 있다고 생각한다.

다음 '스퀘어 주가, 매출, 순이익 간 성장 추세 비교'를 보면, 좀 더 쉽게 이해할 수 있다.

[스퀘어 주가, 매출, 순이익 간 성장 추세 비교]

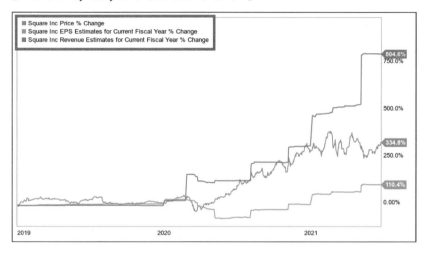

• 출처: seekingalpha.com

빨간색 선은 스퀘어의 매출 성장률을, 파란색 선은 스퀘어의 주가 성장률을, 오렌지색 선은 스퀘어의 어닝 성장률을 나타낸다. 비트코인 매출의 폭등으로 인해 매출 성장은 하늘을 향해 솟구쳤지만 어닝의 성장은 큰 변화가 없음을 확인할 수 있다. 필자는 매출의 증가 추세에 맞춰 급격한 성장을 보여주는 주가의 상승 추세는 장기간 지속하기 어렵다고 본다.

마지막으로 다음 페이지의 '스퀘어 매출 성장률과 주가 매출 비율'를 살펴보자.

[스퀘어 매출 성장률과 주가 매출 비율]

Ticker SQ	2017	2018	2019	2020	2021
Price	$34.67	$56.09	$62.56	$217.64	$238.70
Sales w/ BTC	$2,214.53	$3,298.17	$4,713.50	$9,497.58	$20,399.43
SG % w/ BTC		48.9%	42.9%	101.5%	114.8%
PS w/ BTC	5.94	6.90	5.64	10.15	5.33
Sales Ex BTC	$2,214.25	$3,131.66	$4,197.03	$4,926.03	$6,170.40
SG % Ex BTC		41.43%	34.02%	17.37%	25.26%
PS EX BTC	5.94	7.27	6.33	19.58	17.62

• 출처: seekingalpha.com

위쪽의 녹색 선으로 표시된 부분은 비트코인 매출을 포함했을 때의 매출 성장률과 주가 매출 비율을, 아래 빨간색 선으로 표시된 부분은 비트코인 매출을 제외하고 다시 계산한 수치를 보여주고 있다. 비트코인을 포함했을 때 매출 성장은 2020년 101.5%, 2021년에는 114.8%나 된다. 그런데 비트코인을 제외하고 다시 매출 성장률을 산정해보면 2020년 17.37%, 2021년 25.26%로, 특별히 감흥이 느껴지지 않는 숫자로 둔갑하게 된다.

PSR(주가 매출 비율)을 살펴봐도 마찬가지다. 비트코인이 포함된 주가 매출 비율은 5.33배 정도로 매우 양호한 수준에 머무른다. 그런데 비트코인을 제외하고 다시 계산하면 17.62배로 껑충 뛰면서 결코 저렴하다고 말할 수 없는 프리미엄으로 변한다.

2021년 7월 현재 스퀘어의 PER(주가 수익 비율)은 약 340배에 달한다. 아무리 성장성이 좋은 주식이라도 340배의 PER은 장기적으로 유지할 수 없다. 또한, 향후 스퀘어의 고공 행진은 비트코인이 지속적으로 대박 행진을 보여줘야만 가능하다는 면에서 현재 시점에서 스퀘어 투자는 조금 위험해 보이는 것이 사실이다.

비싼 주가가 기업의 가치를 떨어뜨리지는 않는다. 하지만 비싼 주가는 기업의 투자 가치를 하락시킬 수 있다. 투자의 매력이 넘쳐나는 기업인 스퀘어라고 할지라도 지나치게 올라가 있는 프리미엄이 어느 정도는 안정될 때를 기다렸다가 적절한 시점에 투자금을 넣는 것이 현명해 보인다고 필자는 생각한다.

모바일
Mobile

우리가 '혁신'이라는 단어를 생각하면 보통 엄청나게 복잡한 코딩을 이용한 소프트웨어나 전에는 존재하지 않았던 새로운 발명품 등을 떠올린다. 물론 마차가 이끌던 운송수단을 기계의 힘으로 대체한 자동차나 멀리 떨어져 있는 사람과의 대화를 가능하게 만든 전화기, 전 세계 인류를 하나로 연결해준 인터넷의 등장은 지금까지 인류가 겪어온 혁신의 모습 중에 단연 최고의 혁신이라 손꼽을 만하다.

그런데 사실 혁신은 그렇게 거창할 필요가 없다. 혁신은 무(無)에서 유(有)를 만들어 내는 것이 아니다. 늘 하던 방식에서 탈피해 다른 방식을 시도함으로써 생산성과 효율성을 높여 나가는 과정이라고 생각한다.

여담인데 우리 한국인은 혁신적인 모습을 갖추기에 불리한 생활 습관을 갖고 있다. 혁신은 열심히 뛰어가던 사람이 잠시 멈춰서 지금 내가 뛰어가고 있는 방향이 맞는 방향인지 의심을 해볼 때, 이 길 말고 다른 길이 있는

지 찾아볼 때, 너무 열심히 뛰어오다 보니 힘이 부치는데 뛰는 대신 뭘 타고 갈 수는 없는지 꾀도 부려볼 때 생겨날 수 있다. 그런데 우리는 너무 열심히 뛰어만 왔다. 너무나 오랜 시간 동안 너무도 많은 사람이 성공한 인생, 행복한 인생에 대한 정답을 정해 놓고 그 정답을 따르지 않는 인생에 대해서는 많은 가치를 부여하지 않았다. 학생일 때부터 성공을 위해 열심히 공부해야 하고, 좋은 대학에 진학해야 하고, 대기업에 취업해야 하고, 안타깝지만 가족과의 시간, 자녀와의 시간은 희생하더라도 많은 시간을 회사에 헌납하는 것이 당연하다고 여겨졌다.

혁신은 최선을 다해 일할 때 만들어지는 것이 아니다. 아니, 오히려 혁신은 재미있게 놀고 있을 때 만들어질 가능성이 높다. 혁신은 우리가 잠시도 떨어지고 싶지 않은(혹은 잠시 떨어지고 싶은) 아내 또는 남편과 산책을 즐길 때, 천천히 목욕이나 샤워를 하면서 몸과 마음이 정화되는 과정을 즐길 때, 사랑하는 가족과 함께 맛있는 음식을 먹으며 수다를 즐길 때 시나브로 우리의 맑아진 정신에 찾아 드는 것이라고 필자는 믿고 있다. 그리고 이러한 혁신의 아이디어가 규모 면에서 잠재력이 풍부한 시장 안에서 변화를 가져올 때 새로운 투자의 기회는 만들어지게 된다.

이번 키워드 '모바일(Mobile)'에서는 이렇게 참신한 혁신의 아이디어로 우리가 살아가는 세상을 조금씩 바꿔 나가는 혁신적인 기업들을 하나로 묶어 보았다.

≡8≡
오픈도어
스마트폰 하나로 부동산 산업을 접수한다

필자는 20대 중반 처음으로 외국 땅에 발을 딛게 된 이후, 지금까지 17개 나라를 방문해봤으며 1년 이상 거주한 나라만 해도 6개국이나 된다. 그동안 미국의 캔사스 시티, 캐나다의 밴쿠버, 영국의 런던과 서튼, 말레이시아의 쿠칭, 인도네시아의 자카르타와 롬복 등 9개의 도시에서 삶을 꾸려왔는데 이렇게 계속해서 옮겨 다니는 패밀리 노마드(Family Nomad)의 삶을 살아가다 보니 이사도 자주 다닐 수밖에 없었다. 그래서 부동산 거래 관련 기업에 관심이 많이 생긴 것 같다. 필자가 오픈도어(OPEN)와 질로우(Z)에 투자하고 있는 것은 이렇게 생각해보면 우연이 아닐 수도 있겠다.

필자가 오픈도어, 질로우에 투자를 결심하게 된 또 하나의 이유는 부동산 시장의 잠재력이다. 다음 그림에서 설명된 것처럼, 미국에서는 매년 주택 500만 채가 매매되고 있는데 시장 규모로 따지면 연 1조 6,000억 달러(1,760조 원)에 이른다.

[미국 부동산 시장의 잠재력]

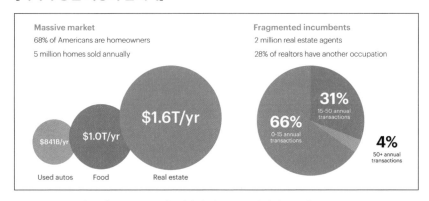

Massive market
68% of Americans are homeowners
5 million homes sold annually

$841B/yr — Used autos
$1.0T/yr — Food
$1.6T/yr — Real estate

Fragmented incumbents
2 million real estate agents
28% of realtors have another occupation

66% — 0-15 annual transactions
31% — 15-50 annual transactions
4% — 50+ annual transactions

• 주: B는 Billion(10억), T는 Trillion(1조) | 출처: 오픈도어 사업보고서

비슷한 방식으로 거래가 진행되는 중고차 시장의 규모에 비해 약 1.9배 많고 식품업계의 1조 달러(1,100조 원)에 비해서도 60%나 더 큰 엄청난 규모다. 그렇다 보니 부동산업에 진출한 기업도 200만 개나 된다. 얼핏 보면 그 경쟁이 너무나 치열해 보인다. 그런데 미국에 있는 부동산업체 중 상당수는 영세업체임을 위의 '미국 부동산 시장의 잠재력' 오른쪽 그림을 통해 확인해볼 수 있다. 전체 200만 개의 부동산업체 중 66%는 1년에 15 건도 되지 않는 매매를 성사시키는 일종의 부업 수준이라고 생각할 수 있다. 그나마 31% 정도가 진지하게 비즈니스를 운영하는 것 같으나 매매 성사 건수는 1년에 15~50개 정도에 그치고 있다. 1년에 50건 이상의 매매를 발생시켜 어느 정도 규모의 매출을 만드는 업체는 200만 개 중 4%, 그러니까 8만 개 정도라고 추산해볼 수 있다.

이 8만 개 부동산업체의 영업 방식은 상당히 오랜 세월 동안 전통적인 방식을 유지해 왔는데 다음 페이지에 나온 내용과 같은 치명적인 약점, 즉 혁신의 기회들을 엿볼 수 있다.

- 복잡한 절차 _ 평균 관여자: 6곳(부동산, 브로커, 은행, 보험사 등)
- 불확실성 _ '언제', '어떻게', '누가', '얼마에' 등이 확실하지 않음
- 돈 낭비 _ 평균 주택 판매 가격의 12% 정도 추가 지출 발생함
- House Showing _ 평균 12명의 방문을 몇 달 동안 받는 바람에 시간 낭비가 심하고 관련한 안전 문제가 발생할 수 있음

오픈도어의 혁신은 한 가지 아이디어에서 출발했다. 사실 온라인 부동산은 전혀 새로운 것이 아니다. 필자가 영국에 거주하던 2000년대 중반부터 이미 온라인 부동산에 올라와 있는 사진과 가격을 비교해보며 구경하고 싶은 집을 추려냈던 기억이 아직도 생생하게 남아 있다. 한국에서도 이미 직방, 다방과 같은 기업으로 보편화된 비즈니스 모델이다.

그런데 오픈도어는 기존의 온라인 부동산업체가 취하던 방식을 완전히 벗어났다. 기존의 온라인 부동산업체(웹사이트, 앱)는 부동산 시장을 장악하고 있는 부동산업체의 매물들을 소개해주면서 수수료나 광고 수입으로 매출을 만드는 구조를 갖고 있다. 반면 오픈도어는 단순히 웹사이트나 앱을 통해 많은 매물을 구경할 수 있게 도와주는 데 만족하지 않는다.

다음 페이지의 '오픈도어의 거래 방식'에 정리가 잘 되어 있다. 오픈도어는 부동산 판매자로부터 매물을 직접 사들인 후 간단한 개·보수를 통해 부동산의 가치를 향상시킨 다음, 이를 다시 구매자에게 판매해 수입을 창출하는 새로운 시도를 보여준다. 판매자와 구매자를 연결해주던 전통적인 부동산 중개업자의 방식을 완전히 뒤집어버린 아이디어를 통해 혁신을 만들어 낸 것이다.

[오픈도어의 거래 방식]

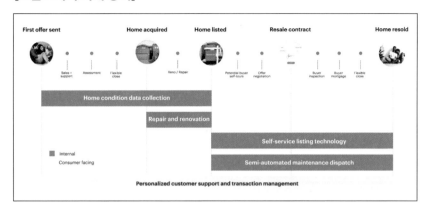

• 출처: 오픈도어 사업보고서

오픈도어의 비즈니스 흐름은 다음과 같이 정리할 수 있다.

① 판매자가 오픈도어의 앱을 통해 매물의 견적을 의뢰하면 오픈도
어는 단시간 내에 직접 오퍼를 보낸다.

② 판매자의 상황에 맞춰 원하는 날짜에 계약한다.

③ 확보한 주택을 오픈도어는 다양한 협력업체를 통해 저비용으로
개·보수를 한다.

④ 업그레이된 주택은 다시 오픈도어에 매물로 올려 홍보한다.

⑤ 관심 있는 구매자 후보들은 오픈도어를 통해 셀프 투어를 진행한다.

⑥ 구매자와 오픈도어 사이에 가격 협상을 진행한다.

⑦ 구매자가 원하면 모기지 대출 서비스를 제공한다.

⑧ 구매자가 원하는 날짜에 계약한다.

집을 판매하는 사람 입장에서 오픈도어의 부동산 매매 방식을 보면 다

음과 같은 장점들이 발견된다.

첫째, 오픈도어는 판매자로부터 집을 직접 매수한다. 단 며칠 만에 주택 매매가 가능할 수도 있다.

둘째, 집 매매의 과정을 간소화할 수 있다는 치명적인 매력이 있다. 평균 12명이나 되는 구매자에게 집을 보여주느라 고생할 필요가 없어진다.

셋째, 집 상태를 업그레이드하기 위해 개·보수를 진행할 필요가 없다.

넷째, 판매자가 원하는 날짜에 이사할 수 있다.

다섯째, 가장 중요한 비용적인 측면에서도 전통적인 방식에 비해 훨씬 더 저렴하다. 전통적 부동산업체와 할 경우 통상 집 가격의 10.5%가 추가 비용으로 들어가는데 오픈도어는 이 비용을 6%대로 낮췄다. 즉, 집 가격이 5억 원이라면 2,250만 원 정도를 절감할 수 있다.

집을 사는 구매자 입장에서도 오픈도어는 매력적이다.

첫째, 비용 부분에서 집 가격의 1.5% 정도를 아낄 수 있다.

둘째, 집을 구경하는 과정이 매우 간단하다. 애플리케이션으로 원하는 날짜와 시간을 예약하고 에이전트 없이 방문할 수 있기 때문에 많은 집을 부담 없이 구경할 수 있다.

셋째, 지금 살고 있는 집이 팔리기 전에 오픈도어의 돈으로 새집을 살 수 있는 홈 리저브(Home Reserve)라는 프로그램이 있어서 집 계약 날짜가 맞지 않아 2~3번씩 이사를 해야 하는 번거로움을 미연에 방지할 수 있다.

오픈도어의 투자 매력

2019년 기준으로 온라인 부동산 시장은 전체 매출의 86%를 오픈도어와 질로우가 독과점하고 있다. 그중에서도 오픈도어는 2019년에만 1만 8,000여 채를 판매하며 온라인 부동산 시장의 65% 이상을 점유하고 있다. 2위 기업인 질로우를 3배 이상 앞질렀다. 비록 이 수치는 2020년 들어서서 큰 폭으로 좁혀지기는 했다. 하지만 2020년을 기준으로 해도 오픈도어는 전체 iBuyer(부동산 처분을 원하는 소비자로부터 직접 주택을 매입해 재판매하는 형태의 비즈니스) 시장의 50%를 가져가면서 26%의 점유율을 보인 질로우, 1%의 레드핀(RDFN)을 크게 앞서고 있다.

오픈도어에 투자해야 한다는 논리가 이렇게 높은 시장 점유율만 갖고 성립되지 않는다. 다음 '부동산 시장의 디지털화 잠재력'을 보면, 각 산업 분야에서 온라인이 확보하고 있는 침투율을 살펴볼 수 있다.

[부동산 시장의 디지털화 잠재력]

Category	Retail	Transportation	Used auto sales	Real estate
% Online	14%	4%	1%	< 1%
Market leader	amazon	Uber	CARVANA	Opendoor
Market capitalization	~$1.5T	~$80B	~$35B	

• 출처: 오픈도어 사업보고서

먼저 아마존(AMZN)이 이끌고 있는 리테일 시장의 온라인 비율은 이미 14에 달한다. 이 수치는 팬데믹의 영향으로 다소 상향 조정되었을 것이다. 또한, 우버(UBER)와 같은 기업이 속해 있는 운송 시장의 온라인 비율은 4% 정도, 카바나(CVNA)로 대표되는 중고차 시장의 온라인 비율은 1% 정도다. 그런데 오픈도어, 질로우가 들어가 있는 부동산 시장의 온라인 비율은 아직 1%도 되지 않는다. 전체 미국 부동산 시장의 규모는 1조 6,000억 달러(1,760조 원) 정도인데 오픈도어의 매출은 25억 달러(2조 7,500억 원) 정도에 불과하다. 따라서 전체 부동산 시장을 기준으로 했을 때 오픈도어의 시장 점유율은 0.2%도 되지 않는다는 계산이 나온다. 이 스토리에서 필자는 오픈도어와 질로우에 대한 투자 가치를 발견하게 됐다. 향후 10년 내 전체 부동산 시장에서 온라인이 차지하는 비율이 10%까지만 올라갈 수 있다면 오픈도어나 질로우의 기업 가치 역시 10배 이상 상승할 수 있다는 것이 단순하지만 논리적일 수 있는 투자의 이유가 된다.

[부동산 가치 측정의 혁신 ①]

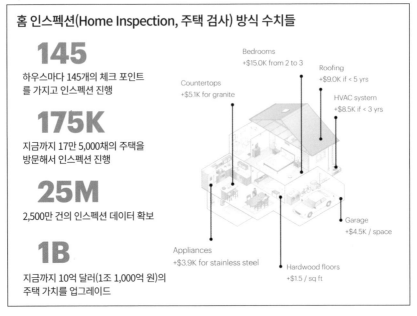

• 출처: 오픈도어 사업보고서

기존의 부동산 에이전트를 통해서 집을 매매하는 사람들 대부분이 온라인을 통해 집을 사고팔기 시작한다면 오픈도어의 투자는 성공 스토리로 마무리될 것이라는 계산이 나온다. 가능한 일까? 왼쪽 그림을 보자.

오픈도어가 하나의 주택을 매매할 때 해당 주택의 가치를 측정하는 방식에 대해 설명해주고 있다. 오픈도어가 주택의 가치를 산정할 때는 주택마다 145개의 체크 포인트로 평가 및 분석한다. 지금까지 시행된 현장 인스펙션은 17만 5,000건이 넘는다. 2014년에 설립된 비교적 신생 기업인 오픈도어가 이미 2,500만 건 정도의 부동산 데이터를 확보하고 있다는 말이 된다(17만 5,000건×145개 체크 포인트).

데이터가 쌓이면서 평가의 정확도도 향상되고 있는데 다음 페이지의 그림에 관련 내용이 자세하게 나와 있다. 입력된 데이터를 이용한 알고리즘의 평가 가격과 실제 거래 가격을 비교해보면 그 절대값의 차이가 현저히 줄어들고 있음을 확인할 수 있다. 또한, 이렇게 부동산의 가치 측정을 진행하는 과정은 지속적으로 자동화되고 있다. 이미 그 프로세스의 63%가 자동화되어 있고 이후 계속 상승할 것으로 기대된다. 즉, 부동산 평가 가격의 정확성은 계속해서 올라가고 비용적인 부분은 계속해서 감소할 가능성을 엿볼 수 있다.

고무적인 부분은 기존 고객의 만족도를 대변하는 NPS(Net Promoter Score)에서 엿볼 수 있다. NPS는 고객에게 사용한 제품이나 서비스를 주변 사람에게 추천할 의사가 있는지를 묻고 그 결과를 통해 해당 고객의 만족도를 측정하는 지수다[NPS에 관해서는 뒤에서 텔라닥헬스(TDOC)를 다룰 때 좀 더 자세하게 설명하겠다].

전통적으로 NPS가 높은 기업들로는 코스트코(NPS 78), 애플(NPS 70),

[부동산 가치 측정의 혁신 ②]

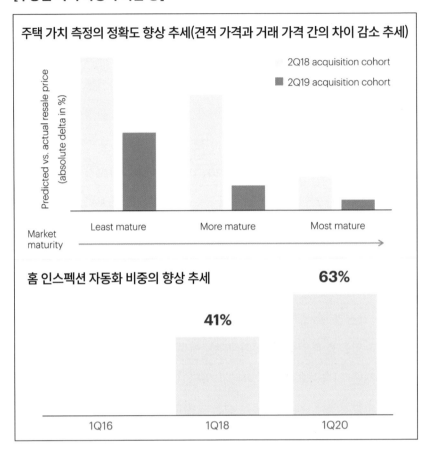

주택 가치 측정의 정확도 향상 추세(견적 가격과 거래 가격 간의 차이 감소 추세)

홈 인스펙션 자동화 비중의 향상 추세

• 출처: 오픈도어 사업보고서

아마존(NPS 69), 사우스웨스트항공(NPS 68) 등이 있다. 통상 NPS가 50이 넘어가면 매우 고객의 만족도가 높다는 의미로 해석될 수 있으며 70이 넘어가면 월드 클래스라고 생각해도 무방하다. 그런데 오픈도어의 NPS는 70이나 된다(오른쪽 페이지 그림 참고). 이 수치는 케이블TV 부분에서 모바일 혁명을 일으킨 넷플릭스(NFLX)나 차량 공유 서비스의 선두 주자 우버, 중고차 시장의 디지털화를 이끌어 온 카바나에 비해서도 절대 뒤지지 않

[오픈도어와 타 산업 혁신 리더 기업 간의 NPS 비교]

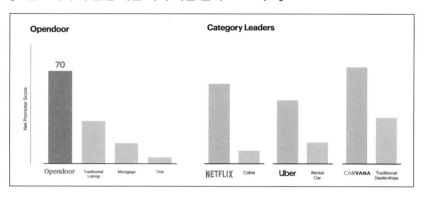

• 출처: 오픈도어 사업보고서

는 수준이다. 오픈도어의 혁신이 부동산 시장에서 통한다고 봐야 할까?

대부분의 성장주 투자가 그런 것처럼 오픈도어의 주요 투자 가치도 그 성장성에서 찾아야 한다. 2021년 7월 기준으로 오픈도어는 미국 41개 지역에서 비즈니스를 하고 있다. 전체 부동산 시장을 기준으로 한 시장 점유율은 2% 정도다. Run-Rate Revenue(잠정 매출, 분기 매출×4분기)를 봐도 50억 달러(5조 5,000억 원) 수준이니 아직은 갈 길이 멀기만 하다. 그런데 오픈도어의 계획은 야심 차다. 현재 41개 지역에 머물고 있는 비즈니스 구역을 100여 개로 확장한다는 계획을 갖고 있으며 목표로 하는 시장 점유율은 전체 부동산 시장의 4% 수준이다. 이를 Run-Rate Revenue로 계산해보면 1년 매출이 500억 달러(55조 원)로 올라가는데 현재 매출의 10배 수준이다. 과연 얼마나 빠른 시간 내 오픈도어는 이 목표 수치들을 달성해낼 수 있을까?

다음 페이지의 '오픈도어의 비즈니스 예상치'는 오픈도어가 2020년 회계연도가 마무리되기 전에 내놓은 비즈니스 예상치다.

[오픈도어의 비즈니스 예상치]

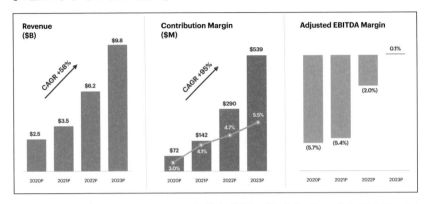

- Revenue: 매출 / Contribution Margin: 공헌이익(매출-변동비) / Adjusted EBITDA Margin: 조정 세전 영업이익
- 주: B는 Billion(10억), M은 Million(100만) | 출처: 오픈도어 투자 프레젠테이션

데이터의 정확도를 확인해보기 위해 2020년 실제 실적과 비교해보겠다. 2020년 실제 매출은 약 25억 8,000만 달러(2조 8,380억 원), Adjusted EBITDA Margin은 -3.8%로 마무리됐다. 매출은 전망치를 초과했고 Adjusted EBITDA Margin은 예상 -5.7%보다 많이 향상된 수준이다. 따라서 이들이 제시하는 숫자는 어느 정도 신빙성이 있다고 생각할 수 있다.

오픈도어는 2023년까지 매출을 98억 달러(10조 7,800억 원)로 성장시킨다는 전략을 갖고 있다. 현재 매출 수준에서 3.8배 성장 가능성을 시사하고 있는데 이를 연평균치로 나타내면 약 58%가 된다. 이 정도의 매출이 확보되면 2023년부터 Adjusted EBITDA Margin은 흑자로 전환될 수 있다는 것이 오픈도어의 큰 그림이다.

오픈도어의 투자 리스크

오픈도어는 성장 가능성이 높은 만큼 리스크도 크다. 필자가 봤을 때 오픈도어 성공의 주안점은 수익성 확보에 있다. 다음 그림을 보자.

[오픈도어 수익률 체크]

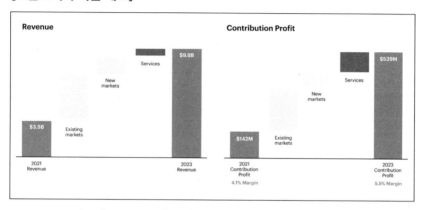

• 주: B는 Billion(10억), M은 Million(100만) | 출처: 오픈도어 사업보고서

오픈도어는 2021년에 목표로 하는 Contribution Profit Margin은 4.1%이고 2023년에는 5.5%까지 달성이 가능하다는 전망을 내놓고 있다. Contribution Profit Margin은 총매출에서 세일즈로 인해 발생한 직접 비용(Cost of Sales) 등의 변동비(Variable Cost)를 모두 제외하고 남은 수익을 매출로 나눈 수치다. 부동산처럼 매매의 고정비는 매우 미미하고 변동비가 비정상적으로 높은 경우 채택하는 비즈니스 평가 방식이다. 현재 오픈도어는 최근 6개월간 진출한 지역을 제외한 21개 비즈니스 구역 중 90%에서 CM(Contribution Margin)이 흑자로 전환한 상황이다. 21개 전체 평균 CM 금액은 1건당 8,000달러(880만 원) 정도 수준이다.

오픈도어의 경영진은 현재 4% 정도에 머물러 있는 CM을 우선 비용 절감을 통해 0.6% 정도는 향상이 가능하다고 본다. 또한, 부가 서비스 추가로 2.4%의 추가 상승을 구상하고 있다. 장기적으로는 CM 비율의 목표를 7%로 잡고 있는데 매매 1건당 1만 9,000달러(2,090만 원) 수준이다. 장기적 수익성 향상 전략을 살펴보면, 계속해서 마진이 높은 비즈니스 모델을 추가한다는 것이 그 골자인데, 이미 수익을 올리고 있는 소유권 등기나 중간 수탁을 통해서는 1건당 1,750달러(약 192만 원)의 추가 CM을 확보할 수 있다는 계산이 나오고 있다. 최근 론칭한 주택 담보 대출이나 Buy with Opendoor, List with Opendoor 등의 서비스에서 3,750달러(약 412만 원) 정도를 추가한다는 전략도 세웠다. 또한, 향후 론칭 예정인 홈 워런티(Home Warranty), 업그레이드 및 리모델링, 주택 보험, 이사 서비스 등의 부가 서비스를 통해 7,500달러(825만 원)를 추가로 확보한다는 목표를 갖고 있다.

정리를 해보면, 오픈도어는 직접 주택을 매입해 재판매한다는 온라인 부동산 중개업의 혁신적 비즈니스 모델을 통해 시장에 데뷔했지만 궁극적으로는 사람들이 집을 옮겨갈 때 필요한 모든 서비스를 제공할 수 있는 비즈니스로 확장한다는 비전을 제시하고 있다. 결국 소유권 등기, 중간 수탁, 대출, 보험, 이사 서비스 등을 통한 부가 수입의 성장이 수익률 향상으로 이어지는지 투자자가 지켜봐야 할 투자의 핵심이 될 수 있다. 또한, 집을 직접 구입해 재판매하는 구조로 인해 은행 부채 의존율이 올라갈 수 있으므로 투자자들은 Balance Sheet(대차대조표)를 지속적으로 모니터링하는 것도 중요하다. 필자가 살펴본 바에 의하면 2021년 6월 말 어닝을 기준으로 아직 전체 자산 중에 부채 비율이 약 50.3%에 지나지 않기 때문에 이 부분을 걱정할 단계는 아닌 것으로 파악된다.

1조 6,000억 달러(1,760조 원) 규모의 시장에서 새로운 비즈니스 모델을 개발하면서 혁신을 이끌어 가는 오픈도어는 이처럼 성장 잠재력과 리스크가 모두 높은 종목이다. 필자의 개인적인 판단으로는 아직 어떤 기업이 부동산 시장 혁신의 최종 승자로 우뚝 설지 불투명한 상황인 만큼 질로우나 레드핀 등과 같은 경쟁 기업에도 분산 투자를 진행하는 것이 바람직하다고 생각한다.

≡9≡
파이버
디지털 노마드의 환상을 현실로 바꾸는 기업

디지털 노마드(Digital Nomad)라는 말을 들어본 적이 있는가? 디지털 노마드는 프랑스 사회학자 자크 아탈리가 1997년에 집필한《21세기 사전》에서 '21세기는 디지털 장비를 갖고 떠도는 디지털 노마드의 시대'라고 규정하면서 본격적으로 쓰이게 되었다고 한다. 사전적인 의미로는 우리 인생을 형성하는 가장 커다란 2가지 부분인 일(Working)과 주거(Living)에 있어 유목민(Nomad)처럼 자유롭게 이동하면서도 자신이 좋아하는 일을 하면서 살아가는 혁신적인 사고방식을 갖춘 사람들을 뜻한다.

사실 '유목민'이라는 단어는 전통적으로 사회적 적응에 어려움을 겪는 집시나 주변인들로 간주됐기 때문에 부정적인 이미지가 강했다. 반면, 디지털 노마드는 스마트폰과 태블릿 같은 디지털 장비로 정보를 끊임없이 활용하고 생산 활동을 하면서 장소와 시간에 구애받지 않고 자유로운 삶을 영위하는 디지털 시대의 워너비(Wannabe)로 인식되고 있는 것이 현실이다. 바닷가가 보이는 해변가에 앉아 일하다가 중간중간 시간이 나면 서핑이나 수영을 즐기기도 하고 유럽의 도시들을 관광객처럼 떠돌다가 노상 카페에 잠시 앉아 처리해야 하는 일을 마무리하는 모습… 이런 꿈같은 삶과 일의 환경을 실제로 만들어 가고 있는 사람들이 생겨나기 시작한 것이다.

꼭 디지털 노마드가 아니더라도 일과 개인적 삶을 좀 더 유연하게 조합시켜주는 삶의 방식은 앞으로 계속 보편화될 것이라고 생각한다. 왜냐하면 세상의 많은 사람이 '일'을 즐겁게 하고 있지 않기 때문이다. 일을 즐겁게 하고 있지 않다는 말은 결국 일이 경제적인 자립을 위한 수단에 불과하다는 의미다. 거기에 1가지의 의미를 더 보태면 회사라는 집단에 자신을 편입시킴으로 얻을 수 있는 사회적 구성원으로서의 존재감이나 소속감 정도가 될 것이다. 하지만 우리가 직장 생활에서 얻을 수 있는 이 두 번째 의미는 이미 상당 부분 소셜미디어(Social Media)가 그 역할을 대체하고 있다. 이제는 더 이상 우리가 사회적 존재로서의 안도감을 느끼기 위해 하기 싫은 일을 스트레스를 받으면서까지 사회적 네트워크를 형성해야 할 필요성이 없어지고 있는 것이다. 그렇다면 결국 일이 우리에게 줄 수 있는 혜택은 금전적인 보상만이 남는데 이러한 일의 경제적 기능을 대체해주기 위해 등장한 플랫폼이 바로 파이버(FVRR)와 같은 기업이다.

파이버는 프리랜서(Freelancer)라는 직업의 형태가 보편화하기 시작한 2010년에 설립된 이스라엘 국적의 기업이다. 한국에는 대표적으로 2012년에 설립된 크몽이 있는데 한국판 파이버라고 보면 될 것 같다.

파이버는 프리랜서 시장을 이커머스 형식으로 접근한 비즈니스 모델을 갖고 있는데 정규직보다 필요에 따라 계약직 혹은 임시직으로 사람을 고용하는 기업이 많아지면서 그 존재감을 키워 나갔다. 이렇게 기업들이 정규직보다 계약직이나 프리랜서 고용을 선호하는 경제 상황을 긱 경제(Gig Economy)라고 한다. 긱(Gig)은 일시적인 일을 뜻하며 1920년대 미국 재즈클럽에서 단기적으로 섭외한 연주자를 '긱'이라고 부른 데서 유래했다고 한다.

파이버는 이렇게 개인들의 자유로운 일과 삶의 균형을 맞추고자 노력하는 워라밸('일과 삶의 균형'이라는 의미의 'Work and Life Balance' 준말) 현상과 긱 경제라는 고용 시장의 새로운 변화가 맞아떨어지면서 태어난 새로운 비즈니스 모델이라고 이해할 수 있다. 즉, 고용 시장에서 사용자(기업)와 노동자(프리랜서)가 모두 원하는 바를 가져갈 수 있는 윈윈(Win-Win) 플랫폼을 제공해서 승승장구하고 있는 기업이다.

먼저, 기업 입장에서는 기존 프리랜서와 계약하는 것보다 파이버를 통해 계약하면 투명성과 확실성을 확보할 수 있다는 장점이 있다. 다시 말해, 자칫 골칫거리가 될 수 있는 작업의 보수라든지, 작업의 범위, 기대되는 퀄리티, 나아가 마감일까지 파이버를 통해 깔끔하게 정리할 수 있다. 혹시 프리랜서와 분쟁이 발생하면 기업을 대신해 해결해주는 고객센터까지 있다. 거기에 기업이 필요한 인력을 광범위한 디지털 서비스를 통해 쉽게 접근할 수 있다는 점뿐만 아니라 기업의 여건과 목적에 따라 가격, 경력, 퀄리티 면에서 다양한 스팩의 프리랜서와 연결이 가능하다는 점도 빼놓을 수 없는 커다란 장점이다. 물론 정규직이나 계약직을 고용하는 것에 비해 비용 대비 가치가 크다는 것은 말할 필요도 없다.

프리랜서 입장에서는 어떨까? 아무래도 사용자와의 관계에서 상대적으로 약자의 위치에 있을 가능성이 높은 프리랜서라서 좀 더 많은 장점이 보일 수밖에 없다.

프로젝트를 따내기 위한 영업이 필요 없으며 파이버를 통해 다수의 고객과 연결될 수 있다는 점이 가장 중요하다. 따라서 해변가에 우아하게 앉아 원하는 시간대에 일할 수 있는 꿈이 현실화할 가능성이 높아진다. 거기에다 가장 민감하고 스트레스를 받을 수 있는 가격 협상의 과정도 필요가 없으며 '을'의 입장에서는 걱정스러울 수 있는 보수의 '지불' 여부도 걱정할 필요가 없다는 커다란 장점이 있다. 나아가, 파이버라는 플랫폼을 통해 장기간 활동하면 프리랜서로의 신용이나 평판도 확보가 가능해진다.

파이버의 투자 가치로 넘어가기 전에, 파이버의 수익 구조를 우선 알아보자. 간단한 작업을 제공하는 프리랜서의 서비스 가격이 100달러(11만 원)로 책정되어 있다고 가정해보자. 사용자는 파이버에게 프리랜서가 책정한 가격에 5%를 더해 105달러(11만 5,500원)를 지불해야 한다. 이렇게 지불이 완료되면 서비스가 바로 시작된다.

프로젝트가 완료되면 14일 후 사용자의 동의하에 파이버는 해당 프리랜서에게 서비스 가격인 100달러(11만 원)에서 20%가 공제된 80달러(8만 8,000원)를 지불한다. 정리해보면, 파이버는 책정된 서비스 가격의 5%를 사용자로부터, 그리고 프리랜서로부터 20%를 받는 수익 구조를 갖고 있다.

파이버의 투자 매력

우선 투자자라면 파이버가 진출해 있는 시장의 규모와 잠재력에 관심을 가져야 한다. 프리랜서 시장은 이커머스 혁신이 일어나기 전, 리테일 비즈니스의 모습을 보였다고 필자는 생각한다.

다음 페이지의 그림에 나와 있는 것처럼, 미국 프리랜서 시장의 추산 규모는 8,150억 달러(896조 5,000억 원)에 이른다.

[프리랜서 시장 규모]

• 주: B는 Billion(10억) | 출처: 파이버 사업보고서

물론 모든 프리랜서의 계약이 온라인으로 된다고 하기 어려우므로 온라인 프리랜서에 적합한 시장의 규모만 살펴볼 필요가 있다. 그래도 해당 시장의 규모는 1,150억 달러(126조 5,000억 원) 정도라고 파이버는 보고 있다. 그런데 파이버의 매출(2020년 말 기준)은 1억 9,000만 달러(2,090억 원) 정도 수준이다.

파이버는 아직 전체 가용 시장의 0.2%도 차지하지 못하고 있다고 할 수 있다. 그런데 사실 이 수치는 미국의 프리랜서 시장만 따져본 것이다. 디지털 플랫폼이라는 특성을 감안해볼 때 파이버가 목표로 할 수 있는 잠재 시장의 규모는 이를 훨씬 능가할 수 있다. 파이버는 2020년을 기점으로 비영어권 국가로 진출을 시작했다. 현재는 영어, 독일어, 스페인어, 프랑스어, 포르투갈어, 이탈리아어, 네덜란드어까지 총 7개의 언어로 서비스를 확장해놓았다.

현재 고용 시장의 추세가 장기 고용에서 프리랜서로 이동하고 있다는 점, 일한 시간보다는 결과로 보상받는 체제로 변화하고 있다는 점을 생각해보면 파이버의 시장은 단지 잠재력으로 그치는 것이 아니라 곧 현실로 다가올 가능성이 높다. 다시 말해, 오피스를 벗어나 언제 어디서나 일하는 문화로 진화하면서 전 세계가 연결된 고용 시장이 형성될 수 있다는 말이다.

그다음은 필자가 완전 사랑하는 '네트워크 효과'다. 파이버는 네트워크 효과를 낼 수 있는 비즈니스 모델을 구축하고 있다. '사용자 수 증가=비즈니스 가치 상승'이라는 공식이 성립한다는 의미다. 이러한 파이버의 네트워크 효과는 다음 그림에 정리가 되어 있다.

[파이버의 네트워크 효과]

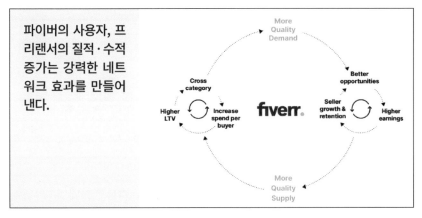

• 출처: 파이버 사업보고서

이 그림을 다음 페이지에 나오는 비즈니스의 선순환으로 좀 더 쉽게 설명할 수 있다.

양질의 프리랜서 확보 → 양질의 사용자 확보 → 더 많은 프리랜서 → 더 많은 사용자

이러한 네크워크 효과를 생각해볼 때 일찌감치 긱 경제 시장에 뛰어든 파이버는 시장에서 유리한 위치를 차지하고 있는 것이 엄연한 사실이다.

다음 '파이버의 매출 성장'에서 쉽게 살펴볼 수 있는 것처럼, 파이버의 매출은 무서운 성장세를 보여주고 있다.

[파이버의 매출 성장]

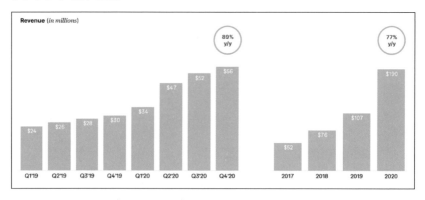

• 주: Millions는 100만, Y/Y는 연 성장률 | 출처: 파이버 사업보고서

2019년의 경우 전년 대비 매출 성장률은 42%를 기록했는데 2020년에는 2019년에 비해 77%나 성장했다. 왼쪽 그래프는 분기별 매출을 가리키고 있는데, 2020년 4분기 매출은 5,600만 달러(616억 원)를 달성했다. 2019년 4분기 매출에 비해 무려 89%나 향상됐다.

파이버의 매출이 이렇게 거침없는 성장을 이어 나갈 수 있는 이유는 파이버의 사용자 수와 사용자당 매출이 동시에 증가하고 있기 때문이다.

다음 '파이버의 사용자 수 증가 추세'를 보면, 2020년 파이버의 사용자 수는 340만 명으로 2019년 240만 명에서 42% 가까이 늘어났다.

[파이버의 사용자 수 증가 추세]

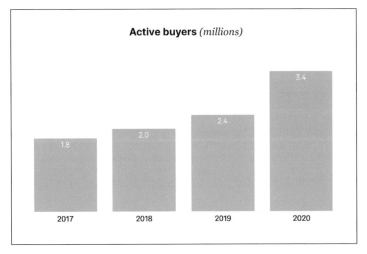

• 주: Millions는 100만 | 출처: 파이버 사업보고서

다음 페이지에 나오는 '파이버의 사용자당 매출 증가 추세'를 보자. 사용자당 매출 규모는 2019년 170달러(약 18만 원)에서 2020년 205달러(약 22만 원)로 1년 만에 20% 넘게 늘어났다. 이는 반복 구매 사용자가 증가하고 있다는 증거이며 최근 파이버가 새로운 서비스 항목을 추가한 것에서 그 이유를 찾을 수 있다.

[파이버의 사용자당 매출 증가 추세]

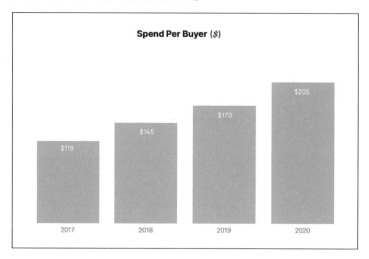

Spend Per Buyer ($)

$119	$145	$170	$205
2017	2018	2019	2020

• 출처: 파이버 사업보고서

실제로 파이버는 새로운 매출 모델을 꾸준히 늘려나가고 있는데, 2020년 3분기, 단 3개월 동안 30여 개의 새로운 서비스 카테고리를 추가했다. 프리랜서를 위한 사업 관리 소프트웨어 구독 서비스를 시작했으며 콘텐츠 마케팅 구독 서비스, 그리고 파이버 내에서의 CPC(Cost Per Click, 클릭당 비용이 발생하는 광고 모델) 서비스도 제공하고 있다. 앞으로는 온라인 교육 플랫폼 쪽으로 그 영역을 확장할 계획이라고 하니 끊임없는 성장과 혁신을 위해 애쓰는 모습을 확인해볼 수 있다. '주식 투자'를 간단히 보면, 나 대신에 나의 투자금을 활용해 열심히 일해줄 기업, 그래서 나의 투자금을 처음보다 많이 늘려줄 기업을 찾아가는 과정이라고 생각할 수 있는데 이러한 파이버의 모습은 매우 고무적이라 할 만하다.

마지막으로 필자는 파이버의 투자 매력을 '파이버 기존 고객의 매출 기여도'에서 찾고 싶다.

[파이버 기존 고객의 매출 기여도]

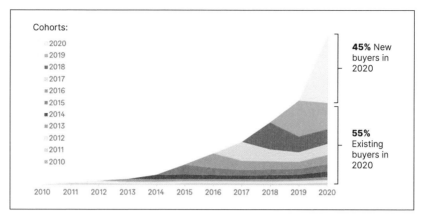

2020년 전체 매출 중 55%는 2020년 이전에 가입한 기존 고객으로부터 발생했다. 즉, 파이버는 고객 1인당 기여하는 매출의 총규모인 LTV(Life Time Value)가 매우 높은 비즈니스 모델이다. 그 이유는 파이버가 영위하는 비즈니스의 양대 산맥인 사용자와 프리랜서의 만족도를 살펴보면 이해할 수 있다. 2020년을 기준으로 사용자의 평균 NPS(Net Promoter Score)는 67, 프리랜서의 평균 NPS는 78로 실로 놀라운 만족도를 보여주고 있다. 이렇게 만족도가 높다 보니 한 번 파이버의 고객이나 파트너가 되면 쉽게 파이버를 이탈하지 않고 지속적으로 매출에 기여하는 구조가 가능해지는 것이다.

파이버의 투자 리스크

4차 산업혁명을 주도하고 있는 다른 성장 기업과 마찬가지로 파이버 역시 투자 리스크는 존재한다.

첫 번째 리스크는 누구나 쉽게 뛰어들 수 있는 비즈니스 모델에서 찾을 수 있다. 즉, 진입 장벽이 지나치게 낮다는 것이다. 일단 기존 시장 안에서도 업워크(UPWK), 프리랜서닷컴, 구루닷컴, 테스크래빗 등의 경쟁사들을 상대해야 한다. 지속적으로 성장하는 긱 경제의 전망을 감안할 때 앞으로도 그 경쟁은 점점 더 가열화될 가능성도 배제할 수 없다.

파이버는 사업 확장이 비교적 수월한 플랫폼 기업이라는 것을 고려할 때 투자자들 입장에서는 은근히 파이버의 글로벌 시장 진출을 기대하고 있다. 하지만 한국에도 이미 크몽과 같은 유사 기업이 자리 잡고 있는 것처럼 파이버가 지리적 확장을 이뤄내기 위해서는 로컬 기업들과 치열한 경쟁을 벌여야 할 가능성이 높다. 특히 해당 로컬 기업들이 이미 어느 정도 성장해 네트워크 효과를 이뤄내고 있다면 더더욱 힘들어진다. 한국에 진출한 구글(GOOG)이 아직도 네이버에 밀리고 있는 것, 세계적으로 통용되는 왓츠앱이 한국에서는 카카오톡의 상대가 되지 않는 상황 등을 생각해보면 쉽게 이해가 갈 것이다.

두 번째로는 파이버의 성장주 리스크가 있다. '성장주 리스크'란 필자가 만든 용어다. '4차 산업혁명의 파괴적 혁신을 주도하고 있는 성장 기업들이 공통적으로 갖고 있는 투자의 리스크'라고 정의하고 싶다.

성장주에 속하는 기업들은 대체로 수익을 창출하지 못하고 있다. 그런데도 매출의 높은 성장세 때문에 높은 프리미엄을 형성하는 경우가 대부분이다. 파이버의 경우도 크게 다르지 않다. 2021년 2월부터 3월까지 미국 국채의 10년물 금리가 무서운 속도로 상승하자 성장주 대부분의 주가는 큰 폭으로 하락했다. 파이버도 최고점과 비교하면 40%가 넘게 하락했다.

그런데도 2021년 8월 현재 파이버의 PS Ratio(주가 매출 비율)는 23배 정도에 형성되어 있다. 아직도 매출의 규모에 비해 시가총액이 지나치게 커져 있다는 말이다. 이처럼 높은 주가, 높은 프리미엄이 정당화되기 위해서는 과거에 보여줬던 성장세를 유지할 수 있어야 한다.

다음 '파이버의 2021년 가이던스'는 2020년 4분기 어닝 보고를 통해 발표된 2021년 파이버의 자체 예상 실적이다.

[파이버의 2021년 가이던스]

Guidance:		
	Q1 2021	**FY 2021**
REVENUE	$63.0 - $65.0 million	$277.0 - $284.0 million
y/y growth	84 - 90%	46 - 50%
ADJUSTED EBITDA	($4.0) - ($3.0) million	$16.0 - $21.0 million

• 주: Million은 100만 | 출처: 파이버 사업보고서

2020년 파이버의 매출은 2019년 대비 77% 성장했다. 하지만 2021년 매출의 예상 성장률은 46~50%에 그친다. 그래도 매년 50% 정도의 기하급수적 성장을 보여준다면 높은 프리미엄, 비싼 주가가 용납될 가능성도 있다. 하지만 파이버의 성장이 조금이라도 주춤한다면 그때는 이야기가 달라진다.

필자의 개인적인 의견으로는 파이버가 기존의 시장, 기존의 비즈니스 모델만으로는 매년 50%가 넘어가는 성장을 이뤄내기는 다소 벅차 보인다. 따라서 글로벌 확장을 통한 성장이나 온라인 클래스 등의 새로운 비즈니

스 모델을 개발할 필요성이 있다.

물론 파이버의 경영진이 이 부분을 모를 리가 없다. 투자자 입장에서는 과연 파이버의 경영진이 어떠한 전략과 혁신을 통해 혁신적인 면모를 이어 나갈 수 있을지 약간의 근심, 그리고 커다란 기대감을 갖고 지켜보면 되겠다.

≡10≡
레모네이드
사랑이 넘치는 보험회사를 만나다

하나의 기업이 성공하기 위해서는 내놓는 상품이나 서비스를 이용해주는 고객의 만족에 초점을 맞추는 것이 정상이다. "고객은 왕이다"라는 말도 있지 않은가?

그런데 이렇게 진리라고 여겨지는 비즈니스의 룰이 잘 지켜지고 있지 않은 분야가 있다. 바로 '보험'의 세계다.

우리는 영화나 드라마에서 보험회사의 매니저들이 보험금 지급을 승인한 직원을 나무라거나 해고하는 장면을 본 적이 있다. 보험회사의 궁극적인 목적은 수단과 방법을 가리지 않고 보험금 지급을 거부하는 데 있다는 것이 사회적 통념이 되어버렸다. 도대체 어디서부터 잘못된 것일까? 무엇이 보험회사가 이렇듯 사회악을 대표하는 기업의 이미지를 갖게 만들었을까?

일단, 상품의 질보다는 가격으로 경쟁하는 구조가 형성된 것이 하나의 원인이라고 생각한다. 글로벌 보험 산업의 시장은 그 규모가 6조 달러

(6,600조 원)에 육박한다. 이렇게 시장의 규모가 커진 이유 중 하나는 사람들 대부분이 보험은 으레 하나씩은 있어야 하는 필수 아이템으로 여기는 문화가 정착해서다. 우리가 마치 동네에 있는 많은 은행 중 하나를 아무 생각 없이 골라서 계좌를 오픈하듯이 보험 역시 남들도 다 가입하니까 나 역시도 한군데를 지정해서 특별한 선호도와 관계없이 하나씩은 갖는 것이 되었다. 그러다 보니 보험업에 뛰어든 기업의 수도 다른 산업의 경쟁구조와는 비교가 되지 않는다. 2019년 기준 미국에 등록된 보험회사의 수만 5,965개에 이르렀다. 결과적으로 치열한 경쟁구조 속에서 보험회사들은 자연스럽게 고객의 만족보다는 가격 경쟁과 마케팅 쪽에만 집중하게 됐다.

　보험회사의 또 다른 문제는 근본적인 수익 구조에서 기인한다. 사실 매우 중요한 부분인데 기존의 보험회사는 고객이 납부한 보험료에서 보험금을 지급하고 남은 금액이 매출로 잡히는 구조를 갖고 있다. 따라서 보험사가 높은 수익을 창출하기 위해서는 경쟁사들보다 많은 돈을 들여 마케팅 활동을 하고 되도록 저렴한 보험 상품을 개발해 매출을 창출한 후, 가능한 한 보험금 지급 요청을 많이 거부해야 하는 구조를 가지게 된 것이다. 이러한 이유 때문에 보험 산업에는 타 산업에서는 찾아볼 수 없는 독특한 KPI(Key Performance Index, 핵심 평가 지표)가 나타나는데, 바로 보험 손해율(Gross Loss Ratio)이 그것이다.

　보험 손해율은 전체 납부된 보험료에서 지급된 보험료의 비율을 나타내는 수치인데 이름에서 짐작할 수 있는 것처럼 보험회사들은 고객에게 지급된 보험료를 손실(Loss)로 간주한다. 고객 입장에서는 갑자기 찾아온 인생의 불행한 사건·사고들을 미리 대비하기 위해 보험에 가입한다. 그리고 실제로 불행한 일이 발생하면 신청을 한다. 그런데 보험회사 입장에서는 고객이 어려운 시기에 꼭 필요한 보험금 지급을 기업의 손실로 간주한다. 그러니 필연적으로 갈등과 불만족이 발생할 수밖에 없다.

레모네이드의 투자 매력

이러한 보험업계의 구조적인 문제점을 해결하면서 등장한 기업이 바로 레모네이드(LMND)이다. 레모네이드 홈페이지에는 다음과 같은 글이 나와 있다.

> Forget Everything You Know About Insurance(당신이 보험에 대해 알고 있는 모든 것을 잊어버리세요).

레모네이드의 혁신은 하나의 기발한 아이디어에서 시작됐다. 앞에서 언급한 것처럼 기존의 보험회사는 고객이 납부한 프리미엄에서 보험금을 지급하고 남은 금액이 매출로 남지만 레모네이드는 고객이 납부한 보험료 중 25%를 미리 빼내서 매출로 확보한다. 그리고 나서 나머지 75%로 보험금도 지급하고 재보험료와 사업비 등 필수 비용을 처리한다. 거기에 만족하지 않고 매년 보험금 지급을 완료하고 남아 있는 프리미엄을 자선 기관에 기부하는 프로그램을 운영한다. 따라서 레모네이드는 보험금 지급을 거절할 이유가 전혀 없다.

필연적으로 레모네이드는 보험 심사를 보험회사 기준이 아닌 고객 입장에서 진행한다. 어차피 보험금으로 지급할 자금은 기업의 매출과 무관하기 때문에 사기성 보험 신청만 가려내고 나머지 보험금 신청은 되도록 빨

[레모네이드의 혁신적인 수익 모델]

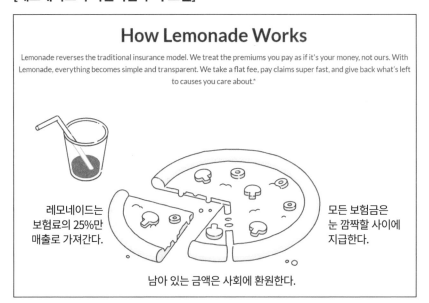

How Lemonade Works

Lemonade reverses the traditional insurance model. We treat the premiums you pay as if it's your money, not ours. With Lemonade, everything becomes simple and transparent. We take a flat fee, pay claims super fast, and give back what's left to causes you care about."

레모네이드는
보험료의 25%만
매출로 가져간다.

모든 보험금은
눈 깜짝할 사이에
지급한다.

남아 있는 금액은 사회에 환원한다.

• 출처: lemonade.com

리 고객을 위해 지급하려고 노력할 수 있다. 이러한 발상의 전환은 레모네이드를 고객에게 사랑받는 보험회사로 만들어줬다. 2년 연속 미국에서 가장 사랑받는 보험회사로 선정됐고 애플 스토어와 구글 플레이의 애플리케이션 평점이 4.5점에서 4.9점 사이에 형성되어 있다.

필자는 유튜브 채널인 미주은에 레모네이드를 소개할 때 '사랑이 넘치는 보험회사'라는 타이틀을 사용했다. 물론 앞에서 설명한 것처럼 필요한 고객에게 가급적이면 보험금을 지급하기 위해 노력하는 보험회사라는 것도 한몫을 차지했다. 이외에도 '사랑이 넘치는 보험회사'라는 타이틀이 어울리는 또 하나의 이유가 존재하는데 레모네이드의 기부 프로그램이 바로 그것이다.

레모네이드는 매년 보험금 지급을 완료하고 남아 있는 프리미엄을 자선 단체에 기부하는 아주 스페셜한 시스템을 갖고 있다. 나아가 기부를 원하는 자선 단체를 고객이 직접 선택할 수 있도록 해주고 기부금 역시 레모네이드가 아니라 고객의 이름으로 기부된다. 고객 입장에서는 레모네이드를 이용함으로써 내가 속한 사회와 커뮤니티에 일정 부분 공헌하고 있다는 자부심까지 느낄 수 있게 되는 것이다.

레모네이드의 기부 프로그램은 기업과 함께 성장하고 있다. 2017년부터 2020년까지 기부된 금액은 3년 만에 약 21배 이상 증가했고 2020년에 기부된 금액은 110만 달러를 넘어섰다. 갈수록 기업의 사회적 책임(CSR: Corporate Social Responsibility)이 중요시되는 기업 환경에서 레모네이드는 고객과 함께 착한 기업의 이미지를 만들어 가고 있으며 자연스럽게 기업 홍보의 효과까지 거두고 있는 스마트한 전략을 실행하고 있다.

이러한 기업의 착한 활동은 기업의 사회적 책임에 민감한 밀레니얼 세대에게 상당 부분 어필되고 있으며 사기 예방이나 마케팅 효과 등도 기대할 수 있어 수익 향상에도 도움이 된다고 경영진은 판단하는 것 같다.

레모네이드의 또 다른 혁신은 보험 비즈니스의 100% 디지털화에서 찾을 수 있다. 레모네이드의 신규 가입자는 스마트폰의 앱을 통해 1분 30초 만에 가입이 가능하다. 보험 가입의 절차를 단 13개의 질문으로 간소화시켜 놓았기 때문에 가능한 일이다. 더욱 놀라운 것이 있다. 3분 만에도 보험금 지급이 가능하다는 사실이다. 레모네이드의 경영진에 따르면 이미 전체 보험금 청구 건의 초기 대응 96%를 챗봇(Chatbot)이 소화하고 있다고 한다. 거기에다 전체 보험금 청구 건의 30% 정도는 인간의 개입이 전혀 없이 인공지능이 보험금 지급까지 완료한다고 하니 가히 혁신의 끝판왕이라 칭할 만하다. 레모네이드는 단 3초 만에 보험금을 지급한 전례도 있다. 유일무이한 세계 신기록을 보유한 기업이다. 인공지능을 활용한 혁신으로 인해 가능해진 새로운 형태의 보험회사인 셈이다.

다음 '인공지능을 활용한 레모네이드의 혁신'을 보면 레모네이드가 비즈니스 각 부분에서 어떤 방식으로 인공지능을 활용해 보험 업무의 대부분을 디지털화했는지 살펴볼 수 있다. 기능적 측면에서 봤을 때 총 6가지의 역할을 인공지능이 해내고 있다.

[인공지능을 활용한 레모네이드의 혁신]

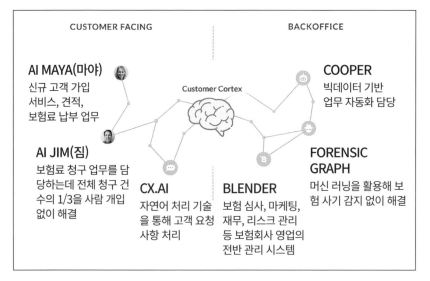

• 출처: 레모네이드 S-1 파일

데이터와 인공지능을 활용한 비즈니스는 시간이 가면서 그 위력이 두드러지고 있는데 FORENSIC GRAPH를 이용한 보험 사기 감지 기능이 하나의 예가 될 수 있다. 2017년에만 해도 레모네이드의 보험 손해율은 146%

에 달했다. 미국 보험회사 평균 손해율이 2019년 기준 69.7% 수준인 것을 감안하면 매우 높은 수준이다. 그러나 머신 러닝을 활용해 보험 사기를 감지하는 AI 진단 솔루션 FORENSIC GRAPH의 활약으로 2020년 손해율은 71%까지 향상됐다. 3년이라는 짧은 시간에 손해율이 절반으로 떨어진 것이다. 이것이 머신 러닝의 큰 장점이다. 가입자와 데이터가 증가할수록 인공지능의 기능과 정확도는 자연스럽게 향상되는데 이러한 이론에 비추어 보면 레모네이드의 손해율은 앞으로 추가 향상할 가능성이 매우 높다.

[레모네이드 보험 손해율 향상 추이]

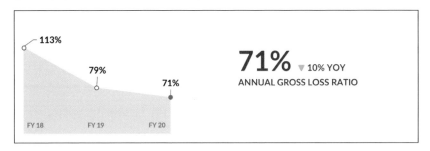

• 출처: 레모네이드 사업보고서

이렇듯 보험 비즈니스의 운영을 100% 디지털화하다 보니 비용의 최소화도 가능해졌다. 전통적인 보험회사들과 대비해볼 때 인력 효율성은 3배에서 5배 정도 더 높다고 한다. 현재 레모네이드의 직원 1인당 고객 수는 2,300명 수준이며 이 수치는 갈수록 더 올라갈 것이다. 이러한 비용의 효율적인 관리는 결국 가격 경쟁력의 극대화로 이어질 수 있다. 단편적인 예로 레모네이드의 세입자 보험료는 전통 보험사 대비 68%나 저렴하다는 통계가 있다.

유독 세입자 보험 상품의 가격을 낮게 책정한 데는 레모네이드의 또 다른 의도가 숨어 있다. '고객과 함께 성장하는 기업'이 되고자 하는 경영진의 사업 전략이 그것이다.

레모네이드 전체 고객의 70% 이상은 35세 미만의 젊은 세대라고 한다. 그래서 레모네이드 경영진은 고객과 함께 성장하려고 한다. 보통 젊은 나이에 가입한 고객은 이후 결혼도 하고 경제적으로 성장하면서 필요한 보험 상품 역시 다양해지고 좀 더 고가의 상품을 찾게 된다. 즉, 처음에는 저가의 세입자 보험에 가입한 고객이 시간이 흐르면서 주택 보험, 자동차 보험, 생명 보험 등 다양한 보험 상품이 필요한 고객으로 성장하므로 이 과정에서 레모네이드 역시 고객과 함께 성장한다는 전략을 세운 것이다.

레모네이드의 투자 리스크

레모네이드는 투자 대상으로 봤을 때 전형적인 '고위험 및 고수익' 모델의 종목이다. 6조 달러(6,600조 원)에 이르는 광대한 시장에서 파괴적 혁신을 주도하고 있다는 점에서 지금의 성장이 지속할 수 있다면 투자자들에게 만족스러운 수익을 안겨줄 가능성이 있다. 하지만 그 누구도 시도하지 않았던 비즈니스 모델로 새로운 혁신을 시도하고 있다는 그 점이 레모네이드의 커다란 리스크로 작용하는 것도 사실이다.

레모네이드 투자의 가장 커다란 리스크는 재보험을 이용하는 데서 오는 취약한 수익 구조에서 발견된다. 레모네이드는 고객으로부터 거둬들인 전체 보험료의 25%만 수취한 뒤, 나머지 75%를 모두 재보험에 전가하는 독특한 방식으로 운영된다. 즉, 전체 보험 계약에서 발생하는 보험금 손실 중 75%는 재보험사가 부담하는 구조다. 재보험 계약을 통해 손해율 변동성을 최소화하면서 사업 초기 보험회사 특유의 리스크도 최소화할 수 있다. 하지만 동시에 매출은 25%만 확보되는 반면, 영업 비용은 100%를 감당해야 하므로 수익성에는 악영향을 미칠 수밖에 없는 구조다. 다음 그림을 보면 쉽게 이해가 가능하다.

[레모네이드의 수익 구조]

	Three Months Ended December 31,		Year Ended December 31,	
	2020	2019	2020	2019
	($ in millions)			
Gross earned premium	$ 50.0	$ 26.0	$ 158.7	$ 75.5
Ceded earned premium	(37.7)	(3.8)	(81.4)	(11.7)
Net earned premium	$ 12.3	$ 22.2	$ 77.3	$ 63.8

• 주: 2020년 손익계산서, Millions는 100만 | 출처: 레모네이드 사업보고서

2020년 4분기 총보험료(Gross earned premium)는 5,000만 달러(550억 원)로 2019년 4분기 2,600만 달러(286억 원)에 비해 92% 넘게 증가했다. 하지만 재보험을 위해 납부된 금액(Ceded earned premium)이 2019년 380만 달러(41억 8,000만 원)에서 3,770만 달러(414억 7,000만 원)로 증가하면서 매출로 잡을 수 있는 보험료는 오히려 45% 가까이 감소했다[2019년 2,220만 달러(244억 2,000만 원) vs 2020년 1,230만 달러(135억 3,000만 원)].

그나마 다행스럽게도 다음 페이지의 그림에 나와 있듯이 총수익(Gross Profit)은 계속해서 향상되는 모습을 보여주고 있다.

2020년 4분기 총수익(Gross Profit)은 전년 대비 56% 성장했으며 총수익률(Gross Profit Margin)은 전년도 20%에서 37%로 향상한 것을 확인할 수 있다. 전통적 보험회사들의 섹터 평균 총수익률은 약 55%로 매우 높은

[레모네이드 수익성 향상 추이]

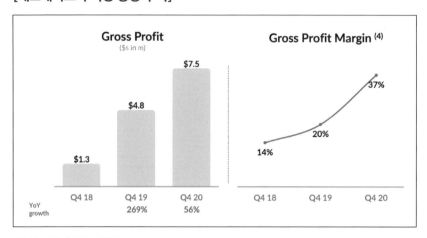

• 출처: 레모네이드 사업보고서

수준인데 레모네이드가 앞으로 총수익률을 비슷한 수준으로 향상시킬 수 있는지가 향후 투자 가치를 측정하는 데 중요한 지표가 될 수 있다. 그리고 가장 최근에 발표된 어닝 실적을 보면 2021년 2분기 레모네이드의 총수익률이 45%까지 상승했는데 이 점이 고무적이라고 할 수 있다.

기업의 투자 가치를 측정할 때 총수익률은 매우 중요한 의미를 가진다. 그 이유는 총수익을 산정하는 공식에서 발견할 수 있다. 총수익은 매출에서 매출을 발생하기 위해 사용된 직접 비용(Cost of Sales)을 빼고 남은 수익이다. 매출을 만들어 내기 위해 필수적인 비용을 제하고 남은 금액이 총수익이 되므로 이 직접 비용을 가장 감소시키기가 어려운 비용이라고 볼 수 있다. 일단 판매 가격과 규모의 경제를 통해 총수익만 확보된다면 여기부터는 비교적 통제하기가 용이한 영업 비용(Operating Expense)만 관리하면 된다는 계산이 나온다. 영업 비용은 기업을 운영하고 발전시키는 데 필요한 제반 비용을 의미한다. 대표적인 예로 연구개발비, 영업비, 광고비 등을 들 수 있다. 이런 비용들은 매출이 증가한다고 함께 늘어나는 비용이 아니며 경영진의 의지에 따라 얼마든지 조절이 가능하다. 따라서 일단 일정 수준의 총수익이 확보되면 해당 기업이 흑자를 만들어 낼 가능성은 매우 높아질 수 있다. 그러므로 레모네이드에 투자하고 있거나 관심이 있는 투자자라면 향후 레모네이드의 총수익률을 면밀히 관찰하는 것이 중요하겠다.

아직까지는, 그리고 향후 몇 년 동안 레모네이드는 지속적인 적자로 인해 보유 자본의 감소가 예상된다. 즉, 캐시 번(Cash Burn)이 지속될 가능성이 높다는 것이다. 이 점은 레모네이드가 보험회사라는 점을 감안하면 또 하나의 투자 리스크가 될 수 있다. 왜냐하면 보험업은 규제 당국의 규정에 따라 지급 여력 비율(RBC)을 충족해야 하기 때문이다. 미래에도 고객들에게 지속적으로 보험금을 지급할 수 있는 능력을 늘 보유해야 하기 때문에 대차대조표(Balance Sheet)상에서 일정 비율의 자기 자본을 확보해야만 한다. 계속해서 보유 자본이 줄어든다면 추가 자본의 확충이 필요할 수 있다는 것이다. 쉽게 말해, 대출이나 유상증자를 통해 자본금을 추가로 확보해야 하는데 2가지 모두 투자자 입장에서는 반가운 소식이 될 수 없다.

좀 더 다양한 투자 리스크를 공유하려고 애쓰다 보니 레모네이드의 미래가 너무나 어두워 보일 수 있겠다. 하지만 동시에 레모네이드는 투자 매력 또한 다양하다는 점을 재차 강조하고 싶다. 일단, 잠재력이 엄청난 글로벌 보험 시장에 진출해 있는 기업이라는 점을 기억해야 한다. 보험 시장의 경우 시장 점유율이 4% 이하라도 〈포춘〉 100대 기업에 들어갈 정도다.

최근에는 생명보험과 반려동물 보험 상품 등을 새롭게 출시하면서 상품 범위를 확대해 나가고 있다. 필자 개인적으로는 밀레니얼 세대를 타깃으로 해서 함께 성장한다는 전략이 마음에 든다. 네트워크 효과를 통해 데이터와 고객 수가 늘어날수록 레모네이드의 서비스와 수익률이 동시에 향상할 것으로 기대한다. 나아가 일단 규모의 경제가 확보되면 재보험의 필요성이 급격하게 줄어들거나 없어지는 시기가 올 텐데 그날이 찾아오면 레모네이드의 수익률, 그리고 투자자들의 투자 리턴이 극적인 향상을 보일 가능성도 조심스럽게 예상해본다.

클라우드
SaaS

정보가 곧 돈이자 힘이었던 시절이 있었다. 호랑이 담배 피우던 시절의 이야기가 아니라 우리가 직접 체험하며 살아온 시대의 이야기다. 불과 얼마 전까지만 해도 세상의 모든 지식과 정보는 일부 특권층에 의해서 독식되던 암울한 시대를 우리는 직접 경험했었다. 그러한 시대, 흔히 말하는 흙수저들이 성공할 수 있는 방법은 책을 읽는 것이었다. 그때만 해도 공부를 많이 해서 머릿속에 많은 정보와 지식을 저장하고 있는 사람들을 우리는 '엘리트'라고 불렀다.

이러한 정보의 불평등 시대는 인터넷이 등장하면서 역사의 뒤안길로 사라지고 있다. 언제부턴가 우리는 필요한 모든 정보를 네이버나 구글(GOOG)을 통해 손쉽게 찾을 수 있게 됐다. 이제는 오히려 넘쳐나는 정보를 누가 더 잘 관리하고 해석해낼 수 있느냐에 따라 성공의 성패가 좌우되는 시대에 살고 있다. 어떻게 보면 머릿속에 많은 것을 집어넣기만 하면 누구나 성공할 수 있었던 그 시절이 더 쉬웠는지도 모르겠다. 적어도 우리 세대는 열심히 공부하면 성공할 수 있다는 확신이 있었으니까. 사실 예전과 지금, 어떤 시대가 더 좋은 것인지는 그리 중요하지 않다. 중요한 것은 하루가 다르게 변화하고 있는 시대에 뒤떨어지지 않도록 깨어 있는 것이 아닐까 생각해본다.

본론으로 돌아와서 클라우드와 사스 이야기를 해보자. 정보의 평등화 시대를 열었던 인터넷이 갑자기 변화하고 있다. 차세대 인터넷 환경은 클라우드와 엣지 컴퓨팅(Edge Computing) 서비스를 구독하는 형태로 대부분 옮겨 갈 것이라고 전문가들은 한결같이 예상하고 있다. 앞에서 언급한 것처럼 넘쳐나는 데이터와 정보를 수용할 방법이 없어서 찾아낸 돌파구 같은 것이다.

다음 'IT 환경의 변화'는 인터넷이 어디에서 어디로 흘러가는지 한눈에 볼 수 있게 도와준다.

[IT 환경의 변화]

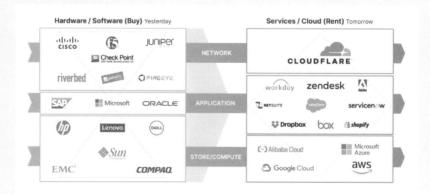

• 출처: 클라우드플레어 투자자 프레젠테이션

우리가 과거 20년 넘게 사용해온 IT는 컴퓨터라고 부르는 하드웨어와 컴퓨터에 설치하는 프로그램, 즉 소프트웨어로 구성되어 있었다. 필요한 프로그램을 구매해서 하드웨어에 설치한 후에 필요한 작업을 진행하고, 그 결과로 생성된 자료는 내 컴퓨터 안이나 회사에서 가장 큰 컴퓨터인 서버에 저장해왔다.

여기에는 2가지 문제가 있었다. 먼저, 소프트웨어는 복사가 너무 쉬웠다. 막대한 자금을 투자해 대박 날 프로그램을 개발해도 돈을 주고 소프트웨어를 사는 사람이 많지 않았다.

두 번째 문제는 데이터의 사이즈에 있었다. 처음에 텍스트로 된 기본적인 문서나 간단한 소프트웨어를 설치해도 문제가 없던 컴퓨터의 저장 용량이 갈수록 소프트웨어가 복잡해지고 커뮤니케이션 매체가 문자에서 사진이나 동영상으로 진화하자 걷잡을 수 없을 만큼 많이 필요해졌다. 기업 입장에서는 막대한 투자금을 서버 확충이나 IT 장비 업그레이드에 사용해야 했으며 소비자들도 계속해서 더 많은 저장 공간과 메모리를 제공하는 최신 컴퓨터를 구입해야 했다.

하지만 우리 인류는 문제가 있으면 반드시 해결책을 찾아내고 진화해왔다. 이번에도 예외는 아니었다. 소프트웨어의 복제 문제는 구독 모델이 나타나면서 간단히 해결되어 버렸다. 소프트웨어를 사서 사용하던 시대는 가고, 필요한 기간 동안 빌려 쓰는 시대가 갑자기 시작됐다. 기업 입장에서도 마찬가지다. 이제 더는 기하급수적으로 쌓여가는 데이터를 저장하기 위해 골머리를 앓을 필요가 없어졌다. 소비자들이 하는 것처럼 기업들 역시 구독비를 지불하면 데이터 저장은 물론이고, 인공지능이 알아서 데이터 분석을 통해 비즈니스 전략까지 만들어주는 시대가 도래했기 때문이다. 이렇게 새로운 방식으로 전 세계의 잠재 고객과 기업을 상대로 비즈니스를 하는 소프트웨어 기업들을 사스(SaaS: Software as a Service)라고 부르는데, 이 모든 것이 가능해진 시기는 그 유명한 '클라우드(Cloud)'가 등장하면서부터다.

클라우드플레어
엣지 컴퓨팅 통합 솔루션에 투자한다

우리가 클라우드와 관련해서 가장 먼저 살펴볼 기업은 클라우드플레어 (NET)다. 비교적 긴 이름이지만 인터넷 서핑을 자주 하는 독자라면 자주 접했을 수 있다.

클라우드플레어는 패스틀리(FSLY)와 마찬가지로 CDN(Contents Deliver Network, 콘텐츠 전송 네트워크) 서비스를 제공하면서 기업들의 웹사이트 성능과 속도, 보안 기능까지 향상하게 해주는 통합 서비스를 제공하는 기업이다. 주요 서비스의 하나로 서버 보안을 위한 사이버 보안관의 역할도 겸임하고 있다.

일단 회원으로 가입만 하면 기본 옵션으로 SSL(Secure Socket Layer) 인증 서비스를 무료로 제공해주는데 이것이 시장을 석권할 수 있는 발판이 됐다. 무료로 사용할 수 있는 SSL 인증 서비스, 그리고 추가로 선택할 수 있는 부가 서비스 역시 저렴하게 제공하는 마케팅 전략이 시장에서 통하면서 현재 클라우드플레어의 서비스는 전 세계를 대상으로 자사의 서비스를 제공하는 웹사이트(의 기업), 혹은 디도스(DDoS: Distributed Denial of Service, 분산 서비스 거부) 공격을 자주 받는 곳이라면 거의 필수로 사용되고 있다.

다음 그림에 나와 있는 수치들은 클라우드플레어라는 기업의 위대함을 한눈에 보여준다.

[수치로 보는 클라우드플레어]

• 주: B는 Billion(10억), M은 Million(100만) | 출처: 클라우드플레어 투자자 프레젠테이션

클라우드플레어가 1일 평균 방어하고 있는 사이버 공격의 건수는 약 700억 건이라고 한다. 1년이 아니라 1일 평균 수치다. 2021년 1분기를 기준으로 했을 때 고객사는 무료 고객사를 포함해서 약 410만 곳에 달한다. 〈포춘〉 1,000대 기업 중 클라우드플레어를 이용하고 있는 유료 고객사는 170여 곳에 달한다고 한다. 또한, 전체 매출에서 미국 외 지역 공헌도가 48%에 달하고 있다. 이미 전 세계 200개 이상의 도시에 진출해 있으며 전세계 175개국 이상에서 유료 고객을 확보했다고 하니 명실상부 글로벌 기업이라 칭할 만하다.

클라우드플레어의 투자 매력

사실상 클라우드플레어의 가장 큰 투자 가치는 이미 형성된 거대한 고객군에서 나온다. 전 세계 175개국에서 서비스를 제공하고 있기 때문에 세계 곳곳을 넘나들며 비즈니스를 하고 있는 글로벌 기업 입장에서는 클라우드플레어를 선호할 수밖에 없게 된다. 즉, 글로벌 시장에 진출하는 인터넷 기업이 늘어날수록 클라우드플레어의 가치도 증가하는 네트워크 효과가 자연스럽게 만들어진다. 2020년 기준 전 세계 모든 웹사이트 10개 중 1개가 클라우드플레어를 이용한다고 하니 정말 정신이 번쩍 드는 숫자가 아닐 수 없다.

도대체 클라우드플레어의 경영진은 이렇게 놀라운 사업 확장을 만들어낼 수 있었을까? 다음 '클라우드플레어의 성장 전략'에 그 첫 번째 해답이 나와 있다.

[클라우드플레어의 성장 전략]

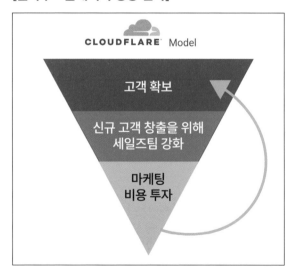

• 출처: 클라우드플레어 투자자 프레젠테이션

197

전통적인 비즈니스는 성장하기 위해 보통 '마케팅 투자→세일즈 강화→고객 확보' 공식을 따른다. 다양한 마케팅 활동을 통해 기업의 인지도 향상을 도모하고 세일즈 활동을 강화하면서 그 결과물로 고객 확보를 꾀한다.

그런데 클라우드플레어는 그 전통적인 성장 방식을 완전히 뒤집었다. 클라우드플레어는 일단 고객군의 형성을 1차 목표로 삼았다. 이 1차 목표를 달성하기 위해 모든 회원에게 SSL 인증 서비스를 무료로 제공했다. 이 전략은 계획대로 들어맞아 현재까지 시장 석권의 발판이 되고 있다. 무료 SSL 인증 서비스와 더불어 소자본의 웹 개발자들에게 꼭 필요한 부가 서비스 역시 저렴한 비용에 제공하면서 클라우드플레어는 어느덧 디도스 공격에 노출된 대부분의 웹사이트에서 필수로 사용하는 프로그램이 됐다.

고객 확보라는 1차 목표를 이룬 클라우드플레어의 다음 전략은 시장 규모(TAM: Total Addressable Market)의 확장이다. 쉽게 말하면, 새로운 기능과 서비스를 지속적으로 추가해 잠재 고객의 시장 규모를 기업 스스로가 확장시켰던 것이다. 첫 번째 전략과 마찬가지로 이 두 번째 전략도 매우 혁신적이었다.

보통 기업은 진출하려는 분야의 시장에 일정 규모를 정해 놓은 다음, 그 제한적인 시장 내에서 경쟁력을 향상시키면서 점유율을 올리는 데 급급하다. 그런데 클라우드플레어는 기업이 제공하는 상품과 서비스의 범위를 넓히면서 잠재 시장의 규모 자체가 지속적으로 확장되는 참신한 전략을 구사했다. 초기에는 리버스 프록시(Reverse Proxy, 단일 서버로 내부 서버 보호)에 집중하면서 글로벌 시장에서 80%가 넘는 시장 점유율을 이뤄내더니 이내 사업 영역을 CDN(Content Delivery Network), DNS(Domain Name

System), 디도스 방어 등의 분야로 넓혀 나갔다. 최근 들어서는 클라우드플레어 원(Cloudflare One)이라는 솔루션을 출시하면서 제로 트러스트(Zero Trust) 보안 시장까지 진출한 상황이다.

최근 행보를 보면 결국 하나의 솔루션으로 인터넷 관리에 필요한 모든 서비스가 제공되는 통합 네트워크 서비스를 목표로 하는 양상이다. 클라우드플레어가 발표한 리포트에 따르면, 2020년 시장 규모는 720억 달러(79조 2,000억 원) 수준이었지만 2024년이 되면 1,000억 달러(110조 원) 이상으로 확장될 것으로 예상했다.

그 이후 추가 성장의 가능성까지 이미 언급하고 있다. 다음 목표로 삼고 있는 분야는 서버리스 컴퓨팅(Serverless Computing), 사물인터넷(IoT), 5G 모바일, 그리고 B2C(Business to Consumer, 개인 고객 대상 비즈니스)로 나와 있다. 2021년 4월에는 클라우드플레어와 엔비디아(NVDA)의 파트너십이 발표됐다. 엔비디아와의 협업을 통해 클라우드플레어의 엣지 컴퓨팅 분야는 이제 머신 러닝과 딥 러닝 분야에 진출하게 됐다.

이렇게 지속적으로 사업 영역을 넓혀 나가는 전략은 접근 가능한 시장의 규모가 커진다는 점 외에 한 가지 더 중요한 성장 동력을 제공한다. 이미 확보된 고객층으로부터 추가 매출의 기회가 창출된다는 점이다.

다음 페이지의 '클라우드플레어의 성장 전략 _ Land and Expand'를 살펴보면, 각각 다른 색으로 표시된 고객군의 매출이 해가 지나면서 오히려 성장하는 모습을 볼 수 있다. 즉, 클라우드플레어 역시 여느 기업과 마찬가지로 고객사의 이탈은 불가피한데도 기존 고객들의 매출액은 오히려 증가 추세에 있다는 것이다. 업 셀링(Up Selling, 상향 판매)과 크로스 셀링(Cross Selling, 교차 판매)이 그 비결이다.

[클라우드플레어의 성장 전략 _ Land and Expand]

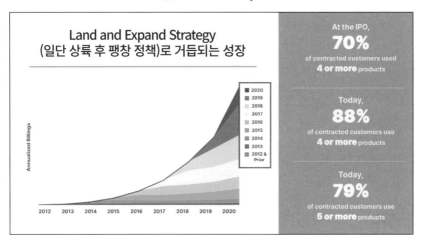

• 출처: 클라우드플레어 사업보고서

    2019년 IPO 당시 4개 이상의 멀티 서비스를 이용하는 고객사는 전체의 70% 수준이었다. 2020년에는 4개 이상의 멀티 서비스 이용 고객이 전체의 88%까지 올라갔다. 5개 이상의 서비스를 이용하는 고객사도 79%나 된다. 기존 고객 기여 매출(Net Dollar Retention)은 2020년 기준 115%나 된다. 즉, 2019년 이전에 가입한 기존 고객이 2020년에 기여한 매출이 2019년에 비해 15%나 향상했다는 것이다. 업 셀링이나 크로스 셀링을 제외한 총유지 비율(Gross Retention Rate)이 90% 정도인 것을 감안해보면 2019년 고객군에서 10% 정도는 이탈했을 것으로 보인다. 그런데도 기존 고객 기여 매출이 115%가 나온다는 것은 새로운 서비스의 추가, 클라우드플레어 원 패키지 판매의 영향, 그리고 대형 고객사 증가에서 그 이유를 찾을 수 있다.

    클라우드플레어와 빈번하게 비교되는 기업이 있다. 바로 패스틀리라는

또 하나의 클라우드 SaaS(Software as a Service) 관련 기업이다. 클라우드
플레어는 CDN과 엣지 컴퓨팅(Edge Computing) 분야에서 패스틀리와 경
쟁관계에 있다. 불과 1~2년 전만 해도 클라우드플레어의 약점으로 지적
되어 온 점이 대형 고객사의 부재였다. 트위터(TWTR), 쇼피파이(SHOP),
뉴욕타임스(NYT) 등의 굵직굵직한 기업들을 고객으로 확보하고 있던 패
스틀리에 비해 클라우드플레어는 무료 서비스를 제공하면서 불법 성인 사
이트와 같은 소규모 고객만 잔뜩 갖고 있다는 회의적인 시선이 있었다. 그
러나 다음 '대형 고객군의 성장'이 이와 같은 걱정이 기우임을 증명해준다.

[대형 고객군의 성장]

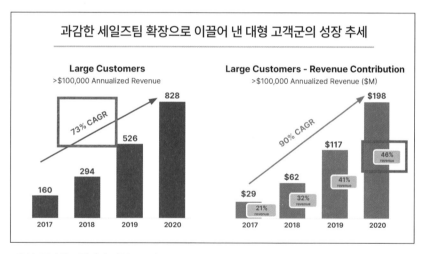

• 출처: 클라우드플레어 사업보고서

　연 10만 달러(1억 1,000만 원) 이상의 매출을 올려주는 대형 고객사 수는
2017년 당시 160개에 불과했으나 이후 연 73%의 성장을 보여 2020년에
는 828개사를 확보했다. 더욱이 대형 고객사의 매출 기여도는 2017년

21%에서 2020년 46%까지 늘어나면서 이제는 대형 고객사가 전체 매출의 반 가까이를 채워주고 있다. 또한, 연 50만 달러(5억 5,000만 원) 이상의 매출을 올려주는 고객사도 71곳이나 되며 심지어는 연 100만 달러(11억 원) 이상의 매출을 올려주는 초대형 고객사도 32곳으로 늘어났다.

다음 그림에서는 클라우드플레어의 2019년 9월 상장 때 상황과 1년 반 이후인 2021년 초의 상황을 비교했다. 지금까지 우리가 살펴본 클라우드플레어의 혁신적인 성장의 모습을 한눈에 살펴볼 수 있다.

[혁신적 성장의 모습]

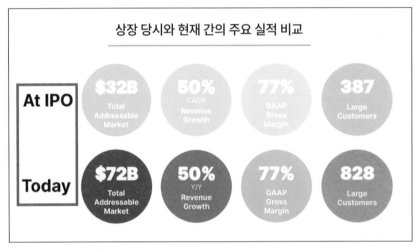

• 주: B는 Billion(10억) | 출처: 클라우드플레어 사업보고서

이 짧은 시간 동안 클라우드플레어의 잠재 시장 규모는 320억 달러(35조 2,000억 원)에서 720억 달러(79조 2,000억 원)로 2.2배 넘게 확장됐다. 끊임없이 새로운 상품과 서비스를 추가한 덕분이다. 그러면서도 2019년 이전에 보여줬던 연평균 매출 성장률인 50%를 아직도 꾸준히 유지하고

있다. 그 사이 대형 고객사가 387곳에서 828곳으로 2배 이상 증가한 것은 이미 확인한 바가 있다.

마지막으로 총수익률(Gross Margin)이 중요한데, 클라우드플레어의 지난 5년간 평균 총수익률은 76.33%로 거의 일정하게 유지되고 있음을 확인할 수 있다. IT 분야의 섹터 총수익률 중간치가 48.63%로 확인되기 때문에 77% 정도로 유지되는 총수익률은 매우 높은 수치라고 할 수 있다. 이렇게 건강한 총수익률은 가까운 미래에 영업이익과 순이익의 향상으로 이어질 수 있을 것이다.

클라우드플레어의 영업이익률은 지속적으로 향상하고 있는데, 밑의 '클

[클라우드플레어의 장기 목표]

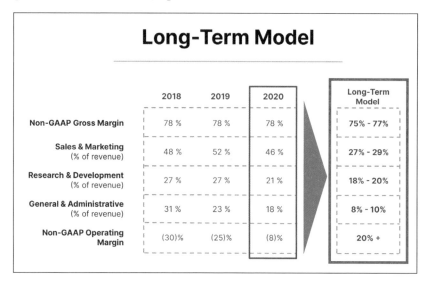

	2018	2019	2020	Long-Term Model
Non-GAAP Gross Margin	78 %	78 %	78 %	75% - 77%
Sales & Marketing (% of revenue)	48 %	52 %	46 %	27% - 29%
Research & Development (% of revenue)	27 %	27 %	21 %	18% - 20%
General & Administrative (% of revenue)	31 %	23 %	18 %	8% - 10%
Non-GAAP Operating Margin	(30)%	(25)%	(8)%	20% +

- Non-GAAP Gross Margin: 비공식 총수익 마진 / Sales & Marketing: 세일즈 및 마케팅 비용(매출 대비 비율) / Research & Development: 연구 및 개발 비용(매출 대비 비율) / General & Administrative: 일반 관리 비용(매출 대비 비율) / Non-GAAP Operating Margin: 비공식 영업 마진
- 출처: 클라우드플레어 사업보고서

라우드플레어의 장기 목표'에서 그러한 추세를 쉽게 확인할 수 있다.

2018년만 해도 -30%를 보이던 영업이익률은 2019년에 -25%로 좋아지더니 2020년에는 -8%까지 향상됐다. 영업이익률, 순이익률이 흑자로 돌아서는 것은 시간문제로 보인다.

회사의 경영진이 그리고 있는 장기적인 플랜에 따르면, 총수익 마진(Gross Margin)은 현재 수준을 유지하면서 매출 대비 판촉비, 연구개발비, 일반 관리 비용의 비율을 계속 감소시키면서 영업이익 마진을 20% 이상까지 끌어올린다고 한다. 클라우드플레어가 지금까지 보여준 매출 성장이 지속될 수 있다면 머지않아 충분히 실현될 수 있을 것으로 필자는 보고 있다.

클라우드플레어의 투자 리스크

클라우드플레어 역시 다양한 측면에서 투자자가 감당해야 할 리스크가 존재한다. 먼저 만만치 않은 경쟁 상대들이다. CDN에서는 패스틀리, 아카마이테크놀로지(AKAM) 등과 경쟁을 계속해야 하며, 새롭게 진출한 제로 트러스트 사이버 보안 쪽에서는 지스케일러(ZS) 등과의 대결이 만만치 않다. 이렇게 치열한 경쟁이 지속되면 가격 경쟁이 불붙을 가능성이 있다. 그렇게 될 경우 앞으로도 매출의 성장을 만들어 낼 수 있을지, 77% 가까이 되는 총수익률을 유지할 수 있을지 지켜볼 필요가 있다. 지금의 계획대로라면 2022년까지는 순이익의 흑자 전환이 예상되는데 결국 뜨거운 경쟁을 뚫고 이겨내야만 한다.

그다음 리스크는 역시 성장주의 공통적인 이슈인 프리미엄 부분이다. 클라우드플레어의 주가는 2021년 2월 최고점[93달러(약 10만 원)]에서 단 한

달 동안 33% 정도 하락해 61달러(약 6만 원) 정도에 거래가 됐었다. 그런데 모처럼 찾아온 매수 기회는 빠르게 지나갔다. 그 이후 지속적인 주가의 랠리를 펼쳤다. 필자가 한창 집필하고 있던 2021년 7월 중순에 주가는 113달러(약 12만 원)를 넘어가고 있었다. 3월 중순 주가와 비교해보면 무려 80% 넘게 상승한 수치다. 클라우드플레어의 PSR(Price To Sales Ratio)은 70배가 넘어가는 수준에서 형성되고 있다. 한마디로 지금은 너무도 높은 프리미엄이 붙어 있다.

클라우드플레어에 투자를 계획하고 있다면 인내심을 갖고 적절한 매수 시점을 기다리면서 분할 매수로 진행할 것을 권하고 싶다. 필자 역시도 다음 조정장이 찾아오면 줍줍('줍고 줍는다'의 줄임말)해야 하는 종목 리스트에 살짝 올려놓았다.

2021년 5월, 미국의 조 바이든 대통령은 '국가 비상 사태'를 선언했다. 미국에서는 보통 테러 단체의 도발이나 천재지변, 폭동, 전염병 등의 확산이 아니면 비상 상태를 선언하지 않는데, 이번에는 이례적으로 사이버 테러로 인해 선언했다. 미국의 최대 송유관업체인 콜로니얼 파이프라인이 러시아에 본거지를 둔 사이버 범죄 단체 '다크 사이드'의 랜섬웨어 공격을 받아 6일간 시스템 운영이 중단되는 피해를 겪었기 때문이었다.

당시 사태로 미국 남동부 지역에서는 휘발유 사재기 등 혼란스러운 모습이 연출되기도 했다. 그뿐만이 아니다. 콜로니얼 파이프라인 해킹 피해가 발생한 지 한 달 만인 6월에는 미국 육류 도축량의 약 20%를 점유하고 있는 최대 정육업체 JBS에 대한 랜섬웨어 공격이 벌어졌다. 이번 일로 인해 JBS의 미국과 호주 공장이 셧다운되면서 육류 가격이 올라가는 해프닝도 이어졌다.

이런 식으로 사이버 공간상의 테러가 빈번하게 일어나는 이유는 간단하다. 그만큼 사이버상의 데이터, 그리고 그 데이터를 기반으로 진행되는 온라인상의 기능들이 너무나 중요해졌기 때문이다. 그래서 악성 프로그램을 통해 공격 타깃을 네트워크에 가두고 데이터를 훔치거나 파일을 잠근 뒤 잠금을 해제하거나 데이터를 유출하지 않는 조건으로 대가를 요구하는 랜섬웨어 공격이 주기적으로 발생하고 있다.

이러한 새로운 형태의 테러 단체가 활발히 활동을 시작하면서 주가를 높이고 있는 기업들이 보이는데 바로 크라우드스트라이크(CRWD), 지스케일러(ZS) 등의 사이버 보안 기업이다. 유명한 투자자문사인 웨드부시는 현재 40% 수준에 머무르고 있는 클라우드상의 업무량이 2025년이 되면 70%까지 확대할 것이라고 전망했다. 그러면서 이러한 클라우드의 활성화로 인해 사이버 보안 시장의 규모는 2,000억 달러(220조 원)까지 성장한다고 예상했다. 클라우드의 생태계가 앞으로도 꾸준히 확장될 것이라고 믿는다면 클라우드가 그 기능을 성공적으로 수행하기 위해 필요한 가장 첫 번째 선제 조건인 사이버 보안에 베팅하는 것도 나쁘지 않은 선택이다.

크라우드스트라이크를 아시나요?

크라우드스크라이크는 2011년에 설립한 최초의 클라우드 전문 사이버 보안 기업이다. 2019년 6월에 상장했으니 주식 시장에 데뷔한 지는 이제 막 3년 차에 접어들었다.

모든 혁신 기업이 그러하듯이 크라우드스트라이크 역시 기존 사이버 보안 시스템의 단점들을 보완하면서 등장했다. 전통적인 방식인 기업 내 온

프레미스 보안 시스템(On-premise Security)은 보통 비용이 많이 들고 여러 백신을 설치해야 하는 번거로움이 있다. 거기에다 업그레이드에 계속 신경을 쓰지 않으면 보안이 뚫리는 경우가 허다하다.

그에 반해, 크라우드스트라이크는 단 하나의 클라우드 네이티브 플랫폼으로 이뤄져 있다. 단 하나의 플랫폼에서 모든 기능을 수행하고 통합 관리가 가능하다는 것이다. 또한, 컴퓨터, 서버, 클라우드, 모바일, 사물인터넷 등 대부분의 엔드포인트(End Point)를 커버할 수 있어 그 활용 범위가 매우 높다. 클라우드 기반의 인공지능으로 구동되는 시스템이기 때문에 인공지능을 이용한 실시간 탐지와 문제 해결이 가능하며 일주일에 약 4조 건의 신호를 감지하고 분석할 수 있는 수준까지 와있다. 모든 인공지능이 그런 것처럼 크라우드스트라이크의 인공지능은 데이터가 쌓일수록 진화하는데 매주 4조 건의 신호를 감지 및 분석하면서 시스템 스스로가 지속적으로 진화하는 중이다.

크라우드스트라이크의 보안 방식은 EDR(Endpoint Detection and Response)이라는 특이한 방법을 사용한다. 사이버 공격은 사용자가 단말기를 조작(操作)하는 엔드포인트를 노리는 경우가 많기 때문에 아예 사용자가 단말기를 사용하는 단계에서 악성 코드를 찾아내고 차단해버리는 방식을 취하는 것이다. 따라서 코로나의 영향으로 원격 근무와 화상 회의 등이 일상화되면서 크라우드스트라이크는 필수적으로 사용해야 하는 사이버 보안 서비스가 됐다. 앞으로도 탄력근무제와 하이브리드(온·오프라인 병행) 미팅 등이 일상으로 자리를 잡으면 새로운 근무 환경을 안전하게 지켜주는 데 큰 역할을 할 것으로 기대된다.

크라우드스트라이크의 투자 매력

크라우드스트라이크는 숫자로 승부하는 기업이다. 일반인이 사이버 보안 기업이 제공하는 상품이나 서비스를 100% 이해하고 투자를 결정하기는 쉽지 않다. 그러나 자신들의 성장과 발전하는 모습을 수치로 보여주고 있는 기업인 크라우드스트라이크 투자는 오히려 어렵지 않다.

2020년 기준, 기업들이 클라우드 보안 비용에 지출한 금액은 12억 달러(1조 3,200억 원) 수준이었다. 이 수치는 해당 기업들이 사용한 전체 클라우드 관련 IT 비용 중 1% 수준이라고 한다. 기업들 대부분이 아직은 클라우드 보안에 충분한 투자를 하고 있지 않은 상황이라고 이해할 수 있다. 그런데 온프레미스에서 클라우드로 옮겨간 기업의 비율이 아직 40%에 머무르는 상황이기 때문에 향후 3년간 클라우드 관련 IT 비용은 2배 이상 늘어난다고 예상된다. 향후 몇 년간 기업들이 클라우드 보안에 지출하는 비용을 2배 이상 늘리는 추세와 사이버 보안의 중요성이 강조되면서 기하급수적인 성장이 가능하다고 볼 수 있다.

IT 마켓 리서치 회사인 IDC(International Data Corporation)에 따르면, 기업들의 IT 예산 중 최소 5%는 사이버 보안에 사용되어야 한다고 권고하고 있다. 기업들이 IT 예산 중 5%를 클라우드 보안에 배정한다면 사이버 보안의 시장 규모는 2023년까지 124억 달러(13조 6,400억 원)까지 성장하게 된다. 현재 시장 규모[12억 달러(1조 3,200억 원)]에서 10배 이상 성장이 가능하다는 계산이 나온다. 이것이 필자가 크라우드스트라이크에 투자하는 첫 번째 이유이자 가장 큰 투자의 논리다.

[클라우드 보안 시장의 잠재력]

• 주: BILLION은 10억 | 출처: 크라우드스트라이크 소개 프레젠테이션

사이버 보안의 중요성은 규모가 큰 기업일수록 잘 이해하고 있는 듯하다. 다음 그림을 보면 그 면모가 화려하다.

[크라우드스트라이크의 고객]

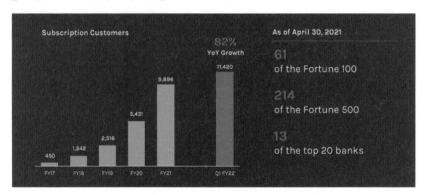

• 출처: 크라우드스트라이크 소개 프레젠테이션

2021년 1월 말(Q3 FY21)을 기준으로 했을 때 크라우드스트라이크의 고객사 수는 이미 1만 1,420곳에 이르고 있으며 전년 대비 82% 성장한

수치다. 〈포춘〉 100대 기업 중에서는 61개 기업이, 〈포춘〉 500대 기업으로 확대하면 214개 기업이 크라우드스트라이크의 고객이다. 보안이 생명이라고 할 수 있는 은행을 살펴보면 최대 규모의 20대 은행 중 13곳이 크라우드스트라이크를 사용한다. 크라우드스트라이크가 제공하는 보안 서비스의 성능이나 시장 평판이 매우 탄탄하다는 판단이 가능하다.

그런데 모든 기업이 사이버 보안에 많은 투자를 하고 있지는 않은 것 같다. 다음 그림에는 대표적인 IT 기업들이 확보하고 있는 고객사 수가 나와 있다. 이제 막 고객사 1만 곳 달성을 앞두고 있는 크라우드스트라이크보다 10배에서 80배 이상의 고객군을 확보한 기업들이 보인다. 이 기업들의 고객사 모두가 결국 크라우드스트라이크를 비롯한 사이버 보안업체의 잠재고객이라고 볼 수 있다.

[IT 기업 고객 수 비교]

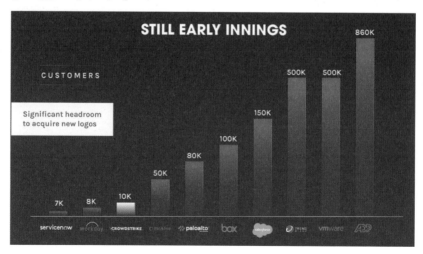

• 주: K는 1,000 | 출처: 크라우드스트라이크 사업보고서

앞에서 잠깐 언급했던 것처럼 크라우드스트라이크의 보안 방식은 EDR(Endpoint Detection and Response)이다. 즉, 사용자가 단말기를 사용하는 단계에서 악성 코드를 찾아내고 차단해버리는 방식을 취한다. 따라서 우리가 사용하는 단말기가 늘어나면 늘어날수록 크라우드스트라이크의 시장은 지속적으로 확장될 가능성이 높다.

다음 '크라우드스트라이크의 잠재력'에 나와 있는 것처럼 2025년이 되면 전 세계 인구가 사용할 개인용 컴퓨터(PC)는 9억 개 이상, 모바일 장비는 60억 개 이상, 서버는 7,000만 개 이상, 사물인터넷 장비는 100억 개 이상으로 예상된다. 이 많은 IT 장비의 정보와 데이터를 누군가는 보호해야 하지 않을까?

[크라우드스트라이크의 잠재력]

• 주: B는 Billion(10억), M은 Million(100만) | 출처: 크라우드스트라이크 사업보고서

크라우드스트라이크의 현재 모습도 대단하다. 다음 페이지의 그림은 2021년 5월에 발표된 최근 실적이다.

[크라우드스트라이크의 오늘]

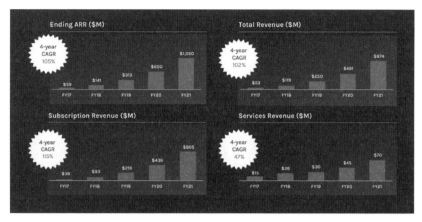

• 주: M은 Million(100만) | 출처: 크라우드스트라이크 사업보고서

구독 모델을 갖고 있는 기업체이므로 ARR(Annual Recurring Revenue, 연간 반복 매출)이 중요한데 ARR이 사상 처음으로 10억 달러(1조 1,000억 원)를 초과했다. 4년 전과 비교하면 무려 18배 가까이 성장한 수치이며 연평균 성장률(CAGR)로 따져봐도 매해 105%씩 성장하고 있다는 무서운 수치가 나온다.

총매출(Total Revenue)도 마찬가지다. 지난 4년간 연평균 102% 성장했다. 크라우드스트라이크의 매출은 크게 구독 매출(Subscription Revenue)과 서비스 매출(Service Revenue)로 분류되는데 일회성 매출인 서비스 매출이 4년간 평균적으로 47% 성장한 반면, 반복 매출인 구독 매출이 115%의 연평균 성장률을 보이는 것은 매우 바람직한 현상이다.

현재 크라우드스트라이크를 이용하는 고객사의 수는 다음 페이지의 그림에 나온 것처럼 9,896곳이다.

다른 IT 기업에 비하면 아직은 초라해보일 수도 있지만 그 증가 추세를

[크라우드스트라이크 고객사 증가 추세]

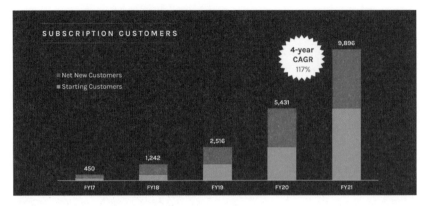

• 출처: 크라우드스트라이크 사업보고서

보면 매우 긍정적이다. 위의 '크라우드스트라이크 고객사 증가 추세'에서 살펴볼 수 있는 것처럼 불과 4년 전에는 확보된 고객사가 단 450곳에 불과했다. 즉, 4년이라는 짧은 기간 동안 고객사는 약 22배(연평균 117%), 전년도와 비교해서도 약 82.2% 증가했다.

[크라우드스트라이크 고객군]

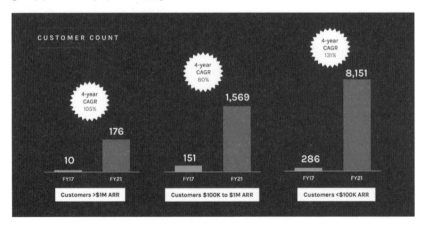

• 주: M은 Million(100만), K는 1,000 | 출처: 크라우드스트라이크 사업보고서

왼쪽 밑의 '크라우드스트라이크 고객군'을 살펴봐도 고무적이다. 연간 기여하는 반복 매출인 ARR의 규모가 100만 달러(11억 원)가 넘어가는 대형 고객사가 2017년 10곳에서 176곳으로 늘어났다는 점도 고무적인데 ARR이 10만 달러(1억 1,000만 원) 이하인 중소기업군의 성장세도 연평균 131%에 이르고 있다. 다시 말해, 기업의 규모에 상관없이 전반적으로 고객사가 증가하고 있다.

2019년 6월 상장 당시, 크라우드스트라이크가 제공하는 상품 종류는 총 10가지였다. 각기 다른 용도와 사용 목적을 가진 10가지 서비스 중에서 고객들은 필요한 모듈(Module)을 골라서 구독할 수 있었다. 2021년 현재, 제공하는 모듈의 포트폴리오는 총 19가지로 늘어났다. 그만큼 사이버 보안에 관련된 다양한 서비스를 제공하는 통합적인 플랫폼이 되어가고 있다는 것이다. 이러한 노력은 수많은 고객사가 여러가지 모듈을 이용하기 시작하면서 빛을 발하고 있다. 다음 그림을 보자.

[크라우드스트라이크 복수 모듈 이용률]

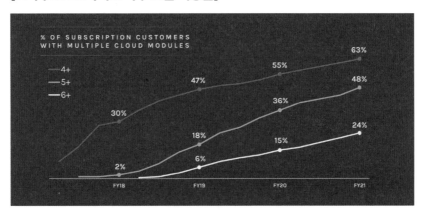

• 출처: 크라우드스트라이크 사업보고서

구독 모델을 이용하는 고객사 중 크라우드스트라이크가 제공하는 4가지 이상의 모듈(상품)을 사용하는 고객사의 비율은 63%, 5가지 이상의 모듈을 사용하는 고객사는 48%, 심지어 6가지 이상의 모듈을 사용하는 비율도 24%에 달한다. 앞에서 지난 4년간 크라우드스트라이크의 고객사가 연평균 117% 증가하고 있는 것을 확인했는데 거기에다 개별 고객사들이 사용하는 모듈의 수 역시 함께 증가하면서 100%가 넘는 매출 성장을 일궈내고 있다.

크라우드스트라이크는 엔드포인트 보안업계에서도 그 위치를 인정받고

[엔드포인트 보안업체 비교]

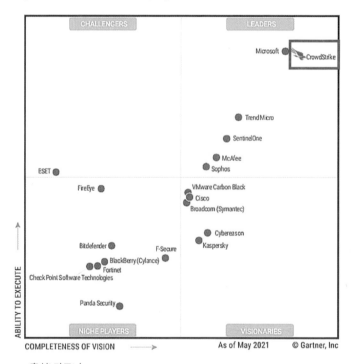

• 출처: 가트너

있다. 테크 전문 리서치회사인 가트너에서 2021년 5월에 발표한 '엔드포인트 보안업체 비교'에 따르면 크라우드스트라이크는 엔드포인트 보안 부분에서 리더로서의 위치를 유지했을 뿐만 아니라 마이크로소프트(MSFT)와 함께 독보적인 평가 수치를 보여주고 있다.

이 그림에서는 각 기업이 공격 및 해킹으로부터 기업의 엔드포인트를 보호할 수 있는 혁신과 수행 능력을 평가한다(가로는 '보안의 혁신성 평가', 세로는 '보안업체로서의 수행 능력'). 업계의 선두 주자로서 크라우드스트라이크는 표준을 수립하고 조직의 보안 위협에 대처하는 방식을 지속적으로 변화시키고 있다. 그래서 앞의 그림에서 다른 사이버 보안업체와는 그 도달 위치에서 눈에 띄는 차이를 보인다.

이러한 보안 성능의 차이는 크라우드스트라이크의 월등한 고객 유지 비율을 통해서도 증명된다. 통상 1년 전 존재했던 기존 고객이 이탈하지 않고 남아서 현재 비즈니스에 기여하고 있는 매출의 비율을 나타내는 고객사 유지율(Retention Rate)에는 2가지가 있다.

첫 번째는 기존에 이용하던 상품이나 서비스를 같은 고객이 어느 정도 사용하고 있는지를 나타내는 Gross Retention Rate인데 이 수치는 통상 상품의 가격이 급격하게 오르지 않는 이상 기존 고객사 유지 비율과 비슷하게 나타난다. 그런데 다음 페이지의 '크라우드스트라이크 고객사 유지율'에서 알 수 있듯이 이 수치가 98%에 이른다. 즉, 1년 전 고객들 대부분이 크라우드스트라이크를 떠나지 않고 남아 있다는 것이다.

[크라우드스트라이크 고객사 유지율]

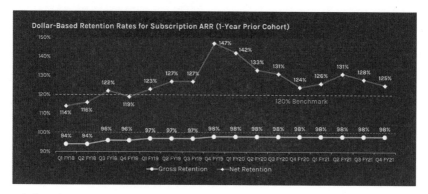

• 출처: 크라우드스트라이크 사업보고서

두 번째는 Net Retention Rate인데 1년 전에 존재했던 고객들이 기여하는 총매출이 어느 정도 유지되는가를 보여주는 지표다.

크라우드스트라이크의 경우 놀랍게도 이 비율이 125%에 이른다. 1년 전 고객들이 대부분 아직 남아 있음은 물론이고 크라우드스트라이크가 제공하는 다른 서비스까지 추가로 사용하면서 1년 전보다 기존 고객군에서 발생하는 매출이 25% 오히려 늘었다는 것이다. 크라우드스트라이크가 업셀링이나 크로스 셀링을 통해서 고객당 매출을 꾸준히 늘려가고 있음을 확인할 수 있는 대목이다. 심지어는 새롭게 추가되고 있는 고객사도 여러 가지 서비스를 동시에 구독하는 경우가 많아졌다. 2017년 새로운 고객사는 평균적으로 2.0개의 모듈을 계약했다. 이제는 4.3개의 모듈을 평균적으로 계약한다고 한다. 크라우드스트라이트의 비즈니스 확장은 순조롭게 진행되고 있는 듯하다.

크라우드스트라이크의 투자 리스크

솔직히 크라우드스트라이크에는 투자 리스크가 잘 보이지 않는다. 그래도 찾아보자면 주가가 너무 비싸다는 점을 얘기할 수 있겠다.

2021년 8월 중순을 기준으로 크라우드스트라이크의 주가 매출 비율(PSR)은 52배 정도에 형성되어 있다. 그나마 최고점에서 10% 가까이 하락하면서 많이 떨어진 것이 그 정도다. 개인적으로는 향후 연준의 금리 인상이 시작되면 좀 더 추가 매수할 종목의 리스트에 올려놨는데 좀처럼 주가가 급락하지 않는 종목이라 어느 정도까지 떨어질지는 미지수다.

또 하나의 리스크를 얘기하자면 아무래도 적자 기업이라는 점이다. 그나마 최근 들어 크라우드스트라이크의 수익률이 급향상하고 있다는 점이 다행스럽다. 다음 그림에 나와 있듯이 크라우드스트라이크의 총수익률(Gross Margin)은 2017년 36%에서 76%까지 향상했다.

[크라우드스트라이크 수익률 향상]

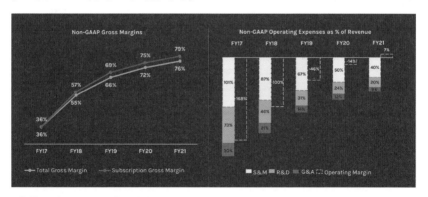

• 출처: 크라우드스트라이크 사업보고서

최근 크로스 셀링이 활발해지면서 신규 고객 확보를 위해 사용하는 세일즈 및 마케팅 관련 비용도 눈에 띄게 줄어들고 있다. 결과적으로 2020년

(FY21) 영업 마진(Operating Margin)은 사상 최초로 흑자(7%)를 기록했다.

독자 여러분은 눈치챘을 텐데 필자는 크라우드스트라이크를 무척 아끼는 편이다. 무엇보다도 선명하게 보이는 실적과 목표가 마음에 들기 때문이다.

다음 '크라우드스트라이크의 타깃'에는 2024년(FY24)까지 이루고자 하는 목표들이 선명하게 표시되어 있다. 여기에 정리된 목표치들이 2024년에 실제로 실적으로 나타나는지 여부만 확인한다면 비교적 편안한 투자를 진행할 수 있을 것이다.

[크라우드스트라이크의 타깃]

Non-GAAP Measure	IPO Target (% of Revenue)	Current Target (% of Revenue)	FY17	FY18	FY19	FY20	FY21	FY25 ($3B+ Ending ARR)
Subscription GM %	75-80%+	77-82%+	36%	57%	69%	75%	79%	✓
S&M	30-35%	30-35%	101%	87%	67%	50%	40%	✓
R&D	15-20%	15-20%	73%	46%	31%	24%	20%	✓
G&A	7-9%	7-9%	30%	21%	14%	12%	9%	✓
Operating Margin %	20%+	20-22%+	-168%	-100%	-46%	-14%	7%	✓
Free Cash Flow %	N/A	30%+	-122%	-74%	-26%	3%	33%	✓

• 출처: 크라우드스트라이크 사업보고서

2024년(FY25) 관련 내용을 요약하면 다음과 같다.

- 구독 비즈니스 총수익률[Subscription GM(Gross Margin)]: 77～82% _ FY21 결과: 79%

- 판촉비(S&M): 매출의 30~35% _ FY21 결과: 40%

- 연구개발비(R&D): 매출의 15~20% _ FY21 결과: 20%

- 일반 행정경비(G&A): 매출의 7~9% _ FY21 결과: 9%

- 영업수익률(Operating Margin): 20~22% _ FY21 결과: 7%

- 잉여 현금 흐름(Free Cash Flow): 30% _ FY21 결과: 33%

★★★★★

디지털 혁명
Digitalization

★★★★★

　미국의 CNBC는 주식과 경제에 관련된 뉴스 프로그램이 풍성해서 많은 투자자가 즐겨 시청하는 방송 채널이다. 대표적인 주식 방송 중에는 '매드 머니(Mad Money)'가 있는데 투자자들에게 도움이 되는 풍부한 내용과 괴짜 진행자인 짐 크레이머의 활약으로 시청률이 매우 높다.

　2013년 짐 크레이머는 경제 뉴스의 역사에 길이 남을 발언을 한다. 당시 뉴욕 증시의 상승세를 이끌고 있던 테크 기업들을 하나로 묶어 'FANG'이라고 이름 붙인 것이다. 'Fang'은 영어로 '송곳니'라는 뜻이다. 그만큼 날카로운 성장을 보여주고 있는 기업들이라는 의미를 부여한 것이 아닐까? 'FANG'은 페이스북(Facebook), 아마존(Amazon), 넷플릭스(Netflix), 구글(Google), 이렇게 4개 기업의 이름 앞글자를 딴 것인데 나중에 성장세가 두드러진 애플(Apple)이 포함되어 'FAANG'으로 확장됐다.

　2020년에는 투자자문사인 앱 이코노미 인사이트가 유명한 주식 투자

전문 사이트인 시킹알파(www.seekingalpha.com)를 통해 차세대 FAANG
으로 성장할 만한 5개 기업을 'SMART'로 소개했다. 'SMART'는 스퀘어
(Square), 매치그룹(Match Group), 알테릭스(Alteryx), 로쿠(Roku), 그리고
트레이드데스크(The Trade Desk)를 말한다.

이 5개 기업 중에 2개 기업은 사실 운명을 함께 하고 있다. 바로 트레이
드데스크와 로쿠다. 인류 역사상 가장 영향력 있는 미디어 매체인 TV 산
업의 혁신을 주도하고 있다.

• 출처: seekingalpha.com

우리가 정보를 많이 습득하게 해주는 보물 창고이자 동시에 소중한 시
간을 낭비하게 만들기도 한다는 TV와 관련된 산업에 지금 어떤 일이 일어
나고 있는 걸까? 그리고 이러한 변화의 소용돌이 속에서 우리는 어떠한 투
자의 기회를 발견할 수 있을까?

≡13≡
트레이드데스크
디지털 광고 시장은 우리와 함께

 # 트레이드데스크를 아시나요?

트레이드데스크(TTD)는 광고주(광고 에이전트나 기업)가 미디어상의 광고 공간을 살 수 있도록 도와주는 플랫폼 기업이다. 어떤 기업이든 원한다면 전 세계의 모든 잠재 고객에게 원하는 미디어를 통해 접근할 수 있도록 도와준다고 보면 된다.

다양한 디지털 채널을 통해 광고가 가능하고, 광고 효과를 투명하게 보여주기 때문에 다양한 옵션을 비교하면서 최선의 방식을 광고주가 선택할 수 있다는 장점이 있다. 또한, 디지털 광고 시장의 3대장이라고 할 수 있는 구글(GOOG), 페이스북(FB), 아마존(AMZN)과 달리 어떤 미디어도 소유하고 있지 않기 때문에 독립적이면서 가장 객관적인 관점에서 투명한 광고 집행을 도와주는 방식으로 시장에서 존재감을 키워 나가고 있다. 2021년 6월 기준으로, 총 875곳이나 되는 광고 에이전트 및 브랜드가 트레이드데스크를 이용하고 있으며 6만 7,400곳이 넘는 기업이 트레이드데스크를 통해 광고를 진행하고 있다.

　트레이드데스크의 또 다른 장점은 접근 가능한 광고 미디어와 채널의 다양성이다. 다음 '우리는 인터넷을 통째로 산다'에 나와 있듯이, 트레이드 데스크를 이용하면 정말로 다양한 미디어를 통해 광고를 진행할 수 있다.

[우리는 인터넷을 통째로 산다]

• 출처: 트레이드데스크 실적보고서

　ABC, BBC, FOX, Wall Street Journal, ESPN 등 방송 매체는 물론이고 로쿠(ROKU), 쇼피파이(SHOP), 디스커버리(DICA), 틱톡, 바이두(ADR) 등 225곳이 넘는 마켓 플레이스에 광고를 게재할 수 있다. 게다가 이 마켓 플레이스에 접근하는 채널도 매우 다채롭다. 각종 웹사이트, 블로그, 모바일 앱은 물론, 게임, 비디오, 팟캐스트, 소셜미디어, 커넥티드TV[Connected TV(CTV)]까지 사실상 구글, 페이스북, 아마존과 관련된 채널을 제외하고 모든 채널에서 광고가 가능하다.

　이렇게 다양한 미디어와 채널을 통해 소비 패턴이 각기 다른 소비자에게 접근하기 때문에 트레이드데스크를 통하면 35억 명 이상의 소비자와 연결이 가능해진다고 한다. 페이스북, 유튜브 사용자 수보다 많은 숫자다.

다음 '트레이드데스크 사용률'에서는 현재 광고 시장에서 활약하고 있는 DSP 플랫폼들의 사용률을 보여주고 있다. DSP(Demand Side Platform)는 단순히 광고를 사는 것에서 벗어나 어떤 고객을 상대로 어떤 광고를, 어떤 매체를 통해 할지까지 제안해주는 광고 관리 시스템을 말한다.

[트레이드데스크 사용률]

Demand-Side Platforms	Q1 2018	Q3 2018	Q3 2019	Q1 2020
doubleclick bid manager by Google	38%	35%	33%	45%
theTradeDesk	18%	26%	38%	43%
amazon advertising	38%	41%	46%	41%

Demand-Side Platform Usage: Q1'18 – Q1'20 (as a percentage of advertisers)

• 출처: 애드익스체인저

중복 이용이 포함된 수치이기는 한데 2020년 1분기를 기준으로 전체 광고주 중 43%가 트레이드데스크를 이용하고 있다. 구글의 'Doubleclick Bid Manager'에 이어 업계 2위를 차지하고 있다. 불과 2년 전인 2018년 1분기에는 단 18%만이 사용 중이었으니 그 사용률이 수직 상승 중이라는 것을 확인할 수 있다.

다음 페이지의 '트레이드데스크의 성장'에서 살펴볼 수 있는 것처럼, 트레이드데스크의 성장세는 무섭다. 2014~2020년 6년간 매출은 18배 이상 성장했다. 연평균 성장률(CAGR: Compound Annual Growth Rate)로 따

[트레이드데스크의 성장]

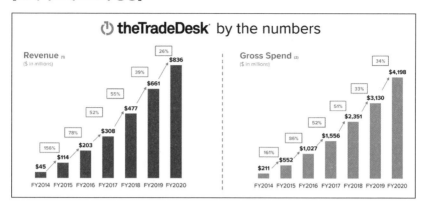

• 주: Millions는 100만 | 출처: 트레이드데스크 실적보고서

져보면 최고라고 할 수 있는 (매년) 62.7% 라는 성장을 보여줬다.

 광고주들이 트레이드데스크를 통해 쓴 광고 비용, 즉 Gross Spend(총
광고 집행비) 역시 6년이라는 짧은 시간 동안 약 20배나 성장했다. 연평균
64.6%라는 그야말로 미친 성장률이다. 게다가 팬데믹의 영향으로 광고 시
장이 암흑기를 지낸 2020년에도 트레이드데스크의 매출과 광고 집행비는
전년 대비 각각 26%, 34%나 성장했다. 여기에는 중요한 시대적 변화가
숨어 있다.

트레이드데스크의 투자 매력

 최근 트레이드데스크의 움직임은 급변하는 TV 광고 시장에 올인하고
있는 것 같다. 팬데믹으로 인해 우리가 살아가는 모습과 이 세상에는 엄청
난 변화의 바람이 불어왔다. 그중 하나가 TV 산업의 변화다.

 다음 페이지의 '미국 케이블 TV의 수난 시대'에 나와 있는 수치는 2020
년 12월에 트레이드데스크가 마켓 리서치 기업인 유고브와 함께 진행한

설문조사의 결과 중 하나다.

[미국 케이블 TV의 수난 시대]

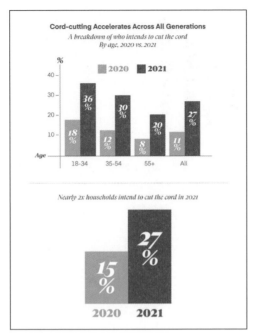

• 출처: 'TV의 미래' 리포트(트레이드데스크)

미국 케이블 TV 구독자 중 15%가 2020년에 구독 해지를 신청했다. 경기와 관계없이 필수소비재로 여겨졌던 TV 산업에 무서운 변화의 바람이 찾아오고 있는 것이다.

2021년 초, 미국 케이블 구독 가구 수는 약 7,800만 가구인데 이 중에서 27%는 2021년에 구독 해지를 계획 중이라는 결과가 있다. 특히 비교적 젊은 층인 18~34세 인구의 36%가 케이블 TV를 떠날 것이라고 대답해 이 분야의 변화는 갈수록 가속화될 것으로 보인다.

이러한 시대적 흐름을 타고 2020년은 TV 광고 시장의 변곡점으로 기억

될 것이다. 2020년은 광고주들이 전통적 TV보다 스트리밍을 통해 더 많은 소비자에게 접근할 수 있게 된 첫 번째 해로 기록됐다. TV 광고 시장은 다시는 과거로 돌아갈 수 없을 것이다.

미래의 TV는 구독이 아닌, 광고 수익으로 운영될 것으로 예상된다. 2020년 케이블 TV 구독을 해지한 소비자 중 51%가 한 달에 20달러(2만 2,000원) 이상은 스트리밍 구독에 사용하지 않겠다고 밝혔다. 14%만이 광고 없는 스트리밍 서비스를 위해 프리미엄 구독비를 지불할 의사가 있음을 시사했다. 따라서 한 시대를 풍미했던 케이블 TV는 가까운 미래에 대부분 광고비로 운영되는 CTV(Connected TV)로 전환될 것이라고 조심스럽게 예측해볼 수 있다.

이러한 시대적 변화에 광고계의 모습도 발 빠르게 진화하고 있다. 다음 '광고 시장의 변화'를 살펴보면, 코로나로 광고 시장이 암흑기를 보내던

[광고 시장의 변화]

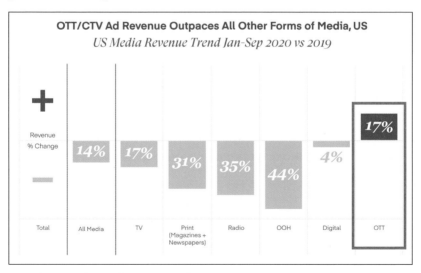

• 출처: 'TV의 미래' 리포트(트레이드데스크)

2020년 1월부터 9월 사이에 전통적인 TV는 물론, 모든 채널의 광고 매출이 전년 대비 최대 44%까지 하락했음을 알 수 있다. 그런데 이 와중에 OTT(Over The Top=CTV) 광고 매출만 약 17% 성장했다. 로쿠(ROKU)와 같은 기업의 성장을 여기서도 확인해볼 수 있다. 어떻게 이런 일이 가능했을까?

그 해답은 비용 대비 광고 효과에서 찾을 수 있다. 기존 케이블 TV와 CTV 간의 광고 방식에는 커다란 차이점이 하나 있다. 케이블 TV는 DMA(Designated Market Area) 방식의 마케팅만 가능하다. 즉, 최소의 지역 단위로는 같은 광고를 내보낼 수밖에 없다. 반면, CTV의 경우에는 인터넷을 기반으로 하기 때문에 각 가구의 취향에 따라 1대 1 맞춤 광고가 가능하다. 스포츠 중계방송 중에 연장전 상황이 발생하거나 뉴스 속보 등이 편성되면 그때그때 상황에 따라 실시간 광고가 가능하다는 장점도 갖고 있다.

사실 CTV에 광고할 때 1,000번 노출 비용인 CPM(Cost Per Mille)이 케이블 TV보다 2배가량 비싸다고 한다. 하지만 타깃 광고를 할 수 있어서 광고 효과는 오히려 같은 비용을 사용할 때보다 2배 이상 더 높다. 그래서 시청자들이 케이블 TV를 떠나 CTV로 이동하는 현상은 광고업자 등에게는 매우 반가운 현상으로 받아들여질 수 있다. 시청자들은 비싼 구독비를 내지 않고도 원하는 TV 프로그램을 즐길 수 있고 광고업자들과 광고주들은 상대적으로 적은 비용으로 광고 효과를 극대화할 수 있으므로 CTV의 앞날, 그리고 CTV를 주 광고 채널로 삼고 있는 트레이드데스크의 앞날은 희망적으로 보인다.

다음 페이지의 그림에서 우리는 글로벌 광고 시장의 규모가 약 7,250억 달러(797조 5,000억 원)라는 것을 엿볼 수 있다. 그런데 2020년 한 해 동안

[광고 시장의 잠재력]

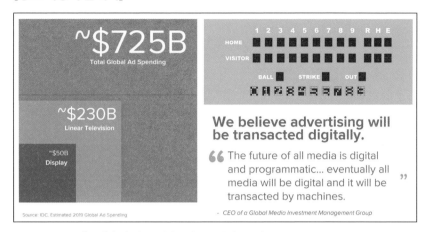

• 주: B는 Billion(10억) | 출처: 트레이드데스크 실적보고서

트레이드데스크를 통해 집행된 전체 광고 비용은 약 42억 달러(4조 6,200억 원)에 불과했다. 전체 글로벌 광고 시장의 0.6% 정도만 점유하고 있다는 계산이 나온다.

전체 7,250억 달러(797조 5,000억 원)에서 약 32%인 2,300억 달러(253조 원)는 아직도 전통적 TV의 광고가 차지하고 있다. 가까운 미래에 케이블 TV가 모두 CTV로 전환된다고 전제한다면 현재 0.6%에 불과한 트레이드데스크의 광고 시장 점유율이 10배 성장한 6%까지 올라가는 것은 결국 시간 문제가 아닐까?

트레이드데스크의 또 다른 투자 매력은 글로벌 광고 시장의 잠재력이다. 트레이드데스크는 이미 12개국에 진출해 24개의 지점을 오픈했다. 그런데 2021년 현재 트레이드데스크의 고객 70%는 미국에 있다. 여기서 다음 페이지의 '글로벌 광고 시장의 잠재력'을 보자. 트레이드데스크를 통해 집행된 전체 광고금액의 88%는 북미에서 나왔다. 북미 외 지역에서의 매출

[글로벌 광고 시장의 잠재력]

Top 20 Worldwide Advertising Markets

~88%
of spend(1)
(through 2020)

~12%
Spend(1)
(through 2020)

33%
of all ad
dollars spent in North America(2)

67%
of all ad dollars
spent outside North America(2)

• 출처: 트레이드데스크 실적보고서

은 아직 12%에 불과한 것이다.

우리는 전 세계적으로 집행된 광고 전체 비용의 67%가 북미 외 지역에서 발생했다는 데 주목해야 한다. 그만큼 북미를 제외한 지역에서 아직도 전통적인 방식으로 하는 광고의 점유율이 높다는 이야기가 아닐까? 물리적인 거리가 크게 문제 되지 않는 글로벌 디지털 광고 시장에서 트레이드데스크가 장차 그 위상을 높일 것이라는 예상이 가능하다.

마지막으로 언급하고 싶은 트레이드데스크의 투자 매력은 건강한 수익률이다. 다음의 '트레이드데스크의 수익률'에서 순수익이 2016~2020년 4년 동안 12배 가까이 자랐음을 볼 수 있다. 연평균 85.5%나 성장한 셈이다. 게다가 2020년 순이익 마진 증가율(Net Margin Growth)은 28.98%를 기록했다.

4차 산업혁명을 대표하는 성장주 대부분이 아직 적자 경영을 하는 상황에서 트레이드데스크는 이미 2013년부터 흑자 경영을 해왔고 이제는 순

[트레이드데스크의 수익률]

ITEM	2016	2017	2018	2019	2020
Net Income	20.48M	50.8M	88.14M	108.32M	242.32M
Net Income Growth	-	148.01%	73.51%	22.89%	123.71%
Net Margin Growth	-	-	-	-	28.98%

• 주: M은 Million(100만) | 출처: marketwatch.com

이익 마진이 30%에 육박하는 건강한 기업이 된 것이다. 가히 성장성과 수익성을 모두 갖추고 있는 슈퍼 성장주라 칭할 만하다.

트레이드데스크의 투자 리스크

우선적인 투자 리스크는 최근 이슈가 되고 있는 개인 정보 보호 강화의 움직임이다. 모바일 애플리케이션상의 개인 정보 정책을 놓고 애플(AAPL)과 페이스북이 전쟁을 벌이고 있는 것처럼 향후 인터넷을 기반으로 한 모든 커뮤니케이션 채널에서도 개인 정보 보호에 관한 이슈가 붉어질 것으로 보인다.

인터넷 사이트에 들어갔을 때 우리가 관심을 둘 만한 분야의 광고가 계속해서 등장할 수 있는 이유는 쿠키(Cookies) 때문이다. 쿠키는 사용자가 방문한 웹사이트에서 생성된 파일로, 인터넷 사용 정보를 저장해 온라인을 쉽게 탐색할 수 있도록 도와주기 위해 탄생했다. 쿠키를 사용하면 인터넷 사이트에서 로그인 상태를 유지하는 사용자의 환경 설정을 기억했다가 사용자의 클릭에 따라 관련된 콘텐츠를 제공할 수 있게 된다. 트레이드데스크의 광고 방식인 '타깃 광고'에 근간이 될 수도 있는 기능이다.

하지만 개인 정보 규정이 계속 강화되므로 기존 3rd Party Cookies(제3자 쿠키)[※]의 대안이 절실한 상황이다. 다행히도 트레이드데스크는 United ID 2라는 대안을 이용하는 새로운 플랫폼인 솔리마르를 2021년 7월에 론칭했다. United ID 2는 이메일 주소를 익명의 아이디로 사용해 개인 정보 보호법과 상관없이 타깃 광고 집행이 가능하게 도와주는 방식이다. 앞으로 업계 표준으로 자리 잡을 가능성이 높아 보이는데 좀 더 지켜볼 필요가 있다.

또한, 구글(유튜브), 페이스북(소셜커머스), 아마존(프라임)의 끊임없는 성장과 혁신의 모습도 트레이드데스크에 투자하는 투자자 입장에서는 부담스럽다. 과연 트레이드데스크는 이 메가 테크 기업들의 틈에서 그동안 보여준 놀라운 성장을 지속해낼 수 있을까?

※ 현재 사용자가 속한 웹사이트가 아닌 다른 웹사이트에서 설정한 쿠키(추적 코드). 예를 들어, 페이스북에서 '좋아요'를 사용하면 나중에 페이스북에서 해당 쿠키에 액세스(Access)를 해 방문자를 식별하고 방문한 웹사이트를 볼 수 있다.

14
로쿠
TV 산업의 미래를 지배한다

로쿠를 아시나요?

로쿠(ROKU)는 전통적인 방식의 케이블 TV나 위성 TV의 단점을 보완해 주기 위해 태어났다. 기존 TV의 가장 큰 단점은 아무 곳에서나 즐길 수 없다는 점이다. 그리고 프로그램의 시간이 정해져 있어 얽매이기 싫어하는 현대인에게는 무척 성가시다. 로쿠는 이 2가지를 모두 해소해주면서 화려하게 등장했다. 즉, 우리가 원하는 장소에서 우리가 원하는 시간에 우리가 원하는 콘텐츠를 소비할 수 있는 새로운 개념의 TV인 것이다.

거기에다 또 하나의 엄청난 매력이 있다. 바로 구독비가 거의 없다는 점이다. 5만 원 정도에 구입할 수 있는 로쿠 스트리밍 플레이어(로쿠 스틱, 리모컨)만 있으면 그 어떤 브랜드의 TV에서도 시청이 가능하다. 친구 집에 놀러 가거나 가족과 함께 휴가를 떠날 때, 심지어 비즈니스를 위해 출장을 가서도 '로쿠 스트리밍 스틱(이하 '로쿠 스틱')'만 있으면 호텔 등의 TV로 넷

[로쿠 스트리밍 플레이어(로쿠 스틱, 리모컨)]

• 출처: u-buy.com

플릭스(NFLX) 등 다양한 온라인 스트리밍 서비스를 시청할 수 있다.

독자 여러분은 '스트리밍(Streaming) TV'라고 들어 봤을 것이다. 스트리밍은 다른 말로 'OTT(Over The Top)'라고 부르는데 인터넷만 가능하면 언제 어디서나 콘텐츠를 소비할 수 있는 새로운 개념의 TV 서비스를 통틀어 부르는 말이다. OTT는 시청자가 콘텐츠 소비에 대가를 치르는 방식에 따라 다음과 같이 3가지로 나눠진다.

- AVOD(Advertising Video On Demand): 광고가 있는 대신, 무료로 콘텐츠 시청이 가능함.
- SVOD(Subscription Video On Demand): 1년이나 1개월 멤버십 가입 후 자유롭게 시청함.
- TVOD(Transactional Video On Demand): 1편씩 별도로 구입해서 시청함.

로쿠는 이 3가지를 모두 제공한다. 그래서 구독 모델 OTT(SVOD)의 대명사인 넷플릭스, 아마존 프라임 비디오, 디즈니 플러스는 물론이고 전 세계 4,000개가 넘는 무료 및 유료 채널과 연결되어 있다. 현재 15만 편 이상의 영화와 TV 에피소드를 볼 수 있다고 한다. 15만 편이라고 하면 하루에 10편씩 매일 시청한다고 해도 40년을 넘게 봐야 한다. 로쿠가 왜 시청시간 기준으로 미국의 'No. 1 스트리밍 플랫폼'이 될 수 있었는지 짐작할 수 있는 대목이다.

로쿠의 투자 매력

로쿠는 흔히 말하는 대표적인 성장주의 모습을 보여왔다. 일단 총매출(Total Revenue)은 2016~2020년 4년간 약 4.5배나 성장했다. 이는 연평균 성장률로 따져봐도 45.3%에 달하는 건강한 수치다.

[로쿠의 성장세]

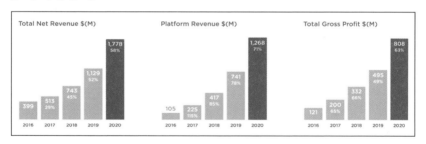

• 주: M은 Million(100만) | 출처: 로쿠 실적보고서

로쿠의 사업은 크게 2가지로 구분된다. 첫 번째 사업 부분은 로쿠 초기의 비즈니스 모델인 '플레이어(Player)'로 로쿠 스틱, 리모컨, 스마트 TV의

일종인 로쿠 TV 판매에서 발생하는 하드웨어 매출을 가리킨다. 두 번째 사업 부분은 '플랫폼(Platform)'으로 스트리밍 서비스를 통해 올리고 있는 광고 매출이 대부분을 차지한다고 보면 된다. 앞의 '로쿠의 성장세' 중간에 나와 있는 그래프는 로쿠의 플랫폼 사업 매출의 성장 추세를 보여주고 있다. 2016년부터 2020년까지 총매출이 4.5배 성장하는 4년간 플랫폼 사업 매출은 무려 12배나 성장했다. 연 성장률로 계산해보면 연 86.4%가 나오는데 이러한 성장은 로쿠의 총이익(Gross Profit)이 4년간 6.7배 성장하는 데 결정적인 역할을 하게 된다.

다음 '로쿠의 매출 구조'를 보면, 로쿠의 2가지 사업이 전체 매출에서 차지하는 비중이 급격하게 변하고 있음을 확인할 수 있다.

[로쿠의 매출 구조]

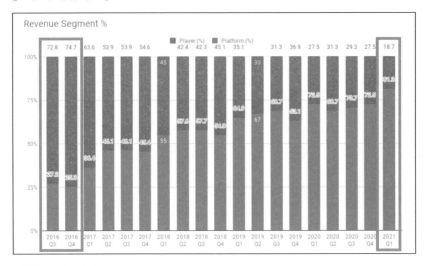

• 출처: seekingalpha.com

불과 5년 전인 2016년까지만 해도 플레이어 사업의 매출이 전체 매출의 70% 이상을 점유하고 있었다. 그런데 최근 발표된 2021년 1분기에는 전체 매출의 81.3%가 플랫폼 사업에서 발생함을 볼 수 있다.

이러한 변화는 로쿠 입장에서는 매우 바람직한 현상이다. 왜냐하면 플레이어 사업의 총수익 마진(Gross Profit)은 7%에서 15% 정도를 기대할 수 있는 반면, 플랫폼 사업의 총수익 마진은 최소 60%에서 70% 이상을 바라볼 수 있기 때문이다. 따라서 플랫폼 사업의 매출 비중이 올라가면 올라갈수록 로쿠의 총수익률은 자연스럽게 향상되는 모습을 보이게 된다. 이러한 이론적 분석은 다음 그림에서 바로 확인이 가능하다.

[로쿠 총수익률 변동 추이]

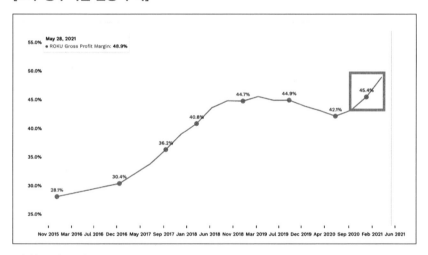

• 출처: seekingalpha.com

이 대목에서 매우 긍정적인 투자의 매력을 하나 발견할 수 있다. 다음 페이지의 '로쿠 2021년 1분기 어닝 실적'을 보면, 로쿠의 총매출 5억 7,420만 달러(약 6,316억 원) 중 플랫폼 사업 매출은 4억 6,650만 달러(약 5,131

억 원)이고, 플레이어 사업 매출은 1억 770만 달러(약 1,184억 원)이다. 전년 대비 성장률을 나타낸 YoY %를 보면, 플레이어 사업 매출 성장은 전년 대비 22%에 그쳤지만 플랫폼 사업 매출은 전년 대비 101%라는 놀라운 성장을 이뤄냈음을 알 수 있다. 이렇게 기하급수적으로 성장하고 있는 플랫폼 사업은 앞으로 로쿠 수익률 향상의 원동력이 될 것으로 기대된다.

[로쿠 2021년 1분기 어닝 실적]

Key Operating Metrics	Q1 20		Q2 20		Q3 20		Q4 20		Q1 21		YoY %
Active Accounts (millions)		39.8		43.0		46.0		51.2		53.6	35%
Streaming Hours (billions)*		12.3		14.6		14.8		17.0		18.3	49%
ARPU ($)	$	24.35	$	24.92	$	27.00	$	28.76	$	32.14	32%
Summary Financials ($ in millions)	Q1 20		Q2 20		Q3 20		Q4 20		Q1 21		YoY %
Platform revenue	$	232.6	$	244.8	$	319.2	$	471.2	$	466.5	101%
Player revenue		88.2		111.3		132.4		178.7		107.7	22%
Total net revenue		320.8		356.1		451.7		649.9		574.2	79%

• 주: Millions는 100만 | 출처: 로쿠 실적보고서

로쿠의 실적보고서(2021년 1분기)에 따르면 로쿠의 사용자 수, 즉 활성 계정 수는 총 5,360만 개로 5,500만 개 달성을 눈앞에 두고 있다. 전년 대비로는 35%, 바로 전 분기인 2020년 4분기보다도 4.7% 증가한 수치다. 당분간 로쿠의 사용자 수는 계속해서 늘어날 것으로 기대된다.

또 하나의 긍정적인 수치를 발견할 수 있는데 바로 로쿠의 사용자 1인당 평균 매출 향상이다. 다음 페이지의 그림을 보면, 4년 전인 2017년 1분기만 해도 사용자 1인당 매출은 단 10달러(1만 1,000원)에 불과했다. 그러다가 2021년 1분기에는 32.1달러(약 3만 5,000원)까지 올라간다. 4년 만에 3.2배나 향상했다.

[로쿠 사용자 1인당 매출]

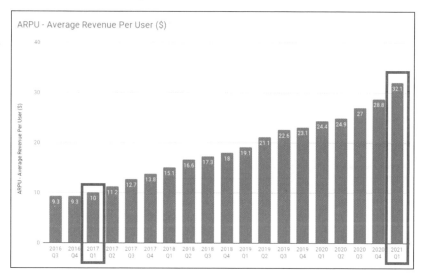

• 출처: seekingalpha.com

필자는 이렇게 1인당 매출이 급등하고 있는 현상을 다음과 같이 추측해 봤다.

① 로쿠의 스트리밍 서비스에 붙고 있는 광고 수가 늘어나고 있다.

② AVOD 쪽 광고의 수요가 늘어나면서 광고 단가도 올라가고 있다.

③ 로쿠에서 볼 수 있는 콘텐츠의 양과 질이 향상하면서 사용자들의 시청 시간이 늘어났다.

필자의 추측이 맞을까? 수치로 확인해보자.

다음 페이지의 '미국 광고 시장의 이동'은 리서치사인 IAB가 최근에 실시한 설문 결과를 정리한 것이다.

[미국 광고 시장의 이동]

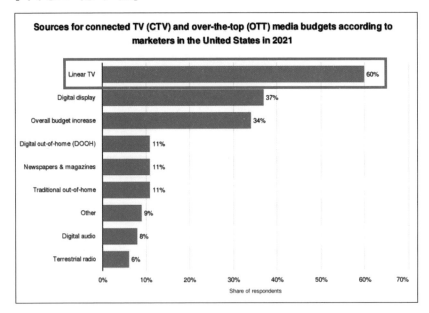

Sources for connected TV (CTV) and over-the-top (OTT) media budgets according to marketers in the United States in 2021

Linear TV	60%
Digital display	37%
Overall budget increase	34%
Digital out-of-home (DOOH)	11%
Newspapers & magazines	11%
Traditional out-of-home	11%
Other	9%
Digital audio	8%
Terrestrial radio	6%

Share of respondents

• 출처: seekingalpha.com

이 결과에 따르면 미국의 마케터들은 과거 전통적인 TV(Linear TV)에 편성되었던 광고 예산 중 60%를 2021년 CTV(Connected TV)와 OTT(Over The Top) 광고로 옮길 계획이라고 한다. 이렇게 많은 광고 에이전트, 광고주들이 갑자기 CTV와 OTT 쪽으로 옮겨가는 이유는 무엇일까?

필자는 그 이유를 타깃 광고에서 찾고자 한다. 앞에서 다룬 트레이드데스크(TTD)에서도 언급했는데 불특정 다수를 상대로 무작위로 노출되는 케이블 TV의 광고에 비해 CTV와 OTT 광고는 시청자의 개인적 취향이나 관심사에 맞춰 타깃 광고가 가능하다. 즉, 같은 영화나 드라마를 동시에 보고 있는 두 사람의 시청자에게 각기 다른 광고가 붙을 수 있다는 것이다. 소비자 입장에서도 일반적인 광고를 보는 것보다는 어느 정도 관심이 있는 분야의 광고가 등장하면 반응도가 높아질 가능성이 있다. 따라서 광고주 입장에서는 비용 대비 매출 효과(ROI: Return On Investment)가 훨씬 더 높아질 가능성이 열린 것이다.

이번에는 다음 '미국 CTV 광고 지출 예측'을 보자. 미국의 CTV 광고 시장 규모는 2020년 81억 달러(8조 9,100억 원)를 조금 넘는 수준에서 2024년에 약 193억 달러(21조 2,300억 원)까지 성장할 것으로 예상된다. 4년 만에 시장 규모가 약 2.4배 성장한다는 전망이다. 로쿠처럼 CTV 광고 시장에 이미 진출해 있는 기업들이 현재 시장 점유율을 유지할 수 있다면 4년 내에 2.4배라는 매출 성장을 기대해볼 수 있다.

[미국 CTV 광고 지출 예측]

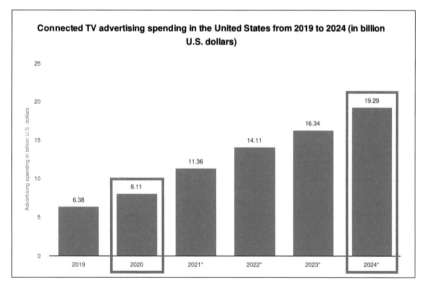

• 주: Billion은 10억 | 출처: seekingalpha.com

다음 페이지의 그림에 나온 것처럼, 로쿠는 이미 2018년 CTV 시장에서

32.4%라는 멋진 점유율을 보였다. 무료 시청이 가능한 CTV의 특성상 2가지 이상의 CTV를 이용하는 시청자가 많을 것이다. 이후 로쿠의 CTV 시장 점유율은 계속 향상될 것으로 예상되는데 2022년에는 무려 45.8%에 달한다. 빠르게 성장하는 CTV 시장 안에서 그 점유율까지 향상시키고 있는 매력적인 기업이다.

[로쿠 시장 점유율 예상]

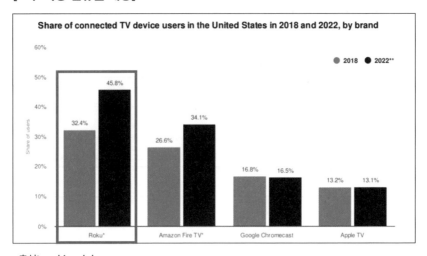

Share of connected TV device users in the United States in 2018 and 2022, by brand

• 출처: seekingalpha.com

그런데 다음 'CTV 광고 경쟁'을 보면, 로쿠는 아직도 갈 길이 멀다. 로쿠를 통해 집행된 2020년 광고 지출 금액은 7억 4,000만 달러(8,140억 원)인데, 19억 6,000만 달러(2조 1,560억 원)의 훌루(Hulu, 디즈니 소유), 15억 달러(1조 6,500억 원)의 유튜브(Youtube, 구글 소유)에 비해 초라해 보인다. 하지만 2022년이 되면 15억 6,000만 달러(1조 7,160억 원)까지 성장이 예상되고 있다. 이는 2년 만에 2배 이상 로쿠의 매출이 성장할 가능성을 시사해주고 있다.

[CTV 광고 경쟁]

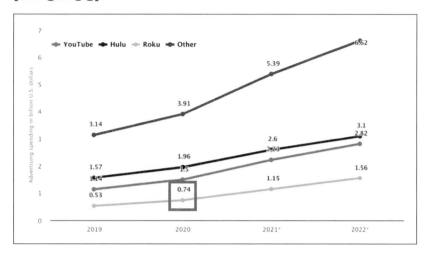

• 주: Billion은 10억 | 출처: seekingalpha.com

마지막으로 말하고 싶은 로쿠의 투자 매력은 네트워크 효과다. 앞에서 언급한 것처럼, 약 20년 전에 창업한 기업인 로쿠는 불과 5년 전인 2016 년에만 해도 매출의 70% 이상을 스트리밍 플레이어 판매에 의존했었다.

그런데 CTV의 부상과 함께 펼친 경영진의 신의 한 수가 모든 것을 바꿔 놓았다. 바로 가격 최소화 전략이다. 저렴한 하드웨어를 무료 콘텐츠와 함께 제공하면서 사용자 수는 무서운 속도로 증가했다. 4년 전인 2017년 1 분기 어닝 보고서에 따르면, 로쿠 사용자는 1,420만 명 수준이었다. 그런 데 4년 후에는 5,360만 명으로 늘어난다. 4년간 사용자 수가 3.8배 증가한 것이다.

사용자가 급증하자 아주 자연스럽게 광고주도 급증했으며 당연히 로쿠 의 매출 성장으로 이어졌다. 로쿠는 단기간에 급등한 매출을 사용해 지속 적으로 콘텐츠의 양과 질적 향상을 시도했다. 채널에 콘텐츠가 많아지고 양질의 프로그램이 늘어나자 다시 사용자의 증가로 이어지는 전형적인 네트워크 효과의 모습을 만들어 냈다.

[로쿠의 네트워크 효과]

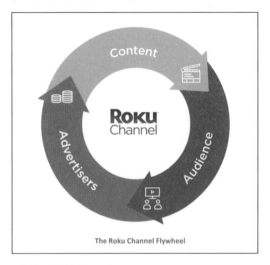

The Roku Channel Flywheel

• 출처: 로쿠 실적보고서

네트워크 효과의 가장 큰 힘은 모두가 함께 성장할 수 있다는 긍정적인 에너지가 만들어 내는 시너지다. 즉, 플랫폼 기업인 로쿠의 성공은 로쿠에만 그치지 않고 로쿠에 콘텐츠를 제공하는 기업들, 로쿠를 통해 광고하는 기업 또는 광고 에이전트, 더 나아가 양질의 콘텐츠를 무료로 즐길 수 있는 사용자까지 로쿠 비즈니스에 참여하는 모든 관계자가 함께 승리할 수 있는 구조를 만든다. 그래서 필자는 함께 윈윈할 수 있는 네트워크 효과에 베팅한다!

현재 175개의 콘텐츠 기업과 라이선스 계약을 맺고 있는 로쿠는 최근 들어 콘텐츠 양과 질적 향상을 위해 투자를 아끼지 않고 있다. 로쿠 채널

(로쿠의 스트리밍 서비스)에서만 볼 수 있는 무료 콘텐츠를 제공하는 '로쿠 오리지널'이 2021년 그 화려한 막을 올렸다. 이후 로쿠 오리지널의 매력도를 높이기 위한 노력이 본격화됐는데 지난 몇 달 동안에만 퀴비, 디스올드하우드, 사반필름 등을 인수하거나 독점 계약을 맺는 빠른 행보를 보이고 있다.

아무도 성공한다고 생각하지 않았던 넷플릭스 오리지널 콘텐츠가 대성공을 거뒀다. 심지어 2021년 아카데미 시상식에 노미네이트된 넷플릭스의 오리지널 영화가 15편이나 된다고 하니 대박도 이런 대박이 없다. 이제는 넷플릭스의 오리지널 콘텐츠를 시청하기 위해 넷플릭스에 가입해야 할 판이다. 로쿠 오리지널도 비슷한 길을 갈 수 있을까?

로쿠의 투자 리스크

로쿠는 거부하기 힘든 투자 매력만큼이나 투자 리스크 역시 넘쳐나는 기업이다. 필자는 구글(GOOG)과 아마존(AMZN)이 로쿠의 최대 리스크라고 판단한다. 사실 2021년 4월부터 구글과 로쿠는 관계가 완전히 틀어져 버렸다. 구글의 유튜브 TV는 로쿠에서 두 번째로 인기 있는 채널이었는데 계약 분쟁이 발생하면서 로쿠 채널에서 완전히 제외되어 버렸다. 양측이 전혀 다른 주장을 하며 감정적인 대립을 보이고 있어서 원만한 해결이 쉬워 보이지는 않는다.

지금은 아무런 갈등도 보이지 않지만 아마존과의 관계도 로쿠 입장에서는 껄끄럽다. 아마존은 로쿠 서비스의 최대 판매 채널인데 문제는 아마존 역시 아마존 파이어 TV를 운영하는 경쟁 기업이라는 점이다. 만약 관계가 틀어져 아마존이 로쿠 죽이기라도 시작한다면 엄청난 위기가 찾아올 수 있다. 따라서 로쿠의 경영진은 이번 유튜브 TV와의 마찰을 교훈 삼아 넷플릭스, 아마존 프라임, 디즈니(DIS) 등의 콘텐츠 기업들과의 관계를 원만히 유지하는 데 총력을 기울여야 한다.

두 번째 투자 리스크는 넷플릭스와 (디즈니의) 디즈니 플러스다. 이 두 기업은 현재 구독료를 주 수입원으로 삼는 SVOD(Subscription Video On Demand) 스트리밍 서비스를 제공하고 있다. 현재 로쿠와는 경쟁 구도가 아닌 파트너 관계를 이루고 있다.

그런데 문제가 하나 보인다. 계속 증가하고 있는 넷플릭스와 디즈니 플러스의 구독자 수는 언젠가 한계에 다다르게 될 것이다. 그때가 되면 해당 기업의 경영진은 지속적인 성장을 요구하는 주주들의 원성과 압력을 받을 것이다. 구독자 수가 포화 상태에 이르렀을 때 넷플릭스와 디즈니 플러스가 선택할 수 있는 전략은 뭐가 있을까? 필자는 결국 SVOD 모델을 포기하고 광고 수익을 바탕으로 하는 AVOD(Advertising Video On Demand) 쪽으로 옮겨갈 것이라고 생각한다. 이런 일이 발생한다면 로쿠는 상당한 시청(스트리밍) 시간과 광고주들을 넷플릭스나 디즈니 플러스에 빼앗기게 될 수 있다. 그렇다면 대비책은 있을까? 로쿠 입장에서는 보이지 않는다. 하지만 로쿠에 투자하고 있는 투자자 입장에서는 방법이 보인다. 넷플릭스와 디즈니 플러스가 광고를 받기 시작한다면 트레이드데스크에 엄청난 호재가 될 수 있다. 역시 분산 투자가 답이다.

기존의 전통 TV 기업들도 경계 대상이다. 바보가 아닌 이상 사양길에 접어들고 있어 끊어지기 일보 직전인 케이블을 계속 붙잡고 있지는 않을 것이다. 해당 기업들 역시 뒤늦게라도 스트리밍 서비스에 뛰어들 가능성이 있다. 또한, 가까운 미래에 스마트 TV가 보편화한다면 삼성전자, LG전자 등이 만드는 스마트 TV, 구글의 안드로이드 TV와도 경쟁 구도가 형성될 가능성까지 보인다. 스마트 TV는 로쿠와 같은 셋업박스가 없어도 스트리밍 서비스를 이용할 수 있는 일종의 플랫폼이다. 따라서 스마트 TV가 보편화하기 전까지 이 대기업들과의 경쟁에서 살아남는 방법을 모색해야 한다. 한 가지 다행인 점이 있다. 로쿠가 이미 사용자 5,500만 명을 바라볼 정도로 성장했다는 것이다. 네트워크 효과가 구축해주는 경제적 해자로 인해서 신생 기업들이 쉽게 로쿠의 아성을 무너뜨리기는 쉽지 않아 보인다.

마지막 투자 리스크이자 로쿠 성장의 기회는 '로쿠 오리지널'이다. 이미 하드웨어와 플랫폼 쪽에서 성공을 경험했던 로쿠는 최근 콘텐츠 사업에 직접 뛰어드는 승부수를 던졌다. 물론 최고의 AVOD 서비스 기업이 넷플릭스처럼 자체 콘텐츠까지 확보한다면 로쿠라는 기업의 투자 가치는 한 차원 더 올라갈 가능성도 존재한다. 하지만 콘텐츠 산업은 경쟁이 지극히 심한 분야이며 적지 않은 투자금이 요구된다. 과연 로쿠 오리지널의 영화나 드라마를 시청하기 위해 로쿠에 가입하는 사람들이 생기는 날이 찾아올 수 있을까? 그런 날이 오면 우리의 투자금은 10배로 늘어날 것이다.

≡15≡
핀터레스트
디지털 시대의 포스트잇

핀터레스트(PINS)의 홈페이지에 들어가면 '우리의 미션은 사람들이 자신이 사랑하는 것을 발견할 수 있게 도와주고 사람들이 일상의 삶을 자신이 사랑하는 것을 하면서 영위할 수 있도록 영감을 주는 것이다'라는 글을 발견할 수 있다. 답을 찾기 위한 검색이 아닌, 영감을 얻기 위한 검색 사이트로 소개하고 있다. 참 멋있는 말이지 않은가?

핀터레스트를 아시나요?

'핀터레스트'는 핀(Pin)과 관심사(Interest)를 뜻하는 영어 단어를 합쳐서 만들었다고 한다. 지난 수십 년간 냉장고 문을 장식하던 수많은 메모와 사진들을 온라인으로 옮겨온다는 아이디어로 시작됐다.

핀터레스트는 심플하다. 그냥 웹 서핑을 즐기다가 관심 있는 이미지가 발견되면 핀터레스트의 자기 계정으로 핀(Pin)을 해놓으면 된다. 핀이라는 단어에서 유추할 수 있는 것처럼 자신이 만든 콘텐츠보다는 다른 곳에 올라와 있는 이미지를 취합하는 형태를 취한다. 사진 등 이미지를 클릭하면 해당 원본이 있는 사이트로 넘어간다.

단순히 개인적인 관심사나 마음에 드는 사진을 모아 놓는 공간이라기보다는 시각적인 이미지를 매개로 관심사가 같은 사람들을 연결해주는 커뮤니티의 기능도 수행하고 있으므로 인스타그램과 같은 소셜미디어(Social Media)라고 생각하면서 접근하는 것이 맞다. 단, 커다란 차이점이 하나 있다. 기존의 소셜미디어는 내가 이미 알고 지내는 지인, 친구, 가족들과 삶을 공유하는 것이 커다란 기능인 반면, 핀터레스트는 비슷한 관심사를 가진 사람들과 자연스럽게 연결될 수 있는 소셜미디어라는 점이다. 이렇게 낯선 사람들과도 쉽게 연결될 수 있다는 장점이 있어서 핀터레스트는 가장 빠른 시간에 사용자 1,000만 명을 돌파한 소셜미디어로 이름을 올렸다.

핀터레스트를 좀 더 정확히 이해하기 위해 다음과 같이 정리해봤다.

- 2021년 1분기 기준 정기 사용자 수: 약 4억 7,800만 명
- 2020년 3월부터 8월 사이(6개월간) 방문자 수: 11억 명
- 평균 방문 시간: 5분
- 월간 검색 수: 20억 건
- 총 핀(포스팅) 수: 2,400억 개
- 총 보드(게시판) 수: 40억 개
- 핀터레스트 방문 이유 1위: 홈 디자인 아이디어를 얻기 위해
- 사용자 중 71%가 여성
- 미국인 18~29세 인구 중 34%가 이용

- 전체 사용자 중 34%가 29세 이하
- 미국 여성 인구 중 42%가 이용
- 인터넷을 하는 미국인 엄마 중 80%가 핀터레스트 이용
- 소셜미디어 마케터 94%가 이용
- 핀터레스트 광고를 통해 접근 가능한 인구: 1억 4,500만 명
- 미국의 소셜미디어 사용자 중 28%가 사용

핀터레스트의 투자 매력

핀터레스트는 돈이 몰려드는 플랫폼이다. 관심사 위주로 사람들이 연결되기 때문에 사람들의 관심사를 대상으로 하는 자연스러운 타깃 광고 기회를 제공한다. 핀터레스트의 광고는 다른 소셜미디어의 광고보다 일반 포스팅과 잘 어울릴 수 있다는 유리함이 있다. 페이스북(FB)이나 유튜브처럼 정치적 선전물이 넘쳐나는 일도 없어서 사용자가 광고를 바라보는 시선이 비교적 수용적이다.

핀터레스트 사용자 중 약 87%가 핀터레스트에서 발견한 물건을 구매한 경험이 있다고 하니 실로 어마어마한 구매 영향력이다. 광고주나 에이전시 입장에서는 최고의 광고 플랫폼이다. 실제로 전 세계 마케터 중 28%가 핀터레스트를 이용하는데 그 이유는 다시 설명하지 않아도 될 것이다.

핀터레스트의 경우 광고 비용 대비 수익률이 엄청난 것으로 알려져 있다. 다음 그림을 보면 광고에 1달러(1,100원)를 사용할 때 창출되는 매출이 4달러(4,400원)를 넘어간다. 마케팅 투자 비용의 4배 이상이 매출로 이어진다는 뜻이다. 이러한 놀라운 투자 수익률(ROI: Return On Investment)은

핀터레스트의 매출 성장으로 이어지고 있다.

[핀터레스트 광고 비용 대비 수익률]

Every $1 Spent on Pinterest Marketing Generates $4.30 in Sales

Pinterest generates a great ROI, with one study measuring it higher than 4x! If you think Pinterest marketing doesn't have an ROI, think again!

• 출처: nealschaffer.com

다음 페이지의 '핀터레스트 매출 성장 추세'를 보면 알 수 있듯이, 지난 4년간 핀터레스트의 매출은 4배 이상 성장했다. 2020년 팬데믹의 영향도 핀터레스트의 매출 성장을 잠재울 수는 없었다.

그런데 최근에 발표된 2021년 1분기 실적은 시장의 기대에 부흥하지 못했다. 2020년 4분기에 7억 달러(7,700억 원)를 돌파했던 분기 매출이 다시 5억 달러(5,500억 원) 아래로 하락했기 때문이다. 2021년 1분기 매출은 약 4억 8,500만 달러(5,335억 원)를 기록했는데 전년 대비 78% 정도의 성장을 보인 수치다.

[핀터레스트 매출 성장 추세]

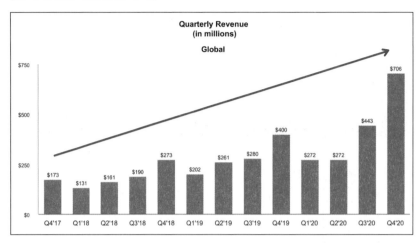

• 주: Millions는 100만 │ 출처: FORM 10-K(핀터레스트)

사용자 수도 마찬가지다. 밑의 '핀터레스트 월 사용자 성장 추세'를 보면, 지난 3분기 동안 사용자 증가는 37~39%를 기록했는데 2021년 1분

[핀터레스트 월 사용자 성장 추세]

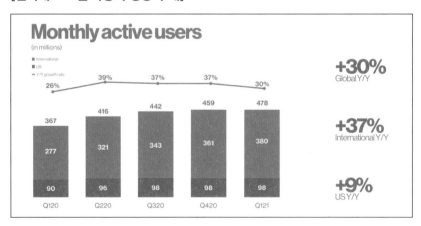

• 주: Millions는 100만 │ 출처: 핀터레스트 실적보고서

미국 주식으로 은퇴하기 _ 실전 투자 편

기 사용자 증가는 30%에 그쳤다. 아직도 성장 가능성이 높은 인터내셔널 사용자 증가가 37%를 보여줬다는 점은 다행스럽다.

핀터레스트의 투자 리스크

처음으로 말하고 싶은 투자 리스크는 심한 지역별 매출 편차다. 핀터레스트의 매출을 지역별로 나눠보면 그 편차가 심하다. 다음 그림에 나와 있는 2020년 4분기의 매출을 기준으로 보자.

[핀터레스트의 지역별 매출]

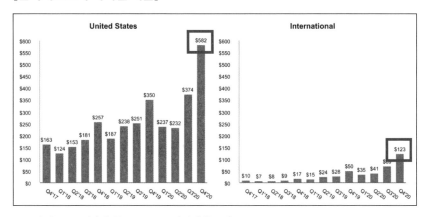

• 주: 단위는 100만 | 출처: FORM 10-K(핀터레스트)

미국 내 매출은 5억 8,200만 달러(6,402억 원)인 반면, 인터내셔널에서의 매출은 1억 2,300만 달러(1,352억 원)에 그치고 있다. 전체 매출의 82.6% 정도를 미국에 의존하고 있다.

여기에는 2가지 이유가 존재한다. 먼저, 전체 사용자(약 4억 7,800만 명)

중에서 인터내셔널 사용자(약 9,800만 명)가 21%에도 미치지 못한다는 점이다. 이미지를 주요 콘셉트로 하는 플랫폼의 성격상 얼마든지 극복할 수 있는 이슈라고 생각된다.

두 번째는 사용자 1인당 매출이다. 2021년 1분기 어닝 보고서에 따르면, 미국 내 사용자 1인당 매출 기여 금액은 3.99달러(약 4,390원)였다. 인터내셔널에 속하는 사용자 1인당 매출은 단 0.26달러(약 290원)에 그쳤다. 1인당 매출에서 15배가 넘는 차이를 보이고 있다.

다행히 이 수치 역시 1년 전보다는 많이 향상됐다. 2020년 1분기 인터내셔널에 속하는 사용자 1인당 매출이 0.13달러(약 140원)밖에 되지 않았기 때문에 1년간 100% 정도의 성장을 나타냈다. 현재 미국 외 지역의 부진한 실적은 앞으로 핀터레스트가 지속적인 성장을 만들어 내기 위한 교두보 역할을 할 것으로 기대된다. 전체적인 사용자 1인당 매출을 살펴보면, 강력한 경쟁 상대인 페이스북이 1인당 7.89달러(약 8,680원)인 반면, 핀터레스트는 고작 1.03달러(약 1,130원)에 지나지 않는다. 아직도 가야 할 길이 멀다. 리스크가 곧 기회가 되는 순간이다.

그다음 리스크는 수익성이다. 핀터레스트의 매출 성장률은 꾸준하다. 2019년에는 전년 대비 51.2%, 2020년에는 48.1%라는 매출 성장을 보여 줬으며, 2021년 1분기 매출 성장률은 78%에 달한다. 하지만 아직은 적자 기업이다. 그나마 2019년만 해도 비용이 매출 규모를 넘어서면서 -119%를 기록했던 순손실(Net Loss)이 2020년 -8%로 적자 폭을 대폭 줄이면서 희망이 보이기 시작한다는 점이 고무적이다.

또한, 다음 '핀터레스트의 수익 분석'에서 볼 수 있는 것처럼, 적자를 유발하는 총비용 중에 상당 부분을 연구개발 비용, 세일즈 및 마케팅 비용이 차

[핀터레스트의 수익 분석]

	Year Ended December 31,			
	2020	**2019**	**2018**	**2017**
	(in thousands, except per share amounts)			
Consolidated Statements of Operations Data:				
Revenue	$ 1,692,658	$ 1,142,761	$ 755,932	$ 472,852
Costs and expenses[(1)]:				
Cost of revenue	449,358	358,903	241,584	178,664
Research and development	606,194	1,207,059	251,662	207,973
Sales and marketing	442,807	611,590	259,929	162,514
General and administrative	336,803	354,075	77,478	61,635
Total costs and expenses	1,835,162	2,531,627	830,653	610,786
Loss from operations	(142,504)	(1,388,866)	(74,721)	(137,934)
Interest income	16,119	30,164	13,152	8,313
Interest expense and other income (expense), net	(635)	(2,137)	(995)	(112)
Loss before provision for income taxes	(127,020)	(1,360,839)	(62,564)	(129,733)
Provision for income taxes	1,303	532	410	311
Net loss	$ (128,323)	$ (1,361,371)	$ (62,974)	$ (130,044)
Net loss per share attributable to common stockholders, basic and diluted	$ (0.22)	$ (3.24)	$ (0.50)	$ (1.03)
Weighted-average shares used in computing net loss per share attributable to common stockholders, basic and diluted	596,264	420,473	127,091	126,562

• 주: 단위는 1,000 | 출처: Form 10-K(핀터레스트)

지한다는 점이 긍정적이다.

연간 기준으로 핀터레스트가 미래를 위해 사용하고 있는 연구개발 비용의 경우 2019년에는 약 12억 달러(1조 3,200억 원)였고, 2020년에는 약 6억 달러(6,600억 원)였다. 2019년에 비해 대폭 줄어든 금액이지만 2020년에도 전체 매출 규모의 36%를 연구개발 비용에 재투자했다. 또한, 2020년 전체 매출의 62%는 연구개발 비용과 판촉 비용에 사용했다. 경영진의 노력 여하에 따라 어느 정도 조절이 가능한 비용이기 때문에 가까운 미래에 핀터레스트의 흑자 전환 뉴스를 기대해도 좋을 것 같다.

마지막 투자 리스크는 역시나 무시무시한 경쟁 기업들이다. 페이스북, 틱톡, 스냅(SNAP) 같은 경쟁사들 역시 디지털 광고에 사활을 걸고 있다. 그리고 사용자 수나 시장의 확장성에 있어서 핀터레스트를 압도하는 모습을 보인다.

그래도 승산은 있다. 핀터레스트는 독점 규제나 정치적 리스크에서 자유롭기 때문에 광고주들의 선택을 지속적으로 받을 가능성이 높다. 타 검색 광고에 비해 ROI(투자 수익률)가 4배 넘는 부분도 커다란 경쟁력이다.

지난 몇 년간 엄청난 금액을 R&D(연구 및 개발)에 투자하면서 단순 이미지 미디어에서 인공지능을 이용한 증강현실 기능이 추가된 플랫폼으로 진화를 준비 중이다. 최근에는 쇼피파이(SHOP), 엣시(ETSY) 등의 이커머스와 파트너십을 체결하면서 상인들의 카탈로그나 상품 태그를 이용해 온라인 쇼핑에 연결도 가능해졌다. 페이스북의 1인당 매출은 핀터레스트보다 무려 7.7배나 높다. 아직도 올라갈 계단이 많이 남아 있음을 의미한다.

디지털 광고 시장의 규모 역시 계속해서 커지고 있다. 2022년 디지털 광고 시장의 예상 규모는 약 4,230억 달러(465조 3,000억 원) 수준이다. 여러 기업이 동시에 성장할 수 있는 환경이 조성되고 있다는 것이다.

핀터레스트의 17억 달러(1조 8,700억 원) 미만인 매출은 아직 잠재 시장에서 0.4% 정도를 점유하는 데 그쳤다고 할 수 있다. 0.4%가 4%로 발전할 수 있다면 핀터레스트 투자자들은 큰 부자가 될 것이다.

인공지능
AI

아마도 초등학교 때인 것 같은데 사회과목 시험문제 중에 1차 산업혁명을 대표하는 단어를 고르라는 문제가 자주 등장했던 것으로 기억한다. 이단골 시험문제의 정답은 '증기기관'이었다.

그런데 무슨 이유에서인지 2차 산업혁명과 3차 산업혁명의 키워드 관련해서는 대표성 있는 한 단어가 쉽게 떠오르지는 않는다. 물론 '전기 혁명', '대량 생산', '자동화' 등이 2차 산업혁명을 대표하는 단어라고 생각할 수 있고, 3차 산업혁명의 경우에는 '인터넷 혁명', '정보 혁명'으로 생각할 수 있다. 아마도 우리가 사는 세상이 조금씩 복잡해지면서, 그리고 다양한 테크놀로지가 동시다발적으로 인류의 진화에 기여하면서 단어 하나로 한 시대를 표현하기란 점점 더 어려워지는 것 같다.

그렇다면 4차 산업혁명은 어떨까? 앞으로 20~30년이 지난 이후에 우리는 4차 산업혁명이라는 커다란 인류의 진화과정을 어떤 단어들로 설명할 수 있게 될까? 모르긴 해도 이 책에 등장하는 키워드들이 그 역할을 맡게 되지 않을까 추측해 본다. 아니, 꼭 그렇게 되어야 한다. 그래야만 필자의 주식 투자가 성공적으로 진행될 수 있기 때문이다. 필자의 주식 투자가 계속해서 성공적으로 진행된다면 디지털 혁명이라든지, 자율주행, 5G, 사물인터넷, 클라우드, 나아가 메타버스 등의 단어들이 이제 곧 그 기술력의 변곡점을 맞이하면서 우리가 살아가는 세상을 급격하게 바꿀 수 있게 될 것이다.

20년 후, 초등학생 사회과목 시험에 4차 산업혁명의 대표 키워드를 하나만 고르라는 문제가 나온다면 과연 어떤 단어가 그 정답이 될까? 필자는 '데이터 혁명' 또는 '인공지능'이 그 자리를 차지할 가능성이 가장 높다고 본다. 그 이유는 단순하다. 4차 산업혁명을 이끌어 갈 테크놀로지 대부분의 기술력 바탕에 데이터와 인공지능이 자리 잡고 있기 때문이다. 인공지능의 기능을 비전문가의 관점에서 풀어서 말하자면, '디지털 혁명의 가속화로 인해 기하급수적으로 늘어가고 있는 데이터를 의사 결정에 효과적으로 활용하는 도구'가 될 것이다.

이렇게 데이터를 기반으로 한 의사 결정은 4차 산업혁명의 모든 부분에 활용될 수 있다. 단편적인 예로 자율주행을 들 수 있다. 자율주행은 단순하게 생각하면 인공지능이 데이터를 통해 주행 중 발생할 수 있는 모든 상황과 대응 방식을 학습하고 데이터를 통해 배운 방식대로 자동차를 목적지까지 가게 해주는 것이라고 볼 수 있다.

앞으로는 이렇게 머신 러닝을 통해 데이터를 학습하고 사람 대신 가장 효율적인 방식으로 목표하는 결과를 만들어 내는 인공지능의 역할이 산업 전반적인 부분에서 활용될 가능성이 매우 높다. 게다가 인공지능의 능력은 데이터가 쌓이면 쌓일수록, 학습량이 늘어나면 늘어날수록 기하급수적인 향상을 보일 수 있기 때문에 앞으로 그 활용도는 우리가 생각하는 이상으로 확대될 수 있을 것이다.

이렇게 4차 산업혁명이라는 커다란 인류의 진화에서 중추적인 역할을 담당하게 될 인공지능의 기술은 어떤 기업들이 이끌어 나가게 될까? 필자는 주저 없이 구글(GOOG)과 엔비디아(NVDA)를 손꼽고 싶다. 지금부터 필자의 논리적 근거를 독자 여러분과 공유하고자 한다.

1
구글
12개의 자회사가 각 분야에서
세상을 바꿔 가다

미주은이라는 유튜브 채널을 1년 넘게 운영하다 보니 채널이 진부해질 것 같아 걱정도 되고 또 시청자들의 관심을 이어나가기 위해 여러 가지 시리즈 콘텐츠를 만들어 가며 노력 중이다. 비슷한 비즈니스 모델을 가지고 있는 2개의 종목을 20가지가 넘는 평가 항목으로 맞짱 대결을 펼쳐보는 '미국 주식 배틀 끝판왕'도, 동일한 섹터에 속해 있는 8~10개 정도의 종목을 갖고 1, 2, 3위를 선정해보는 '미국 주식 분석 끝판왕'도 그렇게 탄생했다.

2020년 12월에는 꿈의 수익률로 불리는 텐 배거(Ten Bagger, 10배의 수익률을 낸 주식 종목)를 만들어 낼 만한 기업들을 찾기 위해 만든 '10년간 10배 성장할 30종목 찾기' 프로젝트를 시작했다. 6개월 정도의 기간을 두고 진행할 장기 프로젝트였기에 첫 번째로 소개할 종목을 두고 고민이 많았다. 안전하게 FAANG(Facebook, Amazon, Apple, Netflix, Google) 중 하나를 선정하자니 너무 식상할 것 같고 무명 신인을 소개하자니 코너의 무게감이 떨어질까 걱정이었다. 오랜 시간 고민 끝에 기업을 선정했는데 바로 구글(GOOG)이다.

FAANG에 속하기는 해도 필자가 '10년간 10배 성장할 30종목 찾기' 프로젝트의 첫 번째 소개 종목으로 구글을 선정한 이유는 간단하다. 가장 확실한 투자처라고 생각됐기 때문이다. 지금부터 구글이라는 기업이 얼마나 멋진 투자 종목인지 하나씩 공개해 보겠다.

구글을 아시나요?

구글은 하루가 멀다 하고 사용하는 브랜드(검색 사이트)이기 때문에 잘 알고 있다는 착각에 빠지기 쉽다. 하지만 구글은 우리가 생각하는 것 이상이다.

일단 우리가 구글이라고 부르는 기업의 정확한 명칭은 사실 알파벳이다. 구글이라는 이름으로 1998년에 탄생했지만 여러 기업을 인수하면서 몸집이 커지자 2015년에 알파벳이라는 이름으로 지주회사를 설립했다. 알파벳이라는 이름이 만들어진 일화가 유명하다. 알파벳이라는 지주회사 산하에 구글과 같이 성공한 자회사를 A부터 Z까지 알파벳별로 만들어보자는 엄청난 스케일의 포부가 담겨있다. 하지만 아직 구글 외에 두드러진 비즈니스 활동을 보여주지는 못하고 있어서 얼핏 보면 '알파벳=구글'처럼 보일 수도 있다. 마치 1992년 혜성과 같이 등장해 대한민국 가요계에 혁명과 같은 엄청난 신드롬을 일으킨 댄스그룹 이름처럼 '구글과 아이들'이라고 생각하는 투자자가 많은 것도 이 때문이다(알파벳이라고 부르는 게 정확하지만 구글로 많이 알려졌기 때문에 내용의 흐름에 따라 알파벳과 구글을 혼용하겠다).

2021년 7월 기준, 알파벳의 지붕 아래에는 구글을 비롯한 12개의 자회사가 존재한다.

[알파벳 구조]

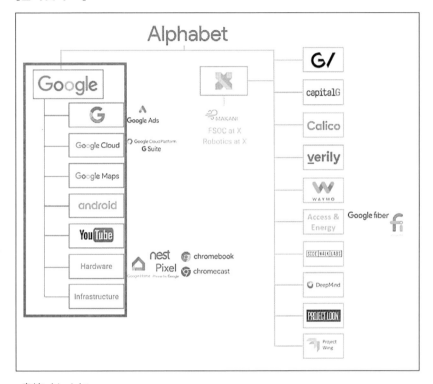

• 출처: cbinsights.com

12개 자회사 중에 대표적인 비즈니스는 모두 구글이 이끌고 있다. 구글은 구글 애드, 구글 클라우드, 구글 맵, 안드로이드, 유튜브, 하드웨어, 인프라 등 총 7개 사업 부분으로 다시 나눠진다.

구글을 제외한 나머지 11개 자회사에서 만들어지는 매출이 전체 매출의

0.5%도 되지 않는다는 점이 흥미롭다. 구글의 매출이 알파벳 전체 매출의 99.5%가 넘어가는 것이다. 얼핏 들어서는 상당히 우울한 이야기처럼 느껴지는데 사실 이 점이 알파벳 투자의 커다란 매력이 될 수 있다. 아직 출발도 하지 않은 주자가 많이 대기하고 있다고 볼 수 있기 때문이다.

2021년 1분기를 기준으로 사업별 매출 기여율을 정리해봤다(괄호 안에 있는 수치는 전년도 대비 성장률이다).

① 구글 검색: 57.64%(30.11%)

② 구글 네트워크: 12.29%(30.26%)

③ 구글 기타 매출(앱 판매 및 하드웨어 부분): 11.73%(46.5%)

④ 유튜브 광고: 10.87%(49.13%)

⑤ 구글 클라우드: 7.32%(46.2%)

전체 매출에서 70% 가까운 기여도를 보이는 구글 검색과 구글 네트워크 부분은 아직도 30%를 상회하는 건강한 성장률을 보여주고 있음을 확인할 수 있다. 거기에다 아직은 매출 기여도가 10% 전후에 머물고 있지만 유튜브 광고, 구글 클라우드, 하드웨어 부분은 50%에 육박하는 성장률을 보여주고 있어 앞으로가 더 기대되는 상황이다.

구글이라는 기업이 갖고 있는 비즈니스 경쟁력은 어느 정도일까? 이 부분을 확인하기 위해서는 구글이 참여하고 있는 각 사업 분야별 시장 점유율을 살펴보면 좋다.

가장 먼저 다음 '검색 엔진 시장 점유율'을 보면, 글로벌 검색 엔진 시장에서 구글의 시장 점유율을 확인할 수 있다. 무려 92.2%다(2021년 5월 기준). 2등이 누군지 잘 보이지도 않는다.

[검색 엔진 시장 점유율]

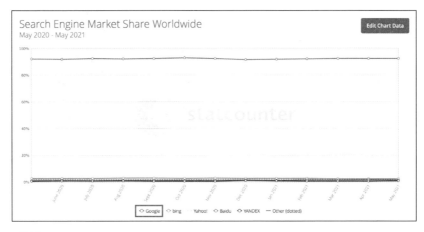

• 출처: statcounter.com

다음은 스마트폰 OS(Operating System) 시장이다. 구글의 안드로이드가 시장에서 차지하는 점유율은 72.72%에 마크되어 있다(2021년 5월 기준). 참고로, 모바일 OS 시장 2위는 애플(AAPL)의 iOS가 차지하고 있는데 시장 점유율이 26.46%에 불과해 사실상 검색 엔진과 마찬가지로 '천상천하 유아독존'의 모습을 보여주고 있다.

인터넷 브라우저 시장도 크게 다르지 않다. 구글 크롬이 차지하고 있는 시장의 파이는 64.75%이다(2021년 5월 기준). 2위 애플의 사파리(Safari)의 18.43%와 현저한 차이를 나타낸다. 한때 이 부분의 강자였던 마이크로소프트(MSFT)의 익스플로러, 엣지는 잘 보이지도 않는다.

디지털 광고 부분도 한번 보자. 다음 페이지의 '미국 디지털 광고 매출 점유율'을 보면, 좀 더 흥미진진한 상황이라는 것을 알 수 있다.

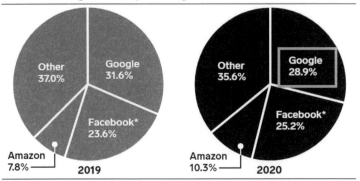

US Triopoly Digital Ad Revenue Share, by Company, 2019 & 2020
% of total digital ad spending

Note: includes advertising that appears on desktop and laptop computers as well as mobile phones, tablets, and other internet-connected devices, and includes all the various formats of advertising on those platforms; net ad revenues after companies pay traffic acquisition costs (TAC) to partner sites; *includes Instagram ad revenues

• 출처: emarkrter.com

　2020년 연간 실적을 기준으로 했을 때, 미국의 디지털 광고 매출 점유율의 경우 1위 구글이 28.9%, 2위 페이스북(FB)이 25.2%, 3위 아마존(AMZN)이 10.3%를 차지했다. 2019년과 비교하면 구글의 점유율은 감소했고 페이스북과 아마존의 점유율은 증가했다. 2022년이나 2023년쯤 되면 선두 경쟁이 볼만할 것 같다.

　이번에는 알파벳이 과거 5년간 어떤 성장의 모습을 보여왔는지 알아보자. 가장 먼저 살펴볼 항목은 역시 매출이다. 다음 '알파벳의 매출 성장 추세'를 통해 확인할 수 있는 것처럼, 알파벳의 매출은 지난 22분기 동안 쉬지 않고 계속해서 성장해왔다. 예외가 한 번 있었는데, 바로 2020년 2분기다. 전 세계가 코로나의 공포감에 꼼짝도 하지 못했던 단 3개월을 제외하고, 알파벳의 매출은 단 한 분기도 쉬지 않고 계속해서 증가해왔다.

[알파벳의 매출 성장 추세]

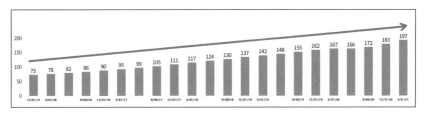

• 출처: tikr.com

2015년 연간 매출을 2020년과 비교해보면 매출 규모가 약 2.5배 이상 성장했음을 확인할 수 있다. 같은 기간 알파벳의 영업 현금(Cash from Operation)을 살펴봐도 마찬가지다. 5년간 알파벳의 영업 현금은 무려 2.7배 성장했다. 20%를 넘어서는 건강한 순이익 마진(Net Income Margin) 덕분이다. 참고로, 2020년 알파벳의 연간 순이익 마진은 22.08%였다.

필자의 생각으로는 다음 '매출 컨센서스 수정 트렌드'가 우리에게 시사하는 바가 매우 크다. 시장 전문가들이 예상하는 알파벳 매출의 컨센서스가 과거 5년간 지속적으로 상승하고 있다는 점을 말해주고 있다.

[매출 컨센서스 수정 트렌드]

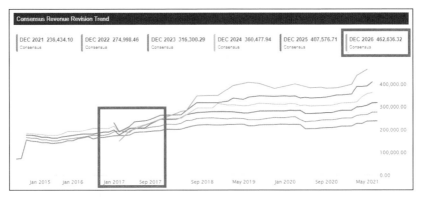

• 출처: seekingalpha.com

예를 들어, 2017년 당시 월가의 애널리스트들은 알파벳의 2026년 매출이 2,000억 달러(220조 원)에 미치지 못할 것으로 전망했었다(녹색 선 참고). 이렇게 보수적이던 시장의 전망치가 가장 최근에 업데이트된 컨센서스에서는 무려 4,620억 달러(508조 2,000억 원)까지 늘어났다. 알파벳이라는 기업이 시장 전문가들의 전망에 비해 얼마나 나은 성적을 내고 있는지 보여주는 단편적인 예라고 할 수 있다. 따라서 앞으로도 다가오는 미래에 알파벳은 애널리스트들의 목표 주가나 매출 및 순이익 예상치를 초과 달성할 가능성이 매우 높을 것으로 기대해볼 수 있겠다.

구글의 투자 매력

구글의 투자 매력은 매우 다양하다. 한마디로 매력 덩어리다. 그중에서 가장 잘 나가고 있는 부분부터 보자.

다음 페이지의 '미국 디지털 광고 시장 전망'을 보면, 2000년대에 들어 디지털 광고가 등장하자 기업들이 전통적인 광고에 지출하는 비용을 점차 줄이고 있다는 것을 확인할 수 있다. 반면, 디지털 광고 부분의 지출은 꾸준히 성장하는 모습을 보인다.

2020년은 광고 시장에 있어 중요한 의미가 있는 해라고 한다. 왜냐하면 기업들이 디지털 광고에 지출하는 비용이 사상 최초로 전통적 광고의 지출 비용을 앞지른 첫 번째 해이기 때문이다. 그런데 디지털 광고 시장은 아직 시작에 불과하다. 2021년 디지털 광고 시장의 성장률은 최소 20% 이상을 기록할 것으로 예상한다. 향후 2022년에서 2024년 사이에도 연평균 14% 이상의 성장을 예상할 수 있는 시장이 바로 디지털 광고 시장이다.

[미국 디지털 광고 시장 전망]

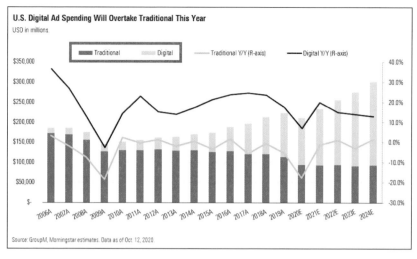

• 주: Millions는 100만 │ 출처: 그룹엠, 모닝스타

그다음 투자 매력은 '구글 클라우드'다. 밑의 '클라우드 시장의 성장'에
나와 있듯이 클라우드 시장은 2015~2020년 5년간 3.4배가 넘는 성장을
보여준 그야말로 핫한 비즈니스 섹터다. 그런데 심지어 미국에서도 클라

[클라우드 시장의 성장]

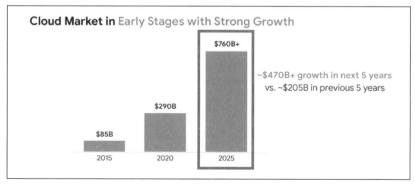

• 주: B는 Billion(10억) │ 출처: Google Cloud at the Goldman Sachs 2021 Technology and
Internet Conference

우드로의 전환을 마무리한 기업이 아직 3분의 1 정도에 머물러 있기 때문에 클라우드 시장의 성장은 한동안 계속될 것이 확실하다.

향후 2025년까지 2.6배 넘는 성장이 예상되는 시장이 바로 클라우드다. 클라우드 시장의 성장성은 확인했으니 이제 시장 점유율만 확인해보면 되겠다. 다음 '글로벌 클라우드 시장 점유율'에서 확인할 수 있는 것처럼, 구글은 클라우드 업계에서 3위의 자리를 차지하고 있다.

[글로벌 클라우드 시장 점유율]

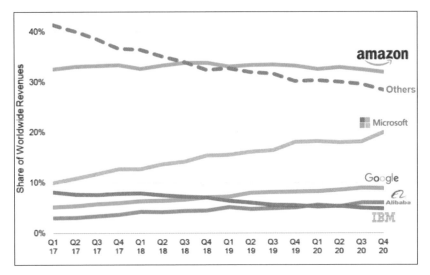

• 출처: 시너지리서치그룹

그런데 그 점유율이 아직은 초라하다. 2021년 1분기 기준, 구글 클라우드의 시장 점유율은 단 7%에 불과하기 때문이다. 그렇지만 실망하기에는 좀 이르다. 왜냐하면 전년 대비 구글 클라우드의 매출이 46.2%나 성장했기 때문이다.

최근 구글은 클라우드 부분에서 두각을 나타내기 위해 노력을 많이 기울이고 있다. 2018년에 론칭한 구글 원(Google One) 패키지를 최근에 새롭게 업그레이드했으며 구글 포토를 유료로 전환하는 등 구글 클라우드로 인터넷 사용자들을 끌어들이기 위해 크고 작은 전략을 구사하고 있다.

2020년 한 해 동안 많은 진전을 보이기는 했다. 연 100만 달러(11억 원) 이상 지출 규모를 가진 대형 고객사 수는 전년 대비 50% 이상 증가했으며 2억 5,000만 달러(2,750억 원) 이상 규모의 대박 계약 건수 역시 전년 대비 3배 이상 증가했다. 이렇게 대형 고객사와 대형 계약이 늘어나고 있다는 것은 분명 좋은 신호다. 구글 클라우드의 안전성이나 성능이 어느 정도 업계에서 인정받고 있다는 증거이기 때문이다.

또 하나의 바람직한 현상은 기존 고객사와 계약을 연장할 때 규모가 평균 2배 가까이 확대하는 추세를 보인다는 것이다. 이러한 현상은 최근 들어 고객사마다 이용하는 서비스가 평균 10가지를 넘어가면서 발생하는 바람직한 모습이다.

우리가 한 기업의 미래를 상상할 때 가장 의미 있게 참고할 만한 사항은 해당 기업이 다가오는 미래를 준비하기 위해 얼마나 많은 투자를 지속적으로 하고 있느냐의 부분이다. 다음 페이지의 '알파벳 연구개발 비용'에 나와 있는 그래프의 기울기를 통해 짐작할 수 있는 것처럼, 알파벳의 연구개발 비용은 과거 수년간 쉬지 않고 늘어나는 추세를 보인다.

최근 5년만 해도 2015년 122억 달러(13조 4,200억 원)에서 2020년 275억 달러(30조 2,500억 원)로 2.2배 넘게 연구개발 관련 투자 비용이 증가했다. 또한, 2020년에는 그해 만들어 낸 전체 매출[1,825억 달러(200조 7,500억 원)]에서 15% 이상을 연구개발에 재투자했음을 확인할 수 있다.

[알파벳 연구개발 비용]

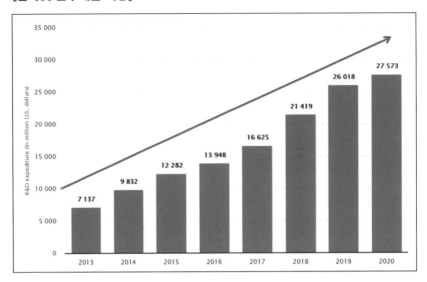

• 주: Million은 100만 | 출처: statista.com

　　메가 테크 기업을 대표하는 FAANG(Facebook, Amazon, Apple, Netflix, Google) 중에서도 매출의 15% 이상을 연구개발에 사용한 기업은 구글 외에 단 하나에 불과하다. 바로 페이스북(FB)이다. 페이스북은 전체 매출에서 무려 20%를 미래 비즈니스를 위해 재투자하고 있다. 주식에 투자하고 있는 사람이라면 구글이나 페이스북처럼 지금 당장의 수익률에 급급해 하지 않고 다가오는 미래를 위해 천문학적인 금액을 투자하고 있는 기업의 미래에 베팅하는 것이 어떻게 보면 당연하지 않을까?

　　우리가 알파벳의 미래를 생각하며 흐뭇한 미소를 지을 수 있는 또 하나의 모습은 그동안 알파벳이 보여준 크고 작은 인수·합병이다.

　　믿기 어렵겠지만 2001년부터 2020년까지 지난 20년간 알파벳이 인수한 기업의 수는 총 238개에 달한다. 2014년에는 단 1년 동안 35개나 되는 기업을 인수한 전력도 갖고 있다. 그중 굵직굵직한 기업만 나열해도 Calico(헬스케어), Nest(스마트 홈), X(로봇 및 기밀 프로젝트), Wing(드론) Youtube(미디어), Waymo(자율주행), Deepmind(인공지능), Capital G(사모펀드), Verily(생명공학), Fitbit(웨어러블) 등이 있다. 다양한 분야에 걸쳐 여러 개의 사업체를 가진 것도 대단한데 이러한 크고 작은 비즈니스의 중심에는 세계 최고 수준의 인공지능과 머신 러닝이 버티고 있다는 점이 알파벳의 가장 무서운 저력이다.

구글의 인공지능 수준은 상상 이상이다. 구글은 '구글 I/O(연례 개발자회의) 2021'에서 인공지능 대화 모델 '람다(Lamda)'를 선보였다. 람다는 언어의 문맥을 사람처럼 이해하고 답할 수 있는 대화형 AI(인공지능)인데 정해진 답을 하는 것이 아니라 답이 없는 문제에 대해서도 대화가 가능하다. 인간처럼 자연스러운 일상 대화가 가능한 것이다. 이제 인공지능과 친구처럼 지낼 날이 멀지 않았다.

이뿐만이 아니다. 전 세계 10억 명이 넘게 사용하는 구글 맵(Google Map)의 경우 2020년 한 해에만 인공지능을 이용해 100가지 이상의 업그레이드를 추가했다고 한다. 이제 원하는 목적지까지 가장 친환경적인 루트(경사가 없는 단거리), 혹은 인공지능의 실시간 분석으로 가장 안전한 루트(교통량, 기후 상황, 도로 공사 등 고려)를 추천하는 단계에 이르렀다고 하니 우리가 다 사용해 보지 못할 정도로 그 발전 속도가 빠르게 진행되고 있다.

구글이 정말 대단한 점은 따로 있다. 바로 인공지능을 활용하는 데 있어 자체적으로 텐서플로(Tensor Flow)라는 툴을 개발하고 그에 최적화된 TPU(Tensor Processing Units)까지 자체 개발한 것이다. 이미 사람이 수개월에 걸쳐서 하던 반도체 칩 설계 작업을 단 6시간 만에 마무리할 수 있는 단계에 이르렀다고 한다. 인공지능이 자신에게 필요한 칩을 스스로 디자인하고 있다는 말이다.

이렇게 설계된 차세대 AI 칩인 TPU는 다시 AI의 데이터 분석과 딥 러닝에 사용된다. 즉, 가면 갈수록 인공지능의 성능은 새로운 칩의 도움을 받아 가속화될 수 있고, 그렇게 되면 업그레이드된 인공지능은 다시 한 단계 발전된 형태의 칩을 스스로 제작해 추가적인 업그레이드를 위해 사용할 수 있다는 것이다. 따라서 앞으로 구글이 인공지능과 머신 러닝의 힘을 빌려 만들어 낼 발전과 혁신의 미래는 우리가 무엇을 상상하든 그 이상일 것이다.

구글의 투자 리스크

이렇게 대단한 기업 구글에도 투자 리스크가 존재할까? 당연히 예스(Yes)다. 투자 리스크가 없는 투자는 존재하지 않는다.

누구나 쉽게 생각해볼 수 있는 리스크는 당연히 정부 당국의 규제다. 독점 규제에 관한 리스크는 과거에도 지속적으로 FAANG에 속하는 기업들을 괴롭혀 왔고 앞으로도 사라지지 않을 위협이다. 그중 가장 커다란 관심을 받는 기업의 해체 문제는 영원히 일어나지 않을 수도 있고, 언젠가 정치권의 이권과 맞아 떨어지면 현실화될 가능성도 있다. 투자자 입장에서는 어쩔 수 없는 부분이다.

자, 한번 가정해보자. 내일 당장 구글에서 유튜브가 떨어져 나간다면 우리 투자자들은 하루아침에 구글의 주주에서 구글이라는 기업과 유튜브라는 기업에 동시에 투자하는 주주로 바뀔 텐데 이것이 그렇게 위험한 일일까? 투자자 각자가 고민해볼 문제라고 본다.

그다음 리스크는 애플과 아마존이다. 왜냐하면 이 두 기업과는 너무나도 겹치는 비즈니스가 많기 때문이다. 최근 구글이 심혈을 기울이고 있는 하드웨어, 헬스케어, 스마트 홈, 온라인 쇼핑 등에서 만나지 않은 적이 없다. 구글이 사업 확장을 노리는 영역마다 애플이나 아마존과의 한판 대결을 벌여야 할 판국인데 어느 정도의 시장을 확보할 수 있느냐가 관건이다. 상대가 애플, 그리고 아마존이니 쉽지 않은 싸움이 될 것이다.

세 번째 리스크 역시 메가 테크 기업 중 하나인 마이크로소프트다. 앞에서 살펴본 것처럼 구글 투자의 매력 중 하나는 점차 향상될 것으로 기대되는 구글 클라우드의 시장 점유율이다.

사실 클라우드 시장이 유망하다는 것은 세상이 다 아는 얘기다. 마이크로소프트도 클라우드에 올인하고 있다. 그 단편적인 예가 클라우드 게임이다. 마이크로소프트는 이제 플레이 스테이션(Play Station)이 없어도, 게임 CD를 사지 않아도 구독비만 내면 원하는 게임을 언제 어디서나 무한정 즐길 수 있는 세상을 열어가고 있다. 아예 클라우드 전문 기업으로 전향할 태세다.

그것만이 아니다. 최근 만 6년여 만에 선보인 윈도우11은 아예 구글의 생태계를 대놓고 겨냥하고 있다. 이제 안드로이드 앱이 윈도우에서도 실행될 수 있게 된 것이다. 이제 틱톡 같은 스마트폰의 앱들도 PC를 이용해 윈도우에서 바로 사용이 가능해졌다. 그동안 모바일 혁명의 수혜를 전혀 누리지 못하고 있던 마이크로소프트가 내놓은 신의 한 수이다.

무엇보다도 필자가 생각하는 구글 투자 최대의 리스크는 바로 페이스북이다. 페이스북은 최근에 자존심이 많이 상했다. 애플이 2021년 4월부터 앱 추적의 투명성을 보장하는 정책을 시행했기 때문이다.

애플은 자사의 모바일 생태계에 들어와 있는 소프트웨어 기업들이 쉽게 말해 개인 정보를 갖고 장사하고 있다면서 앱 사용자의 추적을 원천 봉쇄할 수 있는 선택권을 소비자에게 부여했다. 이렇게 되자 페이스북은 맞춤형 광고를 시행할 수 없게 됐다. 예산이 부족한 소상공인의 경우 맞춤형 광고가 아니면 경쟁에서 살아남기 어렵다며 애플의 독점적 지위 남용을 근거로 소송까지 준비하고 있다.

이렇게 애플 앞에서 무력한 자신을 바라보면서 페이스북의 경영진은 많은 자괴감에 시달렸을 것이다. 세계 최대 소셜미디어그룹이라 자부했건만 실상 플랫폼 기업 앞에서는 하나의 앱에 불과하다는 것을 절실하게 깨닫게 된 사건이었다. 따라서 앞으로 페이스북이 추구하는 미래에는 모바일 플랫폼이나 인터넷 브라우저가 없을 가능성이 높다. 모바일상에 존재하는 하나의 앱, 브라우저를 통해 방문하는 하나의 사이트라는 가벼운 존재감에서 벗어나기 위한 준비가 한창일 것이다. 즉, 가상현실이나 메타버스를 골자로 하는 새로운 플랫폼을 탄생시킬 가능성이 높다.

만약 페이스북이 새로운 플랫폼의 구축에 성공한다면 구글 입장에서 이건 보통 일이 아니다. 전 세계 모바일 OS 시장의 73%, 인터넷 브라우저 시장의 65%를 차지하고 있는 구글 입장에서는 앞으로도 쭉 사람들이 스마트폰을 사용하고 브라우저를 통해 인터넷에 접속하기를 간절히 바라기 때문이다. 앞으로 페이스북이 대박 나면 구글은 쪽박을 찰 수도 있다. 그래서 필자는 두 기업 모두에 투자하고 있다.

≡2≡
엔비디아
골드러시 시대에는 곡괭이를 팔아라

필자는 엔비디아(NVDA)에 무척 애착이 많다. 필자의 포트폴리오에서 아마존(AMZN)과 테슬라(TSLA)에 이어 3번째로 투자 비중이 높고, 지난 1년간 70% 가까운 멋진 수익률을 안겨준 고마운 주식이기 때문이다. 또한, 미주은을 개설한 이후 필자는 지금까지 400개 넘는 영상을 올렸는데 그 많은 영상 중에서 가장 많은 클릭 수를 기록한 영상이 엔비디아에 관한 영상이었다. 그만큼 한국 투자자들의 관심을 독차지하고 있는 가장 인기 있는 종목 중 하나가 엔비디아라고 할 수 있겠다.

엔비디아를 아시나요?

PC 게임을 위한 그래픽 처리 장치(GPU: Graphics Processing Unit)를 만드는 기업으로 엔비디아는 명성을 얻었다. 지포스(GeForce)라는 그래픽

카드가 말 그대로 대박이 나면서 한국에서도 게이머들에게 큰 사랑을 받게 됐다.

컴퓨터의 성능에서 가장 중요한 역할을 수행하는 장치, 즉 컴퓨터의 두뇌라고 할 수 있는 장치를 CPU(Central Processing Unit)라고 한다. 직역하면 '중앙처리장치'라고 할 수 있다

CPU는 사용자가 명령하는 모든 작업을 처리하고 연산하는 역할을 수행한다. 빅데이터라는 단어가 등장하기 전에는 복잡한 일을 빠르게 처리할 수 있는 CPU의 역할에 비해 단순 연산을 동시다발적으로 하는 데 유리한 GPU의 역할은 제한적이었다. 실감 나는 게임을 즐기기 위한 그래픽 카드 정도로 인식되었던 것은 그러한 이유였다.

그런데 클라우드 산업 등 4차 산업혁명 시대로 접어들면서 우리가 생산하고 소비하는 데이터양이 급증했다. 결과적으로 GPU의 활용 범위가 상상 이상으로 확대되면서 엔비디아는 이제 자타공인 최고의 반도체 기업으로 그 입지를 다지고 있다. 세계 최대 용량의 슈퍼 컴퓨터 25대 중 20대가 엔비디아의 GPU를 사용한다고 하니 그야말로 4차 산업혁명 최대 수혜주라 칭할 만하다.

또 하나 투자자들이 기억해야 하는 점이 있다. 엔비디아가 이제 더 이상 GPU를 설계하는 수준의 반도체 기업이 아니라 클라우드 게임, 데이터센터, 인공지능, 자율주행, 증강현실 및 가상현실 등의 다양한 소프트웨어를 제공하는 플랫폼으로 진화하고 있다는 점이다.

다음 페이지의 그림을 보면, 최근 엔비디아의 실적이 어느 정도인지 한눈에 알아볼 수 있다. 매출은 전년 대비 53% 성장했으며 총이익 마진은 전년 대비 3.1%p(62.5%→65.6%) 향상했다. 영업이익은 전년 대비 82%

[엔비디아 성적표(2022 회계연도)]

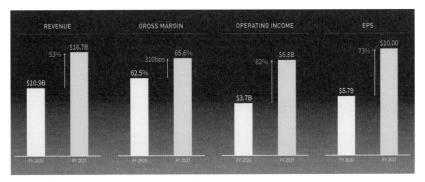

• 주: B는 Billion(10억) | 출처: 엔비디아 연례 투자 프레젠테이션

증가했으며 주당 순이익(EPS)은 1년간 무려 73%라는 무서운 성장을 보여 줬다.

엔비디아는 총 4개의 사업 부분에서 각기 다른 브랜드로 맹활약 중이다. 지포스라는 역사상 최고의 그래픽 카드를 보유한 게임 사업, 2020년에 네트 워크 기업인 멜라녹스를 인수하면서 성장이 가속화되고 있는 데이터센터 사업, 쿼드로(Quadro)라는 브랜드로 유명한 시각화 플랫폼 사업, 마지막으 로 드라이브(DRIVE)라는 이름의 자동차 사업이 그것이다.

2020년 엔비디아 전체 매출의 약 47%는 게임 사업에서 발생했다. 게임 사업은 최근 4년간 평균 성장률이 18%에 이른다. 전 세계 그래픽 카드 시 장은 엔비디아와 AMD, 두 기업이 독과점을 형성하고 있다. 이 중에서 엔 비디아는 최근 1년간 80%가 넘는 점유율을 꾸준히 유지하고 있으며 AMD가 나머지 20% 정도를 차지하고 있다.

데이터센터의 매출은 전체 매출의 40% 정도를 차지했다. 그런데 2019 년 대비 124%라는 매출 성장을 보여주면서 조만간 엔비디아의 주력 비즈니스는 데이터센터로 전환될 것이 거의 확실해 보인다. 시각화 플랫폼 사업은 전체 매출의 6.6%를, 자동차 사업은 3.2%를 차지하고 있다.

엔비디아의 투자 매력

우리가 엔비디아에 투자해야 하는 이유는 한두 가지가 아니다. 그리고 그 많은 투자 매력 중에 단 한 가지도 간과할 만한 것이 없다. 필자가 엔비디아를 최고의 투자 종목 중 하나로 손꼽게 된 논리적 근거들을 총 7가지로 정리해봤다.

① GPU 시장 잠재력 베리파이드 마켓 리서치에서 발표한 'GPU 시장 성장 예측'에 따르면, 글로벌 GPU 시장의 규모는 2020년 254억 달러(27조 9,400억 원)에서 2027년이 되면 1,853억 달러(203조 8,300억 원)까지 성장할 것으로 기대되고 있다. 즉, 7년간 7.3배의 성장을 예상한다는 것인데 연

[GPU 시장 성장 예측]

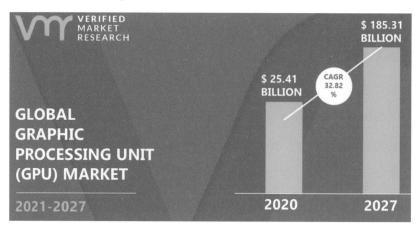

• 주: Billion은 10억 | 출처: verifiedmarketresearch.com

평균 성장률(CAGR)로 나눠봐도 32.82%라는 엄청난 성장 예측이다.

엔비디아가 GPU 시장에서 보여주고 있는 존재감을 감안할 때 사실 이 수치 하나만으로도 엔비디아에 투자할 이유는 충분하다.

② CMP 'Cryptocurrency Mining Processors'의 약자로 직역하면 '가상화폐 채굴 전문 반도체 칩' 정도가 된다. 엔비디아의 GPU는 공급이 수요를 따라가지 못할 정도로 인기가 많다. 그런데 2020년에 전 세계적으로 비트코인과 이더리움 채굴이 붐을 일으키면서 게임용으로 출시된 엔비디아의 GPU가 가상화폐 채굴자들에 의해 동이 나 버리는 상황이 발생했다.

이런 상황에 대처하기 위해 엔비디아는 2021년 2월 이더리움 등 가상화폐 채굴을 위한 CMP를 론칭했다. 아직 CMP의 매출은 대단한 수준이 아니다. 그렇지만 2021년 1분기에 1억 5,500만 달러(1,705억 원)를 기록한 CMP 매출은 바로 다음 분기인 2분기에는 2억 6,600만 달러(2,926억 원)를 기록했다. 단 3개월 만에 72%라는 성장을 보여준 것이다. 만약 가상화폐 채굴이 스쳐 가는 바람이 아니라 한동안 지속적으로 나타나거나 지금보다 가상화폐가 더 상용화되는 일이 발생하면 엔비디아의 CMP는 의외로 신의 한 수가 될 수 있다.

이 분야의 전문가들은 글로벌 가상화폐 채굴 하드웨어 시장이 2024년까지 연평균 7% 정도 성장할 것으로 예상하고 있다. 그런데 7%가 쉽게 70%로 둔갑할 수 있는 것이 가상화폐 시장이라는 점에서 관심을 가지고 지켜볼 만하다.

③ 자율주행 플랫폼 시장 엔비디아의 자동차 사업 부분은 2021년 1분기에 총매출에서 3.2%를 차지하는 데 그쳤다. 그뿐만 아니라 과거 4년간 연평균 성장률을 살펴봐도 2%라는 초라한 성적표를 제출하고 있다. 사실상 엔비디

아 투자자 입장에서는 거의 관심을 가지지 않게 되는 비즈니스 부분이다.

하지만 엔비디아는 그동안 자동차 제조업체, 트럭 제조업체, 센서 제조업체, HD 매핑(HD Mapping) 기업 등 자동차 생태계의 수백 개 파트너와 협력해 자율주행 차량용 인공지능 시스템을 개발하고 배포하고 있다. 최근 1년만 봐도 짧은 시간 동안 벤츠의 모기업인 다임러 AG(DAI), 니오(NIO), 볼보(VOLV-B) 등과 파트너십 체결을 했으며 현대차, 기아차에도 엔비디아의 제품이 탑재될 것이라고 한다.

내비간트리서치에서 발표한 '자동차 컴퓨팅 플랫폼 랭킹'을 살펴보면, 자율주행차 컴퓨팅 플랫폼 부분에서 엔비디아가 가장 선두 자리에 있는

[자동차 컴퓨팅 플랫폼 랭킹]

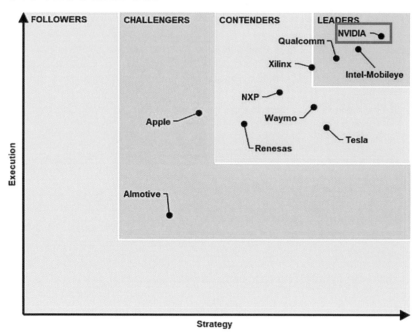

• 출처: 내비간트리서치

것을 확인할 수 있다.

자율주행 시장은 점점 경쟁이 심화하고 있다. 자율주행업계에서 리더 격인 엔비디아가 7.1% 정도의 시장 점유율을 차지할 수 있다면 매출에 어느 정도의 도움이 되는지 간단히 시뮬레이션을 통해 알아보자.

코로나 영향이 없었던 2019년을 기준으로 보면, 전 세계에서 운행된 자동차는 약 14억 대였다. 앞으로 10년 후쯤 세상의 모든 자동차에 자율주행 소프트웨어가 탑재되고 도로 위 자동차 수에는 크게 변화가 없다고 가정해보자. 자동차 전체 시장의 7.1%를 엔비디아가 차지한다면 약 1억 대의 자동차가 엔비디아의 자율주행 소프트웨어를 사용하게 된다. 최근 테슬라(TSLA)가 출시한 (아직 완성단계에는 미치지 못한) 자율주행 소프트웨어의 구독료 월 199달러(약 22만 원)를 참고하면 다음과 같은 계산이 가능하다.

200달러※(1개월 예상 구독료)×12개월×1억 대(엔비디아 자율주행 소프트웨어 이용 자동차 수)=2,400억 달러(264조 원)

즉, 매년 반복적으로 발생하는 자율주행 매출이 2,400억 달러(264조 원)에 이를 수 있다는 것이다. 2020년 엔비디아의 총매출인 167억 달러(18조 3,700억 원)보다 14배 이상 큰 금액이다. 물론 엔비디아가 자율주행 시장에서 차지하는 점유율이 7.1%보다 훨씬 떨어질 가능성도 있고, 자율주행 소프트웨어의 도입이 생각보다 더디게 진행될 가능성도 배제할 수 없다. 하지만 우리가 엔비디아의 사업 중에서 가장 괄목할 만한 성장을 자율주

※ 계산 편의상 200달러로 한다.

행 부분에서 목격하게 될 가능성 또한 배제할 수 없을 것이다.

④ 수익률의 지속적 향상 엔비디아 총수익 마진은 2017 회계연도 59.2%에서 2021년 회계연도 65.6%로 급격하게 향상했다.

가장 최근에 발표된 2022 회계연도 1분기 결과인 다음 '엔비디아 손익계산서'를 보더라도, 엔비디아의 순이익 마진(Profit Margin=Net Income Margin)은 무려 33.8%에 이른다. 게다가 2022 회계연도 2분기 결과를 살펴보면, 순이익 마진이 무려 36.5%까지 향상한 것을 확인할 수 있다.

[엔비디아 손익계산서]

	Three Months Ended	
	May 2, 2021	April 26, 2020
Revenue	$ 5,661	$ 3,080
Cost of revenue	2,032	1,076
Gross profit	3,629	2,004
Operating expenses		
Research and development	1,153	735
Sales, general and administrative	520	293
Total operating expenses	1,673	1,028
Income from operations	1,956	976
Interest income	6	31
Interest expense	(53)	(25)
Other, net	135	(1)
Other income (expense), net	88	5
Income before income tax	2,044	981
Income tax expense	132	64
Net income	$ 1,912	$ 917

• 출처: 엔비디아 분기 실적보고서

지난해 미국 주식 시장에 상장된 반도체 기업들의 평균 순이익 마진은 3.8%에 불과했다. 미국의 우량 기업 500개를 모아 놓은 대표적인 시장 지수인 S&P 500에 포함된 500개 기업의 2021년 1분기 평균 순이익 마진도 9.35%로 10%를 넘어가지 못한다. 따라서 엔비디아가 보여주고 있는

33.8%와 36.5%라는 매력적인 마진율은 우리가 엔비디아에 투자해야 하는 또 다른 이유로 손색이 없다.

엔비디아의 순이익 마진은 추가 향상될 가능성이 매우 높다. 왜냐하면 최근 엔비디아의 사업에서 성장률이 가장 높은 비즈니스가 데이터센터 사업인데 데이터센터 쪽은 엔비디아의 4가지 사업 중 가장 마진이 높기 때문이다. 이뿐만이 아니다. 엔비디아는 최근 들어 반도체 칩을 설계 및 판매하는 기업에서 소프트웨어 구독 모델을 가진 플랫폼 기업으로 진화하고 있다. 따라서 지금도 훌륭한 엔비디아의 수익률은 앞으로 추가적인 성장을 보일 가능성이 매우 농후하다.

⑤ CPU 시장 진출과 데이터센터 2021년 4월 엔비디아는 시장이 깜짝 놀랄 만한 발표를 했다. 지금까지 엔비디아와 인연이 없던 CPU 시장으로 본격적인 지출을 하겠다는 발표였다. 엔비디아는 현존하는 가장 빠른 서버보다 10배 이상 빠른 성능을 제공하는 차세대 CPU인 그레이스(Grace)를 2023년 초까지 출시하겠다고 밝혔다. 그레이스는 대규모 AI와 초고속 컴퓨터를 위한 데이터센터 전용 CPU로 알려졌다. 합병을 앞두고 있는 ARM과 파트너십을 맺고 ARM이 자랑하는 저전력 CPU 코어와 엔비디아의 기술력이 만들어 낸 역사상 최고의 데이터센터 전용 CPU가 탄생하게 된 것이다. 이로써 엔비디아는 GPU, DPU(Data Processing Unit, 데이터 프로세서), CPU 등 3가지 칩을 가지게 될 날이 머지않게 됐다. 모르긴 해도 세계 CPU 시장의 80%를 점유하고 있는 인텔(INTC)의 경영진이 공포감을 느끼면서 접했을 법한 커다란 발표였다.

엔비디아는 그레이스의 출시를 발표하기 전부터 이미 인텔이 독점하고 있던 데이터센터 매출을 지속적으로 빼앗고 있었다. 다음 '데이터센터 매

출 비교 _ 엔비디아 vs 인텔'에서 확인할 수 있는 것처럼, 불과 5년 전만
해도 비교 대상이 되지 않았던 엔비디아와 인텔 간 매출 차이는 2017년을
기점으로 급격히 줄어들고 있다.

[데이터센터 매출 비교 _ 엔비디아 vs 인텔]

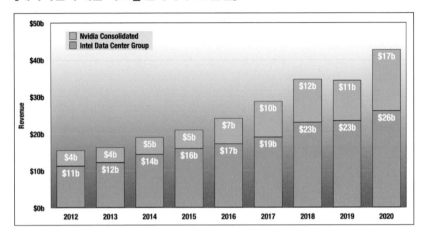

• 출처: seekingalpha.com

필자는 2023년에 그레이스가 출시되면 아주 머지않은 미래에 엔비디아
가 인텔을 제치고 데이터센터 사업에서 선두의 자리를 차지하리라 기대하
고 있다.

⑥ AI 반도체 시장 필자는 이 책에서 엔비디아의 투자 매력을 7가지나 소
개하는 중이다. 누군가가 엔비디아에 투자해야 하는 가장 중요한 이유를
물어본다면 주저하지 않고 자율주행과 AI 반도체를 꼽을 것 같다. 여기서
말하는 'AI 반도체'란, 데이터를 수집하고, 학습하고, 추론하는 전반적인
컴퓨팅 과정에서 대규모 연산을 빠르고 효과적으로 실행할 수 있도록 높
은 성능을 제공하는 반도체 칩을 일컫는다.

2020년 AI 반도체 시장의 규모는 약 230억 달러(25조 3,000억 원)였다. 반도체 전체 시장의 11% 수준이다. 이 수치는 2025년이 되면 711억 달러(78조 2,100억 원)까지 성장할 것으로 예상되는데 매년 평균적으로 25.3%의 성장을 보여야만 달성 가능하다.

[AI 반도체 매출 예측]

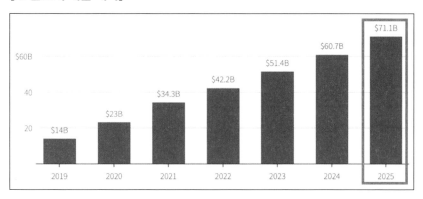

• 주: B는 Billion(10억) | 출처: 가트너

이렇게 AI 반도체 시장의 미래를 긍정적으로 예상하는 이유는 바로 4차 산업혁명 때문이다. AI 반도체는 클라우드, 인공지능, 사물인터넷, 자율주행 등의 핵심 부품이기 때문에 2025년이 되면 반도체 전체 시장의 19%를 차지할 수 있다고 한다. 현재 인공지능 교육 및 추론 로드맵의 선두 기업은 엔비디아와 구글(GOOG)이라고 알려져 있다. 하지만 아직 구글은 자사가 만들어 내는 인공지능 반도체 칩을 구글 내에서만 활용할 뿐, 상업적으로 판매하고 있지는 않다. 엔비디아의 AI 반도체가 더욱 가치 있어 보이는 이유다.

⑦ ARM 인수 2020년 9월, 엔비디아는 세계 최대의 반도체 설계사인

ARM을 400억 달러(44조 원)에 인수한다고 발표했다. 1990년 영국에서 설립된 ARM은 스마트폰의 CPU라고 할 수 있는 애플리케이션 프로세서 (AP) 글로벌 시장에서 95%에 가까운 설계 기술을 제공하는 기업이다. ARM은 이 AP 칩을 비롯해 태블릿 PC, 인공지능, 사물인터넷 등에 쓰이는 각종 반도체 설계에 없어서는 안 될 원천 기술을 보유한 것으로 유명하다.

물론 엔비디아의 ARM 인수가 최종 확정된 것은 아니다. 미국, 영국, 유럽연합(EU), 거기에 중국 정부의 승인을 받아야만 최종 거래가 성사되기 때문이다. 성사만 된다면 엔비디아는 게임 그래픽 카드와 데이터센터, 인공지능을 넘어 스마트폰과 사물인터넷까지 그 영역을 확장시킬 수 있고 명실상부 지구상 최고의 반도체 기업으로 거듭날 가능성이 매우 높아진다.

일단 두 기업의 합병은 시장 규모의 확장을 의미한다. 다음 그림에 나와

[엔비디아와 ARM 합병 시 시장 규모]

2023년까지 2,500억 달러 규모의 시장을 타깃으로!		
가속 컴퓨팅, 에너지 효율, 인공지능이 모든 산업 섹터에 걸쳐 혁명을 일으킬 것이다.		
컴퓨터 & 모바일 디바이스	데이터센터	자율주행, 엣지 컴퓨팅 & 사물인터넷
$95B	$80B	$75B

	컴퓨터 & 모바일 디바이스	데이터센터	자율주행, 엣지 컴퓨팅 & 사물인터넷
엔비디아	게임 PC, 워크스테이션, 게임 콘솔	가속 컴퓨팅 플랫폼, 멜라녹스 네트워크	자율주행, 로봇 공학, 엣지 인공지능
ARM	스마트폰, 태블릿 PC, 노트북	베이스 스테이션, 인터넷 공유기, 스위치, 서버	자율주행, 웨어러블, 산업용 컴퓨터, 가전제품 사물인터넷

• 주: B는 빌리언 달러(10억 달러) | 출처: investor.nvidia.com

있는 것처럼, '엔비디암(엔비디아+ARM)'이 노려볼 수 있는 시장 규모는 2023년 기준으로 2,500억 달러(275조 원)에 이른다.

현재 엔비디아를 위해 함께 일하고 있는 개발자 수는 200만 명 남짓인데 합병하면 이 숫자가 1,500만 명으로 급격하게 증가한다. 추가적인 성장과 혁신적인 모습이 기대되는 부분이다. 또한, 두 기업 간 교차 연구·개발도 가능해진다. 예를 들어, ARM의 에코 시스템을 이용해 엔비디아의 GPU와 AI 기술을 모바일과 PC에 도입한다든지, 데이터센터 부분에서 ARM의 CPU 연구·개발을 가속화할 수 있게 되는 시너지도 기대해볼 수 있다.

또 하나의 시너지라면 ARM의 뛰어난 수익률이다. ARM은 총수익률(Gross Margin)이 94%에 달하는 기업이다. 따라서 ARM의 인수는 엔비디아의 마진율과 주당 순이익(EPS) 성장에 직접적인 영향을 미칠 것이 분명하다.

엔비디아의 투자 리스크

단기적인 관점에서 봤을 때, 엔비디아 투자 관련 첫 번째 리스크는 단연 ARM 인수 불발이다. 일단 미국과 영국 당국은 어떻게든 넘어간다 치더라도 변수는 중국이다. 미국 기업인 엔비디아의 경쟁력 강화를 중국이 달가워할 가능성은 적기 때문이다.

씨티은행은 '중국은 자국 업체들의 ARM 접근이 차단될 가능성이 높은 엔비디아의 ARM 인수를 지지할 가능성이 낮다'라고 평가했다. 궁여지책으로 엔비디아가 ARM 중국 지사를 별도의 법인으로 유지하는 방안이 남아 있기는 하다. 이번 인수가 성사되지 않는다면 엔비디아의 주가는 폭락할 가능성도 배제할 수 없다.

두 번째 리스크 역시 당국의 규제와 연결되어 있다. 바로 가상화폐 발굴 부분이다. 물론 아직 가상화폐 채굴 칩 관련 매출이 엔비디아의 전체 매출에서 5% 이하를 차지하므로 걱정할 정도는 아니다. 하지만 기업의 주가에는 늘 '기대감'이 반영되어 있는 만큼, 호재 하나가 사라지는 것은 곧 악재로 해석이 가능하다.

세 번째 리스크는 바로 엔비디아의 고질적인 문제인 프리미엄이다. 엔비디아는 항상 너무 비싸다. 필자가 엔비디아 관련 내용을 정리하고 있는 2021년 7월 말 현재, 엔비디아의 PE Ratio(주가 순이익 비율)는 거의 90배에 가깝다. 이 말은 엔비디아가 지난 1년간 만들어 낸 순이익에 90을 곱해야 현재 시가총액이 나온다는 것이다. 성장이 멈춘다는 전제하에서 엔비디아의 순이익을 90년간 모아야 이 기업을 살 수 있는 자금이 마련된다는 뜻이니 비싸도 너무 비싸다.

그런 의미에서 엔비디아의 마지막 투자 리스크는 투자자들의 마음 자세라고 말하고 싶다. 엔비디아의 주가는 2020년 9월 초부터 2021년 5월 중순까지 무려 8개월 이상을 횡보했다. 아니, 이 기간 동안 오히려 5%가 떨어졌다. 그리고 나서는 단 두 달간 50% 넘게 상승했다.

주가가 단숨에 50%나 치솟고 나니 모두가 엔비디어 주식에 관심을 가지기 시작했다. 8개월 넘게 지속되던 매수 기회를 놓친 투자자들은 지금 매수해도 늦지 않은지를 궁금해하고 있다. 주식 투자가 늘 이런 식이다. 좋은 기업을 발굴해 기다리다 보면 언젠가는 좋은 결과를 만들어 낼 수 있다. 문제는 투자자들의 마음이다. 특정 종목의 주가가 폭등하는 모습을 보면 따라가고 싶고[FOMO(Fear Of Missing Out, 소외에 대한 공포) 증후군],

몇 개월 넘게 주가가 횡보하면 팔아버리고 싶어 한다. 그래서 세계적인 투자자 워런 버핏은 "주식 시장은 참을성이 없는 사람에게서 인내심이 있는 투자자에게 자금을 옮겨주는 장치와 같다"라고 말했다.

증강현실과 가상현실, 그리고 메타버스
AR | VR | Metaverse

독자 여러분은 '메타버스(Metaverse)'라는 단어를 접해본 적이 있는지 궁금하다. 메타버스는 초월을 의미하는 'Meta'와 현실 세계를 의미하는 'Universe'의 합성어다. 즉, 현실 세계와 그 현실을 초월하는 가상 세계가 융합되면서 창조되는 초현실적인 세계를 의미한다.

이렇게 설명하니까 좀 어렵게 들리는데 전 세계적으로 선풍적인 인기를 끌었던 영화 '매트릭스', '아바타'와 같은 영화를 떠올리면 메타버스의 의미를 이해하는 데 도움이 될 것 같다.

아주 오래전 영화이기는 하지만, 아널드 슈워제네거와 샤론 스톤을 스타의 자리에 올려놓은 '토탈 리콜'이라는 영화의 줄거리에도 이 메타버스가 등장한다. 주인공인 아널드 슈워제네거가 가상현실에서 화성으로의 여행을 꿈꾸게 되는데 알고 보니 화성에서 일어났던 일들이 가상현실이 아니라 실존하는 현실이었다는, 지금까지도 그 줄거리가 생생하게 기억나는 걸 보면 개인적으로 매우 흥미진진하게 감상한 영화인 것 같다.

30여 년 전에 인기를 끌었던 영화의 장면들을 이제 머지않은 미래에서 우리가 직접 경험할 수 있는 시대로 접어들고 있는 듯하다. 가상현실에서 또 다른 삶을 살아가는 것은 더 이상 영화 속의 일이 아니다. 메타버스는 앞으로 1가지의 비즈니스 모델이라기보다는 하나의 사회 현상으로 확대될 가능성이 높다고 필자는 본다. 왜냐하면 테크놀로지의 발전은 현실 세계와 가상 세계의 구분을 갈수록 모호하게 만들 것이고 결국 두 세계에서 우리가 느끼는 현실감의 차이가 무너지는 날이 올 것이라는 생각 때문이다.

가상현실에서의 경험이 현실에서의 경험과 별 차이가 없어지는 단계에 이르게 되면 많은 사람이 현실을 탈피해 가상 세계에서 시간 대부분을 보낼 가능성이 높다. 가상현실에서의 나는 외모도 뛰어나고 경제적으로도 풍족하며 현실 속에서의 걱정거리도 가지고 있지 않아 삶의 만족도 면에서 비교 대상이 되지 않을 가능성이 높기 때문이다. 그렇게 되면 현실에서는 세상의 주류가 되지 못하는 많은 사람이 더 나은 삶을 영위하기 위해 가상현실에서의 삶에 더 치중하게 될 수도 있다는 것이 필자의 판단이다. 그리고 이러한 가상현실을 제공하는 플랫폼 기업은 그 어떤 산업의 성공적인 기업보다도 막대한 부를 창출하게 될 가능성이 높다. 따라서 메타버스라는 단어는 미국 주식 투자자라면 절대 간과해서는 안 될 가장 중요한 4차 산업혁명 시대의 핵심적 키워드다.

그렇다면 과연 어떤 기업들이 이렇게 무한한 가능성을 지닌 메타버스의 시대를 열어갈 수 있을까? 크게 보면, 게임 산업 분야, 그리고 소셜미디어 분야를 떠올릴 수 있겠다.

그중에서도 게임 산업은 근본적으로 메타버스로 진화하는 데 매우 유리한 조건을 갖추고 있다. 일단, 메타버스의 기본 골격인 또 다른 나인 '아바타'가 존재하는 경우가 대부분이며 메타버스로 진화하기 위한 가장 중요한 요소인 커뮤니티 형성이 가능하기 때문이다. 이제 혼자 컴퓨터를 상대로 게임을 즐기는 시대는 끝났다. 세계 각지에서 게임 플랫폼에 모여든 글로벌 친구들과 자연스럽게 어울리며 함께 게임을 즐기는 시대가 도래한 것이다.

우리가 메타버스에 주목해야 하는 또 다른 이유는 Z세대다. 이들은 디지털 기기와 함께 성장한 세대이며 어떻게 보면 현실 세계보다 디지털 세계에서의 활동에 좀 더 익숙해져 있다. 메타버스의 형태를 갖춘 대표적 게임을 사용하는 연령층을 살펴보면, 메타버스와 Z세대의 관계를 미루어 짐작할 수 있다.

메타버스의 초기 형태로 간주되는 로블록스(RBLX)에는 미국의 16세 미만 인구의 55%가 가입되어 있다. 가입자가 2억 명이나 되는 제페토 역시 10대 이용자 비중이 80%에 달한다. 앞에서 언급한 것처럼, 현실 세계에 대한 만족도가 떨어질수록 메타버스의 세계에 빠져들 가능성은 높아진다. 돈과 권력이 없으면 가능한 것이 거의 전무한 현실을 떠나 누구나 자신만의 디지털 커뮤니티를 구축하고 적은 돈으로 아름다운 인생을 꾸려 나갈 수 있는 메타버스로 젊은 세대들은 대이동을 할 것이다. 따라서 시간이 갈수록 메타버스 관련 시장의 규모는 걷잡을 수 없을 만큼 확대될 가능성이 크다.

2020년부터 2027년까지 증강현실(Augmented Reality)과 가상현실(Virtual Reality)의 글로벌 시장 규모는 연평균 52.1%라는 엄청난 성장을 기대하고 있다.

다음 그림에서 제시하는 수치들을 살펴보면 2019년만 해도 320억 달러 (35조 2,000억 원)에 불과했던 시장 규모가 2027년에 5,127억 달러(563조 9,700억 원)까지 성장한다고 예측했다. 8년 만에 시장 규모가 약 16배 성장하는 것이다.

[증강현실과 가상현실 시장의 규모 예상]

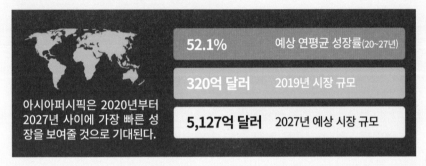

• 출처: 콘피안자 마켓 리서치 앤 컨설턴시

연 52.1%라는 무시무시한 성장률이 가능할 수 있는 이유는 앞으로 증강현실과 가상현실이 비디오 게임뿐만 아니라 교육, 방위 산업, 리테일, 부동산, 비디오, 이벤트, 엔지니어링, 헬스케어 등에 모두 활용될 가능성이 높기 때문이다.

다음 페이지의 그림에서 알 수 있듯이, 리서치 기업인 스트래티지 애널리틱스는 메타버스 시대의 필수 아이템인 증강현실과 가상현실 하드웨어의 2025년 시장 규모를 현재 수준에서 6배 이상 성장한 2,800억 달러(308조 원)로 전망했다. 다국적 회계컨설팅기업인 PwC는 메타버스 시장 규모를 4,764억 달러(약 524조 원)까지로 전망했다. 정확한 시장 규모는 알 수 없지만 엄청난 부가 창출될 기회가 찾아오고 있다는 것만은 확실해 보인다.

[증강현실과 가상현실 시장의 성장 예상]

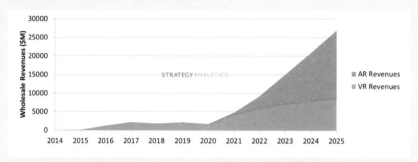

• 주: M은 Million(100만) | 출처: 스트래티지 애널리틱스

　여기까지 살펴보니 메타버스의 성장 잠재력이 엄청남을 실감할 수 있을 것이다. 만약 어떤 기업이 메타버스의 페이스북(FB), 메타버스의 인스타그램, 메타버스의 유튜브로 성장할 수 있다면 천문학적인 부를 창출할 수 있다는 것도 어느 정도 예상이 가능하다.

　이번에 메타버스와 관련해서 천문학적인 부를 창출할 가능성이 있는 기업을 선별해 소개하고자 한다.

3
유니티소프트웨어
가상과 현실의 벽을 허물다

유니티소프트웨어(U, 이하 '유니티')는 2020년 9월에 상장했다. 게임 엔진을 제공하고 이를 이용해 직접 게임을 만들기도 한다. '게임 엔진'이란, 게임을 개발할 때 필요한 핵심 기능들을 모아 놓고 제공해 개발 시간을 단축하고 게임의 완성도를 높여주는 소프트웨어 혹은 플랫폼을 의미한다. 대표적인 게임 엔진인 언리얼 엔진과 함께 시장 1, 2위를 다투고 있다.

유니티의 힘은 우선 숫자 몇 가지를 확인하면 알 수 있다. 매월 다운로드되는 유니티를 이용한 앱(App)의 수는 50억 개 정도이며 유니티로 만들어진 프로그램을 매월 사용하는 이용자 수는 25억 명에 달한다. 전 세계 게임(PC+모바일+콘솔)의 45% 이상이 유니티의 게임 엔진을 이용해 만들어졌다. 전 세계 톱 10 자동차 제조사 중 유니티를 사용하지 않는 기업은 단한 곳도 없으며 톱 100 게임 개발사 중 유니티 고객사는 무려 94곳이나된다. 도대체 유니티의 어떤 점이 이런 무시무시한 숫자들을 가능하게 만들었을까?

유니티는 개발자, 크리에이터, 아티스트, 디자이너, 엔지니어들에게 소프트웨어를 무료로 제공해왔다. 유니티 전체 사용자 중에 유료 사용자는 9%에 지나지 않는다. 10만 달러(1억 1,000만 원)의 매출이 발생하기 전까지는 누구나 자유롭게 유니티의 소프트웨어를 사용할 수 있게 오픈 프로그램으로 제공하는 것이다. 당연히 이러한 서비스가 영세 개발자나 초보 개발자에게는 매력적으로 느껴질 수밖에 없기 때문에 무려 150만 명 이상의 크리에이터 등이 유니티의 게임 엔진을 이용한다. 이렇게 무료 게임 엔진을 이용해 게임을 만드는 개발자들이 수익을 올리면 자연스럽게 유료 사용자로 진화하는 구조를 갖고 있다. 게임 개발자들의 성공이 곧 유니티의 성공으로 이어지는 셈이다.

유니티의 소프트웨어를 이용해서 만든 게임은 대부분의 게임 플랫폼에서 구동이 가능하다. 즉, 안드로이드, iOS(애플), 플레이 스테이션, Xbox 등 20개 이상의 플랫폼에서 같은 게임을 할 수 있는 것이다. 게임 개발자라면 당연히 자신이 힘들게 만든 게임이 조금이라도 더 많은 사람에 의해 플레이되기를 바라니 20개 이상의 플랫폼에서 구동될 수 있는 유니티의 소프트웨어를 이용해 게임을 제작할 가능성이 커진다.

현재 구글 플레이와 애플 스토어에서 다운로드되는 톱 게임 1,000의 53%가 유니티의 소프트웨어를 이용해서 만들어졌다고 한다. 사실 개발자와 게임사 입장에서 게임 엔진을 바꾸려면 비용과 시간이 많이 필요하다. 왜냐하면 새로운 게임 엔진을 교육하고 활용하는 일은 만만한 일이 아니기 때문이다. 유니티의 고객 유지율(NRR: Net Retention Rate)이 144%나 되는 것은 어떻게 보면 매우 자연스러운 현상이다. 따라서 무료 소프트웨어를 제공하면서 다져진 넓은 사용자층, 그리고 이들이 이미 구축해놓은 수많은 게임 자체가 자연스러운 경제적 해자를 만들어 내고 있는 셈이다.

다음 그림에 나와 있듯이, 유니티의 2020년 4분기 매출은 약 2억 2,000만 달러(2,420억 원)로 전년 대비 39%나 성장했다. 2020년 전체 매출은 약 7,200만 달러(792억 원)를 기록, 전년 대비 42% 성장을 일궈냈다. 게다가 가장 최근에 발표된 어닝 결과에 따르면, 2021년 2분기 매출은 전년 대비 48%의 성장률을 기록하면서 지난 11분기 동안 연속적으로 30% 이상의 성장률을 이어 나가고 있다.

[유니티 총매출과 영업 마진률(비공식) 추이]

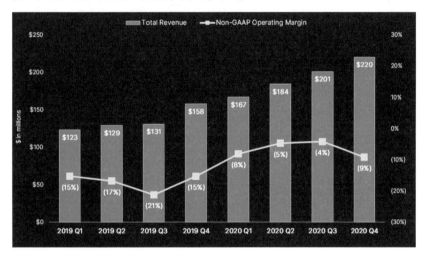

• 주: Millions는 100만 | 출처: 유니티 실적보고서

필자는 이러한 유니티의 꾸준한 성장세가 유니티를 이용해 게임이나 3D 디지털 창작물을 만드는 개발자들의 성공에서 나온다고 생각한다. 다음 페이지의 그림을 살펴보면, 2020년 10만 달러(1억 1,000만 원) 이상 매

출을 창출하는 고객사는 793곳인 것을 알 수 있는데 전년 대비 32% 성장한 수치다.

[유니티 고객들의 성장]

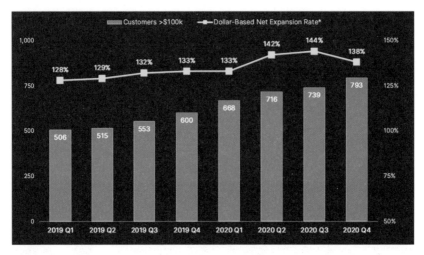

• 출처: 유니티 실적보고서

　2020년 한 해 동안 100만 달러(11억 원) 이상 매출을 창출한 고객사도 121곳이나 된다. 이 수치는 전년 대비 86%나 오른 것이다. 즉, 유니티를 통해 부를 축적하고 있는 개발자들이 큰 폭으로 증가하고 있다.

　필자는 기업을 평가할 때 해당 기업으로 인해 얼마나 많은 사람이 성공할 수 있는가를 유심히 살펴본다. 많은 사람이 부를 쌓을 수 있도록 도와주고, 성공할 기회를 부여해주면서 타인의 성장이 나의 성장으로 이어질 수 있는 기업은 반드시 성공한다는 것이 필자의 굳건한 믿음이기 때문이다.

　필자가 이 책을 통해 유니티를 소개하는 또 다른 이유는 미래 지향적인 경영진의 리더십이다. 다음 '유니티 손익계산서'를 보면, 'Research and

Development'라는 항목이 있다. 해당 기업이 연구개발비에 투자하고 있는 금액을 보여주는 항목이다.

[유니티 손익계산서]

UNITY SOFTWARE INC.
CONDENSED CONSOLIDATED STATEMENTS OF OPERATIONS AND COMPREHENSIVE LOSS
(In thousands, except per share amounts)
(Unaudited)

	Three Months Ended December 31,		Year Ended December 31,	
	2020	2019	2020	2019
Revenue	$ 220,336	$ 158,071	$ 772,445	$ 541,779
Cost of revenue	52,507	29,995	172,347	118,597
Gross profit	167,829	128,076	600,098	423,182
Operating expenses				
Research and development	120,008	73,096	403,515	255,928
Sales and marketing	68,677	48,813	216,416	174,135
General and administrative	59,991	54,747	254,979	143,788
Total operating expenses	248,676	176,656	874,910	573,851
Loss from operations	(80,847)	(48,580)	(274,812)	(150,669)
Interest expense	(117)	—	(1,520)	—
Interest income and other expense, net	(3,056)	(79)	(3,885)	(2,573)
Loss before provision for income taxes	(84,020)	(48,659)	(280,217)	(153,242)
Provision for income taxes	(518)	1,920	2,091	9,948
Net loss	(83,502)	(50,579)	(282,308)	(163,190)

• 주: 단위는 1,000 | 출처: 유니티 실적보고서

유니티는 2020년에 연구개발비로 4억 달러(4,400억 원)가 넘는 돈을 투자했는데 전년 대비 57.7%나 증가한 수치임을 확인할 수 있다.

여기서 놀라운 점이 있다. 2020년 한 해 매출이 7억 7,200만 달러(8,492억 원) 정도였으니 유니티가 연구개발비로 투자한 4억 달러(4,400억 원)는 같은 해 만들어 낸 매출 대비 52.2%나 된다는 점이다.

주식 투자의 원리는 간단하다. 내가 투자하려는 기업이 5년 후, 10년 후

에 지금보다 더 성장할 것이라는 확신으로 하는 것이다. 그 원리를 상기해 볼 때, 유니티의 이런 모습은 투자자의 마음을 한껏 흐뭇하게 만들어준다.

유니티의 비즈니스 전망은 어떨까? 우선, 유니티가 영위하는 사업의 주요 무대인 게임 시장부터 살펴보자.

다음 그림에서 보여주는 것처럼 비디오 게임 산업은 향후 2~3년 동안 8% 이상의 연평균 성장률로 강력한 상승세를 이어갈 것으로 보인다. 특히 앞으로는 모바일 게임이 PC나 콘솔 등 다른 플랫폼을 능가하면서 2023년 이 되면 비디오 게임 산업의 매출 규모는 2,000억 달러(220조 원)를 넘을 것으로 예상된다.

[글로벌 비디오 게임 시장 규모 예상]

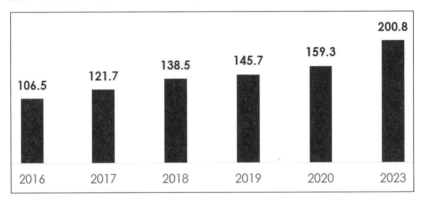

• 주: 단위는 Billion(10억) | 출처: statista.com

그런데 연평균 8% 성장이라고 하니 뭔가 부족한 것 같다. 20% 이상의 성장을 보여주는 시장도 많으니 게임 산업의 성장 추세가 그다지 매력적 으로 다가오지 않는다. 하지만 다음 페이지의 '유니티의 사업 확장 계획'을 살펴보면, 향후 유니티라는 기업이 어떤 계획으로 성장을 도모하고 있는

지 이해할 수 있다.

[유니티의 사업 확장 계획]

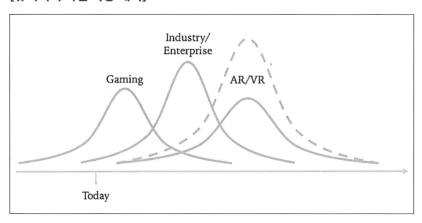

• 출처: 루프벤처스

전 세계 게임 개발자의 45%가 사용하고 있는 유니티는 게임 산업의 선두 주자에만 안주하고 있지 않다. 이제 영화, 애니메이션, 건축 설계, 자동차, 조선, 운송 등 다양한 분야로 사업 확장을 꾀하고 있으며 현재 글로벌 톱 10 건축 설계사 중 8개사가, 톱 10 자동차 제조사 모두가 유니티를 이용하고 있다. 유니티의 사업 확장을 통한 미래 계획은 이미 실현되고 있다. 현재 유니티의 전체 매출 중 12%가 게임 외에서 발생하는 중이다.

유니티는 내부적으로 게임 시장보다 그 외 시장의 잠재력이 더 크다고 판단하고 있다. 다음 페이지의 그림에 나와 있는 것처럼, 향후 비즈니스 확장을 꾀할 수 있는 시장 규모가 총 290억 달러(31조 9,000억 원)인 것으로 자체 진단하고 있다.

유니티가 타깃으로 하고 있는 290억 달러(31조 9,000억 원) 시장 중 120

[유니티의 잠재 시장 규모]

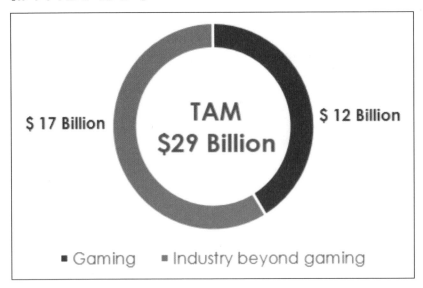

• 주: Billion은 10억 | 출처: 유니티 리포트

억 달러(13조 2,000억 원)만이 게임 시장이며 나머지 170억 달러(18조 7,000억 원)는 게임 외의 시장이라고 하니 앞으로 유니티라는 기업이 보여 줄 진화의 모습에 대해 사뭇 기대감이 커지는 것은 어떻게 보면 당연한 이 치다.

유니티의 투자 리스크

물론 유니티에도 리스크는 존재한다. 애플(AAPL)의 프라이버시 정책 변 화가 그 첫 번째 리스크라고 볼 수 있다. 2021년 4월에 애플의 iOS 14 업 데이트가 있었다. 여기서 이슈가 되는 부분이 있다. iOS의 앱들이 사용자 의 데이터를 임의로 수집할 수 없게 된 것이다. 그렇게 되면 지금까지 가능했던 맞춤형 디지털 광고를 더는 할 수 없게 된다. 게임 개발자들에게는 매우 불행한 일이 될 수 있다. 왜냐하면 사용자의 데이터를 바탕으로 한 맞춤형 광고가 아닌 일반 광고를 게시하면 클릭 수가 줄어드니 당연히 광고 수입은 줄어들 수밖에 없어지기 때문이다.

광고는 유니티 비즈니스에서 큰 축을 차지하고 있어서 이러한 변화는 적어도 단기적으로는 매출에 큰 타격을 줄 것으로 판단된다. 유니티는 2020년 4분기 어닝 보고 때 애플의 프라이버시 정책 변화가 2021년 유니티 매출을 3%가량 감소시킬 수 있다는 공지를 한 바가 있다. 다행히 2021년 2분기까지는 광고 매출에서 커다란 추세의 변화는 보이지 않고 있다.

또한, 유니티에는 언리얼 엔진이라는 강력한 경쟁사가 존재한다. 게임 엔진의 핵심인 비주얼 퀄리티에서는 언리얼 엔진이 다소 우위를 점하고 있어 유니티가 약점이 생긴 것처럼 보인다. 다행스럽게도 적어도 사용의 용이성, 세트업의 편리함, 개발자 지원 등에 있어서는 유니티가 앞서는 모습을 다음 그림을 통해 살펴볼 수 있다.

[유니티의 경쟁사]

Ratings (out of 10)	Unity	Unreal Engine	Cocos2d
Meets Requirements	8.8	**9.0**	8.3
Ease of use	**8.5**	7.3	6.7
Ease of setup	**8.4**	7.8	NM
Quality of support	**8.4**	8.3	6.9
Product direction (% positive)	**9.3**	**9.3**	7.1

• 출처: g2.com

당분간 이 분야에서는 유니티와 언리얼 엔진, 두 기업이 과점 형태로 경쟁을 이어나갈 것으로 보인다. 향후 가상현실 및 증강현실, 그리고 메타버스로 이어지는 거대한 시장의 규모를 감안해볼 때, 두 기업이 과점하는 현재의 시장 점유율이 이어진다면 두 기업 모두 앞날은 매우 밝다고 전망해볼 수 있다.

유니티는 빠르게 성장하는 게임 산업에서 시장의 선두 주자로 자리매김했다는 평가를 받는다. 상장 이후에는 많은 투자자가 아크인베스트의 캐시우드를 따라 투자했다가 마음고생을 많이 한 종목이기도 하다. 다행히 2021년 5월부터 주가는 급반등하는 모습을 보였고 8월 현재 최저가에서 50% 가까이 상승세를 보여주고 있다.

필자는 개인적으로 메타버스에 관련된 기업들의 미래를 매우 밝게 보고 있다. 아직 메타버스는 로블록스(RBLX)처럼 게임 분야에만 머물러 있는 상황이다. 가상현실과 실제 현실 사이에 괴리감이 너무 크기 때문이다. 지난 16개월 넘게 집에 갇힌 우리 두 아이가 온라인 수업을 받으면서 어려움을 겪었던 이유도 마찬가지라고 본다. 실제 교실에 앉아 있는 것만큼 수업에 몰입할 수가 없었기 때문이다.

하지만 이 부분은 좀 더 생각해보면 매우 기술적인 문제라는 것이 명확해진다. 즉, 가까운 미래에 쉽게 해결될 수 있는 부분이다. 페이스북(FB)의 오큘러스 퀘스트, 애플이나 구글(GOOG)이 개발하고 있는 VR 또는 AR 안경은 얼마 지나지 않아 분명히 지금의 기술적 문제를 극복하고 몰입감 넘치는 가상현실로 우리를 이끌어 줄 것이다. 이렇게 가상현실 하드웨어의 발전이 진전되어 소프트웨어의 현실감을 그대로 구현해줄 수 있는 단계까지 이르게 되면 유니티나 언리얼 엔진과 같은 소프트웨어 기업의 역할은 지금과는 비교도 되지 않을 정도로 확장될 것이다. 일단 가상현실과 실제

현실 간의 경계가 허물어지는 단계에 이르면 더 이상 우리가 직장으로, 학교와 학원으로, 영화관으로, 야구장으로 이동해야 하는 의미가 전혀 존재하지 않게 되기 때문이다.

소비자의 관점에서가 아니라 기업들 입장에서 메타버스를 바라보면 더욱 매력적일 수 있다. 예를 들어, 필자가 30여 년 전 입학했던 한양대학교의 경우 서울 캠퍼스에만 총 87개의 건물이 있다. 그 부지 면적만 12만 평이 넘어간다고 한다. 이렇게 넓은 부지와 87개나 되는 건물들을 유지하고 보수하기 위해 한양대는 얼마나 많은 돈을 쓰고 있을까? 모르긴 해도 어마어마한 금액이 이 많은 건물과 부지를 유지 및 관리하기 위해 쓰이고 있을 것이다. 이것이 바로 한국의 대학교들이 1,000만 원 가까이 되는 말도 안 되는 등록금을 학생들에게 받으면서도 그에 맞는 교육과 서비스를 제공하지 못하는 원인 중 하나라고 생각한다. 전 세계의 대학들은 모두 메타버스로 옮겨가야 한다.

현실에 뒤지지 않는 몰입감만 만들어 낼 수 있다면 모든 학교, 직장, 공연장, 스포츠 경기장까지 범위가 확산될 것이다. 그러한 때가 오면 유니티는 정신없이 바빠질 것이 분명하다. 우리가 제2의 삶을 살아갈 또 다른 세상을 그려내고 있을 테니까 말이다.

≡4≡
로블록스
메타버스로 유튜브 신화를 재현한다

세상에는 많은 기업이 존재한다. 그리고 그 기업과 관련해서 분명히 객관적인 데이터와 평가 지표가 존재한다. 그런데도 투자자마다 투자 가치를 높게 사는 종목은 천차만별이다. 이렇게 투자자마다 선호하는 투자 대상에 차이를 보이는 것은 종목 평가가 궁극적으로는 개인적인 의견에 불과하기 때문이라고 필자는 생각한다.

개인적인 의견은 '사실'이나 '진실'과는 늘 괴리가 존재하기 마련이다. 왜냐하면 우리의 의견은 각 개인의 인생을 형성하는 수많은 요인에 의해 다양성을 띨 수밖에 없기 때문이다. 즉, 우리가 성장한 지역의 문화, 우리를 낳고 길러준 부모의 양육 방식과 성장 과정, 교육환경과 수준, 직업과 주변 사람들, 심지어는 우리가 주로 접하는 대중매체 등에 의해 각자 서로 다른 방식으로 세상을 바라볼 수밖에 없다.

그런 의미에서 로블록스(RBLX)라는 기업에 대해서는 아직 그 이름이 생

소한 독자, 그리고 오래전부터 많은 관심을 두고 있는 독자로 나뉠 가능성
이 크다. 필자는 17년 전에 동거를 시작한 여인과 아직도 부부라는 이름으
로 인생의 동반자 관계를 유지하고 있다. 결혼 9년 차가 돼서야 첫 아이를
상장(?)한 관계로 우리 아들은 여덟 살, 그리고 딸아이는 이제 여섯 살이
다. 나이로 따지면 아들과는 40년, 딸아이와는 42년의 갭(Gap)이 있다 보
니 아이들과 함께 놀아주다 보면 육체적인 한계(?)를 느낄 때가 있어 우울
해지기도 한다. 물론 어린 자녀를 두고 있어 다행인 부분도 있다. 아이들이
성장하고 있는 세상에 동참할 수 있다는 점이다.

로블록스라는 게임사도 아들과 딸을 통해서 알게 됐다. 가끔 게임에 몰
두하고 있던 우리 아이들이 자신의 업적(?)을 공유하고자 할 때 살짝 엿보
면서 이 게임을 우리 아이들이 같은 반의 친구들, 또는 낯선 이들과 같이
하는 것을 보게 됐다.

로블록스는 매월 어린이 1억 6,000만 명이 사용하고 있는 게임 플랫폼
이다. 미국 쪽만 따로 살펴보면, 16세 미만의 어린이, 그리고 청소년의
50% 이상이 가입했다고 한다. 그 영향력이 엄청나다는 것을 짐작하고도
남는다.

[로블록스의 아바타]

• 출처: sikander.substack.com

초등학생, 그리고 청소년들이 일상에서 '친구'들과 함께 하고 보조를 맞춰나간다는 것이 얼마나 중요한지는 우리 모두 같은 시기를 겪어봤기 때문에 굳이 강조하지 않아도 알고 있는 부분이다. 그래서 많은 친구가 접속하고 게임을 즐기는 로블록스라는 플랫폼을 어린이와 청소년들이 외면하기는 쉽지 않을 것이다. 설령 게임에 관심이 없다 해도 FOMO 증후군(Fear Of Missing Out, 모두가 함께 하는 파티에 나만 초대받지 못할 수 있다는 공포를 느끼는 현상)으로 인해 로블록스에 가입하는 경우도 많이 있을 것으로 짐작된다.

다음 그림을 보면, 우리 아이들의 진정한 소셜미디어는 로블록스라는 사실을 한눈에 확인할 수 있다.

[로블록스와 소셜미디어 1일 사용 시간 비교]

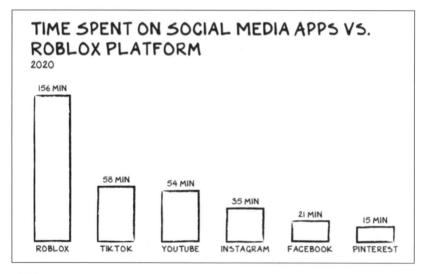

• 출처: sensortower.com

2020년을 기준으로 미국 어린이들은 평균적으로 하루에 156분(2시간

36분) 동안 로블록스를 하고 있다. 유튜브(54분)의 2.9배, 페이스북(21분)의 7.4배에 달하는 어마어마한 사용 시간을 보여준다.

다음 그림에 나오는 수치를 통해 로블록스라는 기업의 비즈니스 상황을 짐작해볼 수 있다.

[수치로 살펴보는 로블록스]

• 주: M은 Million(100만), B는 Billion(10억) | 출처: ir.roblox.com

DAUS(Daily Active Users, 매일 방문하는 사용자 수)가 약 4,210만 명에 이르며 이들이 로블록스에서 사용한 시간은 무려 97억 시간이다. 97억 시간을 4,210만 명으로 나누면 1인당 약 230시간이 나온다. 다시 말해 4,210만 명의 사용자가 1년 동안 매일 약 0.6시간을 로블록스에서 보냈다는 계산이 나온다. 게임을 즐겨 하지 않는 필자 입장에서는 입이 떡 벌어지는 수치가 아닐 수 없다.

로블록스는 몰입형 3D 경험을 제공하면서 누구나 상상하고, 창조하고, 친구들과 즐길 수 있는 플랫폼을 제공해 전 세계를 하나로 엮어 나가겠다는 미션을 갖고 있는 기업이다. 위에서 살펴본 수치를 되새겨 보면, 적어도 아직은 로블록스의 계획이 순조롭게 진행되고 있다고 생각해도 될 것 같다.

로블록스가 2020년 한 해 동안 만든 매출은 약 9억 2,400만 달러(1조 164억 원)인데 2019년 매출인 4억 8,800만 달러(5,368억 원)보다 89.3%

이상 성장한 수치다. 90%에 가까운 매출 성장이 투자 대상으로서 매력적이다. 게다가 2019년 매출[4억 8,800만 달러(5,368억 원)]이 2018년 매출[3억 3,500만 달러(3,685억 원)]보다 약 45.7% 성장한 것을 감안해보면, 최근 들어 매출 성장이 급속도로 향상되고 있다는 점도 매우 고무적이다.

앞 페이지의 그림에 나온 것처럼, 부킹(Bookings), 즉 이미 미래의 매출로 잡힐 금액이 6억 5,230만 달러(약 7,175억 원)에 달하고 있어 시간이 흐를수록 로블록스의 매출은 강세를 띨 가능성이 높다. 영업 현금의 규모는 1억 6,450만 달러(약 1,809억 원)나 된다.

이처럼 로블록스가 인상적인 성장의 모습을 보여주는 이유를 필자는 '네트워크 효과(Network Effect)'에서 찾고자 한다. '네트워크 효과'란, 간단히 말해 사용자 수의 증가 자체가 기업 비즈니스의 가치를 향상시킨다는 말이다. 이러한 네트워크 효과의 선순환을 통해 급속도로 성장한 비즈니스 모델이 하나 있다. 필자가 하루가 멀다 하고 소중한 구독자를 만나기 위해 들어가는 유튜브다.

약 9년 전인 2012년에만 해도 유튜브의 월간 사용자 수는 8억 명 정도에 그쳤다. 그러나 이제는 전 세계적으로 약 20억 명이 사용하는 플랫폼으로 성장했다. 필자의 개인적 견해로는 유튜브 성장의 일등공신은 다름 아닌 '윈윈(Win-Win)'의 비즈니스 전략이라고 생각한다. 유튜브 매출의 대부분은 올라오는 영상의 이곳저곳에 배치된 디지털 광고에서 발생한다. 디스플레이, 오버레이, 스폰서 카드, 영상 광고 등 20여 분짜리 유튜브 영상 하나에 붙게 되는 광고만 해도 여러 개가 된다.

유튜브는 이렇게 다양한 광고에서 발생하는 수입을 55대 45의 비율로 콘텐츠 크리에이터(유튜버)와 공유한다. 심지어 유튜브가 가져가는 수입은

45%이고, 55%는 크리에이터가 가져가게 했다. 즉, 유튜브는 20억 명이나 되는 사용자 중 누구나 의지만 있다면 자신만의 콘텐츠를 만들어 내고 그 콘텐츠의 가치에 따라 엄청난 수입을 창출할 수 있는 크리에이터를 위한 플랫폼이다.

크리에이터에게 유리한 수익 구조이기 때문에 유튜브의 인플루언서들은 다른 플랫폼으로 이동하지 않는다. 또한, 새롭고 창의적인 콘텐츠를 올리는 새로운 크리에이터가 계속해서 유입될 수밖에 없는 구조이기 때문에 시청자가 유튜브에서 확보할 수 있는 정보의 양과 질은 사실상 무한정으로 발전할 가능성이 열려 있다.

결과적으로 유튜브는 단순히 재미있는 영상을 제공하는 영상 플랫폼이라기보다는 원하는 어떤 정보든 찾아낼 수 있고 영상을 통해 쉽게 습득할 수 있는 검색 엔진의 성격을 갖게 됐다. 자연적으로, 유튜브 사용자의 수는 지금 이 순간에도 지속적으로 늘어나고 있으며 이러한 사용자 수의 증가는 네트워크 효과의 선순환을 통해 유튜브 비즈니스의 지속적인 성장을 가능하게 만들어주고 있다.

로블록스도 마찬가지다. 다음 그림에는 '로블록스의 성장 동력'이 잘 정

[로블록스의 성장 동력]

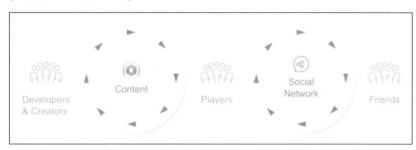

• 출처: sikander.substack.com

리되어 있다. '성장 동력'을 바탕으로 다음과 같은 성공의 선순환을 만들고 있다.

사용자 수 증가 → 매출 증가 → 개발자 수입 증가 → 신규 개발자 진입 → 게임 수 증가 및 게임의 질적 향상 → 사용자 수 재증가

로블록스는 게임에서 발생한 매출 중 25%를 개발자에게 지급한다. 지금까지 개발자들이 로블록스를 통해 받은 수입은 3억 3,000만 달러(3,630억 원) 정도에 이르고 있다. 로블록스에서 활동하고 있는 개발자 수가 800만 명이나 되는 것은 우연이 아니다.

여기에다 유튜브에는 없는 1가지 효과가 더해진다. 바로 앞에서 잠시 언급된 FOMO(증후군)가 바로 그것이다. 로블록스는 이렇게 '네트워크 효과'와 친구들과 함께 하고 싶다는 마음이 들게 하는 'FOMO' 등 2가지 효과로 인해 앞으로도 지금과 같은 성장을 지속적으로 보여줄 가능성이 높다고 생각한다.

로블록스의 사용자를 지리적으로 나눠보면 나름대로 글로벌 기업이라고 할 수 있다. 서구 세계에 큰 비중을 두고 있으며 사용자 중 33%는 북미에, 29%는 유럽에 기반을 두고 있다. 그런데 매출을 기준으로 하면 이 수치에 변화가 생긴다. 수익 측면에서 2020년 수익의 68%를 차지했던 미국과 캐나다에 대한 집중도가 매우 높은데 다음으로 큰 시장인 유럽(수익의 19%)보다 ABPDAU(Average Bookings Per Daily Active Users, 1일 활성 사용자 수당 평균 결제액) 기준[기간 수익÷DAU(1일 활성 사용자 수)]에서도 3.3배나 더 많은 매출이 발생한다.

[국가별 사용자당 평균 매출]

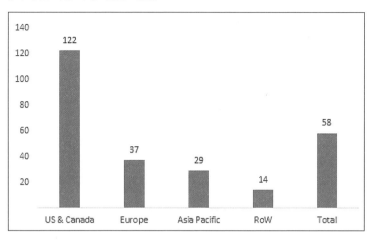

• 출처: sikander.substack.com

로블록스의 투자 리스크

물론 로블록스에도 투자의 리스크는 존재한다. 2021년 9월 기준으로 생각해볼 수 있는 리스크 요소는 다음과 같다.

① 직상장 종목들의 고질병인 초기 주가의 심한 변동성

② 높은 밸류에이션[Price to Free Cash Flow Ratio(주가 현금 흐름 비율): 73.75]: 1년 전과 비교해 7배 상승된 프리미엄

③ 어린이에 집중된 사용자층

④ 강력한 경쟁 기업: 유니티소프트웨어(U), 에픽게임즈

그래도 다음 페이지의 그림에서 볼 수 있듯이 2020년 13세 이상 청소년 사용자의 예상 성장률이 107%인데 72% 성장에 그친 13세 미만 사용

[로블록스 사용자 연령별 추세]

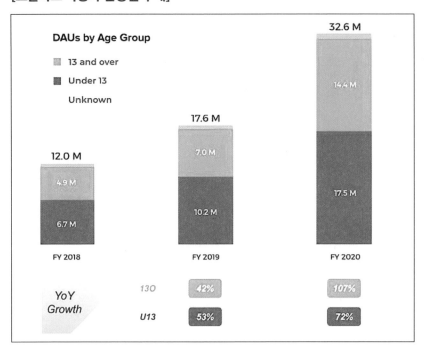

• 출처: sikander.substack.com

자 수 증가에 비해 오히려 높은 수치를 보여주고 있다는 점이 다행스럽다.

2020년 상반기까지의 자료를 보면, 매출 규모 기준으로 로블록스는 전 세계 모바일 게임 분야에서 3위 정도의 자리를 차지하고 있다. 로블록스는 사용자의 54%가 12세 미만이고 전체 사용자의 15%만이 24세 이상이다. 따라서 로블록스는 아이들이 처음으로 하는 주요 게임 중 하나라고 생각할 수 있다.

그런데 이 점은 장점이기도 하고 단점이기도 하다. 로블록스는 사용자가 성장하면서 게임에 대한 기대치를 직접 형성해 젊은 세대를 아우르는 충성도를 높일 수 있다. 반면, 사용자들이 로블록스를 졸업(?)하고 10대 중반

이 되면 다른 '성인' 게임으로 옮겨가는 경우가 많이 발생할 수 있다. 이에 대해서는 로블록스 경영진이 우리 투자자들보다 훨씬 더 잘 이해하고 있으며 해결방안을 찾아내기 위해 많은 노력을 하고 있을 것이다.

투자하고 있는 기업의 이슈나 약점 때문에 쓸데없이 가슴앓이할 필요는 없다. 그 기업에서 월급 받으면서 일하고 있는 사람들이 해결할 문제지 우리 투자자들이 신경 쓸 일은 아니다. 만일 큰 문제가 있는데 경영진이 해결책을 제시하지 못한다면? 투자금을 다른 기업으로 옮기면 그만이다.

월평균 1억 6,000만 명의 (어린이로 대표되는) 사용자가 나이가 들어서도 떠나지 않고 지속적으로 자사 플랫폼을 이용할 수 있게 로블록스가 만든다면 아주 어렸을 때 입문해서 나이가 들어서까지 평생 많은 시간을 보내게 되는 진정한 의미의 '메타버스' 플랫폼으로 거듭날 수 있을 것이다.

이러한 점을 알고 있는지 최근 로블록스는 가상 라이브 콘서트 개최 등 게임 분야뿐만 아니라 각종 이벤트 쪽으로 콘텐츠의 영역을 확대하고 있다. 또한, 중국 게임 시장의 강자인 텐센트와 함께 '로블록스 차이나'를 설립해 중국 시장 진출을 위한 발판을 확보해놓은 상황이다.

플랫폼이라는 비즈니스 모델의 특성상 해당 분야에서 1등을 차지한다면 대박 주식 종목으로 역사에 남을 가능성은 그만큼 커진다. 4G 시대의 히트작은 유튜브, 페이스북, 그리고 넷플릭스(NFLX)였다. 다가오는 5G 시대의 히트 상품은 가상현실 및 증강현실을 활용한 메타버스 플랫폼 비즈니스가 될 가능성이 높으며 그 선두의 자리에는 로블록스가 있을 가능성이 있다.

≡5≡
줌
일반명사가 된 혁신의 이름

이 책을 집필하고 있는 2021년 여름에도 코로나는 우리 곁을 맴돌고 있다. 세계보건기구(WHO)가 공식적으로 팬데믹을 선언한 날이 2020년 3월 11일이었으니 이미 1년 하고도 5개월이 지났다.

어떻게 보면 아주 짧은 시간 동안 우리는 참 많은 일을 겪어야 했고 삶에 정말로 많은 변화가 일어났다. 사실 지난 15개월간 우리가 경험했던 변화의 모습들은 '변화'라는 단어보다 어쩌면 '진화'라는 단어가 더 어울릴지도 모르겠다.

목숨까지 앗아가는 바이러스의 공포 때문에 처음에는 세상이 멈추는 듯했다. 아이들이 다니던 학교는 수업을 중단했고, 기업 대부분 역시 사무실 문을 닫았다. 상점이 문을 닫기 시작하자 일부 나라에서는 예전의 기억을 떠올리면 사재기를 하기도 했다.

그렇지만 우리 인류는 지금까지 늘 그래왔던 것처럼 생존을 위협하는 고난과 문제점이 나타나자 뒤죽박죽된 세상의 모습에 바로 적응하는 놀라운 진화의 모습을 보여줬다. 특히 이번 팬데믹 상황에서는 이러한 진화의 중심에 테크놀로지를 등에 업고 찾아온 크고 작은 혁신이 있었다.

평생 인터넷을 모르고 살아오던 어르신들까지 온라인 쇼핑을 통해 과일과 채소를 주문하기 시작했고 1년 넘게 은행에 가지 않아도 사는 데 지장이 없다는 걸 깨닫게 됐다. 수많은 진화의 모습 중에서도 가장 으뜸 중 하나는 화상 회의 대표 기업인 줌(ZM)이 가져다준 새로운 삶의 방식이다.

아이들은 아직 한 번도 만나본 적이 없는 같은 반 친구들, 담임 선생님과 1년 넘게 수업을 하고 있고 직장인은 팬데믹 이전보다 더 많은 화상 미팅에 시달리고 있다. 물론 이 모든 일이 가능했던 것은 줌이라는 기업이 있었기 때문이다.

필자는 지난 15개월간 우리가 겪어온 과정은 임시적 '적응'이 아니라 영구적인 '진화'라고 믿고 있다. 그래서 인류의 역사상 '퇴화'는 매우 드물게 일어났다는 사실을 근거로 우리는 이제 다시 예전 삶의 방식으로는 돌아가지 않을 것이라고 확신하고 있다. 주말이면 영화관에 가서 영화를 보고 외식하던 가족의 모습은 이제 몇 달 전에 산 초대형 TV 화면 앞에 모여 앉아 넷플릭스(NFLX)를 시청하고 배달 음식을 먹는 모습으로 바뀔 것이다. 이제 우리는 한 달이 멀다 하고 다니던 출장을 다니지 않아도 될 것이며 한국에 산다는 이유로 미국 대학교의 유명 교수의 강의를 포기하는 일도 없을 것이다. 이러한 일상생활에서의 진화보다 좀 더 빠르고 확실하게 진행되는 진화가 있다. 바로 기업들이 보여주는 진화다.

필자가 몸담은 세계적인 호텔 체인그룹인 아코르에도 지난 15개월 동안 엄청난 변화의 바람이 불었다. 그동안 아코르를 세계 최고의 호텔 체인으로 발전시킨 장본인인 중역들 대부분이 10년, 20년간 몸담았던 직장을 떠나야 했다. 그 짧은 시간에 아코르 본사의 인력은 50% 이상 감소한 것으로 보인다. 여기서 놀라운 점이 있다. 그 많은 VP(Vice President), 다이렉터, 매니저가 떠나간 이후에도 아코르 본사는 전 세계에 5,000개가 넘는 호텔들을 대상으로 예전보다 더 많은 미팅, 세미나, 트레이닝, 컨설팅을 진행하고 있다는 점이다. 아무런 어려움 없이 말이다. 기업의 근본적인 존재 이유는 '이윤의 창출'이다. 세상의 기업들은 지난 1년간 그 이윤을 극대화하는 방법을 모두 찾아낸 것 같다.

그동안 코로나 최대 수혜 기업 중 하나로 평가받은 줌에 대해 많은 전문가와 투자자가 이제 줌의 시대는 끝을 향해 간다고 주장한다. 코로나가 완전히 사라지면 줌의 성공 역시 함께 잊힐 것이라고도 말한다. 하지만 필자의 생각은 다르다. 우리는 다시 예전의 모습으로 퇴화하지 않을 것이며 줌의 시대는 이제 막 그 웅장한 시작을 알렸다고 믿고 있다. 이제 줌이라는 기업을 함께 알아보자.

줌의 투자 매력

줌은 수치로 보여주는 기업이다. 그래서 먼저 숫자를 봐야 한다. 다음 페이지의 '줌의 실적'을 보자.

지난해 줌의 매출 성장은 전년 대비 326%에 달했다. 비공식 영업 마진(NON-GAAP Operating Margin)은 무려 37.1%에 달했고 순이익 마진(Profit Margin) 또한 25.4%를 기록했다. 줌이 1년간 만들어 낸 잉여 현금 흐름(Free Cash Flow)은 무려 14억 달러(1조 5,400억 원) 가까이 된다.

[줌의 실적]

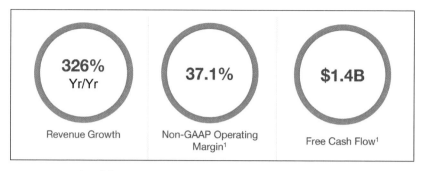

- 주: B는 Billion(10억) │ 출처: 줌 실적보고서

잉여 현금 흐름은 기업에 투자하는 입장에서는 가장 중요한 종목의 평가 항목 중 하나다. 기업이 벌어들인 총현금에서 모든 영업 비용을 사용하고 남은 영업 현금(Cash From Operation)이라고 부른다. 여기서 말하는 영업 비용은 직원들 월급부터, 세일즈, 마케팅, 연구개발 비용 등을 모두 포함한다. 이렇게 기업이 영업 활동을 하기 위해 사용하는 비용 외에 장기적인 안목을 갖고 대형 프로젝트라든지, 비즈니스 확장, 설비 투자 등에 사용하는 비용은 따로 있는데 이 비용을 묶어 자본 지출(CAPEX: Capital Expenditure)이라고 부른다. 이렇게 자본 지출에 필요한 비용도 모두 사용하고도 남아 있는 현금을 지칭하는 용어가 잉여 현금 흐름인 것이다.

기업의 잉여 현금 흐름이 늘어가면 주주들에게 투자에 대한 환원을 해줄 여유가 생긴다. 그래서 현금 일부를 배당금으로 지급할 수 있고, 때로는 자사주 매입을 통해 주식의 가치를 높여주기도 한다.

2017년 줌의 잉여 현금 흐름은 970만 달러(약 106억 원)에 불과했다. 그런데 3년 만에 14억 달러(1조 5,400억 원)가 된 것이다. 굳이 성장률로 따져보면 143배 이상 늘어났다.

잉여 현금 흐름 마진(FCF Margin)은 전체 매출에서 잉여 현금 흐름이 차지하는 비율을 보여주는 수치다. 줌은 3년 전 매출 1달러당 6.4센트의 현금을 만들던 기업이었다. 이제는 매출 1달러당 52.5센트를 가져간다. 이렇게 넘쳐나는 현금은 줌이라는 기업이 마음 놓고 미래 비즈니스를 위해 투자할 수 있게 도와줄 것이다. 이렇게 과감한 투자는 혁신을, 혁신은 곧 지속적인 성장을 만든다는 것이 필자의 투자 논리다. 실제로 줌은 2021년 7월 147억 달러(16조 1,700억 원)라는 막대한 자금을 투자해 Five9을 인수했다. Five9은 클라우드를 기반으로 하는 고객 콜센터 플랫폼 기업이다. 줌이 제공하는 화상 통화를 통해 수많은 기업이 소비자들의 불편 사항을 접수하고 해결하는 모습이 그려지지 않는가?

줌의 투자 가치를 제대로 이해하기 위해서는 줌이 B2C(Business To Consumer, 소비자를 고객으로 하는 비즈니스)보다 B2B(Business To Business, 다른 기업을 고객으로 하는 비즈니스)에 집중하는 기업이라는 점에 집중할 필요가 있다. 2020년 말 기준으로 줌이 확보한 10명 이상의 직원을 가진 기업 고객사는 총 46만 7,100곳이었다. 전년 대비 470% 성장한 수치다. 이 고객군이 전체 매출에서 차지하는 기여도는 63%에 이른다. 줌은 B2C가 아니라 B2B 기업이라는 것을 확인할 수 있는 대목이다. '줌은 이제 한물갔어!'라고 쉽게 치부해버릴 기업이 아니다.

줌은 2020년 한 해 동안 대형 고객사를 확보하는 데 성공했다. 다음 페이지의 '줌의 대형 고객사 증가 상황'을 보자.

2020년 12개월간 10만 달러(1억 1,000만 원) 이상의 매출을 줌에 안겨준 대형 고객사는 1,644곳에 이른다. 전년 대비 156% 성장한 수치인데 2020년 마지막 3개월 동안 확보한 대형 고객사가 355곳이나 된다고 하니

[줌의 대형 고객사 증가 상황]

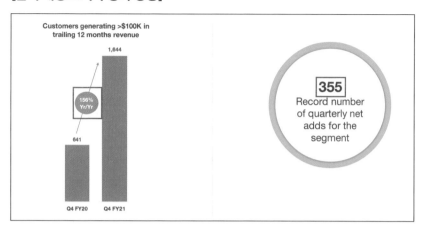

• 주: K는 1,000 | 출처: 줌 실적보고서

그 성장의 추세가 무섭다. 우리 같은 일반 소비자들은 하루 빨리 팬데믹이 마무리되고 줌의 세계를 떠나고 싶어 하지만 기업들의 생각은 다소 다른 것 같다.

줌은 클라우드를 기반으로 하는 사스(SaaS: Software as a Service) 기업이다. 사스 기업의 장점은 지역적 확장이 용이하다는 데 있다. 우리는 여기서 줌의 또 하나의 잠재력을 볼 수 있다.

2020년 마지막 분기를 기준으로, 글로벌 시장이 전체 매출에서 차지하는 기여도는 32.8%에 불과했다(다음 페이지의 '줌의 글로벌 성장 잠재력' 참고). 나머지 67.2%는 미주 지역에서 발생했다는 것이다. 그런데 전년 동기간 글로벌 시장의 기여도는 19.5%에 불과했으므로 그 성장세가 대단하다. 2020년 4분기 매출 성장률은 미주 지역이 292%, 글로벌 시장이 687%다. 그렇다. 68.7%가 아니고 687%다.

줌은 화상 회의 및 화상 채팅에 있어 가장 편리하고 수준 높은 서비스를

[줌의 글로벌 성장 잠재력]

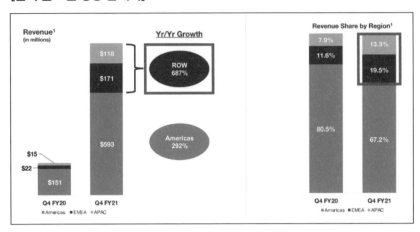

• 주: Millions는 100만 | 출처: 줌 실적보고서

제공하고 있다는 장점을 갖고 있다. 그리고 줌은 핵심 사업인 화상 미팅을 중심으로 영역을 확장하는 전략을 구사하고 있다. 다음 페이지의 그림에 나온 줌의 서비스들을 정리해봤다.

- MEETINGS: 핵심 사업 모델임. 2021년 8월부터 전격 유료화 발표.
- PHONE(줌 폰): 100% 클라우드에서 운영되는 사내 전화망 서비스.
- DEVELOPER PLATFORM: 앱 개발자를 위한 플랫폼. 개발 지원 금까지 지원.
- ZOOM FOR HOME: 사무실 업무 환경을 그대로 집으로 옮겨주는 서비스.
- ONZOOM: 온라인 비즈니스 지원 서비스. 각종 온라인 클래스에 활용 가치가 높음.
- ZOOM APP MARKETPLACE: 화상 통화 중에 1,000개 이상의 앱

[줌의 비즈니스 모델 확장]

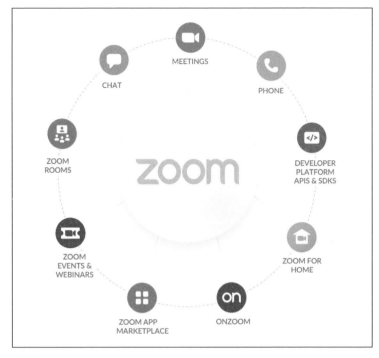

• 출처: zoom.us

을 바로 연결해서 사용할 수 있게 해주는 서비스(링크인, 슬랙, 세일즈포스닷컴, 마이크로소프트 팀즈 등).

- ZOOM EVENTS & WEBINARS: 최대 100명의 패널, 1만 명의 시청자가 동시에 세미나 등에 참여 가능하게 해주는 서비스.
- ZOOM ROOMS: 오프라인 미팅 환경과 온라인을 자연스럽게 연결해주는 서비스.
- CHAT: 화상 미팅과 채팅 환경을 연결해주는 서비스. 파일, 이미지, 메시지 등을 쉽게 전송할 수 있는 환경을 제공함. 사내 이메일의 기능과 화상 회의 기능을 통합함.

줌의 서비스를 하나로 묶어 살펴보면 기업들이 일상적인 업무를 진행하는 데 필요한 모든 기능, 즉 이메일, 미팅, 세미나, 보이스 통화, 응용 프로그램 활용 등을 이제 줌이라는 소프트웨어 하나로 해결할 수 있음을 짐작할 수 있다. 더욱이 이 모든 서비스는 기존의 유선 통신망, 사내 이메일 서비스에 비해 비용이 저렴하고 모든 기능을 하나로 통합해서 사용할 수 있다는 점 때문에 많은 기업이 도입할 가능성이 높다. 예를 들어, 줌 폰(Zoom Phone)의 경우 이미 43개국 이상에서 사용이 가능하다. 기존 사내 전화망에 비해 유지 및 보수 비용이 현저히 저렴하고 화상 회의와 연결해 통합 커뮤니케이션 시스템 구축이 가능하다는 장점을 갖고 있다. 2019년 1월 출시 이후 전 세계적으로 100만 개 이상의 줌 폰 유료 계정이 판매된 것은 우연이 아니다. 2020년 기준으로 줌 폰을 이용하는 고객사 중에서 10명 이상의 직원을 가진 고객사는 1만 곳 이상으로 늘어났다.

줌은 전통적인 방식의 유선 통신은 모두 사라진다고 전망하면서 해당 시장의 규모가 2024년까지 230억 달러(25조 3,000억 원)로 성장할 것이라는 예상을 내놓았다.

줌의 투자 리스크로 넘어가기 전에 다음 페이지의 그림을 보여주고 싶다.

사실 이 그림은 빨간색 그래프에서 짐작할 수 있는 것처럼 앞에서 다룬 크라우드스트라이크(CRWD)가 자사의 투자 가치를 투자자들에게 어필하기 위해 만든 자료다. 그런데 의도하지 않게 줌(ZM)을 홍보해준 것이 됐다. 그만큼 줌이 보여주는 성장의 모습이 독보적이라고 할 수 있다.

'Subscription Revenue Run Rate'는 가장 최근 분기의 구독 매출에 4배를 곱해서 구하는 예상 매출이다. 줌의 경우 35억 달러(3조 8,500억 원)이다. 2위를 기록하고 있는 트윌리오(TWLO)가 22억 달러(2조 4,200억 원)

[클라우드 기업 비교]

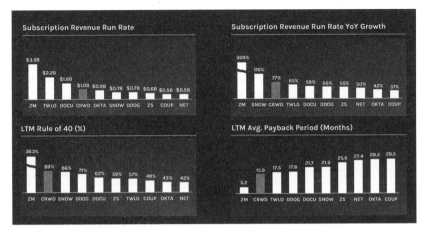

• 주: B는 Billion(10억) | 크라우드스트라이크 실적보고서

이니 독보적인 모습을 보여주고 있다고 할 수 있다.

'Subscription Revenue Run Rate'를 1년 전과 비교해 계산한 성장률 (Subscription Revenue Run Rate YoY Growth)에서도 줌은 군계일학이다. 100%가 넘는 성장률을 보여주고 있는 기업은 스노우플레이크(SNOW)와 줌뿐이다. 그리고 스노우플레이크의 성장률은 116%이니 369%인 줌과 비교하기 힘들어 보인다.

'LTM Rule of 40(%)'은 지난 12개월을 기준[LTM(Last Twelve Month)] 으로 사스(SaaS: Software as a Service) 관련 기업의 투자 가치를 평가하는 기준(Rule of 40)으로 활용되는 지표다. 사스 관련 기업의 매출 성장률과 순이익률(Profit Margin)을 더했을 때 40 이상은 되어야 투자할 만한 가치 가 있다고 보는 비교적 간단한 평가 방식이다. 위의 '클라우드 기업 비교' 에 나와 있는 것처럼, 'LTM Rule of 40(40의 법칙)'에서 그 수치가 100을 넘어가는 종목은 줌이 유일하며 그 수치는 무려 363%에 달한다.

마지막에 나와 있는 'LTM Avg. Payback Period'를 보자. 여기서 'Avg. Payback Period'는 평균 회수 기간을 말하는데 주로 구독을 베이스로 하는 사스 관련 기업들이 신규 고객을 확보하기 위해 사용한 제반 비용을 회수하는 데 필요한 기간을 나타낸다. 과거 12개월 기준(LTM)으로 했을 때 평균 회수 기간이 1년(12개월) 미만인 기업은 줌이 유일하다. 5.2개월이 필요한 것으로 나타난다.

투자할 종목을 감으로 찍지 않는 이상, 이러한 수치를 보고 나서도 줌이라는 기업의 투자 가치를 무시할 수 있을까?

줌의 투자 리스크

줌이라는 기업에 투자하는 데 가장 큰 리스크는 역시 대형 경쟁 기업이다. 특히 시스코(CSCO)가 운영하는 웹엑스(Webex), 마이크로소프트(MSFT)의 팀즈(Teams)가 줌에 위협적인 경쟁 기업으로 꼽힌다.

줌의 창립자인 에릭 유안이 미국으로 이민을 온 후 처음 몸담은 기업이 웹엑스다. 나중에 시스코가 웹엑스를 인수한다. 2011년 에릭 유안이 줌 창업을 위해서 시스코를 퇴사할 때 무려 40명의 시스코 엔지니어가 동참했으며 시스코 경영진이 300만 달러(33억 원)나 투자했다고 한다.

시스코의 웹엑스, 마이크로소프트의 팀즈는 줌보다 기능이 월등하지 않다. 그런데도 이들이 위협적인 점이 있다. 시스코나 마이크로소프트가 제공하는 다른 서비스와 패키지 구성이 가능하다는 점이다. 테크놀로지의 발전과 진화는 너무나 가파르게 진행되고 있어서 일반 기업 입장에서는 이러한 변화에 발맞추는 과정이 다소 버겁게 느껴질 수도 있다. 그래서 되도록 사용하기 쉽고 여러 가지 기능이 포함된 패키지를 선택할 가능성이 높다. 그런 면에서 줌이 앞으로 단순한 화상 회의 기능에서 벗어나 얼마나 빠르게 서비스 영역을 넓혀 나갈 수 있느냐가 대형 경쟁 기업을 상대로 한 싸움에서 승부를 좌우할 가능성이 높아 보인다.

줌의 시작은 화상 미팅이었다. 화상 미팅이 중심에 있는 유일한 기업답게 퀄리티 향상에 집중하면서 높은 고객 만족도를 이뤄냈고 핵심 사업을 중심으로 다양한 기능을 지속적으로 추가하면서 자연스럽게 플랫폼 기업으로 진화하는 모습을 보여주고 있다. 최근에는 줌토피아(Zoomtopia)라는 프로젝트를 소개했다. 실제 미팅이나 콘퍼런스에 참가하는 듯한 사용자 체험이 가능한 콘퍼런스 환경을 제공하겠다는 것이다. 이제 줌이 추구하는 온라인 미팅의 세계가 증강현실로 진출하고 있음을 시사하는 부분이다.

코로나가 사라지면 줌의 시대 역시 마무리될 것이라고 말하는 사람들도 있다. 정말 그럴까? 코로나의 영향으로 어떤 기업은 심한 타격을 받았고, 어떤 기업은 엄청난 부를 축적했다. 필자는 지난 2020년부터 줄기차게 코로나로 심한 타격을 입고 있는 호텔, 항공사, 크루즈 분야 등의 기업에 투자하는 것보다 바이러스를 등에 입고 3~4년 치의 성장을 한꺼번에 이뤄낸 기업에 베팅하는 것이 현명한 선택이라고 주장했다. 필자가 몸담은 호텔 분야를 비롯해 항공사, 여행 분야의 주식들이 상대적으로 낮은 주가를 형성하고 있다. 하지만 단지 가격이 싸졌다는 이유로 부채는 극심하게 늘어나고 자기 자본은 현저하게 줄었으며 지난 1~2년간 성장이나 혁신보다는 생존을 위한 비용 절감에만 매달리던 기업에 투자하는 것이 올바른 선택일까?

같은 기간에 매출은 2~3배씩 향상하고 넘쳐나는 현금을 이용해 새로운 비즈니스 모델을 개발하며 심지어 대규모 인수·합병을 통해 경쟁력을 높여 나간 기업이 많다. 그리고 다가오는 미래는 그 성장 기업들이 만들 가능성이 매우 높다는 점이 더욱 중요하다. 기업의 가격보다는 기업의 미래를 보고 투자하자.

≡6≡
페이스북
누구나 원하는 걸 할 수 있는 세상을 꿈꾼다

    필자가 처음 외국에 발을 디딘 시기는 1997년이었다. 그 이후로 지금까지 잠시 한국에서 직장을 다닌 5년을 제외하고 20년 가까운 시간 동안 타국에서 떠돌이 생활을 하고 있다.

    처음 몇 년 동안은 세상에 혼자 남겨진 듯한 생각이 들 때도 많았다. 그래서 한국에 계신 부모님과 자주 전화 통화를 했는데 3~4분 정도 통화를 하고 나면 으레 전화비 많이 나오니 끊자고 말씀하시던 어머니의 목소리가 아직도 생생하다.

    그러던 2004년 2월 4일에 페이스북(FB)이 등장했다. 필자가 페이스북의 생일까지 기억하고 있는 데는 그만한 이유가 있다. 필자가 나머지 반쪽을 만나 영국의 허름한 동사무소 강당에서 30여 명의 하객을 모셔 놓고 결혼식을 올린 것이 바로 2004년 2월 4일이었기 때문이다. 그 이후로는 외롭다는 생각이 들지 않았다. 내 곁을 항상 지켜주고 있는 한 사람이 생겨서인지, 아니면 전 세계를 하나로 이어주는 페이스북이 생겨서인지는 분명치 않다.

페이스북을 아시나요?

페이스북은 우선 숫자로 사람을 압도한다. 2021년 1분기 어닝 보고서를 기준으로, 월 사용자 수는 28억 5,000만 명에 이른다. 게다가 전 세계 대부분 지역에서 페이스북의 사용자 수는 아직도 증가 추세에 있다. 대략 매일 50만 명씩 증가하고 있는데, 다시 말해 1분마다 400명씩 증가하고 있다는 계산이 나온다.

다음 그림을 보면, 페이스북의 위상을 한 눈에 알아볼 수 있다.

[미국 소셜미디어 방문자 수 시장 점유율]

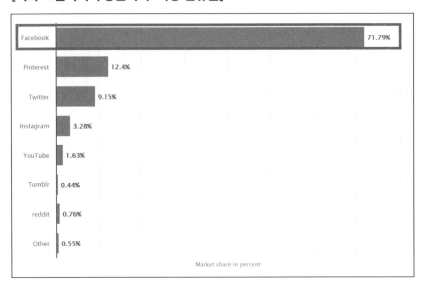

• 출처: statista.com

미국 소셜미디어 전체 방문자의 71.79%가 페이스북을 방문하고 있다. 2위를 차지하고 있는 핀터레스트(PINS)는 12.4%에 불과하기 때문에 아직 소셜미디어 1위 기업은 페이스북이라는 데 이견이 있을 수 없다.

이렇게 사용자 수에서 월등한 모습을 보이다 보니 광고주나 광고 에이전트 입장에서는 페이스북만한 광고 채널을 찾기가 쉽지 않다.

2020년에 파이낸스온라인이 실시한 '소셜미디어 마케팅 산업 보고서'에 따르면 B2C(Business To Consumer, 소비자를 고객으로 하는 비즈니스) 마케터의 경우 67%가, B2B(Business To Business, 다른 기업을 고객으로 하는 비즈니스) 마케터의 경우 46%가 페이스북을 가장 중요한 소셜미디어로 꼽았다. 참고로, 페이스북 사용자는 한 달에 평균 12개의 광고를 클릭한다고 한다. 2020년을 기준으로 페이스북에서 활동 중인 광고주, 광고 에이전트의 수는 900만 곳에 달한다.

결과적으로 디지털 광고 시장에서 페이스북이 차지하는 역할은 지대하다. 2020년 페이스북이 미국 디지털 광고 매출 시장에서 차지한 점유율은 25.2%에 이른다(다음 페이지의 '미국 디지털 광고 매출 점유율' 참고). 아직 28.9%를 점유한 구글(GOOG)에 비해 뒤진 수치이기는 하지만 2019년에 23.6%였던 시장 점유율이 25.2%로 상승 추세에 있다는 것이 고무적이다.

페이스북은 매출의 98% 정도를 광고에서 만들어 내고 있다. 이렇게 디지털 시장의 점유율이 향상하고 있는 추세는 매출에 바로 연결된다. 페이스북이 2020년 1년간 만들어 낸 매출은 약 860억 달러(94조 6,000억 원)였다. 2019년 대비 21.6% 성장한 금액이다. 2021년 1분기 매출은 약 262억 달러(28조 8,200억 원)를 기록하면서 전년 대비 47.6%나 성장했다.

무엇보다 페이스북이 정말 멋진 모습을 보이는 부분은 'Top Line'이 아

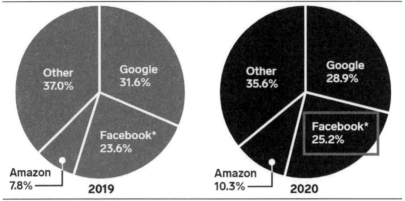

US Triopoly Digital Ad Revenue Share, by Company, 2019 & 2020

% of total digital ad spending

Other 37.0% / Google 31.6% / Facebook* 23.6% / Amazon 7.8% — **2019**

Other 35.6% / Google 28.9% / Facebook* 25.2% / Amazon 10.3% — **2020**

*Note: includes advertising that appears on desktop and laptop computers as well as mobile phones, tablets, and other internet-connected devices, and includes all the various formats of advertising on those platforms; net ad revenues after companies pay traffic acquisition costs (TAC) to partner sites; *includes Instagram ad revenues*

• 출처: emarkrter.com

니라 'Bottom Line'이다. 'Top Line'은 기업의 손익보고서에서 가장 위에 있는 매출을, 'Bottom Line'은 가장 아래에 있는 순이익을 말한다.

2020년 1년간 페이스북이 거둔 순이익은 약 291억 달러(32조 100억 원)로 2019년 대비 57.7%라는 눈부신 성장을 보였다. 2021년 1분기 순이익은 더 대단하다. 1분기인 3개월 동안 약 95억 달러(10조 4,500억 원)의 순이익이 났는데 이 수치는 전년 동기간 대비 93.7%나 성장한 금액이다. 상장한 지 10년이 다 되어가는 기업이 마치 지난달에 상장한 기업과 같은 성장률을 보여주고 있다. 또한, 2020년 페이스북의 순이익 마진은 47.6%로 마감했다. 페이스북이 만들어 낸 100달러당 47달러 이상이 순이익으로 잡혔다는 의미다.

순이익 마진이 47.6%나 되니 페이스북은 비용을 최소화하기 위해 부단히 노력하거나 최소한 매우 효율적으로 관리할 것이라 단정하기 쉽다. 그런데 페이스북은 미래를 위한 투자에도 놀랄 만한 금액을 배정하고 있다. 페이스북이 2020년 한 해 동안 사용한 연구개발 비용은 약 184억 4,700만 달러(20조 2,917억 원)로 2019년과 대비해서 35.6% 증가했다. 2020년 전체 매출의 21.5%를 차지하는 금액이다. 필자의 확인에 따르면, FAAMG(Facebook, Apple, Amazon, Microsoft, Google) 중에 매출의 20% 이상을 연구개발에 재투자하는 기업은 페이스북이 유일하다.

페이스북의 투자 매력※

먼저, 페이스북의 주력 비즈니스에 대한 전망부터 살펴보자. 즉, 디지털 광고 부분인데 2020년부터 2024년까지 글로벌 디지털 광고 시장 규모는 약 3,781억 달러(415조 9,100억 원)에서 6,458억 달러(710조 3,800억 원)로 70% 이상의 성장이 예상하고 있다. 다시 말해, 연평균 14.3%라는 안정적인 성장을 기대해볼 수 있다.

다음 페이지에 나온 그림의 파란색 선처럼 전체 광고 시장에서 디지털 광고가 차지하는 비율이 2020년 58.2%에서 2024년이 되면 67.8%로 증가할 것으로 예상하고 있다. 현재 매출의 98%가 만들어지고 있는 디지털 광고 시장은 좋아 보인다.

※ 페이스북이 만들어 가는 미래.

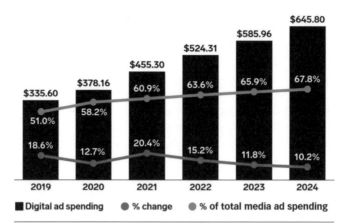

Digital Ad Spending Worldwide, 2019-2024
billions, % change, and % of total media ad spending

Note: includes advertising that appears on desktop and laptop computers as well as mobile phones, tablets, and other internet-connected devices, and includes all the various formats of advertising on those platforms; excludes SMS, MMS, and P2P messaging-based advertising

• 주: Billions는 10억 | 출처: emarkrter.com

　최근에 페이스북이 가장 바쁘게 움직이고 있는 분야가 '소셜커머스'다. 소셜커머스는 소셜미디어의 소셜(Social)과 리테일 비즈니스를 뜻하는 커머스(Commerce)가 합쳐져서 만들어진 합성어다. 즉, 소셜 네트워크 서비스(SNS)를 통해서 이뤄지는 전자상거래를 말한다. 티켓몬스터, 쿠팡(CPNG), 그루폰(GRPN)처럼 엄청난 할인율을 무기로 소비자에게 접근하는 이커머스 기업들을 지칭하다가 최근 들어 페이스북이나 핀터레스트 같은 정통 SNS 기업들이 전자상거래에 뛰어들면서 본래 갖고 있던 단어의 의미를 되찾게 되었다.

　다음 그림에 나와 있듯이 2020년 소셜커머스 시장의 규모는 2026년까지 연평균 29.4% 성장을 거듭하며 2조 달러(2,200조 원) 가까운 규모로 확장될 것이라고 기대되고 있다.

[소셜커머스 시장의 잠재력]

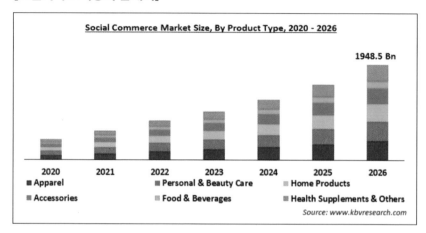

• 출처: kbvresearch.com

이렇게 놀라운 성장세가 예상되는 소셜커머스 시장에서 페이스북은 80.4%의 점유율을 보이고 있다. 거기에다 인스타그램의 시장 점유율도 10.7%나 된다. 결과적으로 페이스북과 인스타그램이 소셜커머스 시장의 91.1%를 독차지하고 있다는 말이 된다.

시장을 독식하고 있는 페이스북과 인스타그램이지만 페이스북이 본격적으로 소셜커머스 비즈니스에 집중하기 시작한 시기는 아주 최근의 일이다. 2021년 5월 페이스북은 '숍(Shops)'을 론칭하면서 중소상인들이 무료로 비즈니스 성격에 맞는 디자인의 온라인 숍을 구축하고 판매할 수 있도록 페이스북 기능을 업그레이드했다. 동시에 왓츠앱(WhatsApp), 페이스북 메신저(Facebook Messenger), 인스타그램 다이렉트(Instagram Direct)를 통해 온라인 숍의 오너들과 소비자들이 메시지를 주고받을 수 있도록 했다. 소셜미디어의 성격을 그대로 전자상거래에 접목한 것이다. 또한, 판매되는 상품의 카탈로그는 페이스북과 인스타그램에 자동으로 동기화될 수 있도록 만들었고, 숍을 한 번만 구축하면 페이스북, 인스타그램, 왓츠앱 모두에서 판매가 가능하다. 상거래의 마지막 단계인 결제의 경우 페이스북이나 인스타그램에서 떠나지 않고 바로 가능하도록 만들어서 쇼핑 도중 사용자가 이탈하는 일을 미연에 방지하고 있다.

[인스타그램과 소셜커머스]

• 출처: lab3web.com

　이렇게 페이스북은 소유하고 있는 3개의 소셜미디어 채널(페이스북, 인스타그램, 왓츠앱)을 적극적으로 활용하면서 소셜커머스의 강자로 떠오르고 있는데 이 중에서도 인스타그램의 발전 모습이 눈부시다. 아직 페이스북보다 시장 점유율은 떨어지지만 인스타그램은 소셜네트워크를 활용한 전자상거래 플랫폼 중 가장 참여도가 높은 것으로 알려져 있다.

인스타그램을 통해 비즈니스 상인들은 약 10억 명의 소비자를 만날 수 있고 사용자 중 80%는 적어도 하나 이상의 비즈니스 페이지를 팔로잉하는 것으로 페이스북 자체 조사 결과 확인됐다. 인스타그램 숍은 단 몇 분 만에 누구나 창업이 가능하기 때문에 소셜커머스의 본질적인 특색을 가장 잘 갖춘 채널이라고 평가된다.

인스타그램의 주요 콘텐츠인 사진에 있는 제품에 가격표를 붙이면 바로 주문 및 결제까지 가능하기 때문에 비교적 사진으로 상품의 가치를 표현하기 용이한 패션, 뷰티, 라이프 스타일 관련 브랜드 쪽에서는 이미 최고의 판매 채널로 인정받고 있으며 엄청난 속도로 빠르게 진화하고 있다. 2021년 6월 페이스북은 크리에이터와 수익 공유를 선언하며 시범적으로 운영하고 있는데 하나의 예로 라이브 스트리밍 쇼를 시청하면서 브랜드 태그를 통해 원하는 상품을 바로 구매할 수 있는 라이브 쇼핑 기능을 테스트 중이다.

지금까지 살펴본 것처럼 페이스북은 향후 몇 년 이상 무서운 성장세가 예상되는 디지털 광고, 그리고 소셜커머스에서 최고 기업의 모습을 자랑할 것이다. 그런데 필자가 페이스북(주식)을 아끼는 이유는 디지털 광고도 소셜커머스 때문도 아니다. 페이스북이 갖고 있는 가장 커다란 투자 매력은 바로 그들이 만들고 있는 미래의 세계인 '메타버스'에 있다. 지금부터 페이스북이 만들어 가고 있는 미래의 모습을 살짝 엿보기로 하자.

메타버스는 앞에서 설명했듯이 추상, 가상으로 의역할 수 있는 메타 (Meta)와 우리가 사는 세상, 즉 현실 세계를 의미하는 유니버스의 버스 (Verse)가 합쳐진 단어다. 즉, 우리가 사는 실제 세상과 마찬가지로 사회적, 경제적, 문화적 활동이 일어날 수 있는 가상 세계를 우리는 메타버스라고 부른다.

페이스북은 이 메타버스를 구축할 수 있는 가장 유리한 위치에 있는 기업이다. 왜냐하면 페이스북은 메타버스를 실현하기 위해 필요한 3박자를 모두 갖춘 유일한 기업이기 때문이다. 여기서 필자가 말하고 있는 '3박자'란, 우리가 가상의 세계에 몰입할 수 있게 도와주는 기술력(하드웨어), 가상의 세계를 건설할 수 있는 플랫폼, 그리고 그 가상의 세계에서 살아갈 사람들을 말한다. 페이스북은 하드웨어(오큘러스), 플랫폼(페이스북, 인스타그램), 그리고 사용자(28억 5,000만 명)를 모두 완벽하게 갖추고 있는 지구상의 유일한 기업이다.

가상현실이라는 단어가 등장한 지는 꽤 오랜 시간이 지났다. 그런데도 가상현실이 아직 우리의 삶 깊은 곳에 들어오지 못한 이유는 사실 기술적인 문제 때문이다. 사람들이 가상현실에 빠져들기 위해서는 현실과 구분이 되지 않을 만큼의 가상 경험을 제공할 수 있어야 하는데 지금까지는 만족스럽게 제공하지 못하고 있다. 현실감이 떨어지는 가상현실은 몰입감을 느낄 수 없다. 쉽게 말해, 무거운 고글을 끼고 즐기는 하나의 오락 기기에 불과할 수 있다.

이러한 기술적 문제를 해결하기 위해서는 가야 할 길이 멀다. 하지만 눈에 띄는 진척을 보여주는 제품이 있는데 바로 오큘러스가 만드는 퀘스트다. 퀘스트를 만들어 판매하는 오큘러스를 페이스북이 2014년에 23억 달러(2조 5,300억 원)라는 거액을 주고 인수했다. 합병 당시에는 현금이 넘쳐나는 페이스북이 쓸데없는 곳에 돈을 낭비한다는 의견이 지배적이었다. 하지만 최근에 발표된 '확장현실 하드웨어 시장 점유율'을 보면 이야기가 달라진다[XR(eXtended Reality, 확장현실)은 AR(증강현실), VR(가상현실), 그리고 MR(혼합현실) 등 이미 존재하거나 앞으로 나타나게 될 모든 몰입형 기술을 총칭하는 용어다]. 오큘러스의 시장 점유율은 2019년 44%에서 2020년 53.5%로 빠르게 증가하고 있다.

[확장현실 하드웨어 시장 점유율]

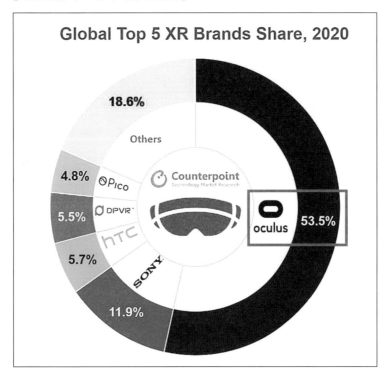

• 출처: counterpointresearch.com

2020년 4분기에 출시된 오큘러스의 퀘스트 2는 단 3개월 만에 100만 대 이상이 판매됐다. 2007년에 출시된 아이폰 이후 최고의 히트작이다. 이렇게 퀘스트 2가 인류 역사상 최고의 걸작인 아이폰과 비교될 정도의 실적을 올릴 수 있었던 이유는 딱 2가지 때문이다.

우선, 퀘스트 2의 가격은 299달러(약 33만 원)다. 이전 버전인 퀘스트 1

보다 100달러(11만 원)나 더 저렴하다. 규모의 경제가 가능해지는 가격으로 출시된 것이다.

그다음 이유는 당연히 기술력의 향상이다. 오큘러스는 퀘스트 2의 픽셀을 50%나 증가시키면서 몰입감을 업그레이드했다. 시장에서는 퀘스트 2의 판매가 2021년 말까지 1,000만 대를 넘어설 것으로 기대하고 있다. 만약 이런 전망이 현실화된다면 2가지의 커다란 의미를 갖게 된다. 2007년 출시 이후 이듬해인 2008년에 1,000만 대가 넘게 판매된 아이폰의 기록에 도전이 가능하다는 의미, 가상현실이 드디어 우리 삶에 들어오기 시작한다는 역사적인 의미가 바로 그것이다.

2021년 6월 페이스북이 발표한 'Hello Future' 리포트를 보면, VR(가상현실) 및 AR(증강현실) 경험자 중 44%는 팬데믹 이후에 난생 처음 경험한 것으로 나타났다. 그만큼 퀘스트 2를 비롯한 하드웨어 기기들에 그만한 가치가 생겼고 가격 하락으로 접근성이 증가했다는 것이다.

이렇게 VR 및 AR의 기술력이 지속적으로 향상되면서 몰입감이 올라가게 되면 증강현실 및 가상현실의 확장은 가속화될 것이 분명하다. 즉, 아직 게임의 영역에 머물고 있는 VR 및 AR이 원격 근무 등 대체 근무 수단으로 사용될 수 있고 교육이나 헬스케어 등의 산업에서 활용될 가능성이 생기는 것이다. 'Hello Future' 리포트에 따르면, 2020년에서 2024년까지 VR 및 AR의 글로벌 지출 비용은 6배 정도 증가할 것으로 전망되고 2023년이 되면 비즈니스 기업들의 75%가 VR이나 AR을 근무에 사용할 것으로 관련 업계는 예측했다.

페이스북은 2020년 9월 16일에 기존의 AR팀과 VR팀을 개편해서 페이스북 리얼리티 랩(Facebook Reality Labs)이라는 이름으로 새롭게 출범시

[인피니티 오피스]

• 출처: 오큘러스(유튜브)

컸다. 페이스북의 미래를 책임질 새로운 팀의 탄생이었다. 2020년 기준으로 페이스북에서 일하는 전 세계 직원은 5만 8,000명 정도다. 이 중에서 약 1만 명이 페이스북 리얼리티 랩의 직원이다. 전 세계 페이스북 직원의 17% 이상이 VR과 AR 관련 기술의 혁신을 만들어 내기 위해 매진하고 있는 것이다. 올인이라고도 할 수 있는 이런 모습은 가까운 미래에 페이스북을 메타버스의 세계에 가장 먼저 도착할 기업으로 만들어줄 커다란 동력이 될 것이다.

페이스북 리얼리티 랩에 따르면, 2030년 정도에는 우리의 오감이 완벽하게 현실이라고 착각할 만한 디지털 환경이 만들어질 것이라고 한다. 그렇게 되면, AR과 VR은 게임을 거쳐 사무실과 강의실, 수술실까지 확장할 수 있다. 다시 말해, 가까운 미래에 더 이상 물질적 거리나 사회적, 경제적 상황에 의해 직업, 교육, 의료 서비스의 접근성이 차별되는 세상에서 벗어날 수 있다는 희망을 가질 수 있다는 것이다. 그때가 되면 지금은 물리적인 한계나 장애로 인해 경험할 수 없는 것을, 아니 포기하고 있던 것을 원하는 모든 사람이 경험할 수 있는 세상이 올 수도 있다. 우리가 하고 싶은 것을 모두 다 하면서 살아갈 수도 있다는 말이다. 어차피 현실과 가상 간의 경계가 허물어졌으니 나의 경험이 실제 세상에서의 경험인지, 메타버스에서의 경험인지는 별로 중요하지 않게 될 것이다. 내가 하고 싶은 것을 경험하면서 행복해질 수 있다는 점이 중요하다.

그뿐만이 아니다. 지금은 이런저런 이유로 어쩔 수 없이 떨어져 지내는 가족, 친구, 동료와의 공간적인 단절감도 메타버스가 해결해줄 것이다. 우리가 가장 사랑하는 사람들, 중요한 사람들과 언제든지 함께할 수 있게 된다는 말이다. 메타버스는 우리가 금전적인 이유로 접근할 수 없는 것을 경험하게 도와줄 것이며 거리, 시간, 편리함, 비용 등에 구애받지 않고 삶에서 원하는 것을 추구할 수 있도록 지원해준다.

사실 페이스북은 한국 투자자들에게 인기가 많은 기업이 아니다. 정치적인 이유, 사회적인 이슈에 휘말리면서 많은 투자자에게 미움을 받거나 외면을 받기도 했다. 하지만 페이스북이 지금 창조해 나가고 있는 메타버스라는 새로운 플랫폼을 바탕으로 사회적 지위, 경제적 능력, 인종, 성별에 의한 차별과 제한을 벗어나 열린 사회를 만드는 데 일조할 날이 온다면 세상의 많은 사람에게 사랑받는 기업으로 다시 탄생하게 될지도 모르겠다.

#페이스북의 투자 리스크

페이스북의 단기적 리스크는 애플(AAPL)과의 전쟁이다. 2020년 12월 페이스북은 〈뉴욕타임스〉, 〈월스트리트저널〉, 〈워싱턴포스트〉 등 미국의 주요 신문 등에 일제히 전면 광고를 했다. 애플을 직접 비판하는 내용의 광고였다.

페이스북이 애플을 겨냥한 이유는 애플이 아이폰 운영체제인 iOS 14의 데이터 수집, 광고 정책을 변경한다고 발표했기 때문이다. 변경되는 관련 내용에 따르면, iOS 14에서 다른 웹사이트나 앱에서 사용자를 추적하기 위해서는 사용자의 명시적 허가를 반드시 받아야 한다. 이 내용은 페이스북의 광고 매출에 직접적인 영향을 미칠 것이 뻔했다.

페이스북은 웹사이트나 앱 사용자의 사용 경로를 추적해 광고를 좀 더 정확하고 정교하게 타기팅(Targeting)해 광고 단가를 높인다. 그런데 애플이 iOS 14를 통해 사용자의 동의를 얻도록 하면 페이스북으로서는 모바일 사용자의 개인 식별이 어려워지게 된다. 결과적으로 중소기업들을 상대로 하는 페이스북의 광고 매출은 커다란 타격을 받게 될 가능성이 발생한다. 앞으로 페이스북의 어닝 결과에 많은 관심이 가게 되는 이유 중 하나다.

또 다른 투자 리스크는 'FAANG(Facebook, Amazon, Apple, Netflix, Google) 리스크'다. 독점 규제와 관련된 리스크라고 할 수 있다. 조 바이든 미국 대통령은 2021년 6월에 빅 테크 반독점 규제 진영의 대표적인 인물인 리나 칸을 미국 연방거래위원회(FTC: Federal Trade Commission) 위원장으로 임명했다. 그다음 달인 7월에는 기업들의 경쟁력 강화에 관련한 대통령 행정명령에 서명하면서 빅 테크에 대한 규제 강화를 시사했다. 이렇게 되면 페이스북의 반독점 소송도 재개될 가능성이 높다. 기업이 강제 분할을 당하는 상황까지 될 가능성은 희박하지만 잊을 만하면 들려오는 독점 규제 강화 소식은 페이스북을 비롯한 빅 테크 기업에 투자하는 투자자들을 긴장시키고 주가에도 부정적인 영향을 미친다.

마지막 리스크는 뉴 키즈 온 더 블록(New Kids On the Block)이다. 스냅챗(SNAP)과 틱톡을 말한다. 스냅챗과 틱톡은 신선하다. 개인 정보 유출 문제로 사회적 문제가 대두된 적이 없으며 독점 규제 등의 문제로 법정에 서지도 않는다. 그리고 Z세대의 사랑을 받고 있다.

플랫폼 기업은 네트워크 효과를 발휘한다. 네트워크 효과는 기업의 성장을 가속화해주므로 플랫폼 기업에 투자하는 투자자에게는 중요한 투자의 결정 요소로 작용한다.

물론 문제로도 나타날 수 있다. 플랫폼의 사용자가 줄어들면 네트워크 효과가 반대 방향으로 나타날 수 있기 때문이다. 마이크로소프트(MSFT)의 브라우저인 인터넷 익스플로러(Internet Explorer)는 첫 등장과 동시에 브라우저 무료화를 이끌며 전 세계 인터넷 보급에 크게 이바지했다. 인터넷 익스플로러는 한때 시장 점유율이 95%까지 치솟을 정도로 모든 인터넷 사용자의 친구였지만 이제는 구글의 크롬 등 다른 브라우저와의 경쟁에서 밀리며 점유율이 2% 아래로 떨어졌다. 결국 마이크로소프트는 공식 블로그를 통해 '인터넷 익스플로러 11은 2022년 6월 15일에 지원 중단할 것'이라고 발표했다. 이것이 플랫폼 기업의 리스크다. 단기간에 무서운 성장을 보여줄 수 있는 대신, 추락하는 경우에는 날개가 없다.

결국 페이스북 투자의 성패, 대박의 가능성은 메타버스 플랫폼의 성공 여부에 달렸다. 우리는 지난 몇십 년간 편리함이라는 혜택의 이름으로 찾아온 여러 가지 테크놀로지로 인해 조금씩 모르는 사이 단절되어 왔다.

필자는 페이스북이 올인하고 있는 AR, VR이 이렇게 뿔뿔이 흩어져버린 사람들을 다시 이어줄 수 있는, 나아가 휴머니즘을 되살려줄 수 있는 인간

적인 테크놀로지로 발전하기를 기대하면서 오늘도 페이스북 1주를 포트

폴리오에 추가해본다.

4장

4차 산업혁명 투자 키워드 PART 3
10년 앞을 바라본다

메드 테크와 원격 진료
Medtech | Telehealth

이번 투자의 키워드는 '메드 테크와 원격 진료'다. 이 책의 첫 부분에서 언급한 것처럼 필자는 4차 산업혁명이라는 혁신적 시대에 대한 확신을 두고 투자를 진행하고 있는 투자자다.

그렇다면 '4차 산업혁명에 투자한다'라는 말의 의미는 무엇일까? 급속도로 바뀌고 있는 이 시대에 이러한 혁신적 변화들을 이끌어 가고 있는 기업들에 투자한다는 말로 풀이할 수 있겠다. 이 기업들을 이 책에서 4차 산업혁명의 대표 키워드별로 분류해 소개하고 있다.

그러면 또 궁금해진다. 이렇게 많은 4차 산업혁명의 키워드 중에 어떤 키워드가 가장 중요한 혁신의 모습을 대변할까?

필자는 주저 없이 '헬스케어'라고 말하고 싶다. '혁신'이라는 거창한 단어도 결국 내 삶에 어떤 영향을 주느냐가 가장 중요한데 그런 관점에서 보면 나의 건강, 나의 수명과 직접적인 관련이 있는 '헬스케어' 쪽에서 일어나고 있는 시대의 변화에 우리는 자연적으로 더 많은 관심과 기대를 가질 수밖에 없다.

이커머스, 모바일, 그리고 핀테크가 발전하면서 우리의 삶은 전과 비교할 수 없을 만큼 편리해졌다. 구글(GOOG)과 유튜브, 페이스북(FB)이 등장하면서 우리는 정보의 불균형을 어느 정도 해소할 수 있게 됐으며 새로운 방식으로 우리의 지적 능력과 사회적 관계를 발전시킬 수 있게 됐다. 이런 변화를 이끌어 온 기업들은 지난 10년간, 20년간 최고의 투자처로 각광받았다. 소위 FAANG(Facebook, Apple, Amazon, Netflix, Google)이라는 신조어가 생긴 이유 역시 이 5개 기업이 우리 삶에 끼친 영향력이 그만큼 크다는 사실을 대변해준다.

이쯤에서 묻고 싶다. 애플(AAPL)의 아이폰, 넷플릭스(NFLX)가 제공하는 무제한 영화 관람, 아마존(AMZN)이 가능하게 해준 편리한 쇼핑이 우리의 건강보다 더 중요할 수 있을까? 아마 사람들 대부분에게는 자신과 가족이 얼마나 오랜 시간 동안 '건강히 살아갈 수 있을까?'의 문제가 앞에서 말한 기업들이 제공하는 가치에 비해 몇 배, 아니 몇십 배는 더 커다란 의미가 있을 것이다.

투자자 입장에서 보면 이 점은 매우 큰 의미를 내포한다. 우리에게 이렇게 커다란 의미가 있는 것이 건강과 수명이라면 앞으로 사람들은 이 분야에서 등장하는 새로운 혁신적 서비스와 제품에 큰 대가를 지불할 가능성이 매우 높기 때문이다. 우리가 암에서 벗어날 수 있다면, 당뇨병에서 해방될 수 있다면, 더 이상 고혈압을 걱정하지 않고 살 수 있다면, 나아가 인생을 10년씩, 20년씩 연장할 수 있는 혁신이 등장한다면 사람들 대부분은 이러한 혁신의 혜택을 누리고 싶어 하지 않을까? 아이폰과 오큘러스의 퀘스트를 살 때 들어간 돈보다, 넷플릭스 구독을 위해 사용하던 돈보다, 테슬라(TSLA)의 전기차를 사기 위해 쓴 돈보다 나와 가족의 건강과 수명 연장을 위해 투자하는 돈이 더 가치가 높다는 데는 이견이 있을 수 없다.

그래서 지금부터 살펴볼 기업들은 좋은 투자처가 될 수 있다. 이제야 걸음마를 떼기 시작한 분야의 새로운 리더들이다. 이 기업들이 앞으로 어떤 모습을 보여줄지 누구도 확신할 수는 없다. 하지만 적어도 우리 자신이 가지고 있는 건강과 수명 연장에 대한 욕구와 희망에 확신을 갖는다면 이 기업들에 대한 투자 가치는 새롭게 보이기 시작할 것이다.

≡1≡
인비테
유전자 관련 플랫폼 기업이 있다

 # 인비테를 아시나요?

앞으로 유전 공학을 이용한 치료법의 발전은 의료계에 종사하지 않는다 해도 어렴풋이 짐작할 수 있다. 하지만 아직도 유전학은 질병의 진단이나 치료에 적극적으로 사용되고 있지 못한 상황이다. 앞으로 5년 후, 10년 후 어떤 바이오 기업이 임상 실험을 성공시켜 투자자들을 부자로 만들어줄지 예측하기란 여간 어려운 일이 아니라는 말이 된다. 그나마 유전자 치료 분야에 있어 리스크를 최소화할 수 있는 종목이 있는데 바로 인비테(NVTA)다. 인비테는 아직은 낯설게 느껴질 수 있는 '유전자 테스트'를 제공하는 기업이다.

인비테는 '종합적인 유전자 정보를 의료계에 제공해 수십억 명이 향상된 헬스케어를 받을 수 있도록 한다'라는 멋진 미션을 수행 중이다. 이미 100만 명의 환자, 그리고 많은 의료 기관이 선택한 기업이다. 이렇게 많은

사람이 인비테라는 생소한 이름의 기업의 서비스를 이용한 이유는 편리함
때문이다. 인비테의 서비스는 간단하다. 온라인으로 테스트 키트를 주문한
다음, 타액 샘플을 인비테에 보낸다. 그러면 나중에 온라인으로 결과를 받
아 볼 수 있다. 추가로 무료 원격 진료 상담이나 기아(Gia)라는 챗봇의 상
담도 받을 수 있다.

다음 그림은 인비테가 제공하는 5가지 테스트 키트를 보여준다.

[유전자 테스트 키트]

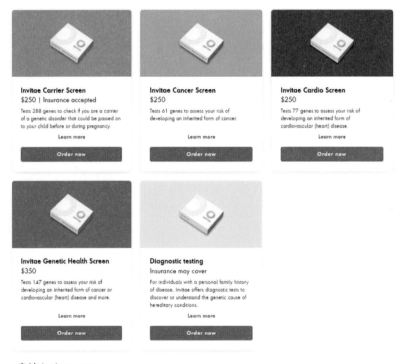

• 출처: invitae.com

'Invitae Cancer Screen(인비테 암 진단)'은 61가지 암 관련 유전자 분석
을 할 수 있는 키트다. 가족 중에 암환자가 있는 사람이 많이 이용한다. 가

격은 250달러(약 28만 원)로 책정되어 있다. 'Invitae Cardio Screen(인비테 심장병 진단)'은 77가지 심장 관련 유전자 분석을 할 수 있는 키트다. 250달러(약 28만 원)로 책정되어 있다. 종합 진단 서비스인 'Invitae Genetic Health Screen(인비테 유전자 건강 진단)'으로는 암, 심장 등 총 147가지 분석을 할 수 있다. 350달러(약 39만 원)로 책정되어 있다.

2021년에 새롭게 2가지가 추가됐는데 출산을 계획하고 있는 사람이 2세에게 전이될 만한 유전적 결함을 갖고 있는지 확인해볼 수 있는 'Invitae Carrier Screen(인비테 보균자 진단)'과 가족력에 유전병이 있는 사람들이 손쉽게 사용할 수 있는 'Diagnostic Testing'이다. Invitae Carrier Screen도 250달러(약 28만 원)에 이용이 가능한데 대부분 보험으로 100% 커버가 된다고 한다.

'유전자 검사'라는 말을 들으면 왠지 아주 비쌀 것 같은데 가격이 괜찮다는 느낌을 받았을 것이다. 게다가 고객별로 보험 적용에 따라 무료가 될 수도 있고 100달러(11만 원) 정도에 이용할 수도 있다.

인비테는 누구나 유전자 검사를 받을 수 있도록 만드는 것이 목표라고 한다. 이미 3억 곳이 넘는 보험사와 연결되어 있으며 보험의 혜택을 받지 못하는 환자들을 위해서는 대출이나 할부를 통한 지원도 제공하고 있다. 이젠 정말 유전자 검사가 우리 삶에서 흔해지는 세상이 찾아온 느낌이다.

인비테가 이렇게 누구나 이용할 수 있는 유전자 서비스를 제공하기 위해 애쓰는 이유는 간단하다. 생각보다 많은 사람이 유전자 관련 질병에 노출되어 있기 때문이다. 인비테가 제시한 연구 결과에 따르면, 성인 6명 중 1명은 유전자 관련 리스크를 안고 있다고 한다. 따라서 우리가 적극적으로 유전자 테스트를 활용하면 향후 발병할 수 있는 질병의 가능성을 미리 발견하고 예방할 수 있다.

투자자 입장에서도 이 부분은 매우 중요한 투자의 포인트가 될 수 있다. 사실 바이오 기업 대부분은 수익률을 유지하기 위해 틈새 시장을 공략하는 경우가 많다. 틈새 시장의 경우 수요는 상대적으로 적지만 공급량이 전무하거나 미미해서 가격을 높게 책정해 수익률을 극대화하는 전략을 펼칠 수 있다. 이런 이유로 헬스케어 산업에서 생각하는 혁신은 커다란 규모의 투자를 통해서만 실현 가능하고 그 치료법의 혜택을 받는 사람들도 소수 특권층에 제한되는 경우가 많다. 하지만 인비테는 근본적으로 정반대의 접근을 시도하고 있다. 앞에서 소개한 기업 미션에 나와 있듯이 누구나 유전자 검사와 치료를 받을 수 있도록 도와주는 유전자 테스트 플랫폼을 건설하고 있는 것이다. 다음 그림을 보자.

[유전자 검사의 필요성]

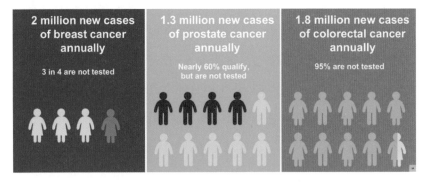

• 주: Million은 100만 | 출처: 인비테 투자 설명회 프레젠테이션

매년 유방암 진단을 받는 환자가 200만 명이나 된다. 하지만 이들 중 75%는 테스트를 받지 않아 어떠한 대비도 하지 못하고 있다. 해마다 전립선암 진단을 받는 사람은 130만 명에 이르는데 60% 정도는 테스트를 받

지 않았다는 통계가 나와 있다. 그리고 매년 180만 명이 걸리고 있는 직장암의 경우는 더욱 심각하다. 직장암 환자 중 테스트를 받은 사람은 5%에 불과하다.

이렇게 유전자 진단과 이를 통한 치료법은 아직 갈 길이 멀다. 이런 상황을 향상하는 것이 인비테의 미션이다. 인비테가 스스로 부여한 역할은 다음과 같이 정리된다.

① 최신 유전자 기술을 일상 헬스케어에 적용해서 정확한 진단과 개별화된 헬스케어를 제공함.
② 예측 가능하고 예방적인 헬스케어를 제공해 공중 위생과 대중의 건강을 향상시킴.
③ 유전자 관련 리서치를 지원해 리서치 결과를 헬스케어 제공과 연결하는 역할을 함.

인비테의 투자 매력

투자자 입장에서 인비테의 투자 매력 첫 번째는 시장의 잠재력이다. 인비테는 갓난아이부터 노인까지 모든 세대를 아우르는 폭넓은 시장을 가지고 있다. 라이프 사이클의 모든 단계에서 필요한 테스트와 해결책을 제공하고 있기 때문이다.

다음 페이지의 '인비테 시장 잠재력'에서 볼 수 있는 것처럼, 사람들의 나이에 따라 각기 다른 서비스를 제공하면서 모든 연령대를 잠재 시장으로 삼고 있기 때문에 전체 시장 규모는 1,540억 달러(169조 4,000억 원)에

[인비테 시장 잠재력]

$26 billion	$5 billion	$60 billion	$63 billion
Total opportunity for genetic testing ages 0-17	Total opportunity for genetic testing ages 18-40	Total opportunity for genetic testing ages 41-65	Total opportunity for genetic testing ages 65+
• Newborn Screening • Developmental Delay • Diagnosis/Prognosis	• Conception • Assisted Repro/IVF • Pregnancy/Perinatal	• Risk/Screening • Familial Risk • Diagnostic	• Screening/Germline • Oncology Therapy Selection • MRD/Recurrence Monitoring

• 주: Billion은 10억 | 출처: 인비테 사업보고서

이른다.

두 번째 투자 매력은 인비테의 '비전'이다. 인비테는 유전자 테스트 서비스라는 비교적 간단한 비즈니스 모델을 갖고 시작했다. 하지만 앞에서 말한 것처럼 인비테는 모든 사람이 유전자 테스트를 받을 수 있는 여건을 조성해서 유전자 테스팅의 보편화를 달성한다는 커다란 꿈을 갖고 있다. 그 꿈을 이루기 위해 유전자 정보 서비스를 제공하는 플랫폼 기업으로 진화하려고 한다. 이러한 비전을 실현하기 위해 인비테는 많은 헬스케어 파트너와 협업하고 있으며 적극적 인수·합병을 통해 테스트 메뉴와 서비스를 확장하고 있다.

최근 4년간 인비테가 보여주고 있는 과감한 투자의 모습은 그야말로 입이 딱 벌어질 정도로 과감하다. 다음 페이지의 그림에 잘 정리되어 있다.

2017년부터 지금까지 성사시킨 굵직굵직한 인수·합병만 해도 12건이나 된다. 그중 일부 인수·합병의 의미를 그림 밑에 정리해 봤다.

[인비테 인수·합병 현황]

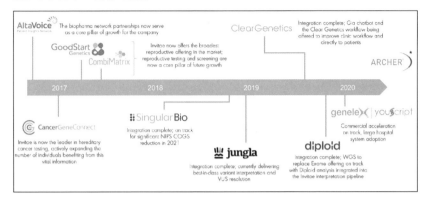

• 출처: 인비테 사업보고서

- Altavoice: 유전 및 희귀 질환에 대한 연구 및 치료 역량 강화를 위해 인수함. 100곳 이상의 지원 단체와 협업으로 400개 이상의 질병에 대한 프로그램을 개발한 기업임. 이미 7만 5,000명 이상의 환자 데이터 베이스를 확보하고 있음.
- Cancergeneconnect: 가족력 정보 수집 관리를 하는 기업임.
- Combimatrix: 출산, 생식기관 등의 건강과 관련한 유전 정보 서비스 분야에서 리더 격인 기업임.
- Singularbio: 임신 초기에 유전자 검사가 가능한 서비스를 제공하는 기업임.
- Jungla: 유전 변이 해석 분야 역량 강화를 위해 인수함.
- Cleargenetics: 인공지능을 이용한 챗봇 서비스 제공, 유전 정보 제공 등 관련 능력을 강화하기 위해 인수함.
- Diploid: 유전자 변이 검사가 가능한 인공지능 소프트웨어를 확보하기 위해 인수함.

- Youscript: 예방적인 의약품 관리 기업임.
- Archer: 암 정밀 진단 기업으로 14억 달러(1조 5,400억 원)에 인수함. 연매출이 5,000만 달러(550억 원) 이상이며 50곳 이상의 제약사와 파트너십을 맺고 있음.

앞 페이지의 그림에는 나와 있지 않지만 2021년 4월에 인비테는 제노시티(Genosity)라는 기업을 추가로 인수했다. 제노시티는 종양 관련 유전자 시퀀싱 테스트를 위한 소프트웨어를 전문으로 하는 기업이다. 앞으로도 지속적인 인수·합병으로 사업 분야의 확장과 데이터의 양을 늘리려고 한다.

인비테는 데이터에 욕심이 많아 보인다. 최근 4년간 12개나 되는 기업을 인수한 이유 중 하나가 해당 기업들의 데이터이기 때문이다. 데이터 기업으로서의 역량 강화에도 노력하고 있는 듯하다. 사실 데이터가 늘어나면 늘어날수록 개인 유전자 데이터에 바탕을 둔 맞춤형 테스팅이 가능해진다. 이렇게 유전자 테스트를 통해 확보된 데이터를 원격 진료와 인공지능에 접목하면서 전반적인 헬스케어 서비스의 접근성을 향상시키는 것이 인비테의 큰 그림이라고 할 수 있다.

인비테가 더 많은 데이터를 확보할수록 전형적인 네트워크 효과를 기대할 수 있다. 인비테의 사용자 수가 증가하면 자연스럽게 비즈니스 파트너의 수도 증가하고 결과적으로 비용 절감과 서비스 확장이 가능해지는 동시에 고객 만족도의 향상으로 이어질 수 있기 때문이다. 물론 고객 만족도의 향상은 다시 처음으로 돌아와서 인비테의 사용자 수 재증가로 이어질 수 있게 된다. 그러므로 인비테가 시행하고 있는 테스트 수가 어느 정도 증가하고 있느냐가 중요한 투자의 척도가 될 수 있다.

2020년 한 해 동안 인비테가 진행한 테스트는 65만 9,000건이었다. 전년 대비 약 41% 증가한 수치인데 2020년 1분기와 2분기에 팬데믹의 영향으로 마이너스 성장을 보였다는 것을 감안하면 나쁜 수치는 아니라고 판단된다. 최근에 발표된 어닝 결과가 다음 그림에 나와 있다.

[인비테 테스트 수 증가 추세]

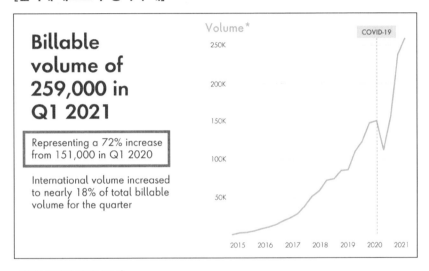

• 출처: 인비테 사업보고서

2021년 1분기 동안 실행된 테스트는 25만 9,000건을 기록했는데 전년 대비 72%나 성장한 수치다. 눈길을 끄는 내용이 있다. 전체 테스트 중에 약 18%는 미국 외의 지역에서 진행됐다는 것이다. 인비테가 글로벌 기업으로 성장할 가능성이 있음을 보여주는 내용이다.

2020년까지만 해도 미국 외의 글로벌 비즈니스는 전체의 10% 정도에 지나지 않았다. 현재 전 세계 95개국으로 사업을 확장했는데 앞으로 꾸준하게 증가할지 확인할 필요가 있다.

인비테의 투자 리스크

인비테는 아직 순이익을 내지 못하고 있는 성장 기업이다. 적자의 규모도 만만치 않아서 앞으로 순이익을 내기까지는 오랜 기간 변동성과의 싸움이 필요할 것으로 봐야 한다. 또한, 심화되고 있는 경쟁에서 살아남기 위해서는 지속적인 유상 증자와 부채 증가를 피할 수 없을 것으로 판단된다. 따라서 성장이 둔화되면 투자 가치는 급격하게 떨어진다고 봐야 한다.

2017년과 2018년까지 인비테는 100%가 넘는 매출 성장을 보여줬다. 하지만 2019년 매출 성장은 46.8%로 둔화됐고 2020년 매출 성장은 단 28.95%에 머물렀다. 꾸준한 성장을 기대하고 있던 투자자 입장에서는 다소 걱정스러울 수 있다.

2020년 1분기와 2분기에는 팬데믹의 영향으로 인해 매출이 마이너스 성장을 보여줬다. 그런데도 2020년 총매출이 29% 가까운 증가세를 보여준 것은 희망적이다. 게다가 2020년 10월에는 암 정밀 분석 전문 기업인 Archer를 인수했는데 연매출이 5,000만 달러(550억 원)를 초과한다. 2020년 인비테 전체 매출인 2억 8,000만 달러(3,080억 원)의 18% 정도 규모다. 필자는 Archer 인수를 통해 2021년 연매출 성장은 다시 50% 이상이 될 것으로 보고 있다. 실제로 2021년 1분기 어닝 보고서에 따르면, 인비테의 1분기 매출은 1억 달러(1,100억 원)를 넘어섰다. 2020년 1분기 매출 6,420만 달러(약 706억 원) 대비 61% 성장이라는 다행스러운 모습을 나타냈다.

다음 그림에 나와 있는 것처럼, 인비테는 연구개발 비용으로 2019년에 1억 4,000만 달러(1,540억 원), 2020년에 2억 4,000만 달러(2,640억 원) 정도를 사용했다. 전년 대비 각각 122%, 70% 증가한 수치다. 매출의 증가 추세를 훨씬 넘었다. 특히 2020년에는 전체 매출[약 2억 7,900만 달러 (3,069억 원)]의 86%에 달한다. 아직은 인비테의 경영진이 적자 폭을 줄이는 데는 아예 관심이 없다는 것을 확인할 수 있는 대목이다.

[인비테의 매출 성장 및 연구개발 비용]

ITEM	2016	2017	2018	2019	2020	5-YEAR TREND
Sales/Revenue	25.05M	68.22M	147.7M	216.82M	279.6M	
Sales Growth	-	172.36%	116.50%	46.80%	28.95%	
Cost of Goods Sold (COGS) incl. D&A	27.88M	51.94M	80.11M	121.38M	202.97M	
COGS Growth	-	86.32%	54.22%	51.53%	67.22%	
COGS excluding D&A	21.33M	42.76M	66.57M	106.58M	165.87M	
Depreciation & Amortization Expense	6.55M	9.18M	13.54M	14.8M	37.1M	
Depreciation	6.55M	7.38M	8.54M	7.1M	10.5M	
Amortization of Intangibles		1.8M	5M	7.7M	26.6M	
Gross Income	(2.83M)	16.28M	67.59M	95.44M	76.63M	
Gross Income Growth	-	675.23%	315.22%	41.20%	-19.71%	
Gross Profit Margin	-	-	-	-	27.41%	
SG&A Expense	97.35M	133.74M	186.03M	331.11M	706.2M	
SGA Growth	-	37.37%	39.10%	77.98%	113.28%	
Research & Development	44.63M	46.47M	63.5M	141.06M	239.79M	

• 주: M은 Million(100만) │ 출처: marketwatch.com

적자 경영 리스크 관련해서 한 가지 더 고무적인 부분이 있다. 샘플당 비용(Total Cost of Revenue÷테스트 수)을 살펴보면, 2016년에는 400달러(44만 원) 이상이었는데 2020년에는 299달러(약 33만 원)로 감소했고 2021년 1분기에는 290달러(약 32만 원)로 더 낮아져 감소하는 추세를 보인다는 점이다. 이렇게 계속해서 테스트를 위한 직접 비용이 낮아지면 머지않아 목표로 한 총수익률(Gross Margin) 50%도 달성할 수 있으리라 기대해본다. 참고로, 2020년 한 해 총수익률은 약 27.4%였다.

유전자 테스트, 그리고 그 테스트의 결과를 바탕으로 하는 치료법은 아직 대중화되지 않았다. 따라서 일반 대중들이 유전자 검사와 그 데이터를 활용하면 좀 더 건강한 삶을 영위할 수 있다고 이해하는 시대가 올 경우 그 수요는 기하급수적으로 성장할 가능성이 높다. 헬스케어 분야에서 흔히 말하는 '주류'가 될 수도 있다는 말이다. 하지만 전망이 좋은 만큼 경쟁 역시 점점 더 치열해질 것이다. 지나치게 경쟁이 과열된다면 보험사들이 유전자 검사 기업들 간의 가격 전쟁을 유도할 수도 있다.

인비테는 유전자 검사 서비스를 제공하는 수많은 기업 중 하나가 아닌, 독보적인 유전자 데이터 플랫폼이 되어야 한다. 유전자 테스트 시장의 규모는 1,500억 달러(165조 원) 규모라고 한다. 한 해 인비테의 2020년 매출은 3억 달러(3,300억 원)가 채 되지 않았다. 아직 시장의 잠재 규모에서 0.2% 정도만 차지하고 있다. 플랫폼 비즈니스의 분야의 중요한 특징 중 하나는 '승자독식(Winner take most)'이다. 인비테는 반드시 1등이 되어야 한다.

2
텔라닥헬스
원격 진료 대장주

텔라닥헬스(TDOC, 이하 '텔라닥')는 개인적으로 사연이 있는 종목이다. 투자할 마음이 없었는데 필자의 의지와 상관없이 투자를 시작하게 된 첫 기업이기 때문이다.

필자가 유튜브 채널인 미주은을 운영하기 시작하면서 얼마 되지 않아 매수한 종목 중에는 아직도 필자의 포트폴리오에서 큰 비중을 차지하는 종목이 많다. 아마존(AMZN), 애플(AAPL), 엔비디아(NVDA) 같은 종목들은 당시에도 이미 많은 한국 투자자가 관심을 두고 투자하는 종목이었기 때문에 특별한 것은 없다. 그런데 필자 나름대로 모험심을 갖고 그때까지는 인지도가 그리 높지 않았던 종목도 매수하기 시작했다. 바로 스퀘어(SQ), 리봉고헬스(LVGO, 이하 '리봉고'), 니오(NIO), 버진갤럭틱(SPCE), 그리고 크라우드스트라이크(CRWD) 등이다. 이 중에서도 수익률로는 단연 당뇨병에 특화된 원격 진료 시스템을 운영하는 기업인 '리봉고'가 최고의 모습을 보여줬다.

다른 종목들의 수익률이 모두 10~20%에 머물던 시기에 리봉고는 혼자서 65%가 넘는 '천상천하 유아독존'의 모습을 보여주며 필자의 기분을 들뜨게 했다. 리봉고는 회원이 50만 명도 되지 않는 작은 기업이었다. 미국에만 당뇨병 환자가 1,800만 명이 넘어가는 점을 감안할 때 미국 시장만 석권해도 36배 성장이 가능한 유리한 위치를 점하는 너무나 장래가 촉망되는 필자의 최애주였다.

그런데 2020년 10월의 마지막 밤에 리봉고는 미국 증시에서 그 이름을 스스로 지워버렸다. 2020년 10월 31일을 기점으로 원격 진료의 1등 기업인 텔라닥과 합병해버린 것이다. 당시 이 합병 건에 대해 말이 많았다. 리봉고의 전망이 너무나 좋았던 시기여서 일부 투자자는 거친 발언까지 서슴지 않았다. 이런 일들로 인해 필자도 처음에는 미운 오리 새끼처럼 생각했다. 그런데 이제는 이 책에 소개할 정도로 제법 텔라닥에 대해 분석도 많이 했고 정도 많이 들었다.

텔라닥은 숫자로 승부하는 기업이다. 자랑스럽게 내보일 만한 수치가 너무도 많다. 그중 몇 가지만 소개하겠다.

주요 시장인 미국에서만 7,300만 명이 텔라닥의 서비스를 이용하고 있다. 미국 전체 인구가 3억 3,000만 명 정도임을 감안할 때 전체 미국인의 22% 정도가 텔라닥의 멤버라는 말이 된다. 정말 대단한 시장 장악력을 보이는 기업이다.

2020년 한 해 동안 텔라닥을 통해 주선된 클리닉 및 테라피스트 방문건은 무려 1,000만 건이 넘는다. 〈포춘〉 선정 500대 기업 중 40% 이상이 텔라닥의 고객사로 등록되어 있으며 지금까지 축적된 고객 건강 정보는 이미 10억 건이 넘었다. 좀 더 구체적인 실적을 살펴보면 더욱 대단하다고 생각할 수 있다. 2016~2020년까지 매출 성장률은 연평균 70%가 넘는 초고속 성장을 이뤄냈다.

[텔라닥 매출 증가 추이]

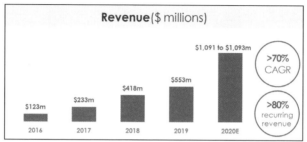

• 주: Millions는 100만 | 출처: 텔라닥 사업보고서

전체 매출 중에서 멤버 구독비 등에서 만들어지는 반복 매출의 비중이 전체 매출의 80%를 초과한다는 점이 더 고무적이다. 2016~2020년까지 유료 회원 수는 연평균 40% 이상 증가했으며 같은 기간 방문자 수는 연평균 80% 이상 증가했다. 지난 5년간 텔라닥의 주가가 1,600%나 상승한 데는 다 그럴만한 이유가 있었다.

텔라닥의 투자 매력

그렇다면 앞으로는 어떻게 될까? 앞으로 5년, 10년 동안 텔라닥은 과거에 보여줬던 최고 성장주의 면모를 유지해줄 수 있을까? 지금부터 필자가 텔라닥에 투자하고 있는 논리적인 근거들을 하나씩 설명해보겠다.

컨설팅사인 그랜드뷰리서치가 2021년 2월에 발표한 리포트에 따르면, 2021년 원격 진료 시장의 규모는 약 727억 달러(79조 9,700억 원)다. 이후 2028년이 되면 원격 진료 시장의 예상 규모는 2,989억 달러(328조 7,900억 원)까지 성장할 것으로 전망된다. 다시 말해 2021~2028년까지 7년간 원격 진료 시장은 4.1배 정도 커질 수 있다는 전망이 나온 것이다. 연평균으로 계산해보면, 앞으로 7년간 연평균 22.4%의 추세로 시장이 확대된다는 말이다.

이렇게 원격 진료 시장이 계속해서 커질 수 있는 성장 동력은 한두 가지가 아니다. 갈수록 늘어만 가는 고령 인구도 하나의 이유가 될 수 있고, 고령화가 급격히 진행되면서 산더미처럼 불어만 가는 헬스케어 비용의 증가도 매우 현실적인 문제로 여겨진다. 단편적인 예로, 미국의 경우 2018년 국내총생산(GDP)의 17.7%를 헬스케어 비용으로 사용했다고 한다. 게다가 미국 전체 의료비에서 병원비와 인건비가 차지하는 비중이 53%에 달한다고 하니 정부나 민간의 보험 지원이 원격 진료로까지 확대되고 있는 현상은 당연한 움직임이다.

오프라인에 비해 상대적으로 저렴한 원격 진료를 직원의 복지 혜택으로 포함한 기업의 비율을 보면, 2015년에만 해도 전체 기업 중 단 27%에 불과했다. 그러다 불과 4년만인 2019년에는 82%나 되는 기업들이 원격 진료를 지원하기 시작했다. 이윤 추구가 가장 근본적인 목표인 기업 입장에서는 당연히 상대적으로 저렴하고 만족도가 떨어지지 않는 원격 진료를 외면할 이유가 없는 것이다. 예를 들어, 미국인의 10% 이상이 만성질환으로 갖고 살아가는 당뇨병의 경우 기존의 의료 서비스 대신 텔라닥을 이용하면 기업 입장에서는 1인당 1년에 1,908달러(약 210만 원)의 비용 절감 효과가 발생한다고 한다.

텔라닥이 앞으로도 꾸준한 성장을 보일 것이라는 예측은 텔라닥의 NPS(Net Promoter Score)를 살펴보면 더 공고해진다. NPS는 전 세계적으로 고객의 만족도를 측정하는 데 폭넓게 사용되는 지수다.

'기업이 제공하는 상품과 서비스를 가족과 친구들에게 추천할 의향이 어느 정도(0~10점) 있는가'라는 단 한 가지의 질문을 하고 이 질문에 대한 답을 분석해서 산정된다. 이 질문에 대해 답을 3가지 카테고리로 나누는데 9점이나 10점을 주는 고객은 기업의 홍보에 도움이 될 수 있는 고객군이라고 여겨 'Promoters'라고, 7점이나 8점을 표시한 고객은 중립적이라는 의미로 'Passives'라고 한다. 그리고 이외 고객, 즉 0점부터 6점을 주는 고객은 해당 기업에 대해 부정적인 영향력을 행사할 가능성이 있다고 보고 'Detractors'라고 분류한다. 그런 다음, 전체 응답자 중 'Promoters'의 비율에서 'Detractors'의 비율을 빼 NPS를 구한다(NPS=% Promoters—% Detractors).

보통 50이 넘으면 매우 좋은 수치로 간주하며 60이 넘으면 월드 클래스라고 생각해도 된다. 그런데 산업마다 판매 또는 제공하고 있는 상품과 서비스의 종류, 특성이 다르므로 특정 기업의 고객 만족도를 평가하기 위해서는 다음 페이지의 '산업별 평균 NPS'를 참고하는 것이 좋다.

텔라닥이 속해있는 산업은 가장 아래에 있는 '헬스케어' 섹터다. 헬스케어 산업의 평균 NPS 점수는 27로 타 산업군에 비해 최저치를 기록하고 있다. 그런데 텔라닥의 수치를 살펴보면 이야기가 좀 달라진다. 2021년 1월 JP모건 헬스케어 콘퍼런스에서 발표된 내용에 따르면, 텔라닥의 NPS는 60을 넘어간다. 그리고 기존 고객의 유지율 역시 90%가 넘어간다.

[산업별 평균 NPS]

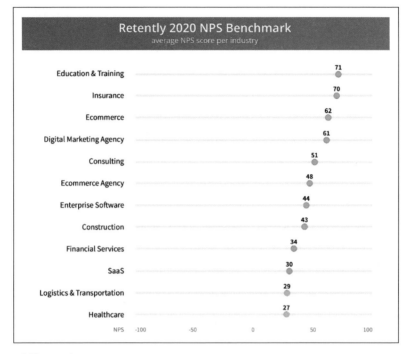

Retently 2020 NPS Benchmark
average NPS score per industry

산업	NPS
Education & Training	71
Insurance	70
Ecommerce	62
Digital Marketing Agency	61
Consulting	51
Ecommerce Agency	48
Enterprise Software	44
Construction	43
Financial Services	34
SaaS	30
Logistics & Transportation	29
Healthcare	27

• 출처: retently.com

전통적으로 NPS 점수가 낮게 형성되어 있는 헬스케어 섹터에서 어떻게 화상 통화 등의 원격 진료를 제공하는 텔라닥의 NPS는 60을 넘어갈 수 있을까? 필자는 그 이유를 크게 3가지로 본다.

우선, 정밀한 검사나 심각한 치료가 필요한 중증이 아닌 경우 원격 진료는 사용자, 환자 기준으로 많은 장점이 있다. 이동이나 대기를 위한 시간을 절약할 수 있고, 근무 도중 직장을 이탈하거나 먼 거리까지 이동해야 하는 번거로움을 덜 수 있다. 내가 원하는 시간, 내가 원하는 장소에서 원하는 의료 서비스를 받을 수 있는 점이 생각보다 사람들 사이에서 많은 호응을 받는 것으로 해석할 수도 있다.

그다음 이유로는, 텔라닥의 플랫폼화이다. 이제 텔라닥은 50개 이상의 의료 보험 상품에 적용될 뿐만 아니라 70곳 이상의 보험사, 금융사와 연동되어 있고 1만 1,000곳의 병원, 의료 기관과 파트너십을 구축했다. 이렇게 관계를 구축해놓은 병원과 의료 기관은 다양한 분야의 의료 서비스를 커버한다. 만성질환, 급성질환, 정신질환, 복합질환 등은 물론, 스페셜 케어 등의 전문 의료 분야, 멤버들의 웰빙이나 질병 예방에까지 그 영역을 확대하고 있다. 또한, 함께 일하는 병원과 의료 기관의 수가 많다 보니 당연히 멤버들이 원하는 시간에 순조롭게 서비스 연결이 될 가능성이 높다. 증상에 따라 갑자기 상담이 필요하거나 지체할 수 없는 것이 의료임을 감안해볼 때 간과할 수 없는 텔라닥의 커다란 장점이 된다.

마지막 이유는 '데이터'에 있다. 2020년까지 텔라닥이 확보한 고객의 의료 데이터는 무려 10억 건이 넘는다. 텔라닥은 2020년 한 해에만 방문자 수가 1,000만 명을 넘어가기 때문에 가능한 숫자다. 참고로, 텔라닥에 가장 접근해 있는 업계 2위 기업인 아메리칸웰(AMWL)의 방문자 수는 텔라닥의 50%에도 미치지 못하는 상황이다.

많은 고객과 방문자 수가 확보되다 보니 텔라닥은 자연스럽게 반복적인 의료 제공으로 새로운 데이터가 생성되면서 축적되고 있다. 이렇게 축적된 데이터는 다양한 분석 자료로서 통합되고 해석된다. 이러한 과정을 통해 도출된 분석 내용은 또다시 기존의 환자나 새로운 고객을 위한 의료 서비스에 적용됨으로써 선순환을 무한적으로 반복할 수 있게 된다. 당연히 이렇게 데이터에 기반한 분석 내용을 바탕으로 해서 의료 서비스를 제공하면 멤버들 입장에서는 좀 더 개인의 상황에 맞는 효율적이고 맞춤형인 의료 서비스를 경험할 수 있게 될 것이다.

텔라닥의 투자 리스크

텔라닥에 투자를 고려할 때 가장 중요한 포인트는 성장성이다. 그런데 2020년 4분기 어닝 보고서에 나와 있는 2021년의 가이던스에 따르면, 2021년 텔라닥은 자체적으로 멤버 수 성장의 둔화를 예상하고 있다.

다음 '텔라닥 유료 멤버 수 증가 추이'를 보면, 텔라닥의 멤버 수는 2019년 최고의 성장을 보여줬다. 2018년 2,280만 명 수준이던 유료 멤버 수는 2019년 3,670만 명으로 늘어나면서 약 61%의 성장을 나타냈다. 2020년에는 41.1%로 성장세가 다소 둔화했고 최근 발표된 가이던스에 따르면 2021년 텔라닥의 멤버 수 증가는 0.4~4.2%대에 머무를 것으로 예상되고 있다.

[텔라닥 유료 멤버 수 증가 추이]

Year	Paid Members(만 명)	YOY Growth(%)
2021(Guidance)	5,200~5,400	0.4 to 4.2
2020	5,180	41.1
2019	3,670	61
2018	2,280	(0.2)
2017	2,320	32.6
2016	1,750	43.4
2015	1,220	N/A

• 출처: 텔라닥 사업보고서

여기서 한 가지 주목할 만한 부분이 있다. 2020년 4분기 어닝 보고서에 함께 나와 있는 2021년 매출 성장 가이던스는 사뭇 다른 수치를 나타내고 있다는 점이다. 멤버 수 증가는 0.4~4.2% 정도의 성장을 보이며 정체되는 반면, 매출 성장 예상치는 무려 77~82%로 내놓고 있다. 어떻게 이런 일이 가능할까?

텔라닥은 앞으로 멤버 수 증가에만 기대지 않고 업 셀링, 크로스 셀링, 그리고 새로운 매출 모델을 통해 성장한다는 전략을 세우고 있는 것으로 보인다. 다음 '텔라닥의 성장 전략'을 보면, 텔라닥은 앞으로 4개의 성장 동력으로 향후 비즈니스 성장을 이어나갈 것이라는 전략을 세우고 있다.

[텔라닥의 성장 전략]

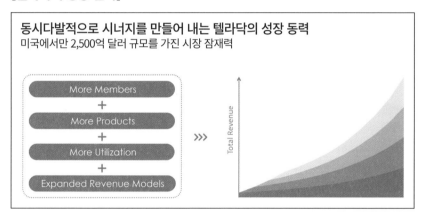

• 출처: 텔라닥 사업보고서

2021년에는 잠시 주춤할 것으로 예상되지만 멤버 수의 지속적인 증가도 도모하고 있으며 동시에 서비스 및 상품 수 증가, 서비스 이용률 증가, 마지막으로 매출 모델을 추가로 확장한다는 것이 텔라닥의 청사진이다.

멤버 수의 확장과 관련해서는 아직 개척해 나갈 시장이 많다고 텔라닥은 주장한다. 미국의 경우 전체 인구 3억 3,000만 명 중 아직 2억 명 이상이 잠재 고객으로 남아 있다. 리봉고의 사업 분야에 해당하는 당뇨와 고혈

압의 경우 미국에만 7,000만 명이 해당하는데 리봉고가 확보한 고객이 50만 명에 불과하다는 사실이 추가 성장의 잠재력을 보여준다.

텔라닥의 성장에서 상당 부분은 기존 고객들을 활용한 크로스 셀링에서 발생할 것으로 기대하고 있다. 텔라닥은 지금까지 크고 작은 인수·합병을 통해 성장해온 기업이다. 앞서 살펴본 리봉고 외에도 어드밴스 메디컬(Advance Medical), 베스트 닥터스(Best Doctors), 베터헬프(Betterhelp), 헬시이스트유(Healthiestyou) 등 굵직굵직한 기업을 인수했다. 2020년에는 당뇨 등 만성질환 케어의 새로운 지평을 열고 있던 리봉고 외에도 인터치헬스(Intouch Health)라는 의료기기와 소프트웨어를 통합한 플랫폼 기업을 인수하면서 사업의 영역을 대폭 확장했다. 다음 그림을 보자.

[텔라닥의 크로스 셀링]

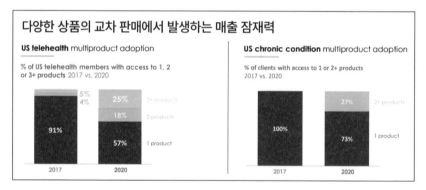

• 출처: 텔라닥 사업보고서

2017년에만 해도 9%의 멤버만이 2가지 이상의 원격 진료 서비스를 이용했고 91%의 멤버는 단 하나의 상품만 이용했다. 3년 뒤인 2020년에는 무려 18%가 2가지 서비스를 이용했으며 3가지 이상의 서비스를 이용하는 멤버의 비율도 25%로 높아졌다. 그동안 활발하게 진행했던 인수·합병 전략이 그 결실을 보기 시작한 것이다.

'텔라닥의 크로스 셀링' 오른쪽에 나와 있는 리봉고의 사업 분야인 만성질환케어 쪽에는 더 큰 기회가 많이 남아 있다. 아직 단 1가지의 서비스를 이용하는 고객의 비율이 73%나 되기 때문이다.

텔라닥은 자체적으로 2023년까지 연평균 30~40% 매출 성장을 예상하고 있다. 과연 텔라닥이 계획한 대로 사업 확장과 크로스 셀링을 통해 이러한 예상을 현실로 만들지 투자자들은 지속적으로 모니터링해야 할 것이다.

텔라닥의 미래에 또 하나의 변수는 심화되고 있는 경쟁이다. 특히 아마존(AMZN)의 움직임이 심상치 않다.

2021년 3월에 발표된 자료에 따르면, 아마존은 미국 전역의 직원들을 위한 무료 원격 진료를 2021년 내에 론칭할 계획이라고 한다. 2019년부터 일부 직원에게 제공하기 시작했던 '아마존 케어'를 드디어 미국 전역으로 확대 시행한다는 것이며 아마존 케어의 정체성이 드디어 '원격 진료' 쪽이라는 것을 확인한 셈이 됐다. 많은 전문가는 직원들에게만 무상 제공되고 있는 아마존 케어가 소비자들에게 오픈되어 판매되는 것은 시간문제라고 본다. 또한, 아마존 케어의 진화가 텔라닥에는 큰 리스크로 작용할 것이라는 견해도 많다.

필자 입장에서 보면 아마존 주주로서는 반갑고, 텔라닥 주주로서는 걱정되는 소식이라 하겠다. 1994년에 설립된 아마존이 월마트(WMT)와의 경쟁에서 살아남을 것이라고 예상한 전문가는 많지 않았다. 하지만 이제 아마존은 월마트보다 시가총액이 약 4.2배 더 많은, 지구상 최대 기업 중 하나로 우뚝 서 있다.

텔라닥도 마찬가지다. 텔라닥은 원격 진료라는 분야를 다른 기업보다 앞서 개척해왔을 뿐만 아니라 이미 전 세계 130개국에서 30개 언어로 서비스되고 있다. 2028년이 되면 원격 진료 시장의 규모는 약 3,000억 달러(330조 원)까지 성장할 것으로 기대되고 있으며 그 성장의 중심에 텔라닥이 있음은 누구도 부인할 수 없다.

또한, 지금까지와 마찬가지로 활발한 인수·합병과 비즈니스 확장을 통해 원격 진료 대표 기업에서 앞으로는 진료 예약, 처방, 약 주문과 배달, 의료보험, 의료 기록 보관 및 활용 등 궁극적으로는 메디컬 데이터를 기반으로 의료계에 관련된 모든 분야를 통합할 수 있는 종합 플랫폼으로 진화해주기를 한 사람의 주주로서 기대하고 있다. 그래도 불안하다면? 해답은 간단하다. 아마존과 텔라닥에 분산 투자를 하면 된다.

친환경
Eco Friendly

2021년 5월 말, 미주은의 한 코너인 '오미주(오늘의 미국 주식 뉴스)'를 준비하기 위해 새로운 뉴스들을 보던 중에 테슬라(TSLA) 관련 소식 하나가 필자의 눈길을 끌었다.

조 바이든 미국 대통령이 제안했던 전기차 인센티브 관련 법안이 상원의 재무위원회를 만장일치로 통과했다는 기사였다. 그 법안의 수정 조항이 아주 흥미로웠다. 미국에서 판매되는 전기차에 지급되던 기존 7,500달러(825만 원)의 세금 공제가 2026년까지 연장될 뿐만 아니라 전기차 제조사당 20만 대까지만 적용되던 이 세금 공제의 제한 규정을 없앤다는 대박 소식이 담겨 있었다. 이뿐만이 아니다. 전기차 제조가 미국에서 이뤄지면 추가로 2,500달러(275만 원)의 세금 공제가 주어지고 노동조합이 있는 기업의 경우 다시 2,500달러(275만 원)의 추가 공제가 가능하다는 내용도 있었다.

이렇게 수정된 법안에 따르면 테슬라의 경우 전기차 판매 대수와 상관 없이 모델 3, 그리고 모델 Y까지 1만 달러(1,100만 원)의 세금 공제를 받게 되고, 이제 막 전기차에 올인하고 있는 제너럴모터스(GM)와 포드(F)의 경우 차량 가격이 최대 1만 2,500달러(1,375만 원)까지 낮아지는 효과를 누릴 수 있게 됐다. 예를 들어, 올해 출시 예정인 포드의 전기 픽업트럭인 F-150의 경우 세금 공제가 없다면 4만 달러(4,400만 원)를 내야 하는데 이제 2만 7,500달러(3,025만 원)에 살 수 있게 됐다.

이 뉴스를 정리해 미주은에 올렸더니 이번 정부의 정책이 테슬라 비즈니스에 긍정적인지, 부정적인지에 대한 의견이 분분했다. 테슬라를 구입하는 사람 입장에서는 차량 가격이 1만 달러(1,100만 원)나 낮아지는 것이니 호재라는 의견이 있는 반면, 포드나 GM보다 공제 금액이 적으므로 부정적인 영향을 끼칠 것이라는 의견도 있었다. 필자도 2가지 상반된 의견 중에 어떤 의견이 확실히 맞는다고 말하기는 어렵다. 하지만 이렇게 불확실한 상황 속에서도 투자의 성공 확률을 높이는 방법은 있다고 믿는다. 2가지 정도의 해결책이 있을 수 있는데, 우선 테슬라와 GM 또는 포드에 동시 투자를 진행하면 된다. 전기차 산업의 미래가 밝다고 확신하고 있는데 주인공이 될 기업이 불분명하다면 가능성 있는 전기차 제조사에 분산 투자하는 것이다.

필자는 그다음 해결책이 좀 더 효율적이라고 생각하는데 바로 전기차 제조사 중 그 누가 주인공이 되든 혜택을 누릴 수 있는 전기차 인프라, 즉 전기 충전 기업에 투자의 초점을 이동하는 것이다.

현재 전기 충전 기업 분야에는 아직 절대 강자는 보이지 않는 상황이다. 그래서 이번에 전기 충전 기업 분야에서 1등 기업으로 성장할 잠재력을 지닌 기업들을 선정해 소개하려고 한다.

≡3≡
차지포인트
전기차의 미래를 믿는다면 투자하라

차지포인트를 아시나요?

차지포인트(CHPT)는 전 세계 최대 규모의 전기차 충전 네트워크 기업이다. 전기차 충전 시장의 선두 주자인 차지포인트는 차세대 교통수단의 미래를 위한 인프라를 구축하고 있으며 전기차 운전자가 집, 직장, 그 밖의 많은 장소에서 전기차를 충전할 수 있도록 해 '주유'의 시대에서 '충전'의 시대로의 전환을 이끌고 있다.

운전자는 클라우드 기반의 소프트웨어를 이용한 모바일 앱과 온라인 드라이버 포털을 사용해 가까운 충전소의 위치를 빠르고 쉽게 찾을 수 있을 뿐만 아니라 교통 상황 등 다양한 실시간 정보를 받아볼 수 있다. 차지포인트 관련 리서치에 따르면, 미국의 전기차 운전자 중 70% 이상이 차지포인트의 온라인 드라이버 포털이나 모바일 앱을 활용해서 가까운 충전소를 검색하고 있다고 한다.

다음 그림에 나와 있듯이 차지포인트는 일반 충전 방식이라고 할 수 있는 L2 충전 시장에서 73%라는 엄청난 시장 점유율을 확보한 기업이다.

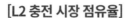

[L2 충전 시장 점유율]

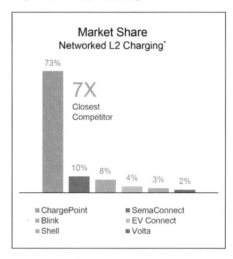

• 출처: 차지포인트 실적보고서

2위 기업과 비교해도 7배의 차이를 보이므로 거의 독점에 가까운 모습을 보인다고 할 수 있다. 참고로, L2, 즉 레벨 2 충전은 출력이 3~19kW 정도이고 충전 속도는 차량당 7~8시간 정도 걸린다고 볼 수 있다. 슈퍼차저(Supercharger)라고 불리는 급속 충전(DC Fast Charger)의 경우 출력이 최대 350kW까지도 가능해 1시간 정도면 차량 1대의 100% 충전이 가능하다.

충전 비용의 경우 L2는 0.2달러(220원)~0.3달러(330원) 정도, 급속 충전 방식은 0.35달러(385원) 정도로 약간의 차이를 보인다. 또한, 급속 충전 방식은 배터리의 수명을 단축할 수 있다는 연구 결과도 나오고 있어 가정

미국 주식으로 은퇴하기 _ 실전 투자 편

이나 직장에서 근무 시간 동안의 충전은 L2를 이용하는 것이 바람직하다. 반면, 고속도로의 휴게소나 편의점, 공공장소에서의 충전은 슈퍼차저가 요긴할 수 있다.

테슬라(TSLA)가 집중적인 투자를 하는 슈퍼차저 시장에서도 차지포인트의 모습은 나쁘지 않다. 2020년 6월 말에 집계된 '미국 슈퍼차저 설치 현황'을 보면, 차지포인트는 총 1,614개의 슈퍼차저를 보유하고 있다. 급속 충전 시장에 올인하고 있는 EVgo(EVGO)를 앞서고 있다. 차지포인트와 EVgo, 두 종목에 모두 투자하고 있는 필자가 이 책에 차지포인트만 선정한 결정적인 이유다.

[미국 슈퍼차저 설치 현황]

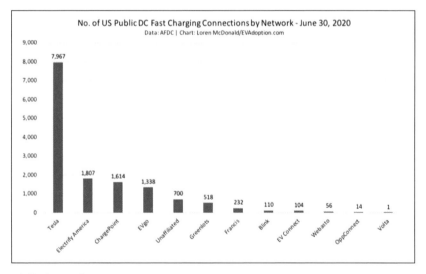

• 출처: cleantechnia.com

차지포인트는 2021년 7월 기준 이미 3만 곳 이상의 충전 스테이션을 오픈한 상황이다. 미국 내 스타벅스(SBUX) 매장 수가 1만 2,521개라고 하니 차지포인트의 오퍼레이션 규모가 어느 정도인지 짐작하고도 남는다.

전기차 판매가 2025년까지 시장의 25% 정도로 증가한다고 예상되므로 앞으로 빠르게 확장될 수 있는 충전 인프라가 필수적이다. 지금까지도 많은 성장을 보여왔지만 기하급수적으로 늘어나는 수요를 지원해 전기차 운전자가 어디를 가도 충전할 수 있다는 안심을 느낄 수 있도록 하기 위해서는 아직 가야 할 길이 멀다. 그래서 차지포인트의 네트워크를 구축할 수 있는 폭발적인 성장 기회가 아직도 많이 남아 있다고 확신할 수 있는 이유다.

차지포인트의 네트워크가 이렇게 급속한 확장의 모습을 만들어 낼 수 있었던 이유는 단지 전기차 시장의 성장뿐만 아니라 고유한 비즈니스 모델 덕분이라고 생각한다. 차지포인트는 자체 네트워크에서 충전소를 단 1곳도 소유하고 있지 않다. 에너지 판매와 스테이션 운영권은 고객이 갖는다. 이렇게 충전소를 소유하게 된 기업과 기관(단체)들은 고객이나 직원들에게 충전 요금을 부과할 것인지 선택할 수 있다. 대기업은 물론이고, 슈퍼마켓 등의 리테일, 호텔, 병원, 학교, 스포츠센터, 아파트 단지 등 차지포인트의 네트워크가 필요한 기업과 단체는 다양한 형태로 존재한다. 사실상 세상의 모든 주차장이 차지포인트의 잠재 고객이 될 수 있다.

이렇게 차지포인트는 충전기 하드웨어를 판매하고 충전소를 구축해주는 역할, 운영을 지원해주는 역할을 하면서 충전소를 소유한 기업이나 단체가 손쉽게 충전소를 관리할 수 있도록 모바일 앱과 소프트웨어를 제공해 부가적인 수입을 창출한다.

또한, 차지포인트는 고객들이 자신의 브랜드로 에너지를 판매 또는 제공할 수 있도록 도와준다. 세븐일레븐 앞에 설치된 충전소는 세븐일레븐 상표를, 쉐라톤호텔 앞에 설치된 충전소는 쉐라톤호텔 상표를 보여줄 수 있다. 이렇게 차지포인트는 고객사가 환경적인 측면에서 사회적 공헌을 하고 있음을 공공연하게 PR(홍보)할 수 있는 기회를 제공해 브랜드의 가치나 기업 이미지를 높일 수 있게 한다.

이렇게 차지포인트의 고객사들은 추가적인 수입 창출은 물론, ESG [Environmental(환경), Social(사회) and Governance(지배 구조)]에 친화적 기업 이미지를 구축하면서 지역사회나 고객과의 관계를 향상시키고 직원이나 입주자 확보에 도움을 받는다. 이 점은 〈포춘〉 선정 500대 기업 중에 무려 60%의 기업이 차지포인트의 고객사로 협업을 진행하고 있는 사실에서 재확인할 수 있다.

이렇게 충전소의 브랜딩은 각각 달라도 운전자는 '차지포인트'라는 단일 검색어로 언제든 충전소 위치 검색이 가능하다. 이미 구글 맵, 애플 맵, 애플 카플레이(Carplay), 안드로이드 오토, 알렉사 등과의 협업을 통해 전기 충전소 운영을 위한 생태계 구축을 완성했기 때문이다.

차지포인트의 매출 구조는 '하드웨어+소프트웨어+기타 서비스'다. 이 중 하드웨어 부분의 매출은 나머지 두 부분의 매출 창출에 기반이 되기 때문에 가장 중요한 비즈니스의 시발점이 된다. 일단 하드웨어를 판매하고 나면 자연스럽게 스프트웨어와 기타 서비스 부분의 매출이 따라오게 된다. 두 부분 모두 구독 모델을 바탕으로 해서 반복적 매출이라는 장점을 갖고 있다.

다음 페이지의 '차지포인트의 매출 구조'에 쉽게 설명된 것처럼, 하드웨어 판매가 이뤄진 시점에서 7년 차에 접어들면 하드웨어 부분 매출과 '소프트웨어+기타 서비스(Assure)' 부분 매출이 거의 같아진다. 따라서 차지포인트의 매출은 하드웨어 판매가 많아질수록 기하급수적인 성장을 보일 가능성이 매우 높다.

[차지포인트의 매출 구조]

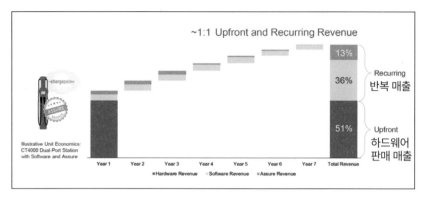

• 출처: 차지포인트 실적보고서

지금부터 10년간 매해 10만 대의 충전기 하드웨어를 판매한다면, 10년 후 차지포인트의 소프트웨어 및 기타 서비스 매출은 100만 대의 충전기에서 발생하는 셈이 된다.

차지포인트의 투자 매력

차지포인트의 가장 큰 투자 매력은 아무래도 미래 성장성이다. 다음 '차지포인트의 성장 예측'에서 차지포인트 충전 포트의 판매 대수가 2021년 5만 724대에서 2026년 42만 5,060대로 5년 만에 약 8.4배 증가한다는 예측을 볼 수 있다.

[차지포인트의 성장 예측]

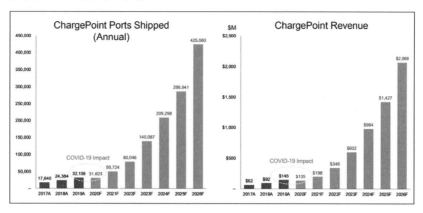

• 주: M은 Million(100만) | 출처: 차지포인트 실적보고서

같은 기간 동안 매출은 1억 3,500만 달러(1,485억 원)에서 20억 6,900
만 달러(2조 2,759억 원)로 10배 이상의 성장을 기대하고 있다. 이러한 자
체 예상치가 달성될 수만 있다면 차지포인트의 투자자들은 가까운 미래에
'미주은(미국 주식으로 은퇴하기)'이 가능할 수도 있겠다.

다음 '차지포인트의 매출 분석'을 보면, 다양한 고객군과 다양한 비즈니

[차지포인트의 매출 분석]

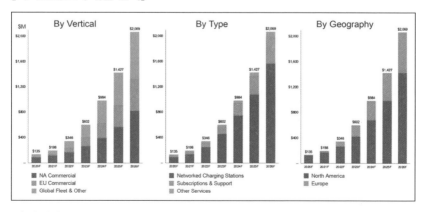

• 출처: 차지포인트 실적보고서

스 모델, 그리고 여러 지역에 걸쳐 매출의 의존도가 분산되어 있음을 확인할 수 있다. 이 또한 투자의 리스크를 줄여줄 수 있는 투자 매력의 중요한 부분이다.

By Vertical(산업별) 매출을 보면, 현재로서는 매출의 반 이상을 북미 지역의 일반 기업들에 의지하고 있지만 6~7년 후가 되면 배송회사, 택시회사, 버스회사 등의 상업용 운송회사에서 기여되는 매출이 반 이상을 차지할 것으로 보인다. 운송업의 경우 정부 당국의 규제나 인센티브, 보조금에 따라 산업 내 기업들 대부분이 한꺼번에 움직일 가능성이 매우 높기 때문이다. 예를 들어, 2021년 7월 유럽연합의 상공위원회에서는 2035년부터 내연기관 자동차와 하이브리드 자동차의 판매를 전면 금지한다는 법안을 발의했다. 전기차의 시대가 본격화되고 있는 것이다. 이 소식이 전해지고 난 다음 달인 8월에 차지포인트는 유럽의 상업용 전기차 솔루션 기업인 Viriciti를 인수하면서 유럽의 상업용 운송 차량 시장 공략에 힘을 더했다.

By Type(비즈니스 모델별) 매출에서도 마찬가지다. 추가 신규 고객이 급격하게 증가할 수 있는 현재로서는 하드웨어에서 기여되는 매출이 대부분을 차지하고 있지만 시간이 지날수록 소프트웨어나 기타 서비스 매출의 기여도가 증가할 것이 매우 확실하다.

By Geography(지역별) 매출을 보면, 아직은 북미 매출이 전체 매출의 대부분을 차지하고 있지만 가까운 미래에는 유럽에서 발생하는 매출이 30%를 훌쩍 넘어갈 것으로 차지포인트의 경영진은 내다보고 있다. 2021년 현재, 차지포인트는 유럽연합 국가 중 16개국에 진출해 있다. 또한, 차지포인트는 2021년 7월에 유럽의 충전 소프트웨어 부분의 리더 격인 'has-to-be'라는 플랫폼 기업을 2억 5,000만 달러(2,750억 원)에 인수하면서 유럽 시장 진출을 위한 교두보를 확보했다.

2020년 차지포인트의 총수익률(Gross Margin)은 25% 수준이었다. 건강한 총수익률이라고 말할 수 없는 수치다. 그런데 다음 '차지포인트 총수익률 예측'을 보면 2026년에는 총수익률이 42% 정도까지 향상될 수 있다고 전망했다.

[차지포인트 총수익률 예측]

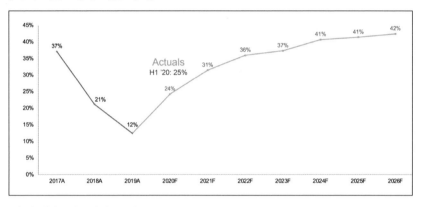

• 출처: 차지포인트 실적보고서

실현 가능한 예측일까? 필자의 견해로는 충분히 가능한 숫자다. 앞에서 우리는 차지포인트의 비즈니스 모델별 매출 비중을 살펴봤다. 신규 고객이 계속 늘어나고 있는 지금은 하드웨어가 매출의 큰 부분을 차지하고 있지만 시간이 지날수록 소프트웨어나 기타 서비스 매출의 기여도가 증가할 수 있다는 것을 확인했다. 따라서 상대적으로 비용 효율성이 높은 소프트웨어나 기타 서비스의 매출 비중이 늘어나면 총수익률은 구조적으로 상승할 가능성이 높다. 해가 지날수록 향상될 가능성이 높은 수익률이 차지포인트 투자의 또 다른 매력이다.

총수익률이 향상하면 영업 마진(Operating Margin)과 EBITDA(세전 영
업 현금 흐름) 역시 꾸준히 향상할 가능성이 높아진다. 다음 '차지포인트 예
상 P&L'에서 제시하고 있는 수치에 의하면, 차지포인트의 EBITDA는
2024년부터 흑자 전환이 예상된다['P&L'은 'Profit and Loss(손익)'를 말함].
즉, 2023년 하반기나 2024년 상반기부터는 순이익 역시 흑자로 전환되는
분기가 나오기 시작할 텐데 필자는 이 시기로 접어들면 차지포인트의 주
가는 현재 수준보다 상당히 상승한 모습을 만들 수 있지 않을까 기대해본
다. 기업의 매출이 연평균 60% 이상 성장하는 추세에서 순이익까지 흑자
로 돌아선다면 시장의 스포트라이트를 독차지하기에 부족함이 없어지기
때문이다.

[차지포인트 예상 P&L]

Fiscal Year Approximate Calendar Year	FY21 2020	FY22 2021	FY23 2022	FY24 2023	FY25 2024	FY26 2025	FY27 2026
Revenue	$135	$198	$346	$602	$984	$1,427	$2,069
YoY Growth		46%	75%	74%	63%	45%	45%
Gross Profit	$33	$62	$124	$225	$400	$591	$878
Gross Margin %	24%	31%	36%	37%	41%	41%	42%
Total Operating Expenses	$150	$192	$226	$268	$321	$417	$542
Adjusted EBITDA	$(107)	$(121)	$(93)	$(36)	$86	$178	$340
Adjusted EBITDA Margin %	NM	NM	NM	NM	9%	12%	16%

• 출처: 차지포인트 실적보고서

차지포인트의 투자 리스크

일단 단기적으로는 변동성이 심할 수밖에 없다. 1~2년 뒤를 보면서 투

자하는 것이 아니라 최소 5년 이후를 바라보며 투자해야 하는 기업이기 때문이다. 앞으로 최소 3년 정도는 흑자 전환도 어려워 보인다. 따라서 차지포인트에 투자할 계획이라면 매수 타이밍에 각별히 신경 쓸 필요가 있다. 큰 변동성이 기대되는 만큼 적절한 매수 기회도 여러 번 찾아올 가능성이 높다. 인내력을 갖고 기다린다면 장밋빛 미래를 꿈꾸는 멋진 기업을 좋은 가격에 보유할 가능성이 높아질 수 있다.

좀 더 장기적이고 근본적인 투자 리스크는 충전 비즈니스 사업 분야의 뜨거운 경쟁이다. 일단 차지포인트와 시장을 나누고 있는 EVgo나 블링크차징(BLNK) 등과의 경쟁이 녹녹지 않다. 유럽을 봐도 EVBox와의 경쟁이 힘겨워 보인다. 게다가 전기차 충전 사업은 누가 봐도 전망이 좋다. 따라서 엉뚱한 곳에서 새로운 강자가 나타날 가능성을 배제할 수 없다. 마치 컴퓨터를 만들던 애플(AAPL)이 갑자기 스마트폰 시장을 석권하듯이 말이다.

그렇다고 지레 겁먹고 투자를 피하기에는 너무나 매력적인 종목이다. 앞으로 전기차 판매의 성장과 충전 스테이션 수의 증가는 '닭이 먼저냐? 달걀이 먼저냐?'의 문제와 비슷하다. 두 부분 중에 하나만 치고 나가면 다른 한 부분은 자연스럽게 따라올 가능성이 높다. 처음 5%, 10% 침투율을 넘어서는 과정이 가장 힘겨울 뿐이다.

2021년 현재, 소비자 입장에서 전기차를 꺼리게 되는 가장 큰 이유는 아마도 충전 인프라가 충분치 않다는 점일 것이다. 전기차 충전소를 찾기 위해 매일 헤매면서 다닐 수 있다는 걱정 때문에 선뜻 전기차를 구입하지 못하고 있다.

하지만 이것도 잠시다. 앞으로 몇 년 내에 내연기관 자동차를 몰고 있는 운전자들이 주유소를 찾지 못해 어려움을 겪을 가능성이 높다. 이러한 시점이 찾아오면 내연기관 자동차를 구입하는 사람은 완전히 사라질 것이며 전기차 시장, 그리고 충전 네트워크 시장의 성장은 걷잡을 수 없이 가속화 될 것이 자명하다.

4
EVBox
유럽 전기차 차저 대장주※

EVBox 투자 배경

2021년 4월의 어느 날, 미주은을 아껴 주시는 구독자 한 분의 이메일을 받았다. 체코에 거주 중이며 자동차업계에서 종사하고 있다고 소개한 이 구독자는 전기차에 관련된 자료를 보내주셨다.

보내준 자료에서 필자는 2개의 그림에 주목했다. 첫 번째 그림은 전기차 관련 주식 투자에 관심이 있는 투자자라면 한 번쯤은 접했을 정보인데, 글로벌 자동차 시장에서 내연기관 자동차와 전기차가 차지할 점유율의 변동(예상)이다.

※ EVBox는 상장 전 기업인데 앞에서도 설명했던 스팩으로 상장된 TPG 페이스 베네피셜 파이낸스(보통 티커인 'TPGY'로 이야기함)와 합병을 위해 협상 중이다(2021년 8월 기준). 추후 진행 과정을 확인한다.

[글로벌 자동차 시장의 내연기관 자동차와 전기차 점유율 전망]

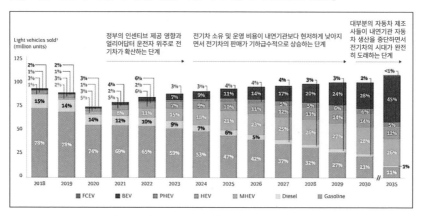

• 주: ① 왼쪽의 세로축은 '판매 수(단위: 100만 대)'임.
  ② FCEV(Fuel Cell Electric Vehicle): 연료 전지 전기차(배터리 대신 수소 연료의 힘으로 구동되는 전기차) / BEV(Battery Electric Vehicle): 100% 순수 전기차 / PHEV(Plug in Hybrid Electric Vehicle): 플러그 인 하이브리드, 내연기관과 전기 모토를 함께 사용하고 배터리 충전이 가능한 방식 / HEV(Full Hybrid Electric Vehicle): 하이브리드, 시동을 걸거나 고속 주행 시에만 내연기관을 사용하고 배터리를 따로 충전하지 않는 방식 / MHEV(Mild Hybrid Electric Vehicle): 플러그 인과 하이브리드의 중간 단계
  ③ 반올림으로 인해 수치의 합이 100%가 아닐 수 있음.
• 출처: BCG 애널리시스

이 그림에서 우리는 2035년이 되면, 가솔린(휘발유)과 디젤(경유)로 운행되는 자동차의 비율이 글로벌 자동차 시장에서 12%까지 하락할 것이라는 예상치를 볼 수 있다. 사실 이 전망치는 매우 보수적이다. 전기차 소유 및 운영 비용이 내연기관보다 현저하게 낮아지면서 전기차의 판매가 기하급수적으로 상승하는 시기를 2024년부터라고 전망했는데 전기차를 소유하고 운전하는 전체 비용이 내연기관 자동차보다 저렴한 시대가 이미 찾아왔다. 우리가 전기차나 전기차 충전 기업들에 관심을 가질 수밖에 없는 이유다.

정작 필자의 눈길을 사로잡은 건 다음 페이지의 두 번째 그림이었다. 이

[자동차 3대 시장의 내연기관 자동차와 전기차 점유율 전망]

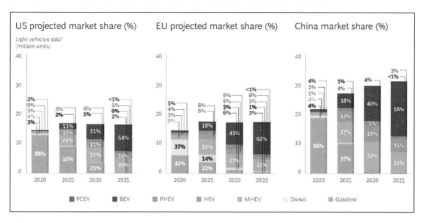

• 출처: BCG 애널리시스

그림은 전기차의 3대 시장이라고 할 수 있는 미국, 유럽, 중국에서 내연기관 자동차와 전기차가 차지할 점유율 예상치를 보여주고 있다.

그림을 보면, 국가별로 전기차 보급의 추세에 차이가 꽤 난다는 것을 알 수 있다. 예를 들어, 가까운 미래인 2025년 기준으로 가솔린과 디젤로 운행되는 내연기관 자동차 점유율은 미국이 55%, 유럽이 36%, 중국이 38%로 예상된다. 앞으로 2025년까지 전기차 보급이 급격하게 진행되는 국가는 유럽과 중국인 것이다.

이렇게 필자는 미주은 구독자 덕분에 유럽의 전기차 시장에 급(急)관심을 갖게 됐다. 그렇게 시작된 유럽 전기차 시장에 대한 학습을 통해 필자는 3가지 중요한 정보를 찾아냈다.

첫째, 유럽의 국가 대부분이 전기차 활성화를 위한 세금 인센티브를 제공하고 있다. 전기차를 소유한 소비자는 국가에 따라 최소 4,000유로(520만 원)에서 최대 1만 2,000유로(1,320만 원)까지 절세 혜택을 받을 수 있다.

둘째, 유럽의 국가 대부분은 국가 차원에서 내연기관 자동차 판매 중지를 시행할 예정에 있는데 2025년 노르웨이를 필두로 순차적으로 같은 움직임을 보일 것으로 확인되고 있다.

마지막으로, 유럽은 2030년까지 탄소 배출을 40%까지 줄여나간다는 목표를 조만간 60%까지 상향 조정할 것이라고 한다. 여기서 중요한 점이 있다. 60%까지 탄소 배출을 감소시키기 위해서는 2030년까지 유럽 내 전기차 연간 판매 수가 1,255만 대까지 증가해야 한다는 계산이 나온다는 점이다. 즉, 2020년에 비해 2030년까지 전기차 판매 수가 약 28배 성장해야 한다는 단순 계산이 성립된다.

이렇게 3가지 정보를 종합해봤을 때 유럽의 전기차 시장은 앞으로 무서운 성장세를 보일 것이 확실한 상황이다. 그런데 유럽 전기차 시장에는 한가지 문제가 있었다. 테슬라(TSLA)의 독주가 뚜렷하게 나타나고 있는 미국보다 경쟁이 혼조세를 보인다는 점이다.

다음 페이지의 '2020년 유럽에서 가장 많이 팔린 전기차 순위'를 보면, 르노와 푸조(이상 프랑스), 테슬라(미국), 폭스바겐, 아우디, BMW(이상 독일)에다 현대차와 기아차(이상 한국), 닛산(일본)까지 합세하면서 유럽의 전기차 시장은 다양한 자동차 기업들이 치열한 경쟁을 벌이고 있다. 투자자의 입장에서는 이렇게 많은 기업 중 어느 곳에 투자하는 것이 최선의 선택이 될지 확신하기가 어렵다.

그래서 전기차 충전 기업에 대한 투자를 생각해냈다. 향후 유럽의 전기차 시장이 급격한 성장을 보일 것은 확실한데 전기차 기업 분야의 승자를 점치기 어렵다면 누가 승자가 되든 간에, 아니 그 기업들 모두가 다 함께 승자가 되는 상황이 오더라도 혜택을 얻을 수 있는 전기차 충전 기업을 찾

[2020년 유럽에서 가장 많이 팔린 전기차 순위]

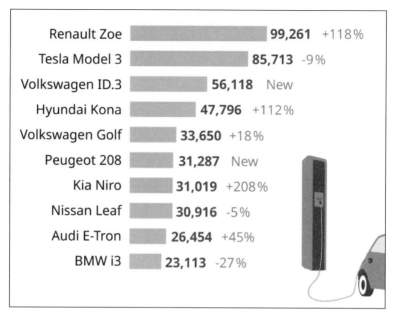

Renault Zoe	99,261	+118%
Tesla Model 3	85,713	-9%
Volkswagen ID.3	56,118	New
Hyundai Kona	47,796	+112%
Volkswagen Golf	33,650	+18%
Peugeot 208	31,287	New
Kia Niro	31,019	+208%
Nissan Leaf	30,916	-5%
Audi E-Tron	26,454	+45%
BMW i3	23,113	-27%

• 출처 : dw.com

아보기로 했던 것이다.

EVBox를 아시나요?

EVBox그룹(EVBox의 정식 명칭)은 크게 2가지의 사업부를 갖고 있다. 전기차 차저(Charger, 충전기) 하드웨어(하드웨어에 탑재되는 소프트웨어 포함)를 판매하는 EVBOX, 그리고 전기차 충전을 지원하고 관리할 수 있는 소프트웨어 솔루션을 판매하는 플랫폼 everon이 있다. 아무래도 독자 여러분에게 생소한 기업일 가능성이 높으니 EVBox가 유럽에서 차지하고 시장 점유율을 언급하면서 관심을 끌어볼까 한다.

[EVBox의 사업 구조]

• 출처: EVBox 사업보고서

　EVBox는 2010년에 설립된 이후 10여 년간 약 19만 개의 차지 포트 (Charge Port)를 공급한 유럽 차저(Charger) 시장의 리더다. 유럽의 AC(교류) 완속 충전 시장에서는 약 25%의 점유율을 보이고, DC(직류) 급속 충전 시장에서는 점유율이 약 35%까지 올라가 있는 업계의 대표 기업이다. 충전에는 오랜 시간이 걸리지만 비용 메리트가 있는 AC 완속 충전기는 일반적으로 거주지용이나 상업용으로 적합하다. 그래서 주택, 아파트, 콘도부터 일반 기업, 리테일, 호텔, 각종 주차장 시설이 주요 타깃 시장이다. 일명 슈퍼차저라고 불리는 DC 급속 충전기는 택시 또는 버스회사, 충전소, 고속도로 휴게소 등 다소 가격 부담이 있더라도 빠른 충전이 필수적인 곳에 적합하다.

　EVBox는 단순히 전기차 충전 하드웨어만을 판매하는 기업이 아니다.

하드웨어 판매는 물론, 차저의 설치, 세트업, 차지 포트의 사후 관리까지 지원하고 나아가 차지 스테이션 데이터 관리, 서비스 관리, 그리고 결제 서비스까지 그 사업 영역을 이미 확장했다.

이렇게 확장된 비즈니스 모델 덕분에 EVBox의 잠재 시장 규모는 어마어마하다. 2030년까지 미국과 유럽의 전기자 충전 관련 비즈니스의 전체 시장 규모(TAM: Total Addressable Market)는 약 750억 유로(97조 5,000억 원)로 성장할 것으로 예상하는데 이 중 EVBox가 진출해 있는 관련 사업의 시장 규모는 600억 유로(78조 원)에 달한다.

EVBox의 수입원은 하드웨어 판매, 그리고 소프트웨어, 서비스, 거래 수수료에서 지속적으로 발생하는 반복 매출, 이렇게 2가지로 나눌 수 있다. 필자가 EVBox, 차지포인트(CHPT)와 같은 전기차 기업에 투자하고 있는 이유는 사실 두 번째로 언급한 소프트웨어나 서비스 매출 때문이다.

다음 그림을 보면 필자의 투자 논리를 이해할 수 있을 것이다.

[EVBox의 매출 구조]

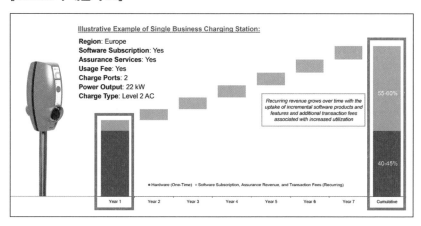

• 출처: EVBox 사업보고서

Year 1, 즉 전기차 차저를 판매한 첫 번째 해에는 짙은 남색으로 표시된 하드웨어 매출이 전체 매출에서 상당 부분을 차지함을 알 수 있다. 파란색의 소프트웨어, 서비스, 거래 수수료 등 매출은 아직 미미해 보인다. 하지만 단발성 매출에 그치는 하드웨어에 비해 나머지 매출 부분은 두 번째 해에도, 세 번째 해에도, 그리고 그다음 해에도 줄지 않고 반복적으로 발생한다. 결과적으로 차저 설치 후 7년이 지나면 하드웨어 매출은 전체 매출의 40~45%에 불과하며 나머지 55~60%는 소프트웨어와 서비스 부분에서 발생한다. 이 점이 필자가 전기차 충전 관련 기업에 투자하기로 결심하는 데 결정적인 역할을 했다. 왜냐하면 소프트웨어와 서비스에서 발생하는 매출은 판매된 하드웨어 수가 늘어갈수록 반복적으로 생겨날 뿐만 아니라 누적되는 효과가 있기 때문이다. 실제로 2020년에 판매된 하드웨어(EVBOX) 중 90%는 소프트웨어 솔루션(everon)과 함께 판매됐다.

EVBox가 판매하는 상품이 이렇게 단순한 하드웨어가 아니라 소프트웨어와 서비스를 포함한 솔루션이라는 사실은 또 다른 투자 포인트를 만들어준다. 바로 플랫폼 기업들만이 창출할 수 있는 네트워크 효과가 그것이다. 쉽게 말해, 이미 19만 개를 판매한 EVBox는 규모의 경제를 활용해 거래 수수료 인하나 서비스 향상을 추구할 수 있는 유리한 위치에 있고 이점을 적극적으로 활용하면서 사용자를 늘릴 가능성이 높다. 이런 식으로 새로운 사용자가 추가되면서 매출과 수익률이 향상하면 또 한 번 경쟁력을 높여 나갈 수 있는 토대가 마련된다. 우리가 흔히 말하는 네트워크 효과, 즉 선순환의 구조가 만들어지게 되는 것이다.

EVBox의 경영진도 이 점의 중요성을 충분히 이해하고 있는 것으로 보인다. 먼저, EVBox의 소프트웨어 솔루션(everon)은 21개 언어로 지원되고 있으며 고객사의 계산서 양식, 결제 시스템 등과 통합이 가능하다. 더 나아가 고객사의 브랜드에 맞춰 플랫폼 포털과 앱의 디자인은 물론, 도메인, 콘텐츠까지 개별화가 가능하다고 한다. 이 부분은 EVBox가 경쟁 기업보다 앞서 나가고 있다. 그뿐만이 아니다. 모든 EVBox의 하드웨어, 소프트웨어는 전기 충전 산업의 프로토콜과 부합되도록 만들어졌다. 즉, everon의 플랫폼은 EVBox의 차저뿐만 아니라 이외 많은 하드웨어와도 호환이 가능하다고 하니 처음부터 EVBox의 경영진은 소프트웨어 시장의 극대화를 위한 계획을 세워놓은 것으로 풀이된다.

EVBox의 투자 매력

EVBox는 다른 전기차 차저 기업과 마찬가지로 성장주다. 성장주 투자에서 가장 우선시하는 부분은 역시 그 기업이 보여주고 있는 성장의 추세다.

다음 그림을 보면, 차지 포트의 판매 수가 2015년 2만 8,516대에서

[EVBox의 과거 성장률]

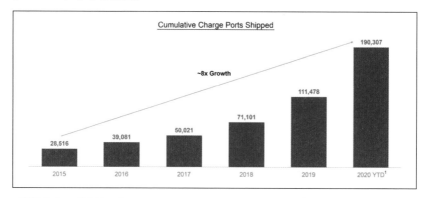

• 출처: EVBox 사업보고서

2020년 19만 307대로 5년 만에 8배나 성장했음을 알 수 있다. 연평균 성장률(CAGR: Compound Annual Growth Rate)로 전환해보면 5년 동안 매년 46.18%의 성장을 보인 셈이다.

앞으로의 성장은 어떨까? 전기차의 붐이 본격적으로 일어나기 전에도 이미 연평균 46%가 넘는 성장을 보여줬다면 앞으로 다가오는 5년, 10년간은 그보다 더 무서운 성장세를 보여줄 수 있지 않을까? 다음 'EVBox의 예상 성장률'에는 EVBox가 자체적으로 만든 미래의 예상치를 살펴볼 수 있다.

[EVBox의 예상 성장률]

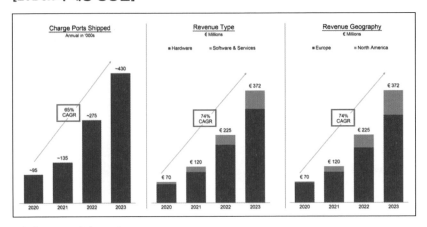

• 출처: EVBox 사업보고서

2023년까지 차지 포트 판매 수는 연평균 65% 성장을, 매출은 연평균 74%의 성장을 예상하고 있다. 또한, 2020년 7,000만 유로(910억 원)에 불과했던 연간 매출이 2023년이 되면 3억 7,200만 유로(4,836억 원)까지 성장한다고 예상했는데 이러한 예상이 현실이 된다면 단 3년 만에 EVBox의 매출은 5.3배가 뛰는 셈이다. 지금 EVBox의 프리미엄은 차지포인트 등과 비교했을 때 매우 낮은 수준이기 때문에 매출이 5배 넘게 성장하면 주가 역시 비슷한 흐름을 보일 가능성이 높다고 필자는 판단한다.

이러한 성장의 동력은 지속적으로 높아지는 소프트웨어 매출의 비중, 그리고 이제 막 뛰어든 북미 지역 매출 성장의 가속화로 보인다. 무엇보다도 가장 커다란 성장 동력은 기하급수적인 증가 추세를 보이는 도로 위의 전기차 수일 것이다.

EVBox의 투자 리스크

EVBox 투자의 최대 리스크는 과열되고 있는 경쟁이다. 전기차 충전 비즈니스의 전망이 밝다는 것은 초등학생도 쉽게 짐작할 수 있기 때문에 아주 많은 기업이 뛰어들고 있다. 특히 유럽에는 100곳 이상의 CPO(Charge Point Operator)가 있다. EVBox는 이렇게나 많은 경쟁 기업과 피 말리는 전쟁을 하는 중이다.

이렇게 치열한 경쟁 구조 속에서도 EVBox의 시장 점유율이 25~35%에 이른다는 점이 다행스럽다. 향후 시장의 기하급수적인 성장 속에서 이렇게 높은 점유율을 유지할 수 있을지가 EVBox 투자의 핵심이다.

다음 페이지의 'EVBox의 예상 매출과 수익'을 보자. 2023년 정도에는 투자자들이 기대할 수 있는 매출과 수익률의 예상치가 나와 있다. 2020년 24% 수준에 불과한 총수익률(Gross Margin)이 2023년에 38%로 향상될 것이라고 예측했다. 그렇게 되면 조정된 EBITDA 수익이 2023년부터 흑자로 전환이 가능하다는 것이 경영진의 계획이다.

[EVBox의 예상 매출과 수익]

€ in Millions	2020	2021	2022	2023
Total Revenue	€70	€120	€225	€372
% YoY Growth		72%	87%	65%
Gross Profit	€17	€38	€82	€140
Gross Margin %	24%	32%	37%	38%
Total Operating Expenses[1]		€118	€127	€138
Adjusted EBITDA		(€80)	(€45)	€2
EBITDA Margin %		(66%)	(20%)	1%
Capital Expenditures[1,2]		€26	€14	€17
EBITDA - Capex		(€106)	(€59)	(€15)

• 주: Millions는 100만 | 출처: EVBox 사업보고서

앞에서 살펴본 것처럼 전체 매출에서 소프트웨어와 서비스 매출의 비중이 점진적으로 확대될 것으로 예상되므로 앞으로 지속적인 총수익률의 향상은 어떻게 보면 자연스러운 결과로 볼 수 있다.

그런데도 과열 현상을 보이는 업계의 경쟁 상황이 문제다. 심화된 경쟁 속에서 기업들이 경쟁력을 향상하기 위해 일반적으로 선택하는 방법은 가격 인하다. 전기차 충전 시장에서 가격 경쟁이 두드러지게 나타난다면 EVBox의 수익률 역시 계획대로 향상되지 못할 가능성이 대두된다. 그렇게 되면 흑자 전환까지 걸리는 시간이 장기화할 수 있고 만년 적자 기업이라는 꼬리표가 붙게 되면서 결국 투자자들의 외면을 받는 어려운 상황까지 감안해야 한다. 투자에 있어 수익률과 리스크는 정비례하는 경향이 있다. EVBox 투자에서도 예외는 아니다.

≡5≡
테슬라
제2의 애플에 투자한다

테슬라(TSLA)는 한국인들이 가장 많이 투자하고 있는 미국 기업이다. 한국예탁결제원의 증권 정보 포털 사이트인 세이브로에 들어가 '해외 주식 투자 TOP 50'에서 '보관금액(조회 기준일 현재 보유 중인 주식)'을 보면, 테

[해외 주식 투자 Top 10]

단위 : USD

순위	국가	종목코드	종목명	보관금액
1	미국	US88160R1014	TESLA MOTORS	9,157,698,877
2	미국	US0378331005	APPLE COMPUTER INC.	4,026,626,138
3	미국	US0231351067	AMAZON COM INC	2,066,721,159
4	미국	US02079K3059	ALPHABET INC. CLASS A COMMON STOCK	1,651,217,270
5	미국	US67066G1040	NVIDIA CORP	1,513,438,407
6	미국	US5949181045	MICROSOFT CORP.	1,438,264,018
7	미국	US46090E1038	INVSC QQQ S1	957,280,840
8	미국	US78462F1030	STANDARD & POORS DEPOSITORY RECEIPTS (SPD…	687,302,499
9	미국	US0970231058	BOEING COMPANY	566,844,473
10	미국	US4180561072	HASBRO INC	560,505,149

• 주: 2021년 8월 11일 기준 | 출처: seibro.or.kr

슬라의 경우 무려 91억 달러(10조 100억 원)가 넘는다. 한국 투자자가 91억 달러 이상을 테슬라에 투자한 것이다. 두 번째로 투자금이 많이 들어간 애플(AAPL)의 2배를 훌쩍 넘는 수치다. 그나마 2월 초에 비해 주가가 25%나 떨어져 있는 상황인데도 이 정도의 금액이 나오고 있다. 그리고 테슬라에 관련된 방송을 올리면 시청 조회 수도 다른 종목에 비해 현저히 많이 나온다. 아예 테슬라 한 종목에 관한 콘텐츠만 줄기차게 올리는 유튜버도 있다.

상황이 이렇다 보니 테슬라에 관한 콘텐츠를 제작할 때는 무척 조심스럽다. 필자보다도 테슬라에 대한 지식이 훨씬 풍부하고 많은 자료를 리서치하는 전문가 아닌 전문가가 넘쳐나기 때문이다. 이 책에서도 테슬라를 준비하는 데 상당한 시간과 노력을 기울였다. 시중에 넘쳐나는 콘텐츠와는 차별성이 있으면서도 독자 여러분의 투자에 도움이 될 수 있는 내용을 쓰고 싶다는 욕심 때문이었다. 그래서 테슬라의 투자 매력을 다루는 부분에서는 다른 종목을 다룰 때와는 다르게 테슬라에 투자해야 하는 이유를 11가지 소제목으로 해서 좀 더 폭넓게 다루려고 한다.

테슬라는 잘 아시죠?

테슬라의 미션은 '이 세상이 지속 가능한 에너지로 옮겨가는 것을 가속하는 것'이다. 2003년에 설립된 테슬라는 그 이후 줄기차게 내연기관 자동차보다 더 멋지고, 더 빠르고, 더 몰아보고 싶은 전기차를 만드는 것을 목표로 삼아 왔다.

전기차는 사실 새로운 것이 아니다. 인류의 첫 번째 전기차는 1832년

로버트 앤더슨이 발명했다. 내연기관 자동차가 1886년에 처음 소개됐으니 전기차가 54년이나 앞섰다고 할 수 있다. 그렇지만 전기차는 지난 190년 가까운 시간 동안 대중화되지 못했다. 배터리가 발전하지 못했기 때문이다. 전기차로는 장거리 이동이 불가능했고 빠른 속도를 낼 수도 없었다.

이렇게 오랜 세월 동안 작고, 못생기고, 느리고, 성능이 떨어진다는 이미지를 달고 지내왔던 전기차를 멋지고, 빠르고, 섹시한 이미지로 새롭게 만든 기업이 바로 테슬라다. 이것 하나로도 테슬라는 이미 역사를 만들었다.

2020년 한 해 동안 전 세계에서 판매된 자동차의 98%가 내연기관 자동차다. 자연스럽게 테슬라 고객 중 98%는 내연기관 자동차에서 전기차로 처음 옮겨온 소비자라는 내부 통계가 있다. 현재 테슬라는 미국 캘리포니아의 프리몬트, 중국 상하이에 있는 공장에서 100만 대 정도의 생산 라인을 갖추고 있다. 이제 완공 단계에 들어선 베를린 공장(연 50만 대 생산 가능), 텍사스 공장(연 60만 대 생산 가능)이 늦어도 2022년 초에는 가동하기 때문에 2022년부터 테슬라의 연간 생산 능력은 200만 대를 가뿐하게 넘어설 것이다.

다음 페이지의 '테슬라 판매 실적'을 보면, 2020년 테슬라의 연간 판매 대수는 약 50만 대(49만 9,550대)였다. 2015년부터 2020년까지 5년간 거의 10배나 판매 실적이 증가했다. 이 수치를 연평균으로 나누면 2015년부터 5년간 연평균 58%의 성장을 보여줬다.

뜻밖에 찾아온 코로나의 영향으로 2020년 판매 대수는 2019년 36만 7,656대에서 35.9% 정도 성장하는 데 그쳤다. 그렇다고 테슬라의 판매 성장이 둔화하고 있다는 판단은 섣부르다. 아직 코로나의 영향이 남아 있는 2021년 들어서 1분기에는 18만 4,800대, 2분기에는 20만 1,250대를 판

[테슬라 판매 실적]

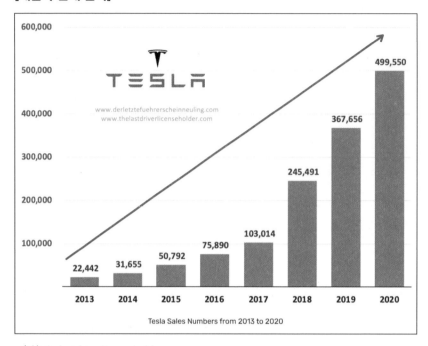

• 출처: thelastdriverlicenseholder.com

매했다. 역사상 처음으로 분기 판매 20만 대를 달성했다. 이런 추세를 이어간다면 2021년 연간 판매 실적이 90만 대를 달성할 가능성이 대두된다. 90만 대 판매를 실현하면 전년 대비 80%라는 건강한 성장세를 지속할 수 있다.

테슬라에 투자해야 하는 11가지 이유

① 시장의 잠재력 글로벌 테크 시장 전문 분석 기업인 카날리스가 발표한 '전기차 침투율 예측'에 따르면, 2020년 전기차의 침투율은 1.8%에 불가

했다. 그런데 2022년에 전기차 역사에 한 획을 긋게 될 커다란 호재가 기다리고 있다. 전기차의 생산 비용이 내연기관 자동차보다 낮아질 것으로 예상되기 때문이다.

[전기차 침투율 예측]

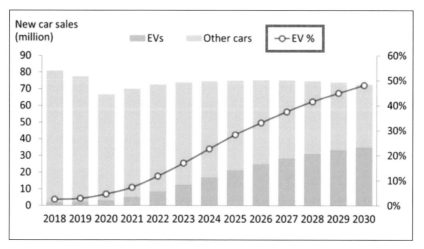

• 주: Million은 100만 | 출처: canalys.com

전기차의 연료비와 유지비는 이미 내연기관 자동차보다 10배나 저렴하다고 알려져 있다. 따라서 2022년을 기점으로 전기차의 시장 침투율은 무서운 상승을 보여줄 것으로 기대되며 2030년이 되면 판매되는 자동차 중절반 정도는 전기차일 것으로 기대하고 있다. 또한, 시장의 잠재력과 관련해서 우리가 기억해야 하는 부분이 하나 더 있다. 테슬라는 자동차 산업뿐만 아니라 에너지 산업, 자동차 보험 산업에도 진출했다는 점이다. 이 3개 시장은 모두 규모가 1조 달러(1,100조 원)를 초과한다는 공통점이 있다.

② 티핑 포인트 테슬라의 주가는 상장 당시와 비교해보면 170배 이상 상

승했다. 말로만 듣던 100배 성장 주식이 바로 테슬라다. 그래서인지 테슬라 투자는 이미 늦었다고 판단하는 투자자가 적지 않다. 5년 전에만 투자했다면 좋았겠다며 한탄하기도 한다. 하지만 필자의 생각은 조금 다르다.

새로운 테크놀로지는 보통 'S'자형 성장을 보인다. 새로운 테크놀로지는 상당한 기간 동안 사람들의 생활에 침투하지 못하고 판매 실적이나 매출 부분에서도 지지부진한 모습을 보여준다. 그러다가 대중에게 어필할 수 있는 티핑 포인트(Tipping Point)에 도달하면 그때부터 기하급수적인 성장을 보여주는 과정을 거친다. 역사상 가장 의미가 컸던 새로운 테크놀로지는 모두 이런 과정을 거치면서 성장했다.

다음 그림에 나온 것처럼 라디오, TV, 냉장고, 비디오, 컴퓨터, 인터넷,

[테크놀로지의 기하급수적 성장]

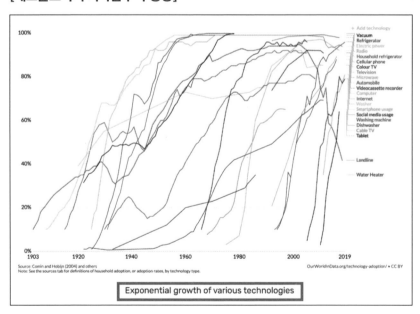

• 출처: thelastdriverlicenseholder.com

스마트폰 등 인류의 역사를 뒤바꿔 놓은 테크놀로지로 만든 상품들의 판매량을 추적해보면 대부분 같은 모습을 보였다.

필자는 전기차가 이제 막 임계점에 도달하고 있는 테크놀로지라고 판단하고 있다. 아직 2%에 미치지도 못하는 침투율을 보여왔던 전기차라는 상품은 이제 막 기하급수적 성장을 시작할 수 있는 준비를 마무리하고 있다. 빠른 속도로 설치되고 있는 충전 스테이션의 확충과 하루가 다르게 발전하고 있는 배터리 기술이 전기차 산업을 티핑 포인트로 이끌고 있다고 본다.

③ 배터리 기술 2020년 9월에 있었던 '배터리 데이'에서 테슬라의 CEO 일론 머스크는 2023년까지 2만 5,000달러(2,750만 원)짜리 저가의 전기차를 출시할 것이라고 발표했다. 아울러 3년 내 테슬라 차량의 주행거리는 54%가량 향상될 것이며 배터리 비용은 56% 정도 절감할 수 있다고 전망했다. 전기차 원가의 40%가 배터리인 점을 고려해볼 때 배터리 비용이 56%나 줄어들면 2만 5,000달러(2,750만 원)짜리 전기차도 꿈 같은 이야기는 아니라는 말이 된다.

재생 에너지와 해양 산업 분야의 세계 최고 컨설팅 기관인 DNV의 '글로벌 전기차 배터리 생산량 예측' 보고서에 따르면(다음 페이지의 그림 참고), 테슬라는 2030년까지 3TWh의 배터리 생산을 목표로 하고 있으며 이 목표가 달성된다면 전 세계 전기차 배터리 시장의 40%를 테슬라가 차지할 가능성이 생긴다. 이렇게 테슬라는 직접 배터리를 생산해 내면서 후발 주자들과의 격차를 점점 더 벌린다고 예상할 수 있다.

[글로벌 전기차 배터리 생산량 예측]

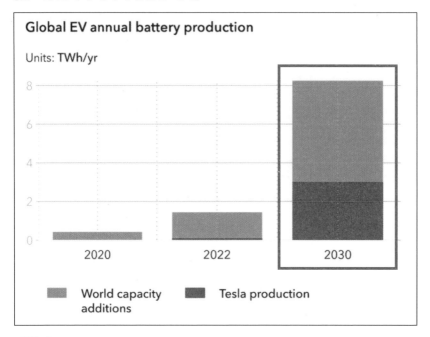

Global EV annual battery production

Units: TWh/yr

World capacity additions · Tesla production

• 출처: dnv.com

④ 비용 효율성 테슬라가 비용을 절감하기 위해 애쓴 부분은 비단 배터리 뿐만이 아니다. 2017년 이후 3년간 테슬라의 차량당 생산 비용은 무려 55%나 감소했다. 동시에 테슬라의 주행 거리는 모델 S가 이미 400마일 (약 640킬로미터)을 초과했으며 모델 3 역시 353마일(약 560킬로미터)로 경쟁 기업들과의 차이를 벌려 놓았다.

테슬라는 딥 러닝 기술을 이용해 자율주행에서 필수 아이템으로 알려진 라이다(Lidar)가 제공하는 심층 데이터 재현을 가능하게 만들었다. 따라서 만만치 않은 비용이 들어가는 라이다는 더 이상 필요 없게 됐다.

이뿐만이 아니다. 다음 페이지의 그림에서 볼 수 있듯이, 테슬라는 자동

[테슬라의 주조 부품 기술]

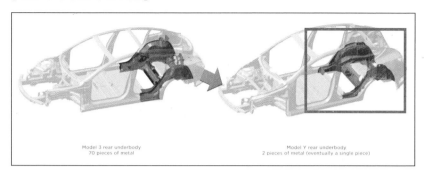

Model 3 rear underbody
70 pieces of metal

Model Y rear underbody
2 pieces of metal (eventually a single piece)

• 출처: electrek.co

차 제조 공정의 효율성을 극대화시키기 위해 70개의 분리된 부품 조각들을 하나의 주조 알루미늄으로 만드는 데 성공했다.

이제 머지않아 베를린과 텍사스에 새로운 기가팩토리(테슬라의 공장)가 오픈을 앞두고 있다. 베를린에서 오픈하면 유럽으로 보내는 차량의 납품 비용이 큰 폭으로 절감될 가능성이 있다. 게다가 새롭게 들어서는 공장에는 기존 공장보다 자동화 부분에서 업그레이드가 되었을 것이다.

이렇게 다양한 부분에서 비용 효율성의 극대화가 만들어지면서 테슬라의 가격 경쟁력과 수익률은 지속적으로 향상할 것이 분명하다.

⑤ 테슬라 비전 2021년 6월, 테슬라는 '테슬라 비전'을 론칭했다. 레이더 센서들을 제거하고 전적으로 카메라와 신경망 네트워크에 의존해서 자율 주행을 실현한다는 것이 주요 내용이다.

레이더 센서, 카메라와 연결된 신경망은 때때로 같은 상황에서 다른 판단을 하는 경우가 발생한다. 이렇게 2개의 입력 장치가 다른 상황을 보고 받게 될 때 레이더보다는 인간의 눈과 더 유사한 카메라를 따라가야 좀 더 정확한 판단을 할 수 있다는 것이 테슬라 비전을 도입한 논리다.

[테슬라 비전]

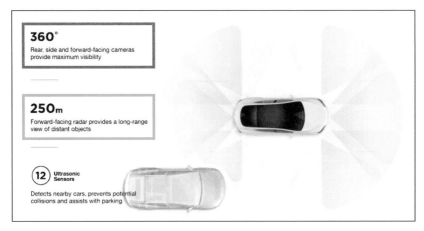

• 출처: 테슬라 프레젠테이션

　테슬라 비전을 움직이는 '신경망 네트워크 프로세싱'은 인간이 새로운 것을 배우는 방식과 매우 유사한 진보된 형태의 컴퓨터 학습 방식이라고 한다. 초기 단계에서는 새롭게 도입된 테슬라 비전이 이전 버전보다 성능이 떨어질 가능성이 있지만 장기적으로 보면 축적되는 데이터와 신경망 네트워크 훈련이 반복적으로 일어나면서 결국 인간의 주행 능력을 능가하는 시스템으로 발전한다는 테슬라 CEO 일론 머스크의 설명이다.

　GM(GM)도 자율주행 시스템인 슈퍼 크루즈(Super Cruise)에 이러한 카메라를 넣은 다음, 캐딜락에 탑재했다. 그런데 카메라가 전방에만 설치되어 있어서 구조적으로 완전 자율주행은 불가능하다. 구글의 자율주행차 관련 기업인 웨이모도 테슬라와 마찬가지로 360도 커버리지(Coverage)를 가진 카메라를 설치하고 있지만 스케일에서 문제가 발생한다. 머신 러닝을 위한 데이터양이 충분하지 않아서 수십만 대의 차량에서 지속적으로 보내주는 데이터를 소화하고 있는 테슬라의 적수가 되기에는 역부족이다.

⑥ 데이터 "Date is the new oil(데이터가 새로운 석유다)"이라는 말이 있다. 기업들이 확보한 데이터의 가치가 그 진가를 인정받기 시작했기 때문이다. 이제 비즈니스 세계에서는 데이터를 효율적으로 제어하고 활용할 수 있는 기업이 성공할 것이라는 의견이 지배적이다.

이렇게 석유보다도 소중한 데이터를 테슬라는 돈을 벌면서 확보하고 있다. 지금 이 순간에도 도로 위를 달리고 있는 수많은 전기차가 테슬라를 위해 데이터를 무상으로 보내주고 있는 것이다. 테슬라가 고객으로부터 확보한 데이터양은 타의 추종을 불허한다. 그런 의미에서 테슬라는 수십만 개의 유닛으로 분산된 대규모의 모바일 데이터센터라고 할 수 있다.

게다가 테슬라가 확보하고 있는 데이터양은 기하급수적인 증가 추세를 보여주고 있다. 다음 '테슬라의 데이터'에 나와 있듯이, 2020년을 기준으로 도로를 달리고 있는 100만 대 이상의 테슬라 전기차 중 약 80만 대에

[테슬라의 데이터]

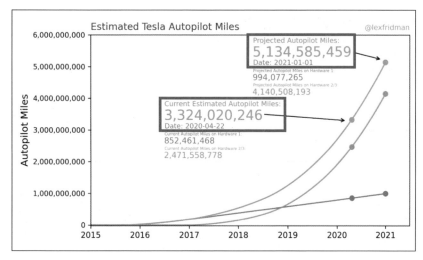

• 출처: lexfridman.com

서 확보된 실주행 데이터는 무려 33억 마일(약 53억 킬로미터)에 이른다. 이 수치가 2021년 초에는 51억 마일(약 81억 킬로미터)로 순식간에 50% 이상 증가하는 현상을 확인할 수 있다.

테슬라는 이렇게 손쉽게 확보되고 있는 데이터를 슈퍼 컴퓨터를 활용해 인공지능 신경망으로 구동되는 자율주행 소프트웨어를 훈련시키고 끊임없이 업그레이드해서 재배포하는 과정을 반복하고 있다. 데이터가 왜 새로운 석유인지 실감할 수 있는 부분이다.

⑦ 자체 개발 반도체 칩 앞에서 우리는 테슬라가 엄청난 양의 데이터를 쌓아가고 있음을 확인했다. 하지만 아무리 많은 데이터가 있더라도 그 데이터를 효과적으로 활용할 수 있는 기술력이 뒷받침되지 않는다면 말짱 도루묵이다.

테슬라는 이미 자체 칩을 디자인해 다른 자동차 제조사들을 뛰어넘어

[테슬라의 반도체 칩]

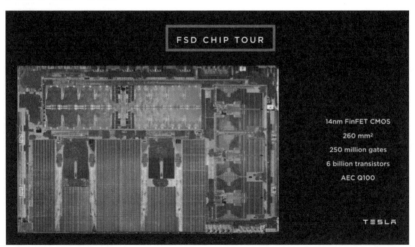

• 출처: 테슬라 프레젠테이션

하드웨어 분야에서도 선두의 자리를 차지하고 있다. 테슬라의 반도체 칩은 토요타(TM)나 폭스바겐보다 6년이나 앞선 것으로 밝혀졌다. 일본의 닛케이BP 연구팀이 테슬라의 모델 3를 분해해보고 테슬라의 중앙제어장치는 일본의 기술로는 따라갈 수 없다고 결론지었다고 한다. 심지어 테슬라의 칩은 최상급 엔비디아(NVDA)의 오린칩과 비교해도 최소 3년은 앞선 기술이라고 하니 그 기술력에 입이 벌어질 뿐이다.

테슬라의 칩이 이렇게 뛰어난 성능을 가졌다는 점은 2가지 부분에서 도움이 된다. 에너지 효율성을 극대화할 수 있어 주행 거리를 지속적으로 향상시킬 수 있는 발판이 마련되고, 엄청난 데이터 처리 능력을 갖출 수 있게 되므로 테슬라가 향후 자율주행 분야에서 경쟁사들을 제치고 우위를 유지하는 데 커다란 원동력이 될 수 있다.

⑧ 인공지능 2021년 6월, 테슬라는 세계에서 5번째로 강력한 슈퍼 컴퓨터를 공개했다. 다음 사진에 나와 있는 것 처럼 위풍당당한 모습이다.

[테슬라의 슈퍼 컴퓨터]

• 출처: electrek.co

2021년 말에는 이 슈퍼 컴퓨터의 응용 버전인 도조(Dojo)가 출시될 예정이다. 도조는 인간의 개입 없이 스스로 자기 주도 학습을 진행할 수 있는 슈퍼 컴퓨터다. 데이터 수집부터 데이터 레이블링(Data Labeling), 인공지능 학습과 재배포 과정이 완전 자동화를 할 수 있게 된다. 쉽게 말해, 도로 위의 테슬라 전기차에서 보내는 데이터를 도조가 스스로 학습해서 신경망으로 구동되는 자율주행 소프트웨어를 훈련시키고 학습 결과가 업데이트된 버전의 소프트웨어를 모든 테슬라 전기차에 재배포하는 과정을 혼자서 반복적으로 해낼 수 있는 것이다. 가면 갈수록 테슬라와 경쟁사 간의 격차는 벌어질 수밖에 없다는 결론에 도달하게 된다.

⑨ **자율주행** 2021년 7월 10일, 테슬라는 완전 자율주행 베타 버전 9(FSD Beta v9)을 출시했다. 그토록 기다리던 자율주행 구독 서비스의 개시를 알리는 의미 있는 날이었다.

기존 FSD의 기능은 비교적 제한적이었다. 차선 변경이나 고속도로 주행, 자동 주차, 차량 호출, 신호등 및 정지 표지판 인식 등 간단한 기능만이 가능했다. 그런데 자율주행 베타 버전 9이 등장하면서 2D에서 인식되던 입력 작업이 4D 시각으로 전환하게 되는 계기가 됐다. 즉, 3D에 시간의 연속성을 추가하면서 AI(인공지능)가 단순한 정지 상태의 화면뿐만 아니라 동적인 데이터를 식별하고 학습할 수 있는 계기가 마련된 것이다.

테슬라의 FSD 소프트웨어는 완성 단계에 이르지 못했다. 아직 시작에 불과하다. 하지만 앞으로 그 발전 속도가 상상을 초월할 정도로 빨라질 가능성이 높다. 테슬라의 운전자가 AI를 활성화한 상태에서 자율주행 시스템이 실수할 때마다 지속적으로 개입을 하면 AI는 이러한 에러(Error)를 식별하고 그 데이터를 통해 머신 러닝을 가속한다.

예를 들어 테슬라의 자율주행 소프트웨어가 건널목이나 방지턱을 인식

하지 못해 속도를 줄이지 않은 경우가 발생했다고 해보자. 이 경우 운전자는 브레이크를 발로 밟을 것이다. 이러한 일련의 과정을 담은 데이터는 슈퍼 컴퓨터(도조)로 전송된다. 슈퍼 컴퓨터는 건널목이나 방지턱에서 브레이크를 제대로 밟는 학습을 자체적으로 수행할 것이다. 그러면서 업그레이드된 소프트웨어는 모든 테슬라의 전기차로 재배포된다.

테슬라의 자율주행 소프트웨어를 사용하는 전기차가 많아질수록 각 전기차에서 전달되는 데이터와 학습용 자료가 늘어날 것이고 자연스럽게 테슬라의 자율주행 성능이 향상하는 네트워크 효과가 구축될 것이다.

가까운 미래에 테슬라의 자율주행 소프트웨어 구독 서비스는 테슬라의 주된 수입원이 될 것이다. 테슬라는 자동차 제조사를 넘어 인공지능을 바탕으로 한 로보틱 플랫폼 기업으로 거듭난다는 것이 필자의 생각이다.

⑩ 로보택시 조금은 먼 미래가 될 수도 있겠지만 테슬라는 자율주행 차량 호출(Ride-Hailing) 서비스도 구상하고 있다. 우버(UBER), 그랩과 같은 기업이 제공하는 차량 호출 서비스를 향후 테슬라의 완전 자율주행 자동차를 이용해서 실현하겠다는 계획이다. 이 서비스의 주체는 테슬라의 소유주들이다. 이 서비스가 상용화가 되면 테슬라 소유주는 차량을 사용하지 않는 시간대를 활용해 자신의 차량을 아르바이트(Part-time) 택시로 전환할 수 있게 된다. 로보택시가 되는 것이다. 자신이 소유한 테슬라 차량을 이용해 추가적인 수입을 창출할 수 있게 된다. 만약 이런 일이 현실화되면 테슬라 차량의 인기는 하늘을 뚫고 올라갈 수 있지 않을까?

테슬라 입장에서도 무인 차량 호출 서비스가 상용화된다면 EBITDA 마진율이 50%에 이르는 고수익 사업이 추가되므로 테슬라의 로보택시는 테슬라 고객, 테슬라(기업) 모두에 윈윈이 되는 최고의 비즈니스 모델이 될

[테슬라의 로보택시 앱]

• 출처: 테슬라 프레젠테이션

것이다.

테슬라는 완전 자율주행 차량 호출 서비스를 시작하기 전에 사람이 운전하는 차량 호출 서비스를 먼저 제공하면서 운영 경험과 데이터를 확보할 예정이라고 한다. 머지않은 미래에 유인 차량 호출 서비스의 개시 소식을 기대해본다.

⑪ 플랫폼 생태계 필자가 테슬라에 높은 비중을 두고 투자를 진행하고 있는 가장 큰 이유는 테슬라가 플랫폼 기업으로 진화하고 있기 때문이다. 과거 애플(AAPL)이 그랬던 것처럼 테슬라는 다른 자동차 제조사들이 근접할

수 없는 플랫폼 생태계를 이미 구축해가고 있다.

일단 테슬라는 전기차라는 하드웨어와 자율주행이라는 소프트웨어, 정확히 말하면 SaaS(Software as a Service)를 보유하고 있다. 테슬라의 FSD 구독 매출은 2030년 이후 테슬라의 주 수입원이 될 것이라는 게 많은 테슬라의 팬들, 그리고 필자의 견해다.

다음 '테슬라의 플랫폼 생태계'에서 살펴볼 수 있듯이 2030년 정도가 되면 테슬라의 전기차 매출은 하락세로 돌아서고 배터리와 솔라 에너지, 그리고 FSD 소프트웨어 매출이 급격하게 성장할 것으로 예상된다.

[테슬라의 플랫폼 생태계]

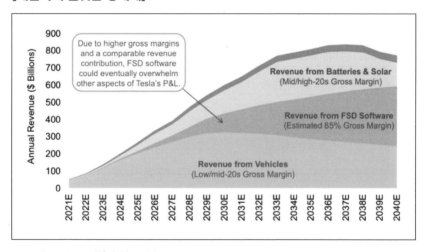

• 주: Billions는 10억 | 출처: reddit.com

이렇게 총수익 마진이 85%나 되는 소프트웨어 매출의 비중이 증가하면 테슬라의 수익성 향상에 도움이 많이 되는 동시에 어닝의 성장이 탄력을 받게 되면서 주가 상승을 이끄는 원동력이 된다는 것이 필자의 예상이다.

'테슬라의 플랫폼 생태계'만 봐도 역시 테슬라는 적어도 10년 이상 가져가야 하는 장기 투자 종목이다.

이뿐만이 아니다. 테슬라는 전 세계에서 슈퍼차저(Supercharger) 네트워크라는 자체 충전소를 운영하는 유일한 전기차 기업이다. 전 세계에 이미 2만 5,000개 이상의 차저(Charger)를 설치했으며 2021년 6월에는 레스토랑 오픈을 위한 상표 출원 신청서까지 제출하면서 슈퍼차저와의 시너지를 만들 것으로 보인다.

슈퍼차저를 이용해도 테슬라 차량을 충전하기 위해서는 수십 분이 걸린다. 충전되는 시간 동안 간단한 식사와 엔터테인먼트를 즐길 수 있는 '테슬라 레스토랑'은 하나의 새로운 수입원이라기보다는 테슬라 슈퍼차저를 이용하는 고객들에게 부가 서비스의 개념으로 자리 잡을 가능성이 높다.

또 하나 간과하지 말아야 할 부분이 있다. 테슬라의 자동차 보험 사업이다. 테슬라는 2019년 테슬라 소유주들을 대상으로 시중 보험사보다 30% 저렴한 보험 상품을 론칭했다. 향후 테슬라의 자동차 보험은 전기차 비즈니스의 30~40% 규모로 성장할 잠재력을 갖고 있다. 테슬라 소유주 입장에서는 굳이 타 보험사의 상품에 가입할 이유가 없기 때문이다.

다양한 비즈니스 모델이 조화를 이루면서 형성된 플랫폼 생태계는 아주 자연스럽게 네트워크 효과를 창출할 것이다. 따라서 한 번 테슬라의 생태계에 들어선 고객들은 아이폰의 고객들이 안드로이드폰으로 옮겨가지 못하는 것처럼 아주 오랫동안 테슬라의 충성 고객으로 남을 가능성이 높아진다. 기존 고객은 지키면서 새로운 고객이 계속 늘어난다면 앞에서 살펴본 것처럼 테슬라가 확보하게 되는 데이터양은 기하급수적으로 늘어나고 이 데이터와 최고 성능의 인공지능을 확보한 테슬라는 자율주행 소프트웨어 시스템까지 지속적으로 향상시키면서 또 하나의 네트워크 효과를 창출할 수 있게 된다.

테슬라의 투자 리스크

일단 단기적인 관점에서의 리스크는 일론 머스크의 기행, 비트코인의 존재로 인해 만들어지는 주가의 출렁거림이다.

사실 일론 머스크는 테슬라가 보유한 가장 중요한 자산이다. 하지만 동시에 일론 머스크가 종종 보여주는 돌출 행동과 트위터에서의 엉뚱한 목소리들은 단기적인 변동성을 만들어 내기에 충분하다는 것을 우리는 여러 번 봤다.

이러한 일론 머스크의 기행은 최근 들어 비트코인과 결부되면서 그 파급력과 변동성이 배가 됐다. 2021년 초, 테슬라 결제 수단으로 비트코인을 받겠다고 공언한 일론 머스크는 불과 몇 달 후인 2021년 5월에는 비트코인이 환경에 미치는 악영향을 강조하면서 비트코인 결제 불가를 선언했다. 그러다가 7월 21일 비워드 콘퍼런스(B-Word Conference)에 등장해서는 비트코인에 사용되는 전력이 상당 부분 재생 애너지로 전환되니 조만간 비트코인을 테슬라 결제 수단으로 인정할 것임을 시사했다. 문제는 이 과정에서 비트코인 가격이 큰 폭으로 흔들리면서 비트코인 투자자들은 물론이고, 테슬라 주주들의 원성을 샀다는 점이다. 주식 시장에 있어 불확실성은 결코 긍정적인 영향을 끼칠 수 없다.

두 번째 리스크는 배터리의 수급 문제다. 테슬라의 성장은 지속해서 전기차 판매가 증가해야만 가능한데 전기차의 생산은 배터리의 생산과 직접적으로 연결되어 있다. 향후 배터리 공급이 부족하거나 자체 생산을 하더라도 배터리의 원자재가 품귀 현상을 보이면 전기차 생산 수치에 지대한 지장을 초래할 가능성이 존재한다.

세 번째 리스크는 생산 라인의 확장이다. 2022년 초까지 베를린과 텍사스에 2개의 공장이 새로 오픈하면 테슬라의 생산 능력은 연 200만 대에 이른다. 그런데 테슬라가 계획대로 생산량을 증대시키게 되면 2023년부터 이미 판매 대수가 200만 대를 넘어서게 된다. 따라서 늦어도 2023년까지는 베를린, 텍사스의 공장 외에도 추가적인 생산 시설을 확충해야 공급이 수요를 따라갈 수 있다. 앞으로 전기차의 수요는 기하급수적으로 늘어날 것이다. 늘어나는 수요에 맞추어 공급 라인을 확장하는 것은 테슬라의 지속적인 성장과 성공을 위해서는 선택이 아닌 필수다.

마지막 리스크는 외부 환경에서 찾아야 한다. 2020년 우리는 바이러스의 영향으로 인해 테슬라의 판매 실적이 둔화하는 모습을 직접 확인했다. 이후에 또 다른 바이러스가 출현한다든지, 글로벌 경기 침체와 같은 악재가 찾아오면 경기 소비재인 테슬라의 성장은 주춤할 수밖에 없다.

무엇보다도 필자가 정말 걱정하는 외부 환경의 가장 큰 리스크는 중국을 비롯한 타 국가의 규제다. 테슬라의 가장 큰 투자 매력이 데이터와 인공지능을 활용한 소프트웨어의 활성화인 만큼 다른 나라 정부는 자국 내 테슬라의 확장이 반갑지만은 않을 것이다. 만에 하나, 국가적인 차원에서 테슬라의 데이터 수집이나 활용을 제한하게 되면 테슬라로서는 오른팔이 잘린 채 전쟁에 임하는 형국이 될 가능성도 배제할 수 없다.

천상천하 유아독존
나만의 키워드를 만든다

이 책을 통해 마지막으로 소개할 기업은 아마존(AMZN)이다. 대미를 장식할 종목으로 끝까지 아껴 놓았을 만큼 필자 개인적으로 관심이 많은 기업이며 동시에 필자의 미국 주식 투자 포트폴리오에서 가장 큰 비중을 차지하고 있다. 그런 이유로 자연스럽게 아마존은 유튜브 미주은에도 자주 등장했다. 스퀘어(SQ), 엔비디아(NVDA), 테슬라(TSLA)와 더불어 필자가 유튜브 방송의 소재로 가장 많이 삼았던 종목이 아마존일 것이다.

그런데도 아마존에 관한 영상을 준비하다 보면 언제나 나도 모를 설레임과 경외감, 심지어 약간의 흥분감까지 느껴질 때가 많다. 필자는 그 이유를 '미래'라는 단어에서 찾고 싶다. '미래'라는 단어는 인류가 지구에 등장한 이후 유일하게 정복할 수 없는 성역과 같은 존재이기에 우리는 미래에 대한 이야기를 나누거나 미래를 상상할 때면 막연하게 느껴지는 두려움이나 기대감을 마주하게 된다고 본다.

아마존이라는 기업은 한마디로 정의하기가 어렵다. 단순히 이커머스 기업이라고 보기에는 전 세계 시장 점유율 1위의 클라우드 비즈니스를 비롯해 너무도 많은 다양한 얼굴을 갖고 있는 기업이다. 그렇기 때문에 아마존이 만들어 나갈 미래의 모습을 지금 시점에서 예측하기는 어렵다. 어떤 분야에서 이 세상을 변화시켜 나갈지도 아직은 미지수다. 그래서 아마존 한 기업만을 담을 키워드를 준비했다. 바로 '나만의 키워드를 만들어 나가는 기업, 아마존'이다.

≡6≡
아마존
아마존 시티의 세상이 온다

앞에서 언급한 것처럼 아마존은 필자에게 조금은 특별한 기업이다. 아마존이라는 기업의 투자 매력은 한두 가지가 아니다. 그래서 아마존에 대한 소개는 앞의 종목들 소개와 다른 형식으로 준비했다. 우리가 아마존에 투자해야 하는 이유를 크게 8가지로 나눠 정리했다.

아마존에 투자해야 하는 이유 ① 안정적인 투자 리턴

아마존의 주가는 1년간 85%가 넘게 하락한 적도 있었다. 상장 후 얼마 지나지 않아 발생했던 닷컴 버블의 붕괴는 당시 최고의 성장주로 여겨졌던 아마존도 피할 수 없었던 고통의 시간이었던 것이다. 또한, 3년간 연평균 45% 정도 하락한 시기도 있었고 10년이라는 세월을 연평균 -1.58%라는 초라한 성적표를 보이면서 횡보했던 시기도 있다. 하지만 이러한 수치는 가장 최고점에 매수해서 가장 낮은 최저점에 매도해야만 나올 수 있는 시나리오다. 다음 그림에서 아마존이 지난 10년간 투자자들에게 어떠한 리턴을 안겨줬는지 한눈에 확인해볼 수 있다.

[아마존 투자 수익의 역사]

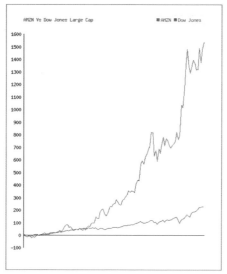

Company Name	10- Year Return (%)
Amazoncom Inc (AMZN)	32.27%
Dow Jones Large Cap (DWL)	12.68%

• 출처: netcials.com

지난 10년간 다우존스 지수가 연평균 12.68% 상승하는 동안 아마존의 주가는 무려 32.27% 상승했다. 또 하나의 메가 테크 기업인 구글(GOOG) 의 주가 성장률이 10년간 16.91%에 그친 점을 고려해볼 때 32.27%는 그 야말로 미친 성장률이다. 시간을 조금 길게 늘려봐도 마찬가지다. 1997년 5월에 상장한 아마존이 1998년부터 2020년까지 투자자들에게 안겨준 평균 수익률은 기간에 상관없이 연 25~26%를 꾸준히 기록해 왔다. 매달, 매년 분할해서 적립식으로 투자를 진행했다면 이론상 아마존 투자자들 대부분은 만족스러운 투자 수익을 올렸다는 짐작이 가능하다.

아마존의 역사는 아직도 현재 진행형이다. 끊임없이 도전하고 혁신하는 모습으로 어제보다는 오늘이 더 좋은 기업으로 거듭나는 기업이기에 역사적으로 보여줬던 투자 가치는 당분간 유지 또는 향상될 것으로 기대한다.

아마존에 투자해야 하는 이유 ② 멈추지 않는 성장

투자 전문가들에게 금융 정보를 제공하는 팩트셋이 발표한 '아마존 실적 예측'에는 2026년까지 아마존이 만들어 낼 매출과 현금 흐름, 순이익

[아마존 실적 예측]

Amazon Profit Consensus Forecast

Year	Sales	FCF	EBITDA	EBIT (Operating Income)	Net Income
2020	$386,064	$31,018	$57,284	$22,899	$21,331
2021	$488,109	$36,322	$75,215	$34,002	$28,272
2022	$578,190	$57,310	$93,888	$46,688	$37,802
2023	$671,370	$80,110	$115,673	$64,987	$51,906
2024	$769,671	$109,720	$147,555	$83,234	$68,283
2025	$867,476	$140,055	$179,550	$102,600	$88,916
2026	$1,010,120	$171,309	$223,941	$148,007	$123,781
Annualized Growth	17.39%	32.95%	25.51%	36.48%	34.05%

• 주: 단위는 100만 | 출처: factset.com

등의 예측치가 나와 있다.

2026년이 되면 아마존은 전 세계 최초로 연 매출이 1조 달러(1,100조 원)를 넘어서는 기업이 된다고 예상했다. 이후 5년 동안 아마존의 매출은 연평균 17%가 넘는 성장을 보여줄 것이라는 전망을 의미한다.

순이익의 예상치는 더욱 훌륭하다. 2026년 예상 순이익은 1,237억 달러(136조 700억 원)를 초과할 것으로 예상되는데 2026년까지 순이익의 연평균 성장률이 34%가 넘는다는 계산이 나온다. 시가총액이 1조 6,000억 달러(1,760조 원)가 넘어가는 기업이 단기간도 아니고 앞으로 5년간 어닝 성장률이 34%를 넘어간다는 것은 엄청난 일이다. 이를 주가와 연결해보면, PE Ratio(주가 순이익 비율)가 지금 수준에 머무를 수 있다는 가정하에서 아마존의 주가 역시 연평균 34%씩 상승할 수 있다는 것이기 때문이다.

더 놀라운 것은 2021년 1분기와 2분기 어닝 실적이다. 아마존은 2021년 1분기에 80억 달러(8조 8,000억 원)의 순이익을 만들었다고 발표했으며 2분기 순이익의 경우 78억 달러(8조 5,800억 원)를 만들어 냈다. 앞 페이지의 '아마존 실적 예측'에서 2021년의 예상 순이익은 연 282억 달러(31조 200억 원) 수준에 불과하다. 아마존의 실적이 1년 중 상반기에 더 저조하다는 점을 감안할 때 이 표에 나와 있는 예상치는 상당히 큰 차이로 초과 달성될 가능성이 높다. 이렇게 시장의 높은 기대감을 쉽게 넘어서 버리는 아마존의 멈출 줄 모르는 성장이 우리가 아마존에 투자해야 하는 두 번째 이유다.

아마존에 투자해야 하는 이유 ③ 클라우드 비즈니스

퍼블릭 클라우드 시장의 전체 규모는 2020년 2,700억 달러(297조 원)에서 2022년 약 4,000억 달러(440조 원)까지 커진다고 예측되고 있다. 2년 만에 50% 가까이 성장할 것이라는 예측이다. 여기서 클라우드 인프라 시장의 규모는 2020년 기준으로 약 1,290억 달러(141조 9,000억 원)에 달한다. 아마존은 이렇게 매력적인 시장에서 선구적인 역할을 하고 있다

아마존의 AWS(Amazon Web Service)는 전 세계 클라우드 인프라 시장 점유율에서 독보적인 1위를 차지하고 있다. 2020년 4분기 기준으로 아마존의 시장 점유율은 32%에 이르는 반면, 2위인 마이크로소프트(MSFT)의

[클라우드 인프라 시장 점유율]

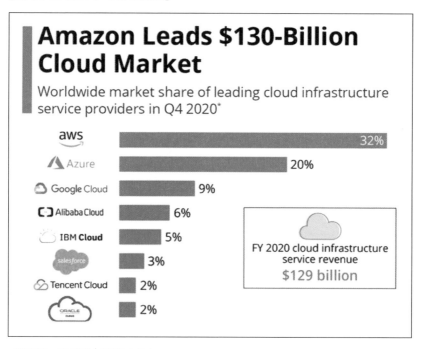

• 주: Billion은 10억 │ 출처: statista.com

에저, 3위인 구글 클라우드의 점유율은 각각 20%와 9%에 머무르고 있다.

더욱 반가운 소식이 있다. 아마존의 AWS는 클라우드 시장의 리더일 뿐만 아니라 계속 성장하고 있다는 점이다. 가장 최근에 발표된 2021년 1분기 어닝 실적에 따르면, AWS의 매출은 전년 대비 32% 성장했으며 영업이익은 전년 대비 35%나 성장했다. 이러한 AWS의 성장은 장기간 지속할 것이라는 전망이다.

다음 '아마존 AWS 실적 예측'을 보면, 향후 5년간 AWS의 매출은 연평균 19.07% 성장을 예상하고 있다. 영업이익과 EBITDA는 각각 28.01%,

[아마존 AWS 실적 예측]

Amazon AWS Consensus Forecasts

Year	AWS Consensus Sales	AWS Consensus Operating Income	AWS Consensus EBITDA	AWS Consensus Operating Margin	AWS Consensus EBITDA Margin
2020	$45,370	$13,531	$17,413	29.82%	38.38%
2021	$57,274	$16,868	$24,293	29.45%	42.42%
2022	$71,019	$21,421	$32,690	30.16%	46.03%
2023	$86,663	$26,597	NA	30.69%	NA
2024	$101,180	$36,997	NA	36.57%	NA
2025	$122,241	$47,229	NA	38.64%	NA
2026	$129,288	$59,545	NA	46.06%	NA
Annualized Growth Rate	*19.07%*	*28.01%*	*37.02%*	7.51%	9.51%

• 주: 단위는 100만 | 출처: factset.com

37.02% 성장률을 기대하고 있다.

상대적으로 비용이 높아 마진이 낮은 이커머스 사업보다 클라우드 비즈니스의 수익률은 매우 높은 편이다. 따라서 최근 마진율이 높은 클라우드 사업, 디지털 광고 사업의 성장이 두드러지면서 아마존의 전체 수익률이 향후 지속적으로 향상될 수 있다고 필자는 생각한다. 매출이 지속적으로 성장하고 수익률까지 계속 향상된다면 주가의 상승은 필연적이다.

아마존에 투자해야 하는 이유 ④ 투자와 수익을 모두 잡는다

다음 표를 보자. 2020년 아마존이 R&D(Research & Development, 연구 및 개발)에 투자한 비용은 약 376억 달러(41조 3,600억 원)다. 전 세계 기업

[아마존의 성장 투자]

Year	SG&A	R&D	Capex	Total Growth Spending	Sales	Growth Spending/S
2020	$28,677	$37,677	$35,046	$72,723	$386,064	18.84%
2021	$34,316	$54,459	$38,833	$93,292	$488,109	19.11%
2022	$41,429	$60,744	$40,005	$100,749	$578,190	17.42%
2023	$48,346	$67,025	$40,930	$107,955	$671,370	16.08%
2024	$51,271	$78,056	$51,408	$129,464	$769,671	16.82%
2025	$56,023	$86,541	$53,648	$140,189	$867,476	16.16%
2026	$60,083	$88,553	$49,390	$137,943	$1,010,120	13.66%
Annualized Growth	*13.12%*	*15.31%*	*5.88%*	*11.26%*	*17.39%*	*-5.22%*

Amazon Growth Spending Consensus Forecast

• 주: 단위는 100만 | 출처: factset.com

중 가장 큰 규모의 R&D 비용이다. 아마존에 이어 R&D 투자 비용이 높은 기업으로는 대한민국의 자랑인 삼성전자와 알파벳(구글)이 각각 2위와 3위 자리를 차지하고 있는데 두 기업의 R&D 비용을 합쳐도 약 300억 달러(33조 원)밖에 되지 않는다. 이렇게 천문학적인 금액을 미래에 투자하면서도 현금 흐름이 꾸준히 증가하고 있는 기업이 아마존이다.

R&D 비용과 Capex(Capital Expenditure, 자본 지출)는 미래를 위한 성장 지출(Growth Spending)이라고 볼 수 있다. 2020년 아마존이 이 2가지의 성장 지출에 사용한 금액은 약 727억 달러(79조 9,700억 원)로 집계되는데 전 세계 모든 기업 중에 3번째로 높은 매출을 자랑하는 아마존이 창출한 2020년 매출액의 18.84%에 달한다. 게다가 앞 페이지의 '아마존의 성장 투자'에 나온 것처럼, 성장 지출을 2026년까지 매년 11.26% 늘릴 것 같은데 이는 아마존의 매출 성장률 예측치(17.39%)보다 현저히 낮은 숫자다. 다시 말해, 아마존은 전 세계 어떤 기업도 따라올 수 없는 엄청난 금액을 미래를 위해 투자하고 있으면서도 수익률과 보유 현금은 계속해서 늘어날 수밖에 없는 최상의 시나리오를 구축한 것이다. 이것이 우리가 아마존에 투자해야 하는 네 번째 이유다.

아마존에 투자해야 하는 이유 ⑤ 리스크와 수익률을 모두 잡는다

첫 번째로 집필한 《미국 주식으로 은퇴하기》와 유튜브 미주은을 통해 주식 투자와 관련해 자주 강조한 것이 있다. 바로 '주식 투자는 확률의 게임이다'라는 믿음이다.

사실 시장의 흐름, 주가의 미래를 예측한다는 것은 신의 영역이기 때문에 평범한 투자자인 우리가 할 수 있는 것은 가능한 한 투자의 리스크를 줄이고 수익의 확률을 높이는 노력에 한정된다. 필자가 입버릇처럼 현금 보유와 분산 투자, 분할 매수의 중요성을 강조하는 것도 투자 성공의 확률을 높이기 위한 전략이다. 이러한 맥락에서 봤을 때 아마존의 투자 매력은 더욱 빛을 발한다.

다음 '아마존 투자 안정성'에는 아마존의 'Dividend King Safety & Quality Tool' 스코어가 나와 있다. 이 스코어는 통상 장기 투자가 주를 이루는 배당주들의 투자 가치를 측정하는 기준으로 사용된다. 100개나 되는 세부 평가 항목을 기준으로 특정 주식의 안전성과 우량성을 확인하는데 배당 안전성, 비즈니스 모델, 수익성, 지속 가능성, 부채 현황, 경영진 능력, 회계 투명성 등을 고려해 점수를 산정한다.

[아마존 투자 안정성]

Amazon Overall Quality: 90%=12/12 Ultra SWAN		
Amazon	Final Score	Rating
Safely	98%	5/5
Business Model	80%	3/3
Dependability	85%	4/4
Total	90%	12/12 (Ultra SWAN)

• 출처: seekingalpha.com

아마존은 투자 안전성, 비즈니스 모델, 안정성 등 카테고리에서 매우 높은 점수를 받으며 Ultra SWAN(Sleep Well At Night, 밤에 걱정 없이 잘 수 있는 종목)으로 선정됐다. 총점수는 90%로, 마이크로소프트, 존슨앤드존슨

(JNJ), 프록터앤갬블(PG) 구글, 펩시코(PEP) 등과 함께 안전성이 높은 최고의 우량주로 인정받은 것이다.

보통 안정성이 높으면 수익률은 저조한 주식으로 평가받는다. 수익률이 극대화되기 위해서는 어느 정도 주가의 변동성이 필수적이기 때문에 성장성과 안전성을 모두 확보한 종목을 찾아내기가 쉽지 않다. 그래도 불가능한 것은 아니다. 아마존이 있기 때문이다.

아마존에 투자해야 하는 이유 ⑥ 글로벌 시장

아마존의 분기 실적보고서를 한 번이라도 살펴본 독자들은 이미 알고 있겠지만 아마존은 매출을 크게 3부분으로 나눈다. 북미 매출, 북미를 제외한 해외 매출, 마지막은 AWS의 클라우드 매출이다.

2021년 3월 말 기준으로 글로벌 사업부의 TTM(Trailing Twelve Month, 과거 12개월) 매출 규모는 약 1,160억 달러(127조 6,000억 원)다. 아마존의 전체 매출에서 약 28%를 차지하는 규모다. 그런데 북미에서의 매출이 아직은 60%를 넘는 상황이라서 엄밀히 말해 아마존은 아직 글로벌 기업이라고 인정받기에는 이르다. 필자는 이 점이 우리가 아마존에 투자해야 하는 또 하나의 이유가 될 수 있다고 생각한다. 나라마다 상거래에 대한 법률, 이커머스에 대한 규제나 세금 등 북미와는 사뭇 다른 비즈니스 환경이 존재하지만 아마존이 북미에서 만들어온 눈부신 성공의 노하우를 고려한다면 글로벌 시장은 분명 아마존의 미래 성장에 있어 커다란 기회가 될 것이다. 최근 들어 아마존이 보여주고 있는 해외 시장에서의 성장이 두드러진다는 점이 고무적이다.

다음 '아마존 해외 실적'을 살펴보면, 2021년 1분기 아마존 해외 사업부의 매출은 약 306억 달러(33조 6,600억 원)를 기록했다. 전년 대비 60%나 성장한 규모다.

[아마존 해외 실적]

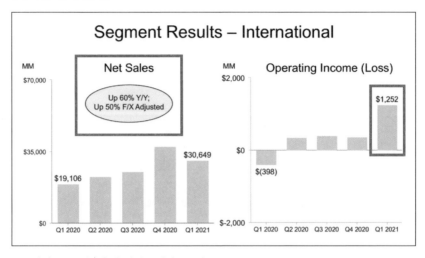

• 주: 단위는 100만 | 출처: 아마존 실적보고서

이렇게 해외 사업부의 매출이 급성장하면서 관련 영업이익도 급격히 향상하고 있다. 2021년 1분기에는 해외 사업부의 영업이익이 사상 최초로 10억 달러(1조 1,000억 원)를 넘어 12억 5,000만 달러(1조 3,750억 원)를 기록했다. 해외 사업부는 불과 1년 전만 해도 적자를 기록하고 있었는데 향후 글로벌 시장에서 성장이 가속화된다면 아마존의 수익률 향상과 주가 상승에 적지 않은 도움이 될 것으로 판단된다.

아마존에 투자해야 하는 이유 ⑦ 최고의 미래 배당주

필자는 소위 '배당주'에 투자를 하고 있지 않다. 물론 애플(AAPL), 마이크로소프트, 엔비디아(NVDA)와 같은 주식에도 투자금이 들어가 있으니 엄밀히 따져서 배당주에 전혀 투자를 하지 않는 것은 아니지만 4차 산업혁명의 태동기에 서 있는 시점에서 되도록 많은 자금을 기업의 경쟁력이나 기업의 미래 가치 향상에 재투자하는 기업을 개인적으로 선호하는 편이다. 그래도 10년 후에는 필자도 은퇴를 생각해야 하는 나이가 될 것이니 그때가 되면 배당주 투자에 집중하지 않은 것을 후회할지도 모르겠다. 하지만 필자의 포트폴리오에도 (실현 가능성은 좀 더 지켜봐야 할 수 있지만) 기대되는 배당주가 하나 있는데 바로 아마존이다.

필자는 아마존이 가까운 미래에 배당 지급을 시작할 가능성이 높다고 기대하고 있다. 그 이유부터 설명해보겠다. 팩트셋은 아마존의 보유 현금이 2026년에 6,280억 달러(690조 8,000억 원)에 이를 것으로 예상했다. 2027년 정도에는 1년간 만들어 내는 잉여 현금 흐름(Free Cash Flow)이 2,000억 달러(220조 원)를 초과할 것이라고 한다. 만약 배당 지급이나 자사주 매입을 하지 않는다면 2028년을 전후해서 이 괴물 기업이 손에 쥐고 있는 현금이 1조 달러(1,100조 원)를 초과할 수 있다는 이야기다.

이 금액이 어느 정도의 규모인지를 체감하기 위해서는 국가의 외화 보유고와 비교해보면 된다. 외화 보유액이 1조 달러(1,100조 원)를 넘는 국가는 전 세계에서 중국, 일본, 스위스 등 단 3개국에 불과하다. 4위가 러시아인데 6,000억 달러(660조 원)가 채 되지 않는다. 이미 2026년부터 아마존이 보유한 현금은 중국, 일본, 스위스를 제외한 모든 국가의 외화 보유고를 초과할 것이라는 말이다.

하지만 이렇게 실제로 현금이 계속 쌓이게 될 가능성은 적다. 아마존에 투자하고 있는 대형 기관들의 압력이 있을 것이며 세금 폭탄 등을 앞세운 미국 정부의 압박으로 아마존은 현금 보유량을 결국 줄일 수밖에 없을 것이기 때문이다. 애플의 경우 현금 보유액이 2,500억 달러(275조 원)를 넘어갔을 때 배당을 하기 시작했다. 아마존은 2024년이 되면 현금 보유액이 3,200억 달러(352조 원)를 넘어설 것으로 예상되는데 그때를 전후로 아마존 경영진에서도 배당 지급에 대한 논의가 시작되지 않을까 기대해본다.

팩트셋은 늦어도 2026년부터는 아마존의 배당금 지급이 시작될 것으로 내다보고 있다. 다음 '아마존 배당금 규모 예측'에 나와 있는 월스트리트 전문가들의 예상치(Consensus)에 따르면 2026년 아마존의 주당 현금 흐름(FCF/Share)은 313.89달러(약 34만 원)에 이를 것으로 보인다.

[아마존 배당금 규모 예측]

Year	FCF/Share Consensus	Dividend Per Share (50% Payout Ratio)	Yield On Today's Cost	Consensus Yield Potential	Analyst Consensus Fair Value Price
2020	$60.82	$30.41	0.92%	1%	$3,182.70
2021	$71.13	$35.57	1.07%	0.96%	$3,714.50
2022	$99.74	$49.87	1.51%	1.08%	$4,635.25
2023	$133.27	$66.64	2.01%	1.18%	$5,633.25
2024	$205.74	$102.87	3.11%	1.40%	$7,357.50
2025	$259.57	$129.79	3.92%	1.52%	$8,542.50
2026	$313.89	$156.95	4.74%	1.45%	$10,845.75
Annualized Growth	31.46%	31.46%			22.67%

• 출처: factset.com

아마존이 만들어 내는 현금의 50% 정도만 배당으로 사용한다고 가정한다면(50% Payout Ratio) 2026년 예상 배당금은 1주당 156.95달러(약 17만 원)로 계산된다. 2026년 예상 주가는 1만 845달러(약 1,190만 원) 정도가 되기 때문에 배당률(Dividend Yield)은 1.45%가 되는데 156.95달러(약 17만 원)를 현재(2021년 8월 초) 주가인 3,225달러(약 354만 원)에 대입해보면 현재 주가 기준 배당률은 무려 4.9%가 된다.

다음 '아마존 배당금 규모 예측'에서는 2026년부터 아마존이 배당금 지

[아마존 배당금 규모 예측]

Inflation-Adjusted Potential Future Amazon Dividend Forecast

Year	AMZN Dividend Per Share (10% CAGR Growth)	AMZN Dividend Per Share (12.5% CAGR Growth)	AMZN Dividend Per Share (15% CAGR Growth)	AMZN Dividend Per Share (17.5% CAGR Growth)	AMZN Dividend Per Share (20% CAGR Growth)
2026	$156.95	$156.95	$156.95	$156.95	$156.95
2031	$230.61	$258.57	$289.17	$322.61	$359.06
2036	$338.84	$425.97	$532.78	$663.10	$821.45
2041	$497.87	$701.77	$981.61	$1,362.99	$1,879.28
2046	$731.54	$1,156.13	$1,808.55	$2,801.57	$4,299.34
2051	$1,074.87	$1,904.66	$3,332.13	$5,758.52	$9,835.84
2056	$1,579.33	$3,137.83	$6,139.24	$11,836.43	$22,502.02
2061	$2,320.56	$5,169.41	$11,311.15	$24,329.36	$51,479.17
2066	$3,409.66	$8,516.33	$20,840.06	$50,008.14	$117,771.88
2071	$5,009.91	$14,030.20	$38,396.47	$102,789.94	$269,433.53
2076	$7,361.21	$23,114.01	$70,743.00	$211,281.04	$616,398.66

• 출처: factset.com

급을 시작한다는 가정하에서 그 이후 시간이 지나면서 배당금 규모가 어느 정도까지 성장할 수 있는지를 한눈에 살펴볼 수 있다.

이 시나리오는 배당금 성장률을 10%부터 20%까지 총 5단계로 나눠서 만들어졌는데 필자 생각으로는 아마존의 배당금이 연평균 10%씩 성장한다는 시나리오가 가장 현실성이 있어 보인다. 지난 5년간 애플의 배당 성장률이 평균 9.4% 정도에, 마이크로소프트의 배당 성장률이 평균 9.5% 정도에 형성되어 있기 때문에 10% 이상은 다소 무리가 있어 보인다. 그래도 2026년부터 아마존이 배당금 지급을 시작하기만 한다면, 그리고 그 이후 매년 10% 정도만 배당금을 올려주기만 한다면 그 이유 하나만으로 아마존 투자는 대성공이 될 수 있다. 앞에서 잠깐 예를 들었던 3,225달러(약 354만 원)에 아마존 주식을 매수한 투자자가 받을 수 있는 배당금과 현재 주가 대비 배당률은 다음과 같다.

- 10년 후(2031년): 230.61달러(약 25만 원) ㅣ 현재 주가의 7.2%
- 15년 후(2036년): 338.84달러(약 37만 원) ㅣ 현재 주가의 10.5%
- 20년 후(2041년): 497.87달러(약 54만 원) ㅣ 현재 주가의 15.4%
- 25년 후(2046년): 731.54달러(약 80만 원) ㅣ 현재 주가의 22.7%

지금 아마존 주식에 2억 원을 투자했다고 해보자. 모든 상황이 우리의 예상대로 맞아 떨어진다면 10년 후에는 매년 1,440만 원, 20년 후에는 3,080만 원, 그리고 25년 후에는 4,540만 원이라는 배당금을 기대할 수 있게 된다. 한 번 베팅해볼 만한 투자가 아닌가?

#아마존에 투자해야 하는 이유 ⑧ 아마존이 만들어 갈 미래

아마존은 이미 지구상에 존재하는 최고의 기업 중 하나다. 물론 주식 투자 종목을 선정할 때는 기업의 과거나 현재보다 미래의 가치를 바라봐야 한다. 그래서 필자는 아마존에 투자한다. 25년이 넘는 긴 시간 동안 아마존은 늘 성장주였다. 늘 최고의 자리에 있었는데도 안주하지 않았고 만족하지 않았으며 늘 '혁신'이라는 단어를 향해 정진해왔다. 그렇기 때문에 최고의 온라인 서점에서 최고의 이커머스 기업으로 발전할 수 있었으며, 또한 지구상 최고의 이커머스 기업에서 최고의 클라우드 컴퓨팅 기업으로 변모할 수 있었다. 그런데 여기서 멈출 기미가 보이지 않는다.

미국 주식에 관한 유튜브 채널을 운영하다 보니 필자는 방송의 소재가 될 만한 기사들을 늘 검색하고 리서치한다. 그러면서 정말 아마존에 관한 뉴스는 멈추지 않고 계속 등장한다는 점을 느낀다.

2014년에는 트위치를 인수해 게임 라이브 스트리밍에 뛰어들기 시작하더니 최근에는 84억 5,000만 달러(9조 2,950억 원)라는 엄청난 자금을 투자해 MGM이라는 대형 스튜디오를 인수했다. MGM은 '007' 시리즈, '록키' 시리즈, '양들의 침묵', '원초적 본능', '델마와 루이스' 등의 영화를 제작한 대형 영화제작사다. 4,000편 정도의 영화를 제작했고 지적 재산권을 소유하고 있는 TV 프로그램은 1만 7,000여 개에 달한다. 현재 2억 명에 달하는 프라임 멤버십의 혜택을 강화하는 동시에 스트리밍 서비스를 통해 광고 매출을 극대화시키겠다는 전략을 위해서라고 한다.

2018년에 필팩(Pillpack)을 10억 달러(1조 1,000억 원)에 인수하며 온라인 약국 비즈니스 진출을 예고했던 아마존은 2020년 11월에 아마존 약국을 공식 오픈했다. 프라임 고객들에게 제공하고 있는 무료 2일 배송 서비스를 온라인 약국에까지 확장했는데 전통적인 약국 매장인 CVS, 월그린에는 청천벽력 같은 소식이라고 할 수 있다. 2021년 5월에는 온라인 약국을 오프라인으로까지 확장하겠다고 나섰다. 미국에만 500여 곳에 달하는 고급 슈퍼마켓 체인인 홀푸드 안에 아마존 약국을 개설함으로써 약국 소매점 사업까지 한 번에 접수하겠다는 전략이다.

2019년 워싱턴에서만 시범적으로 운영되던 아마존의 자체 원격 진료 서비스인 아마존 케어(Amazon Care)도 마찬가지다. 2021년 3월에 아마존 케어는 미국 전역으로 확대됐다. 업계에서는 현재 아마존 직원과 가족에게만 제공되는 아마존 케어가 곧 다른 기업들, 나아가서는 일반 소비자들에게 유료로 제공될 것이라고 전망했다. 아마존은 클라우드 서비스 역시 같은 방식으로 발전시켰던 이력이 있기 때문이다. 아마존의 클라우드인 AWS(Amazon Web Service)는 처음에는 아마존의 내부 용도로 개발됐지만 곧 같은 서비스가 필요한 기업이 많다는 것을 확인하자 바로 또 하나의 사업으로 확장했다. 현재 AWS는 전 세계 190여 개국으로 수출되는 시장 점유율 1위 비즈니스로 성장했다.

아마존의 비즈니스 리스트는 여기서 멈추지 않는다. 아마존이라는 기업만 갖고도 책 한 권을 쓸 수 있을 정도다. 이 기업이 우리가 상상도 하지 못한 모습의 혁신을 언제 소개하며 나타날지 모른다는 점이 더 무섭다. 그래도 아마존의 미래를 상상해볼 수 있는 힌트들은 여기저기서 발견된다. 하루가 다르게 업그레이드되고 있는 스마트 홈 기기부터 시작해서 자율주행 드론, 프라임 에어, 무인 자동차, 조립식 하우스인 아마존 홈까지 아마존의 문어발식 확장은 정말 멈출 줄을 모른다.

여기서 한 가지 중요한 점이 있다. 그 혁신의 모습이 드론이 되었든, 무인 자동차가 되었든, 아니면 스마트 홈이 되었든, 그 혁신의 중심에는 아마존의 인공지능 플랫폼인 아마존 알렉사가 자리 잡을 것이라는 점이다. 가까운 미래에 아마존의 모든 상품과 서비스는 하나로 통합된 테크 플랫폼에 의존할 것이며 아마존 알렉사의 인공지능 기술력은 그 모든 것의 중심이 될 것이다. 지금은 스마트 스피커의 모습인 아마존 알렉사가 조만간 공상 과학영화에 나오는 사람의 모습으로 당신과 농담을 주고받고, 당신의 일정을 알려주며, 당신의 자동차를 운전하고, 당신의 건강까지 보살펴 줄 날이 머지않았다.

필자가 가장 좋아하는 격언 중 하나가 '미래는 예측하는 것이 아니라 만들어 가는 것'이다. 그래서 아마존이나 테슬라(TSLA), 구글 같은 기업은 멋있다. 이 기업들은 미래를 위해 대비하고 준비하는 기업이 아니라 원하는 미래를 창조해 나가고 있기 때문이다.

이 책을 함께 하는 독자 여러분도 각자가 원하는 삶의 모습을 직접 설계하고 치밀한 계획과 실행을 통해 삶을 능동적으로 만들어 나가는 멋진 사람이 되었으면 한다.

★ ★ ★ ★ ★
미주은 세 번째 이야기

미국 주식 투자 여정, 바로 시작합니다!

5장
미주은과 함께 떠나는
투자 여정

Best Practice
미주은 투자의 원칙

지금까지 27개나 되는 기업을 열심히 살펴봤다. 독자 여러분의 개인적인 투자 성향, 투자 환경에 따라 이 중에는 상대적으로 매력이 떨어져 보이는 종목도 있을 것이고, 투자금 모두를 올인하고 싶을 정도로 끌리는 종목도 발견했을 것으로 생각한다.

그런데 안타깝게도 주식 투자는 종목 발굴이 전부가 아니다. 주식 시장은 기업의 투자 가치만으로 움직이지 않기 때문이다. 일단 기업의 내재 가치와는 상관없이 단기적인 수익에 집중하는 트레이더의 존재를 기억해야 한다. '로빈후드'로 대표되는 일반 투자자는 물론이고 수많은 펀드매니저, 그리고 이제는 알고리즘까지 주식 시장에 뛰어들어 트레이딩을 일삼는다[손쉽게 주식 투자를 할 수 있도록 해 미국의 개인 투자자에게 인기를 끌고 있는 앱인 '로빈후드'를 이용하는 투자자를 동학개미처럼 '로빈후드', '로빈후드 투자자'라고 부른다]. 이러한 단기 투자자들이 주식 시장의 외부적 환경과 결부되면서 시장의 변동성은 피할 수 없는 투자의 한 부분이 될 수밖에 없다. 따라서 단기적으로는 주가의 흐름이 기업의 투자 가치와는 동떨어진 모습을 보일 가능성이 얼마든지 열려 있다. 그래서 시장에 참여하는 모든 투자자는 나만의 논리를 통해 세운 투자 전략과 강건한 투자 철학이 필요하다.

나만의 룰을 굳건히 세워놓지 않으면 시장이 흔들릴 때마다 나 역시 흔들리게 된다. 시장이 흔들릴 때마다 함께 동요하면 원하는 방향으로 투자를 지속하기 힘들어지고 결국 원하는 수익률을 이루지 못해 투자 여정의 이정표에서 자꾸만 이탈하게 될 것이다. 그래서 필자는 미래 성장의 잠재력이 있는 종목을 추천하는 데 그치지 않고 앞으로 독자 여러분, 특히 초보 투자자가 기준으로 삼을 수 있을 만한 투자의 가이드 라인을 제시하고자 한다. 우리 개인 투자자들이 주식 투자를 성공적으로 이끌기 위해 꼭 지켜야 할 7가지 원칙을 다음과 같이 정리해봤다.

① 향후 5년 이상 묻어 놓을 수 있는 여유자금으로 투자하자.

'투자는 내 돈으로 하는 것이다'라고 필자는 믿고 있다. 생각보다 많은 사람이 저금리 시대, 은행 이자가 주식 시장의 평균 수익률보다 낮다는 논리를 내세워 빌린 돈으로 주식 투자를 하고 있다. 종잣돈이 없으면 만들면 된다. HTS부터 열기 전에 시간을 쪼개 편의점 아르바이트 등을 통해서라도 일단 투자금을 만들자.

무엇이 그리 급한가? 주식 투자 성공 비결의 50% 이상은 정신적인 안정감이다. 내 돈으로 투자해도 폭락장이 찾아오면 어김없이 실수하는 곳이 주식 시장이다. 그런 상황에서 레버리지(Reverage)를 활용한 투자의 경우 성공 확률이 급격히 떨어진다.

세계적으로 유명한 투자자 워런 버핏은 주식 시장을 다음과 같이 말했다.

"The stock market is a device for transferring money from the impatient to the patient(주식 시장은 참을성이 없는 사람에게서 인내심이 있는 투자자에게 자금을 옮겨주는 장치와 같다)."

초인이 아닌 다음에야 이자까지 감당해야 하는 빌린 돈을 갖고 절대로 인내심을 발휘할 수 없다.

② 폭락장을 대비해 여유자금의 20% 이상은 현금으로 보유하자.

주식 투자를 하다 보면 단 하루 만에 S&P 500이나 나스닥 같은 시장 지수가 2~3% 이상 하락하는 일을 빈번하게 경험한다. 시장 지수가 2~3% 이상 빠지면 10% 이상 폭락한 주식도 있을 수 있다. 이렇게 시장이 흔들리는 날에는 변함없이 괴로운 마음을 토로하는 구독자의 댓글이 유튜브에 올라오곤 한다. 힘겨워하는 모습을 보면서 한편으로는 측은한 마음이 들면서, 또 한편으로는 이겨내기를 바란다. 왜냐하면 주식 투자에 있어서 조정장이나 폭락장, 때로는 1년 넘게 지속되는 약세장까지, 이 모든 변동성은 투자자라면 감당해야만 하는 정상적인 주식 시장의 한 부분이기 때문이다.

그래서 필자는 미주은의 구독자에게 언제나 현금 보유의 중요성을 강조한다. 물론 나의 포트폴리오가 2~3일 만에 10% 가까이 꼬꾸라져도 크게 동요하지 않을 수만 있다면 현금 보유는 굳이 신경 쓰지 않아도 된다. 투자금이 많으면 많을수록 장기적으로 봤을 때 수익도 더 커지기 때문이다. 하지만 주식 시장이 하락할 때마다 스트레스 때문에 정상적인 생활에 지장이 있다면 적어도 유동 자금의 20% 정도는 현금으로 보유해야 한다. 넉

넉한 현금을 보유하고 있는 투자자들은 은근히 조정장을 기다리기까지 한다. 그래야 수익 감소를 감내하면서까지 준비해 놓은 현금을 사용할 기회가 오기 때문이다. 결과적으로, 현금이 적절히 확보되어 있을 때는 주식 시장의 변동을 별다른 감정의 흔들림 없이 지켜볼 수 있게 된다. 주가가 오르면 포트폴리오의 수익률이 올라가서 좋고, 반대로 주가가 떨어지면 저가 매수의 기회가 와서 좋다. 이래도 좋고, 저래도 좋은 상황을 만들어 낼 수 있다.

주식 투자는 100미터 달리기가 아니다. 짧게는 5년 이상, 길게는 20년 이상 지속해야 할 삶의 한 부분이다. 아울러 삶의 과정은 즐겁고 안정적이고 행복해야 한다. 기억하자, 주식 투자의 최종 목표는 행복한 삶이지 갑부가 되는 것이 아니다.

③ 최소 20개 이상의 종목에 분산 투자하자.

필자는 미주은을 통해 필자의 포트폴리오 업데이트 상황을 매달 한 번씩 공개하고 있다. 포트폴리오 영상을 공개할 때마다 끊임없이 올라오는 댓글이 있다. 바로 필자처럼 여러 종목에 분산 투자를 할 바에는 차라리 ETF에 투자하는 것이 낫겠다는 내용의 댓글이다. 일부분 공감되는 내용이다.

사실 필자 역시 수익을 올리는 것이 주식 투자의 유일한 목적이라면 개별 종목보다는 ETF 투자가 주식 투자에 들이는 시간과 에너지를 감안했을 때 훨씬 더 '가성비(?)'가 좋다고 생각한다.

그러나 우리가 주식 투자를 통해 얻을 수 있는 것은 금전적인 수익뿐만이 아니다. 일단 개별 종목에 투자하면 개별 기업들, 그리고 그 기업이 속해 있는 산업 분야에 대해 공부를 많이 하게 되는데 이 과정에서 많은 지적 만족감을 이끌어 낼 수 있다. 그뿐만이 아니다. 내가 투자하고 있는 기업이 훌륭한 어닝 실적을 발표하거나 대형 파트너십 또는 인수·합병 건을 성사시키면, 역시 내 판단이 옳았다면서 상당한 대리 만족이나 성취감을 느낄 수가 있다. 다시 말해, 개별 종목 투자를 하면 수익 창출이라는 결과뿐만 아니라 그 투자 과정에서 많은 의미를 찾을 수 있는 인생의 재미 요소로 확장될 수 있다는 것이다.

여기서 문제가 하나 생긴다. 재미나 취미 생활을 위해 주식 투자를 하기에는 개별 종목 투자는 리스크가 다소 크다는 점이다. 1926년부터 2015년까지 미국 주식 시장은 평균적으로 10% 정도의 수익을 올렸다. 그런데 이 기간 동안 전체 개별 종목의 58%는 단기 국채보다도 낮은 수익률을 냈다고 한다. 상위 100개 기업이 같은 기간 창출된 부의 50% 이상을 만들어냈기 때문이다. 평균치가 높다고 해서 아무 종목이나 투자해서는 망한다. 타임머신을 가지고 있지 않은 투자자는 투자하고 있는 모든 종목이 수익을 낼 것이라고 기대해서는 안 된다. 그래서 10개도 안 되는 종목에 집중 투자는 위험하다.

이론적으로 기업은 영속을 추구한다. 하지만 모든 기업은 사업의 성장기와 절정기, 그리고 정체기와 하락기를 거친다. 우리가 투자자로서 가장 좋은 기업을 가장 좋은 시기에 만나 투자하지 못할 가능성은 얼마든지 열려있는 것이다. 그래서 주식을 위험 자산이라고 부른다.

소중한 우리의 자산을 위험 자산에 투자할 때에는 수익률보다 리스크를 가장 먼저 고려해야 한다. 리스크를 최소화하고 수익률을 최대한 끌어올리면서 주식 투자의 여러 가지 재미 요소도 포기하고 싶지 않은가? 그렇다면 '분산 투자'가 정답이다.

④ 매수가는 잊어라.

심리학자 대니얼 카너먼과 아모스 트버스키가 1970년대에 발표한 경제 심리학 논문에 '닻 내림 효과'라는 말이 나온다. '닻 내림'은 사람의 두뇌가 어떠한 결론에 도달하는 과정에서 가장 쉬운 길을 선택하는 성향을 지칭하는 심리학 용어다. 이 용어를 설명하는 데 있어 가장 쉬운 예가 우리 인간은 통상 뇌로 전달되는 최초의 정보에 치우쳐서 사고하게 되는 경향이 있다는 것이다.

닻 내림 효과를 주식 투자와 연결해보면 주식의 매수가를 생각해볼 수 있다. 한 기업의 주식을 주당 50달러(5만 5,000원)에 매수했는데 주가가 30달러(3만 3,000원)로 떨어졌다면 우리는 주가가 기준점에서 20달러(2만 2,000원) 떨어졌다고 해석한다. 나도 모르게 만들어진 기준점에서 20달러(2만 2,000원)나 떨어진 주가가 장기간 회복되지 않고 마이너스에서 오랫동안 머무르면 희망이 없다는 판단을 하고 매도하는 경우가 발생한다. 반면, 같은 주식이 50달러(5만 5,000원)에서 70달러(7만 7,000원)로 급격히 오르면 주가가 기준점에서 40%나 올라갔으니 정점을 찍었다고 판단하고 과대평가됐다는 생각에 처분할 수도 있다.

이렇게 기업의 가치나 밸류에이션과는 단 1%의 연관성도 없는 나만의 최초 매수가를 투자의 기준으로 만들어버리는 행동은 생각보다 많은 투자자가 범하는 대표적인 실수 중 하나다. 이렇게 닻 내림의 희생양이 되지 않으려면 기업의 영속성을 언제나 감안하면서 투자해야 한다. 기억하자, 100년 전에 코카콜라(KO)를 매수한 사람도 있고 바로 오늘 매수한 사람도 있다. 기업은 이론적으로 영원할 수 있기 때문이다. 주식 투자의 주인공은 주식 시장과 기업이다. 투자자는 잠시 지나가는 나그네일 뿐이다. 내가 코카콜라를 얼마에 매수했는지는 전혀 중요하지 않다.

⑤ 노이즈에서 오는 변동성에 매도하지 말고 매수하자.

확신이 없는 주식 투자는 스트레스와 괴로움으로 가득하다. 2021년 초, 미국 성장주들의 주가가 심하게 흔들리자 많은 초보 투자자가 극심한 스트레스에 시달렸다. 이때 많은 투자자가 주식 시장을 빠져나갔고, 그 후유증으로 몇몇 미국 주식 관련 유튜버는 종적을 감추는 일까지 발생했다.

우리가 이렇게 변동성 가득한 주식 시장에서 장기간 성공적인 투자를 진행하기 위해서는 투자에 대한 확신이 절대적이다. 어떠한 어려움이 오더라도 흔들리지 않을 만한 확신을 세우기 위해서는 최소한 3겹 정도 되는 투자의 논리(확신)를 갖고 외부의 노이즈로부터 투자 마인드를 보호하는 것이 최상의 방법이라고 생각한다.

필자 역시 필자의 투자 마인드를 보호하기 위해서 3가지의 확신을 만들어 냈다. 첫 번째는 '미국 주식 시장에 대한 확신'이다. 미국 경제가 꾸준히 성장할 것이라는 확신, 미국이 세계 경제와 4차 산업혁명의 중심지로 그 위상을 지킬 것이라는 확신이다.

두 번째는 '이 시대에 대한 확신'이다. 이 책을 통해 함께 분석한 4차 산업혁명의 테크놀로지가 이제 막 그 변곡점을 맞이하고 있다는 확신, 그래서 많은 산업 분야에 기하급수적인 성장이 일어날 시기에 투자하고 있다는 확신이다.

마지막은 '내가 투자하고 있는 기업에 대한 확신'이다. 많은 정보를 리서치하고 심사숙고해서 선정한 나의 투자 종목이 4차 산업혁명이라는 시대적 트렌드를 타고 꾸준한 성장을 지속할 것이라는 또 한 겹의 확신이 오늘도 필자의 투자 마인드를 겹겹이 에워싼 채 지켜주고 있다.

잊지 말자. 시장이 전반적으로 떨어지는 시기가 매수 찬스다. 10% 떨어지면 연간 세일 기간, 30% 떨어지면 3~4년에 한 번 올까 말까 한 대박 세일이 찾아 왔다고 생각하면 된다.

⑥ 최소 5년 이상 보유할 수 있는 종목만 매수하자.

단 6개월 만에, 단 1년 만에 주식 투자로 부자가 되려고 하면 위험하다. 이유는 간단하다. 확률이 떨어지기 때문이다.

흔히 '단타'라고 일컬어지는 단기 투자는 기본적으로 '제로섬' 게임이다. 짧은 기간 동안 이뤄지는 트레이딩에서는 여러 사람이 서로의 수익에 영향을 받는 상황이 형성되므로 이익의 총합이 항상 제로가 되는 투자 환경이 조성된다. 즉, 수익을 올린 사람이 있으면 피 같은 돈을 잃은 사람이 있을 수밖에 없다.

장기 투자는 다르다. 장기 투자에는 투자 환경의 변화가 개입하기 때문이다. 시장의 경제가 지속적으로 성장하는 한, 그리고 기업의 수익이 계속해서 증가하는 이상, 장기 투자의 세계에서는 투자자 모두가 승자가 될 수 있다. 게임의 참여자 중 50%가 패배하는 게임과 참여자 모두가 승자가 되는 게임, 독자 여러분의 선택은 어느 쪽인가?

⑦ 주식 차트를 보지 말고 분기 실적을 리뷰하자.

주식 투자 관련해서 필자가 좋아하는 비유가 하나 있다. 주식 투자를 강아지와의 산책으로 비유하는 것이다. 여기서 강아지는 '주가', 강아지 주인은 '기업'이 된다.

강아지와 산책을 해본 사람이라면 잘 알고 있을 것이다. 강아지는 주인과 산책할 때에는 좀처럼 주인과 보조를 맞추지 않고 자기 마음대로 페이스를 조절한다. 어떨 때는 주인보다 훨씬 앞서서 달려가고 또 어떨 때는 주인보다 한참 뒤처져서 좀처럼 따라올 생각을 하지 않는다. 가끔은 답답할 정도로 자기 마음대로 돌아다닌다. 그래도 강아지와 강아지 주인은 리드줄을 통해 연결되어 있다는 것이 다행이다. 너무 앞서간다고 급흥분할 필요도, 오랫동안 따라올 생각이 없어 보인다고 초조할 필요도 없다. 결국 강아지는 주인이 가는 방향대로, 주인이 걷는 속도에 맞춰 따라올 수밖에 없으니까.

이처럼 주식은 주가가 떨어질 때 파는 것이 아니라 기업의 매출이나 수익이 떨어질 때 파는 것이다. 마찬가지로 주가가 싸다는 이유만으로 매수하면 안 된다. 주가가 올라간다고 크게 기뻐할 이유도 없다. 매출이나 수익이 올라가야 좋은 뉴스다.

*

- 향후 5년 이상 묻어 놓을 수 있는 여유자금으로 투자하자.
- 폭락장을 대비해 여유자금의 20% 이상은 현금으로 보유하자.
- 최소 20개 이상의 종목에 분산 투자하자.
- 매수가는 잊어라.
- 노이즈에서 오는 변동성에 매도하지 말고 매수하자.
- 최소 5년 이상 보유할 수 있는 종목만 매수하자.
- 주식 차트를 보지 말고 분기 실적을 리뷰하자.

이렇게 하나의 리스트로 정리해 놓으니 주식 투자가 쉬워 보인다. 그렇지만 실제로 내 피 같은 돈이 들어가면 다른 느낌으로 다가오는 것이 주식 투자인 듯하다. 미주은을 1년 넘게 운영하면서 다양한 구독자를 만났는데 대부분 긍정적이고 미래 지향적인 투자를 진행하고 있다고 본다. 물론 참 어렵게 투자하고 있는 구독자를 마주하기도 한다. 시장에 너무 집중해서 그렇다고 생각한다.

우리가 투자하고 있는 기업에서 시선을 돌려 시장과 시장을 둘러싼 투자 환경에 관심을 몰입하는 순간, 주식 투자는 한없이 어려워진다. 금리, GDP, 물가 상승률은 물론이고, 실업수당 청구 건수, 소비자 물가 지수, 생산자 물가 지수, 환율, 유가 변동 등 투자자로서 체크해야 할 경제 지표가 한두 개가 아니다. 이런 숫자들을 매일매일 따라가면서 시장을 걱정하고 예측하고 대비하려고 시도하면서 하는 주식 투자는 전문가 집단만 성공할 수 있는 난이도 10으로 바뀌어 버린다.

주식 투자는 투자자들의 접근 방법에 따라 충분히 난이도 2~3 정도가 될 수 있다. 필자가 즐겨 인용하는 주식 시장의 격언 중에 다음과 같은 말이 있다.

"주식 시장은 짧게 보면 인기 투표처럼 보인다. 하지만 멀게 보면 저울과 같다."

여기에 나오는 저울의 양축 중 한쪽에는 기업의 가치가, 다른 한쪽에는 기업의 가격인 주가가 올라간다.

다음 페이지의 그림이 시사하는 바는 간단하다. '지금 당장은 투자자들이 많이 몰리는 종목에서 반짝하고 주가의 상승이 나올 수 있지만, 결국 장기적으로 보면 주가는 주식 뒤에 숨어있는 기업의 무게감을 측정해주는

[주식 시장은 저울이다]

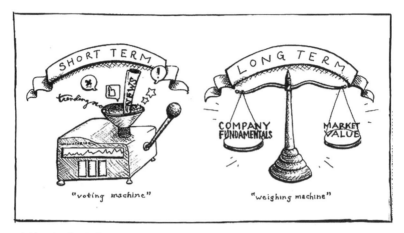

저울과 같다'이다.

　이런 식으로 접근하면 복잡하고 어렵게 느껴졌던 주식 투자가 상당히 단순해지고 쉽게 다가올 수 있다. 우리는 그저 지속적으로 성장하고 수익이 향상되는 기업을 찾아 투자하면 된다. 그래서 필자는 개인적으로 성장주 투자가 가치주 투자보다 훨씬 더 쉬운 투자 방식이라고 생각한다. 성장주 투자는 '성장'이라는 하나의 단어에만 집중하면 충분하기 때문이다.

　'월가의 전문가들이 지속적으로 업데이트해주는 기업의 매출이나 순이익의 예측치는 어떻게 변화하는지', '3개월에 한 번씩 발표되는 기업의 어닝(Earnings) 실적은 시장의 기대치를 초과했는지', '매출이나 순이익은 전년과 비교해서 몇 %나 성장하고 있는지', '올해 들어 새롭게 론칭한 비즈니스 모델에는 어떤 것이 있는지', '새롭게 결정된 파트너십이나 이번에 인수한 기업은 있는지' 등 정도만 관심을 두고 지켜본다면 성장주 투자는 크

460

미국 주식으로 은퇴하기 _ 실전 투자 편

게 실패할 확률이 없다는 것이 필자의 생각이다.

기업의 실적이나 인수·합병, 파트너십 소식을 모니터링하는 것도 만만치가 않다고 생각할 수 있다. 해결책이 있다. 필자가 운영하는 미주은 채널을 매일 시청하면 된다. 매일매일 올리는 '오늘의 미국 주식 뉴스'를 보면 따끈따끈한 미국 성장주들의 소식을 거의 빠짐없이 확인할 수 있다. 시청료는 없다. 그 대신 '구독' 버튼과 '좋아요'는 선택이 아닌 필수다.

≡2≡
미주은의 잔소리

주식 투자를 오랫동안 하다 보면 많은 시련을 마주하게 된다. 지수가 10% 이상 하락하는 현상을 보통 '조정장'이라고 부른다. 1980년 이후 지금까지 주식 시장은 매년 평균 13.9%의 조정장을 겪었다. 약세장은 조정장만큼 자주 발생하지는 않지만 그래도 흔하게 일어났다. 약세장은 주가가 고점에서 20% 이상 하락했을 때를 말하는데 대개 3~5년마다 발생한다. 미국 주식 시장의 경우 1946년 이후 15번의 약세장이 발생했다. 약세장의 평균 하락률은 33%였으며 그중 3분의 1 이상은 40% 넘게 폭락했다. 약세장은 평균적으로 1년 정도 지속되는데 짧게는 8개월, 길게는 24개월 동안 지속된 적도 있었다.

이렇게 조정장, 그리고 약세장은 자주 발생한다. 하지만 믿어야 한다. 주가는 언젠가는 반드시 회복된다는 역사적 사실을 말이다.

앞에서 소개했던 트레이드데스크(TDD)의 주가 차트를 예로 들어보겠다. 트레이드데스크는 상장한 지 5년도 되지 않았다. 그런데 상장 이후 지금까지 주가가 30% 이상 폭락했던 경우가 무려 8번이나 있었다. 거의 1년에 2번 정도는 30% 이상 폭락했다는 말이다. 모르긴 해도 이렇게 주가가 8번이나 폭락하는 사이에 많은 투자자가 두려움을 견디지 못하고 팔아버렸을 것이다. 그런데 만약 상장 때부터 지금까지 주식을 팔지 않고 보유한 투자자가 있다면 지난 5년간 투자 수익률은 2,800%나 된다. 주가가 28배 올랐다는 말이다. 하락장은 반드시 반등한다는 믿음, 그리고 트레이드데스크라는 기업에 대해 강한 확신이 있었던 투자자만이 누릴 수 있는 대박이었다. 그러면 내가 투자하고 있는 기업에 대한 확신은 어떻게 형성할 수 있을까?

필자가 미주은 채널을 통해 진행하는 시리즈 중 '미국 기업 분석 끝판왕'이라는 코너가 있다. 하나의 기업을 선정해서 그 기업의 미션과 비즈니스 모델, 시장의 잠재력, 나아가 투자 종목으로써의 매력과 리스크를 정리한다. '미국 기업 분석 끝판왕' 관련 영상을 하나 완성하려면 보통 15시간에서 20시간까지 소요되는 쉽지 않은 과정이 필요하다. 그리고 하나의 기업을 소개하고 상세하게 분석한다는 것이 생각보다 간단한 일이 아니라서 최소 35분에서 길게는 40분이 넘는 영상으로 완성된다. 그런데 유튜브에는 흔치 않은 영상 길이 때문인지 방송 시청이 어렵다고 어려움을 토로하는 구독자도 있다. 물론 필자도 알고 있다. 유튜브에 올라오는 영상 중에 10분 정도의 길이를 가진 영상이 가장 인기가 많고 미주은에도 도움이 된다는 것을 말이다.

하지만 10~20분 정도의 분량으로 하나의 기업을 제대로 파악하고 분석한다는 것은 불가능하다. 휴가 때 묵을 호텔을 고르기 위해 어떻게 하는

가? 2~3시간 이상 여기저기 비교해 보고 이것저것 따져보고 갔다 온 사람들이 올린 리뷰까지 읽고 난 다음, 확신하고 나서야 예약한다. 주식 투자에서 종목을 선정하는 데 있어 휴가 때 묶을 호텔을 결정할 때보다 많은 에너지와 시간을 투자한 다음, 100% 확신이 서는 종목에만 투자하는 것이 올바른 방식이 아닐까?

흔히들 주식 투자로 얻는 수익을 불로소득, 혹은 패시브 인컴(Passive Income)이라고 한다. 우리가 잠자는 사이에도 주가가 올라가 돈을 벌 수 있다는 메커니즘 때문인 것 같다. 필자의 생각은 조금 다르다. 주식 투자 역시 많은 에너지와 시간을 투자하고 지속적인 관심과 노력을 기울여야만 성공 확률이 높아지기 때문이다. 내가 투자하고 있는 기업의 분기 실적도 모르는 사람이 과연 주식 투자에서 성공할 수 있을까? 진정한 의미의 주식 투자란 기업의 일부를 소유하는 것이다. 내가 지분을 갖고 있는 기업의 실적을 분기마다 확인해야 하는 것은 어떻게 보면 너무도 당연하다. 내가 소유한 기업이 계속해서 사업 확장을 하고 있는지, 새로운 상품과 서비스를 개발하고 있는지, 시장 점유율을 넓혀 나가고 있는지, 인수·합병이나 파트너십을 통해 새로운 성장 동력을 만들고 있는지 지속적으로 확인하는 것은 기업의 주주로서 당연한 책임이며 즐거움이다.

우리가 최선을 다해 공부하면서 투자해야 하는 이유는 단순히 투자 수익률을 높이기 위한 것만이 아니다. 필자는 미국 주식 투자를 시작하면서 고3 때보다도 더 많은 공부를 하게 됐다. 매일매일 수십 개의 경제 신문 기사를 읽고 CNBC, 블룸버그, 야후 파이낸스 등의 뉴스 영상도 꼬박꼬박 챙겨보고 있다. 더욱이 50여 개나 되는 기업에 투자를 진행하는 바람에 4차 산업혁명을 대표하는 대표적인 테크놀로지, 그리고 각 분야를 대표하는 다양한 기업을 공부하고 있다.

　필자가 만약 미국 주식에 투자하지 않았다면 클라우드, 디지털 마케팅, 메타버스, 핀테크, 나아가 인공지능이나 유전자 가위에 대해 지금만큼의 정보를 갖출 수 있었을까? 그렇지 않다고 확신한다. 나의 삶과 지금 당장 상관이 없다는 핑계로 다가오는 미래를 탐구하고 이해하려는 노력을 게을리했을 것이 불을 보듯 뻔하다. 주식 투자를 통해 하루가 다르게 상승하는 나의 지적 지수를 바라보는 것은 미국 증시 지수의 상승만큼이나 보람되고 즐거운 과정이다. 워런 버핏은 말했다. "우리가 할 수 있는 최고의 투자는 바로 우리 자신에게 투자하는 것이다"라고.

　반년 가까이 투자해 집필한 책을 이쯤에서 마무리하는 것이 아쉬워서 한마디만 더 하려고 한다. 개인에 따라 많은 차이가 있겠지만 대한민국 직장인 중 상당수는 회사가 너무 재미있어서라기보다는 삶을 유지하기 위한 돈을 마련하기 위해 아침마다 마지못해 무거운 발걸음을 재촉할 것이다. 그러면서 언젠가는 이 지긋지긋한 월급쟁이 생활을 벗어나 멋진 모습의 사업가가 되어 나의 비즈니스를 운영할 수 있는 날을 꿈꿔볼 것이다. 그런데 이러한 우리의 꿈은 생각보다 쉽게 달성될 수 있다. 누구나 원한다면 한 기업의 주식을 보유함으로써 지분을 가질 수 있기 때문이다. 게다가 우리가 보유한 주식의 기업들은 흔해 빠진 기업이 아니라 각 산업 분야에서 선두 그룹을 형성하고 있는 세계 최고의 기업이다. 또한, 내가 소유하고 있는 이 기업의 성공을 위해서 세계 최고의 두뇌들이 밤낮을 가리지 않고 열심히 일하고 있다. 마치 우리가 우리의 직장을 위해서 그랬던 것처럼 말이다. 이 얼마나 멋진 일인가?

　즉석 복권을 구입해 동전으로 긁는 것 같은 초라한 모습의 주식 투자에서 탈피하자. 이제부터는 엔비디아(NVDA)의 직원들, 아마존(AMZN)의 직원들, 스퀘어(SQ)의 직원들이 나를 위해 일하고 있다는 점을 기억하면서 기업의 오너답게 행동해보자. 의미 없는 주가 차트를 뚫어지게 쳐다볼 시간에 분기보고서를 꼼꼼히 읽고 성과가 좋았다면 직원들을 칭찬도 해주고, 대박 실적이 나왔다면 환호성도 질러보고, 실망스러운 소식에는 불만을 표출할 수 있는 그런 오너가 되어 보자.

우리 자신이 로또 기업을 찾는 투기꾼이 아니라 기업가 정신으로 무장한 진정한 의미의 주주가 됐을 때, '미국 주식으로 은퇴하기'의 여정은 비로소 시작될 것이며 그 끝은 성대할 것이다.

"우리 모두가
미국 주식 투자로
은퇴하는 그날을 위해!"

독자 여러분의 투자를 위해 책에서 소개한 종목의 2025년 예상 주가를 이번 별책 부록에 담았다.

'2025년 예상 주가' 소개의 목적은 먼 미래의 주가를 정확하게 예측하는 것이 아님을 확실히 말하고 싶다. 해당 기업에 대해 월가의 애널리스트들이 전망하는 실적과 실현 가능한 프리미엄(PER 또는 PSR)을 대입해볼 때 각 종목이 보여줄 수 있는 수익률의 시나리오는 어떻게 성립되는지 한눈에 확인할 수 있도록 하는 것이 필자의 의도다.

종목 대부분이 아직 순이익(Net Income)을 만들지 못하거나 불규칙한 모습을 보이는 성장주인 관계로 많은 종목의 예상 주가 산정 방법은 '예상 주가=주당 매출(RPS: Revenue Per Share)×주가 매출 비율(PS Ratio: Price to Sales Ratio)'의 공식을 사용했다.

아마존(AMZN)이나 엔비디아(NVDA)와 같은 우량 기업의 경우에는 '예상 주가=주당 순이익(EPS: Earning Per Share)×주가 수익 비율(PE Ratio: Price To Earnings Ratio)'의 공식을 활용했다.

　2025년 주당 매출은 월가 애널리스트들이 시킹알파(www.seekingalpha.com)에 발표한 2025년 예상 매출을 현재 발행 주식 수(Shares Outstanding)로 나눠 계산하고, 주당 순이익은 애널리스트들의 전망치를 그대로 가져다 대입했다. 주가 매출 비율이나 주가 수익 비율의 경우 과거 10년간 해당 종목이 보여준 '주가 매출 비율(PS Ratio)' 또는 '주가 수익 비율(PE Ratio)'의 중간치, 최저치, 그리고 경쟁 기업의 'PS Ratio' 또는 'PE Ratio' 등을 대입하면서 종목마다 예상 가능한 3가지의 시나리오로 구성했다.

　이렇게 산정한 3가지의 예상 주가는 2025년 기업이 실제로 만들어 내는 매출 실적이나 순이익 결과에 따라, 그리고 향후 투자자들이 해당 종목에 부여할 멀티플(PS Ratio 또는 PE Ratio)에 의해 실제 수치와는 많은 차이를 보일 가능성도 있다. 즉, 2025년 실제 매출 또는 어닝(Earnings)의 결과가 예상치를 웃돌거나 실제 멀티플이 시나리오에 대입한 수치보다 높게 올라가면 실제 주가는 예상 주가보다 높게 형성된다. 반면, 2025년 기업의 매출이나 순이익이 전문가들 예상에 미치지 못하거나 실제 멀티플이 시나리오에 대입한 수치보다 떨어지면 해당 종목의 주가는 예상 주가보다 낮아질 가능성도 배제할 수 없다.

　이렇게 정확성이 떨어질 수도 있는 예상 주가를 제시하는 이유가 있다. 주식 투자를 아무런 수치적 기준 없이 스토리만 알고 진행하는 것은 위험하다는 필자의 믿음 때문이다. 별책 부록을 통해 2025년 예상 주가를 알아보자.